사회복지총서

가족복지론

김연옥 · 김혜미 · 최해경 · 한윤선 공저

Family and Social Welfare

학지사

머리말

사회복지제도는 전통적인 가족기능을 보완, 대체 및 강화하기 위해 등장하였다. 산업화 시대의 대량기계생산, 대량소비, 임금노동자의 등장 등 자본주의적 생산방식의 진전은 전통적인 집합적 형태의 가족생활에 커다란 변화를 초래하였고, 그 결과 핵가족이 이 시대의 가장 기능적인 가족유형으로 대두되었다. 그로 인해 더 이상 작동하지 않게 된 전통적 가족기능의 많은 부분이 사회복지제도로 이관되었고, 그 중심에 가족복지가 있었다.

그러나 후기 산업화 단계를 거쳐 오늘날의 정보화 사회로 진입하면서 가족은 또다시 급격한 변화에 직면하였다. 이러한 가족변동은 디지털혁명, 신자유주의 확산, 여권신장과 여성교육 확대, 개인화의 진전 등 복잡다기한 요인들이 상호 얽혀 빚어낸 사회변동과 그 궤를 같이한다. 이러한 사회변동 요인들이 견고했던 산업사회의 성역할분담, 가족임금제, 노동시장의 집단성 등을 약화시키면서 산업화 시대의 정형적 가족모델인 핵가족은 더 이상 그 보편성을 유지하기 어렵게 되었다. 그 결과 오늘날의 사회는 핵가족 외에 1인 가구, 재혼가족, 노인가족, 한부모가족, 다문화가족, 성소수자가족 등 다양한 가족유형이 공존하게 됨에 따라 가족을 한 가지 모습으로 정의한다는 것은 불가능한 시대가 되었다.

가족이 변화함에 따라 근대 산업사회에 등장했던 가족복지 또한 전면적인 변화가 불가피하게 되었다. 가족변동에 대한 사회적 수용과 민감성은 국가마다 차이가 있으며, 그에 따라 새롭게 조형되는 가족복지유형 또한 다양하다. 국가별 가족복지의 상이함은 사회변동에 조응하여 끊임없이 진행된 가족변화를 인정하고 그로부터 파생되는 복지욕구를 국가가 적극적으로 수용했는가, 아니면 가족변화를 하나의 '일탈'로 간주하고 이를 치료하거나 원조함으로써 특정 가족유형에 대한 이상을 고수했는가에서 비롯된다.

우리나라가 경험한 가족변화는 그 어느 사회보다도 극심하다고 할 수 있다. 1인 가구가 전체 가구 구성에서 가장 높은 비율을 차지하기 시작하였고, 비혼과 만혼 경향의 확산, 세계 1위의 초저출산율, 높은 이혼율 등은 더 이상 가족주의나 초혼 핵가족 이데올로기에 기대어 외면하기 어려운 하나의 현상이 되었다. 이러한 현실에도 불구하고, 우리나라 가족복지의 근간이 되는「건강가정기본법」의 명칭이 시사하듯이 여전히 특정 가족이 정형화되고 이상적으로 여겨지고 있다는 의구심을 버릴 수 없다.

그러나 작금의 급격한 가족변화는 가족복지의 광범위한 질적 변화를 요구하고 있다. 사회복지를 공부하는 학생들은 가족복지 패러다임의 전환이라는 시대적 과제에 직면하게 되었다. 이 책은 새로운 시대에 걸맞는 새로운 가족복지의 방향을 모색하는 데에 조금이나마 도움이 되고자 하는 의도에서 집필되었다.

이 책은 크게 5부, 총 12장으로 구성되었다.

제1부는 이 책의 거시적 맥락으로서 가족과 가족복지에 대한 이해를 기술하였다. 제1장은 가족에 대한 이해로서 가족에 대한 정의, 사회변동에 따른 가족변화, 우리나라의 가족변화 양상을 다루었고, 제2장에서는 가족복지의 대두배경과 정의, 대상과 개입영역, 유형과 개입방법을 소개하였다. 제2부는 가족복지 정책, 법률 및 서비스에 대해 기술하였다. 가족복지정책을 다룬 제3장에서는 가족복지정책의 개념, 대상, 지원유형, 특징 등과 함께 우리나라의 가족복지정책을 소개하였으며, 제4장은 가족복지 관련 법률과 지원서비스 등을 소개하였다. 제3부는 가족복지실천 과정을 기술하여, 제5장 인테이크와 사정, 제6장 개입과 종결로 4단계의 실천과정을 기술하였다. 제4부 가족치료에 대한 이해는 가족치료에 대한 소개와 가족치료이론을 다루었다. 제7장에서는 가족치료의 개념 및 이론, 발달배경과 함께 우리나라의 가족치료에 대해 살펴보았고, 제8장에서는 구체적 가족치료모델로서 보웬의 다세대 가족치료 모델, 사티어의 가족치료 모델, 구조적 가족치료, 전략적 가족치료 등에 대해 살펴보았다. 마지막 제5부는 복지적 개입이 필요한 가족을 대상별로 나누어 각각

의 정의, 현황 및 욕구, 복지현황과 대책 등을 살펴보았다. 제5부는 제9장 폭력·학대 가족, 제10장 재혼가족, 제11장 정신장애인가족, 제12장 다문화가족으로 구성되었다.

　이 책을 저술하면서 우리 사회의 가족이 얼마나 빠르게 변화하고 있는지를 실감할 수 있었다. 그 변화가 너무나 급속한 현재진행형이기에, 우리 저자들의 노력에도 불구하고 이러한 변화를 이 책에 충분히 반영하였다고는 감히 말할 수 없다. 다만 이 책의 부족한 부분에 대해서 앞으로 지속적으로 보완해 나아갈 것을 다짐할 뿐이다. 끝으로 일천한 이 책이 우리나라 가족복지 발전에 다소나마 일조할 수 있기를 기대하며, 이 책이 세상에 나오기까지 아낌없이 지원해 준 학지사에 감사함을 전한다.

2022년 2월
저자 일동

차례

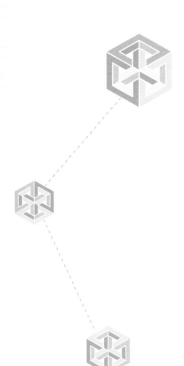

제1부

가족과 가족복지에 대한 이해

제**1**장

가족에 대한 이해

인류 역사의 초기부터 대부분의 개인은 가족이라는 사회집단에 소속되어 있었으며, 그 개인에게 가족의 중요성과 영향력은 이루 말할 수 없이 크다. 가족의 중요성을 가리켜 '가족은 운명이다'라는 말이 있는데, 이것만큼 가족의 의미를 함축적으로 드러내는 말도 없을 것이다. 가족은 개인의 생물학적 조건뿐만 아니라 성격에서부터 개인의 사회경제적 삶의 대부분을 결정한다고 하여도 과언이 아니다.

가족은 사회의 가장 기본적 단위이며 인간이 만든 제도 중 가장 오래된 것이다. 가족제도는 가족생활과 관련된 사회구성원들의 행동방향을 제시하며 여기에서 벗어난 행동에 대해서는 제재를 가함으로써 개인을 규제한다. 가족제도가 담고 있는 가치체계나 규범이 흔들리면 가족제도의 규제기능이 더 이상 작동하지 않게 되며 결국 새로운 제도로 대체된다. 이러한 과정을 통해 가족은 그 유형이나 구조, 기능 등 여러 측면에서 사회변동과 궤를 같이하면서 지속적으로 변화되어 왔다. 이러한 가족을 이해하기 위한 이 장에서는 가족에 대한 개념정의, 사회변동에 따른 가족의 변화, 그리고 한국 현대가족의 변화내용과 현대가족의 특성에 대해 살펴본다.

1. 가족¹⁾의 정의

가족은 우리에게 매우 친숙하고 가까운 존재이지만 사실 가족을 정의하기란 쉬운 일이 아니다. 특히 산업사회의 기능적이던 핵가족 외에도, 결혼과 관계없이 살아가는 동거가족, 자발적 무자녀가족, 노인으로만 구성된 노인가족, 성소수자가족, 독신가구 등 다양한 가족이 등장하면서 더 이상 정형화된 가족이 존재하지 않은 오늘날 가족에 대한 정의는 더욱 어렵게 되었다. 예컨대, 전통적으로 가족의 기본적 요건으로 간주되던 혈연관계는 더 이상 현대가족을 아우르는 조건이 되지 않는다. 현대사회의 가족정의는 정형화된 가족이 존재했던 시대의 그것과는 명백히 달라야 할 것이다.

1) 전통적 정의

가족에 대한 가장 전통적인 정의로는 문화인류학자인 머독(Murdock)의 정의를 들 수 있다. 그는 250개의 민속지학적 연구보고서 분석을 통해 가족이란 공동거주, 경제적 협동 및 출산을 특징으로 하는 사회집단으로, 성적 관계를 사회적으로 인정받는 최소한 두 명의 성인남녀와 한 명 또는 그 이상의 친자녀 혹은 입양된 자녀들로 구성된다고 정의하였다(Murdock, 1949). 이 정의에서는 경제적 협동과 공동거주, 사회적으로 인정된 배타적인 성관계, 자녀양육 등을 가족생활의 핵심기능으로 보았다. 혈연에 의한 자녀뿐만 아니라 입양을 기반으로 하는 자녀까지 가족에 포함시킨 머독의 개념은 전적으로 혈통관계자 집단으로만 가족을 한정하던 정의에 비해서는 다소 확대된 개념이지만 다양한 형태의 가족이 등장하는 현대가족에 적용

---

1) 가족과 유사한 용어로서 보다 일상적으로 사용되는 단어로는 집과 가정이 있다. 학술적 용어로 선호되는 가족은 관계적 의미를 갖는 반면에 집이나 가정은 공간적 의미를 더 포함한다고 할 수 있다. 공간적 의미를 가지면서도 가족과 혼용되는 용어로는 가구(household)가 있다. 가구는 혼인관계나 혈연관계보다 주거와 경제적인 공유에 초점을 둔 개념이다.

하기에는 한계가 있다. 특히 머독의 이론에서 주목할 부분은 핵가족을 보편적이며 필수불가결한 가족유형으로 보았다는 점이다. 그는 일부다처제와 같이 좀 더 복잡한 가족유형도 핵가족이 복수로 존재하는 가족유형으로 보았다(Erera, 2002).

사회학자인 버제스와 로크(Burgess & Locke, 1987)는 가족이란 혼인, 혈연, 또는 입양에 의해 연결된 사람들로 구성되며, 한 공간에서 단일가구를 형성하고, 그 안에서 각 구성원들은 남편, 아내, 부와 모, 자녀, 형제자매로서의 사회적 역할을 수행하는 상호작용 집단이라고 규정하고 있다. 이들의 정의 역시 부모와 자녀로 이루어진 핵가족을 전제로 한 개념이라고 볼 수 있다.

이와 같은 전통적인 정의에 따르면 가족이란 혼인, 혈연, 혹은 입양을 기반으로 형성되어 강한 정서적 · 정신적 유대를 가지며, 의식주를 공동으로 해결하는 공동체적 생활방식과 공통의 문화를 갖는 집합체라 할 수 있다. 이러한 가족은 흔히 부와 모, 자녀 또는 그와 유사한 지위를 갖는 자들로 구성되며, 자녀양육과 배타적인 부부관계 등을 중심으로 강한 일체감을 형성하는 것을 특징으로 한다.

가족에 대한 전통적 정의는 산업사회의 전형적인 핵가족에 대한 정의이다. 시대에 따라 가족은 변화해 왔고, 가족에 대한 정의는 그 시대에서만 효용성을 갖는다. 산업화 시대에 적합한 가족정의를 현대에 그대로 적용한다면 '두 명의 성인남녀'의 조건에서 벗어나는 성소수자가족이나 무자녀가족 혹은 노인가족 등을 자칫 비정상화할 우려가 있다.

2) 현대적 정의

현대사회에서 발견되는 다양한 가족형태를 고려하면 전통적 개념으로 가족을 정의하는 것은 현실적으로 부적절하며, 가족정의는 사회변동에 따른 가족변화가 반영되어야 한다. 현대사회에서 보이는 다양한 가족유형은 혈연관계 외에 생활 속에서 우리가 사람들에게 가지는 친밀함과 애착심 또한 가족정의의 중요한 기준이 되었음을 시사한다. 이러한 정의는 가족을 의미할 때 구조보다는 관계의 질과 의미를 더 중요한 요인으로 보았다는 점에서 전통적 정의와 차별화된다.

미국 사회복지사협회(National Association of Social Workers)는 가족을 자신들 스스로가 가족이라고 생각하고 전형적인 가족임무를 수행하는 2인 이상의 사람들이라고 규정하였다. 이러한 가족정의는 사회정책에서 수용하기에는 현실적 어려움이 있을 수 있으나, 핵가족 외의 다양한 가족형태가 존재하는 현대사회에는 적절한 정의일 수 있다. 물론 이 정의도 '전형적인 가족임무'가 무엇인가에 대한 규정에 따라 포괄범위가 달라질 수는 있다. 예컨대 가족의무를 자녀 출산과 양육으로 규정한다면 그 가족범주는 매우 좁아질 수 있는 것이다.

현대적 가족정의는 개념적으로는 가능할 수 있지만, 이 정의를 따를 경우 가족과 사회의 다른 조직체들과의 경계가 모호해질 뿐만 아니라 범주가 지나치게 넓어 가족을 대상으로 실시되는 가족복지정책에서 채택하기에는 현실성이 없다는 한계가 있다. 가족복지정책이 가족기능을 지원하는 데에 목적이 있다면 결국 가족기능 수행여부에 의해 가족범주를 한정할 수밖에 없기 때문이다.

2. 사회변동과 가족의 변화

사회의 기본 단위라고 할 수 있는 가족은 그 사회의 경제, 문화, 정치, 종교, 교육제도 등 다양한 사회제도들과 밀접히 관련되어 있으며, 사회변화에 개인과 가족이 적응하고 또한 가족이 사회변화에 영향을 미치면서 다양한 형태로 변화되어 왔다. 시대별 가족 특징을 기준으로 산업화 이전의 전통사회 가족을 전통적 집합체, 근대 산업사회의 가족을 필연적 공동체, 산업화 시대가 끝나고 도래한 정보화사회의 가족을 선택적 친밀성의 공간으로 분류하기도 한다. 이처럼 가족의 기능과 규모, 관계 등은 사회변동에 따라 상이한 양상을 보이며 변화하여 왔다.

1) 전통사회의 다기능 가족

전통사회의 보편적 가족유형은 확대가족이라는 가족학의 오래된 주장에 관해 오늘날 다양한 의견이 제기되고 있다. 래슬렛(Laslett, 1969)은 1574년부터 1821년 사이 영국의 가족구조 변화에 대한 연구를 통해 확대가구 비율이 전체 가구의 15.8% 정도라는 통계자료를 통해 산업화 이전부터 영국의 지배적인 가족형태는 핵가족이라는 주장을 제시하였다. 이에 대해 버크너(Berkner, 1972)는 이상적 가족형태와 현실적으로 나타나는 가족형태는 구분해야 한다고 하며, 전통사회의 이상적 가족형태는 직계 확대가족이지만 낮은 평균수명과 초혼연령으로 인해 현실적으로는 직계 확대가족을 형성하기가 어렵다는 점을 지적하면서, 실제적으로는 핵가족이 비율적으로 더 많아도 전통사회의 이상적인 가족유형은 확대가족일 수 있다는 주장을 하였다.

전통사회의 지배적 가족유형에 대한 다양한 의견과는 별개로, 경제적 활동을 포함한 생존에 필요한 모든 기능이 기본적으로 가족과 친족 안에서 수행되었다는 점에서 확대가족이 전통사회에서 기능적으로 작동한 가족원리라고 보는 데에는 무리가 없다고 할 수 있다. 전통사회의 가족 특징은 다기능적 가족으로 요약될 수 있다. 가족에게 필요한 여러 가지 기능이 사회의 여러 제도에 의해 제공되는 산업사회나 현대사회와는 다르게, 전통사회에서는 인간 생존에 필요한 모든 기능이 가족 안에서 제공되고 해결되었다. 즉, 성과 애정의 기능, 자녀 출산과 양육 기능, 교육기능, 생산과 소비의 경제적 기능, 노약자 보호와 수발 기능, 인정과 소속·애정의 기능, 휴식 및 오락의 기능, 종교기능 등 다양한 기능이 가족 안에서 수행되었다.

성별·연령별로 위계적 질서가 분명한 가족은 가부장의 권위에 의해 통솔되었으며, 가족구성원에 대한 가족의 보호기능은 강하였다. 가족은 독립된 하나의 경제단위로서 생산 주체임과 동시에 소비 주체이며, 전체 가족의 노동집약에 의한 자급자족적 가족 경제에서 아동 노동력 또한 예외가 아니었다. 아동기라는 개념은 산업화 시대의 개념으로, 산업인력으로서의 생산력을 준비하는 과정이라는 의미가 내포되어 있다.

2) 산업화와 핵가족의 친화성

포디즘(fordism)[2]으로 상징되는 산업화 시대의 대량기계생산, 대량소비, 임금노동자의 등장 등 자본주의적 생산방식의 진전은 가족생활에 커다란 변화를 초래하였다. 가족집합체의 노동을 기반으로 한 전근대의 자급자족적 경제활동이 산업사회에 이르러 생산과 소비가 분리되고 생산이 사회의 전문화된 경제기관으로 이양되는 사회변동에 가족이 일정한 양식으로 반응하는 과정에서 핵가족(nuclear family)이 가장 기능적인 가족유형으로 자리 잡게 되었다. 이를 두고 구드(Goode, 1963)는 산업화와 핵가족 간에 선택적 친화성이 존재한다고 하였다.

서구 사회에서는 오랫동안 핵가족 출현이 산업화의 결과라는 구조기능주의 이론[3]이 정설로 받아들여졌다. 파슨스(Parsons)를 중심으로 하는 구조기능주의 이론가들은 핵가족을 산업화라는 사회변동에 가족이 적응한 결과 등장한 가족유형으로 산업사회에 가장 기능적 형태라고 보았다. 핵가족은 그 규모에서 산업사회에서 요구되는 직업적 이동이 용이하고, 성별분업을 통해 자녀를 사회화시켜 사회적응력과 잠재적 산업인력으로 키우며, 경쟁과 능률이 중시되는 비인격적인 사회생활에 지친 가족구성원들에게 정서적 재충전을 시켜 사회적 생산력을 보호하는 등 산업사회에 필요한 최적의 기능을 수행하는 것으로 보았다.

그러나 1960년대 후반부터 산업사회 전후의 가족구조에 대한 비교문화적인 경험적 연구들이 활발히 진행되면서 핵가족이 산업화의 산물로서 산업사회에 가장 적합한 가족유형이라는 구조기능주의 이론에 반론이 제기되기 시작하였다. 비교문화적 연구들은 핵가족이 산업사회 이전에도 존재하였으며, 산업사회에서도 핵가족 외에 다른 다양한 가족유형이 존재하고 있었음을 밝히면서 산업화의 핵가족 추동론에 의문을 제기하였다. 대표적으로 앤더슨(Anderson, 1980)은 영국 사회의

---

2) 미국의 자동차 왕 포드가 구축한 대량생산과 대량소비체계라는 산업화 시대의 생산방식을 상징한다.
3) 구조기능주의 이론은 사회를 상호 의존하는 여러 부분으로 구성된 유기체로 파악하며, 각 부분들은 사회 전체가 유지될 수 있도록 각각의 기능을 수행한다고 본다.

가족형태에 대한 실증적 연구들을 분석한 결과 영국은 산업화 이전에 이미 핵가족이 보편화된 사회였다는 결론을 내렸다.

또한 산업화가 진전된 사회에서 발견되는 확대가족 간의 긴밀한 가족망에 대한 연구들은 핵가족이 산업사회에 기능적으로 적응한 형태라는 이론에 이견을 제기하였다. 대표적인 연구는 영과 윌모트(Young & Willmott, 1957)의 연구로서, 이들은 런던의 자치도시인 베스날 그린에서 실시한 연구를 통해 전체 표본의 68% 기혼 남성과 75% 기혼 여성이 자신들의 부모와 3마일 이내에 거주하면서 밀접한 가족관계망을 형성하고 있음을 보여 주었다. 산업화된 일본 사회에서도 1975년 이후 확대가족 구성비율이 오히려 증가하고 있는 것으로 밝혀졌다(Morgan & Hirosima, 1983).

오늘날에는 더 이상 산업화 과정과 핵가족화 현상에 대한 구조기능주의 관점을 정설로 받아들이지 않는다. 다만, 구드의 말대로 부부중심의 핵가족이 산업사회에 좀 더 적응적인 가족유형으로 보는 것에는 무리가 없을 것이다. 또한 산업화라는 사회변동이 가족기능, 가족관계, 가족가치관에 커다란 변화를 야기한 것은 틀림이 없다.

(1) 가족의 기능변화

산업화 이전의 전통 농경사회에서는 가족과 친족이 경제, 종교, 정치, 교육, 복지, 오락 등 다양한 기능을 수행하였으나 산업화 시대에 이르러 가족에 의해 수행되던 기능 대부분이 사회의 다른 여러 제도로 이전되었다. 가족의 중요한 기능인 생산기능은 사회의 산업구조로 이관되었고, 교육기관과 사회복지프로그램들이 교육, 노약자 보호와 가족수발 등의 전통적 가족기능들을 대행하게 되었다. 그 결과 자녀의 출산과 양육, 사회화 그리고 가족구성원의 정서적 욕구 충족만이 가족의 핵심 기능으로 남게 되었다.

이러한 가족의 기능변화를 바라보는 시각은 매우 다양하다. 가족기능 축소는 바로 가족의 사회적 중요성이 약화됨을 의미한다. 따라서 가족은 더 이상 사회의 중추적 제도가 아니며, 이후로도 가족기능이 더욱 쇠퇴하여 나머지 가족기능마저도 사회의 다른 부분으로 이전될 수도 있다는 주장이 있다(Davis, 1971). 반면에 파슨스(1955)는 가족기능이 자녀 사회화와 정서적 지원만을 전담하게 되면서 기능의 전문화가 진행됨에 따라 더욱 효과적으로 기능을 수행할 수 있게 되어 오히려 가족의 중요성이 더욱 강화되었다고 보았다. 이러한 기능이 어느 사회관계에서도 찾아볼 수 없는 가족 고유의 기능으로 특화됨으로써 가족의 존재가치가 더욱 강화된다는 것이다. 개인과 집단의 이익추구를 위한 능률만이 강조되는 사회의 비인간적인 경쟁이 더욱 치열해질수록 그 반대급부로 가족이 담당하는 정서적 기능, 즉 냉혹한 사회의 안식처로서의 가족은 더욱 중요해질 수밖에 없다는 것이다.

그러나 정서적 유대기능이 가족이 전담하는 유일한 기능으로 강조되면서 오히려 가족은 가족 안정성 약화라는 딜레마에 봉착하게 되었다(이여봉, 2014). 즉, 가족의 사랑, 애정, 친밀함, 이해, 수용 등의 정서적 욕구에 대한 기대가 커지면서 가족은 오히려 불안정하게 되었다는 것이다. 그 이유는 가족을 결속시키는 요인인 정서적 유대 자체가 불안정성을 특징으로 할 뿐만 아니라, 산업사회에서 가족의 유일한 존재이유가 된 정서적 기능이 제대로 수행되지 않을 때 더 이상 가족이 유지되어야 할 정당성이 사라지기 때문에 가족 자체를 해체할 가능성이 더 커지게 되었기 때문이다.

(2) 가족관계

산업화가 초래한 가족관계 변화는 남녀의 역할분담, 가부장으로서 부의 위상과 권위의 변화, 아동개념의 변화 등으로 요약될 수 있다. 노동과 가정생활이 분리된 영역이 아니라 끊임없이 겹치던 전통사회에서는 노동과 정서적 역할, 자녀양육 등 광범위한 영역에서 남녀의 역할공유가 이루어졌다. 그러나 산업화가 진행되면서 점차 공적인 생산영역은 남성 공간으로, 사적인 재생산영역은 여성 공간으로 철저히 분리되기에 이르렀다. 남성은 전통사회에서의 '빵을 굽는' 역할에서 '빵을 벌어다 주는(breadwinner)' 가족부양자 역할로 고정되었고, 아동 양육과 사회화, 가족 부양과 수발, 가족의 정서적 지원자로서의 역할은 여성이 담당하게 되었다. 기능주의 이론가들은 남녀역할의 분화와 이에 따른 여성의 가사노동 전담을 가족과 사회를 위해 기능적인 것으로, 동시에 사회변화의 자연스러운 결과로 보았다. 반면에 갈등주의 이론가들은 노동시장에서 필요로 하는 노동력 생산과 재충전 기능을 여성들이 수행함으로써 자본주의 생산체제를 존속시키며, 여성을 노동시장에서 분리시켜 남성에게 의존시킴으로써 남성에 대한 여성의 예속을 낳았다고 비판하였다. 여권론자들은 가족 내의 성역할분담이 수평적이 아니라 수직적이어서 남성에 의한 여성지배를 강화하고, 여성의 활동 공간을 가정으로 한정시킴에 따라 사회로부터 고립되고 사회적으로 무능력한 여성의 무력화를 야기한 것으로 보았다.

가족관계의 또 다른 큰 변화는 가부장으로서의 남성역할이다. 전통사회의 가족은 대부분 가부장적 구조였고, 이 안에서 남성은 독립된 경제단위였던 가족을 통솔하고 지휘하며 경제활동을 이끌었으며, 가족 내의 궁극적 의사결정자이며 도덕적 심판자이기도 한 권위적 존재였다. 그러나 산업화를 통해 가족 경제가 시장경제로 재편됨에 따라 남성역할에 엄청난 변화가 발생하였다. 가족에 의해 공유되던 경제활동이 전적으로 남성에게 부과되면서 남성의 경제적 책임은 증가한 반면에 남녀 간에 공유되던 가사노동은 감소하였다. 노동시장에서 남성의 장시간 노동은 곧바로 가정에서의 부재를 의미하게 되었다. 산업사회에서 아버지로서 가장 중요한 역할, 즉 생계책임자 역할을 수행한다는 것은 바로 자녀들과 상당 시간 떨어져 있음을 뜻하게 된 것이다.

가족의 생존욕구 충족에 필수적인 생계수입원으로서 아버지 역할은 가족들에게 중요하게 인식되었다. 가정 밖에서의 남성역할은 아버지를 나머지 가족성원들로부터 분리시킴과 동시에 사회에서의 경제활동이 가정보다 우선이라는 남성 우위적 인식을 초래하였다. 산업사회에서 아버지는 가정사의 책임자라는 전통적 자리는 내주고, 대신에 관리자 · 결정자 · 권위자로서 '아는 것이 가장 많은(Father knows the best)', 가족들로부터 존경받는 존재가 되었다(Wesley, Randal, & Kathleen, 1995). 전통사회에서 생산단위인 가족을 이끌었던 가부장으로서의 아버지 권위는 산업사회에서 다소 약화되지만 여전히 공적 영역에서의 경제활동 전담자로, 그리고 가족의 생계책임자로서 가족의 존경과 권위를 유지하게 된다. 그러나 공적 영역 중심의 활동으로 인한 가정에서의 오랜 부재는 점차 가족 일에 있어서 아버지의 영향력 약화를 초래하였다.

가족 경제가 사라지고 시장경제가 대두되면서 야기된 가족관계 변화 중 또 다른 하나는 아동개념과 아동역할에 대한 변화이다. 전통사회의 아동들은 가족 울타리 내에서 일하며 학습하였다. 아동은 가족 경제에 나름대로 기여하는 경제적 가치를 가진 존재였다. 그러나 변화된 생산구조에서 필요로 하는 노동력은 전통사회의 그 것처럼 단순한 것이 아니었다. 새로운 생산양식에 적합한 노동력이 되기 위해서는 오랜 기간의 교육과 훈련이 필요하게 되었다. 산업화의 진행과 더불어 나타난 아동교육의무화제도는 이러한 시대적 요구를 반영한 것이다. 1930년대 미국의 경우 대부분의 아동은 노동시장에서 빠져나와 학교로 흡수되었다(Zelizer, 1985). 경제적 이익과 비용이라는 관점에서 보면 아동은 소비적 존재가 되었으며, 사회의 생산적 일원이 되기까지 오랜 기간 교육과 투자가 필요한 아동기[4]라는 모라토리움을 갖게 되었다.

3) 정보화사회와 가족다양화

산업화가 진행되어 후기 산업화 단계를 거쳐 오늘날의 정보화사회로 진입하면서 가족은 산업화 시기와는 또 다른 모습으로 급격하게 변해가는 와중에 있다. 변화의 핵심은 가족유형의 다양화와 1인 가구의 급증세이다. 산업시대에 정형적 가족으로 간주하던 핵가족 외에 재혼가족, 노인가족, 한부모가족, 다문화가족, 성소수자가족 등 다양한 가족유형이 공존하게 됨에 따라 가족을 연구하는 학자들은 오늘날 가족을 정의한다는 것은 더 이상 의미가 없다는 데에 이견이 없다.

현대사회에서 가족형태의 분열을 야기한 요인들은 그리 간단하지 않다. 산업화 시대 경제구조에서 지식기반 산업으로의 이행, 신자유주의 확산과 같은 경제적 요인으로부터 개인화의 진전과 그로 인한 자아욕구 충족 등 심리적 요인에 이르기까

---

4) 한국 조선시대 고전소설 『춘향전』의 주인공인 성춘향과 이몽룡은 16세로 동갑이며, 16세기 영국 극작가 셰익스피어의 희곡 〈로미오와 줄리엣〉의 주인공 줄리엣은 현대 한국 중학교 2학년 나이이며, 로미오는 줄리엣보다 조금 많은 것으로 나온다. 이들 모두 현대적 관점에서는 아동이다.

지 매우 다양하며, 이 요인들은 상호 얽혀서 개인의 가족구성행동에 커다란 변화를 불러왔다.

산업화시대에 여성에게 허용된 공간은 가정이라는 제한된 사적 영역이 전부라고 한다면, 현대사회 여성들은 이전 사회의 남성 전유물이었던 공적 영역으로 그 활동 공간을 적극적으로 확장시키고 있다. 이것을 가능하게 한 것은 여성의 교육수준 향상과 이에 따른 여권의식 신장과 자아실현 욕구의 발현이라고 하겠으며, 그 결과 여성의 경제활동은 지속적으로 확대되고 있다.[5]

여성 경제활동을 확대시킨 또 다른 요인으로 정보화사회의 산업 특성을 거론하지 않을 수 없다. 정보의 생산, 저장, 분배에 관련된 산업이 경제활동의 핵심이 되는 정보화사회의 노동 성격은 신체적 강인함보다는 컴퓨터나 커뮤니케이션 기술 등과 같이 지식과 정보를 처리하는 능력이 중요하다. 산업사회의 노동경쟁력 우위였던 육체적 강인함과는 다른 노동연성화는 여성들의 경제활동 참여에 긍정적으로 작용하였다. 여성의 경제적 자립은 남성에 대한 여성의 경제적 의존을 토대로 축조된 산업사회의 가족생활에 근본적인 변화를 불러올 수밖에 없다.

후기 산업화 시대 이후 전 지구적으로 확산되고 있는 신자유주의 경제이념은 가족의 경제적 안정을 위협하면서 가족생활에 지대한 타격을 주고 있다. 경영 이윤 확대와 효율성 향상을 위한 대규모 정리해고와 구조조정, 노동시장의 유연화, 생산 자동화로 인한 노동시장 위축 등은 산업화시대의 완전고용과 가족임금제도에 기반을 둔 가족의 경제적 토대를 침하시킴으로써 가족을 '위험상황'으로 내몰게 되었다(장경섭, 2018). 이러한 상황에서 개인들은 위험을 관리하기 위한 방편으로서 가능한 한 결혼을 늦추거나, 별거나 이혼, 출산회피 등 탈가족화를 시도하게 되었다.

또한 더욱 가속화되고 있는 가족주의 약화와 개인화의 진전은 가족 가치보다 자신의 독립과 개성을 실현하려는 다수의 개인을 등장시켰다. 자의식이 강하고 자신의 내면적 욕구에 민감한 주체적인 개인이 증가하게 되면서 출생, 양육, 교육, 직

---

5) G7 국가 여성의 경제활동참가율은 1990년 50.6%, 2000년 52,5%, 2010년 53.1%, 2019 54.6%로 지속적으로 증가하였다(ILO, Labor force participation rate by sex and age, 각년도).

업, 노후부양 등 생애 전 과정에 걸쳐 개인 행위를 규정해 온 가족주의[6]와 가정중심성[7]은 점차 약화되고, 그 결과 가족은 개인의 생존을 담보해 주는 최적의 장소로서의 의미를 상실하기 시작하였다.

(1) 가족관계의 변화

여성의 경제력 확보는 부부관계의 평등성을 추구하게 되고, 여성의 경제활동참여는 가정 내 역할 재분담을 불가피하게 하였다. 가사노동을 재조정하게 되면서 남성의 가사노동 공유가 늘어나고, 더 나아가 남녀 역할분담이 재편되어 가사를 전담하는 남편을 가리키는 주부(主夫, househusband)라는 개념이 등장하고 있다(이여봉, 2014). 부부의 평등한 관계는 친족관계에도 영향을 미쳐 부계제의 친족관계중심에서 부모양계제로의 변화를 거쳐 미세하나마 모계중심의 친족관계로 이행되는 조짐이 감지되고 있다.[8]

개인주의적 경향이 강하고 탈권위적인 가치관을 지닌 자녀세대는 부모와의 관계에서 복종적이기보다는 자율적이며 독립적인 평등한 관계를 원하게 되었다. 부모-자녀관계에서 자녀세대가 추구하는 자유, 상호 간의 독립성과 자율성을 인정하지 못하게 되면 가족관계에 심각한 갈등이 야기되기도 한다. 또한 생산양식이 고도의 기술집약산업과 정보화산업으로 이행되면서 지식순환이 급속히 빨라졌고, 그에 따라 부모의 지식과 경험이 자녀에게 더 이상 쓸모없게 되면서 부모의 권위는 급격히 감소되었다.

평등한 부부관계, 자녀에 대한 부모의 권위 약화 등은 가족 상호 간 개성과 독립,

---

6) 여기서 가족주의란 가족구성원의 개별적 가치나 다양성보다는 전체로서의 가족이 강조되고, 가족집단의 유지와 지속에 우선적 가치를 두는 것을 의미한다.

7) 가정중심성(domesticity)이란 생존 경쟁에 지배되는 가정 밖의 험난한 세계와, 온화함, 온정과 이해에 바탕을 둔 가정이라는 이분법에 근거를 둔 세계관을 의미한다.

8) '한국의 사회동향 2017'(통계청, 2017)에 따르면, 처가와 '1주일에 한 번 이상 연락'한다는 비중은 2006년에 72.9%에서 2016년 73.4%로 증가한 반면에, 시가 부모와의 연락은 2006년 79.4%에서 2016년 71.5%로 감소했다.

자율성을 인정하는 민주적인 가족관계를 의미하지만, 동시에 이것은 가족의 끈끈한 유대와 강한 결속이라는 전통적 가족관계는 느슨해지고 사라짐을 의미한다. 이러한 이유로 자녀에 대한 부모의 희생과 자녀에게 의지하는 노후생활로 대변되는 산업사회의 가족관계가 현대사회에서도 변함없이 지속될 것으로 보기는 어렵게 되었다.

(2) 1인 가구[9]의 등장과 가족유형의 다양화

현대사회의 가족관계 특징은 남녀 성역할 구분의 약화, 부부평등과 상호 독립 강조, 자녀에 대한 부모의 권위 감소와 상호 간의 자율 존중, 가족성원의 개인주의적 경향 강화와 가족결속 약화 등으로 정리된다. 따라서 개인의 개성과 독립, 자율을 억압하는 가족생활은 지속되기 어렵게 되었으며, 이러한 경향은 다양한 가족유형의 출현으로 이어졌다. 서로를 구속하는 결혼보다는 독신이나 동거를 선호하고, 자율과 개성을 억압할 경우 쉽게 결혼생활을 정리하고, 노후에 자녀에게 의지하기보다 독립적인 생활을 추구하는 노인세대가 늘어남에 따라 다양한 형태의 가족이 등장하기 시작하였다.

① 1인 가구

가족유형이 다양화되는 현대사회에서 가장 괄목할 현상은 1인 가구의 등장이다. 부부와 자녀만으로 구성된 핵가족이란 용어는 다양한 크기의 가족집합체를 경험해 온 인류 역사 속에서 더 이상 작아질 수 없는 최소한의 크기라는 뜻을 담고 있다. 그러나 더 이상 작아질 수 없을 거라는 예측과는 다르게 정보화사회에 이르러 핵가족보다 더 작은 1인 가구가 등장하여 가장 큰 비율을 차지하는 가구유형이 되었다. 물론 1인 가구가 '가족'인가에 대해서는 여러 의견이 있을 수 있으나, 인간의 의식주를 구성하는 방식으로서 과거의 확대가족이나 핵가족에 비견되는 현대사회

---

9) 이 책에서 1인 가구란 미혼, 이혼, 사별로 인해 혼자 사는 사람과 법적으로는 혼인상태이지만 별거하여 혼자 사는 사람까지 포함한다.

의 특징적 존재방식임에는 틀림이 없다.

② 초혼핵가족

초혼의 부부와 미혼인 직계자녀로 구성된 초혼핵가족은 산업사회의 가장 효율적인 가족유형으로 간주되며 초혼핵가족 이데올로기[10]를 낳기도 하였다. 핵가족은 가족규모가 작기 때문에 친밀성의 강도가 강하여 정서적 유대기능이 만족스럽고, 가족의 개성과 자율성이 보장되기 쉬운 형태이다. 핵가족에서는 부부 상호 간 정서적 만족과 애정에 대한 기대가 매우 높은데, 그것이 충족되지 않을 경우 그것을 보충해 줄 다른 매개자원이 없기 때문에 상대적으로 가정안정성이 취약하다. 높은 이혼율과 가족유형의 다양화로 인해 초혼핵가족 비율은 급격히 감소하고 있으며 이와 더불어 과거의 '정상가족' 개념도 쇠퇴하는 경향이었다.

③ 확대가족

여러 세대가 한 집에 모여 사는 가족형태인 확대가족은 가족이 생산단위로 기능하던 전통사회에서는 가족노동력을 효율적으로 관리할 수 있는 이상적인 가족유형으로 간주되었지만 산업화 이후의 사회에서는 점차 감소하고 있다. 확대가족은 가족 보호와 부양 기능이 강하며, 가족 상호 간에 심리적 · 물질적인 지원이 원활하여 가족결속력이 강하고 가족안정성이 높은 가족유형이다. 반면에 가족목표가 개인목표보다 우선시되며, 개인의 개성과 자율성이 희생되기 쉽다.

④ 재혼가족

배우자 중 한쪽 혹은 양쪽 모두가 초혼이 아닌 결혼으로 이루어진 재혼가족은 미국 사회에서는 이미 1990년대 초에 초혼핵가족을 앞선 가장 보편적인 가족유형으로 자리 잡았다(Coleman, Ganong, & Fine, 2004). 재혼가족은 구조, 기능, 가족관계,

---

10) 초혼핵가족이 바람직한 '정상가족'이며 이 기준에서 벗어나는 가족들은 '비정상가족' 혹은 '결손가족'으로 보는 사회적 인식을 의미한다.

정서적 측면 모두에서 초혼가족과는 분명하게 다른 특징을 갖는다. 그럼에도 불구하고 재혼 가족구성원들의 역할수행과 관련한 어떠한 사회적 관습이나 관행이 축적되지 않은 무규범 상태에서 재혼가족이 겪는 어려움은 매우 크며, 그 결과 가족 해체율이 초혼가족보다 높은 것으로 알려져 있다. 처린(Cherlin, 1978)이 재혼에 관한 그의 고전적 연구에서 재혼을 미완의 제도라고 칭한 것은 재혼의 이러한 특성을 반영한 것이다.

⑤ 한부모가족

일반적으로 한부모가족이란 부모 중의 한 사람이 단독으로 부모역할을 수행하는 가족을 지칭한다. 흔히 한부모가 되는 전통적 원인으로 사망, 이혼, 유기, 별거 등이 지적되고 있지만, 최근에는 미혼모, 미혼부와 같은 자발적 한부모가 늘어가는 추세이다.[11] 미국 사회에서는 결혼하지 않은 상태에서 아이를 출생하는 미혼모나 미혼부로 인한 한부모 발생이 한쪽 부모의 사망보다 더 큰 원인으로 알려져 있다 (Erera, 2002).

⑥ 노인가족

평균 기대수명 연장으로 인한 노인인구 증가와 부부중심 가족가치관, 노인부양에 대한 인식변화 등으로 인해 노부부만으로 구성된 노인가족이 증가하고 있다. 노인가구 중 특히 자녀의 부양에 의존하지 않고 부부만의 독립적인 삶을 즐기려는 노부부를 통크족(Two Only No Kids: TONK)이라고 부른다(이동원 외, 2001). 통크족이란 '신조류' 가족형태로서, 젊은 세대가 교육과 직업 기회를 찾아 도시로 이동함에 따라 어쩔 수 없이 홀로 남게 되는 산업화 시대의 노인들과는 구별되는 개념이다. 즉, 통크족들은 경제적·정서적으로 자녀들에게 의존하지 않고 취미, 운동, 여행 등 자신들의 삶을 자발적으로 즐겁게 영위하려는 노인들이다. 경제적 여유, 고학력, 건

---

11) 2020년 11월 4일, 일본인으로 한국에서 방송인으로 활동하는 미혼인 사유리(41세)가 정자를 기증받아 아들을 출생한 사실이 언론에 크게 보도되었다.

강 등이 이러한 노인가족 형성과 관련성이 높으며 외로움이나 소외감과 같은 노인세대 특유의 정서적 고립으로부터 벗어나 있다는 특성을 보인다.

이 외에 다문화가족, 성소수자가족, 복합가족 등도 현대사회에 들어와 새롭게 등장하기 시작한 가족유형이다.

3. 한국의 가족

현재 한국은 가족제도의 급격한 변화의 와중에 있다. 증가하는 비혼자[12]나 만혼자, 출산율 저하와 이혼율 증가, 1인 가구, 노인가족,[13] 성소수자부부[14] 등으로 인해 가족의 정형적 유형을 정의하기 어려운 시대가 되었다.

1) 가족구성행동의 변화

지난 20세기 후반과 21세기 현재에 이르기까지 한국은 고도의 압축적 경제성장과 함께 급격한 사회변화를 경험하여 왔다. 농업중심의 전통사회, 초고속으로 진입한 산업사회 그리고 지금의 정보화사회로의 이행 과정이 한 세기도 채 되지 않은 짧은 시간 속에서 급속하게 진행되었다. 이러한 사회변동과 함께 가족 또한 극심한 변화의 소용돌이에 있다. 가족과 관련된 현상 중에 가장 관심을 끄는 것은 '결혼을 하여 자녀를 낳아 키우는' 사람들이 점점 줄어들고 있다는 사실이다. 가족을 구성하는 행동들, 즉 결혼과 출산을 기피하는 경향이 점차 확산되고 있는바, 이러한 현

---

12) 자발적으로 결혼을 하지 않는 것을 의미한다.

13) 일명 빈 둥지 가족이라고 칭하기도 한다. 자녀 수의 감소와 평균 기대수명의 증가로 인해 자녀양육을 끝내고 배우자와 단 둘이 남아 노년기를 보내는 가족이 점차 증가하는 추세에 있다.

14) 한국에서는 합법화되지 않았지만 동성부부들이 공개적으로 결혼식을 올리고 혼인신고를 '시도'하는 행동은 전례가 없는 일이다. 동성인 김조광수 · 김승환 씨 부부가 2013년에 서울 서대문구청에 혼인신고를 하였으나 혼인신고 불수리 통보를 받았다.

상은 만혼율, 비혼율, 출산율 등의 지표 변화추세를 통해 확인할 수 있다.

(1) 만혼과 비혼 경향

우리 사회의 만혼과 비혼 경향은 점점 확산되는 추세이다. 2020년 평균 초혼연령
은 남성 33.2세, 여성 30.8세로서 2000년에 비해 남성 3.9세, 여성 4.3세 증가한 수치
이다(〈표 1-1〉 참조). 이러한 상승세는 남녀 모두 지속적인 경향으로, 남성의 경우
2020년 처음 근소하게 하락하였지만 전체적으로 만혼 경향은 계속될 것으로 전망
된다.

표 1-1 평균 초혼연령

연도	1990	1995	2000	2005	2010	2015	2016	2017	2018	2019	2020
남성	27.8	28.4	29.3	30.9	31.8	32.6	32.8	32.9	33.2	33.4	33.2
여성	24.8	25.3	26.5	27.7	28.9	30.0	30.1	30.2	30.4	30.6	30.8

출처: 통계청(각년도). 인구동향조사.

초혼 평균연령의 상승세는 바로 혼인율 하락세와 정합의 관계에 있다. 2020년
혼인율은 4.2로 역대 최저를 기록했는데, 혼인율은 지난 세기말을 전후하여 급격
히 하락한 후 지속적으로 하락세를 유지해 오고 있다. 1995년의 8.7이었던 혼인율
이 2020년 4.2라는 반 토막도 되지 않는 수준으로 떨어지는 데 고작 15년밖에 걸리
지 않았다(〈표 1-2〉 참조).

표 1-2 혼인율   (단위: 건)

연도	1990	1995	2000	2005	2010	2015	2016	2017	2018	2019	2020
조혼인율*	9.3	8.7	7.0	6.5	6.5	5.9	5.5	5.2	5.0	4.7	4.2

* 조혼인율: 인구 1천 명당 혼인 건수.
출처: 통계청(각년도). 인구동태통계연보(혼인 · 이혼편).

표 1-3 30대 미혼율(%)

연도	1980	1985	1990	1995	2000	2005	2010	2015
남자	4.7	6.4	9.5	13.1	19.2	29.8	37.9	44.2
여자	1.9	3.0	4.1	5.0	7.5	13.3	20.4	28.1

출처: 통계청(각년도). 인구주택총조사.

〈표 1-3〉의 30대 미혼율 추세를 보면 결혼을 기피하는 현상이 빠른 속도로 확산되고 있음을 알 수 있다. 1980년에 4.7%에 불과했던 남자 30대 미혼율이 2000년 이후 급격히 상승하더니 2015년에는 44.2%까지 올랐으며, 여성은 1980년의 1.9%가 2015년에 28.1% 증가하여, 30대 중 대략 남자는 2명 중 1명, 여자는 4명 중 1명 이상이 미혼인 것으로 밝혀졌다. 2010년과 2015년 두 연도의 미혼율을 비교한 〈표 1-4〉를 보면 모든 연령대에서 미혼율이 증가하였다는 것을 알 수 있다. 이를 보면 비혼 경향이 일정 연령대에만 국한된 현상이 아니라 전체 연령대에서 광범위하게 나타나고 있음을 알 수 있다.

표 1-4 연령 및 성별 미혼인구 비율

	2010		2015	
	남	여	남	여
15~19세	99.7	99.6	99.8	99.8
20~29세	91.8	81.3	94.7	87.5
30~39세	37.9	20.4	44.2	28.1
40~49세	10.9	4.8	18.2	8.8
50~59세	3.4	2.1	6.4	3.3
60~69세	1.1	1.0	2.2	1.9
70세 이상	0.4	0.6	0.8	1.1

출처: 통계청(각년도). 인구주택총조사.

(2) 출산율의 하락

　가족변동과 관련한 가장 커다란 변화는 출산율의 지속적 감소라고 하겠다. 한국의 초저출산율은 기혼자들의 출산기피와 더불어 만혼 경향과 비혼인구 증가와 밀접히 관련되어 있다. 〈표 1-5〉의 출산율 변화추이에서 보듯이 1960년 출산율 약 6.0명에서 2000년에 약 1.5명으로 지속적으로 감소하더니 2020년에는 0.84로서, 2001년 이후 20년 연속 초저출산 기준선[15]을 넘지 못하고 있으며, 2002년 이래 부동의 세계 최하위를 기록하고 있다. 2018년 OECD 가입국의 평균 합계출산율[16] 1.63에 비해 동년의 한국은 0.98로 인구유지에 필요한 최소 합계출산율 2.1에 현저히 밑도는 수치를 보이고 있다.

표 1-5　출산율 변화추이

연도	1960	1970	1980	1990	2000	2010	2017	2018	2019	2020*
합계출산율	6.16	4.53	2.82	1.57	1.47	1.23	1.05	0.98	0.92	0.84

출처: 통계청(각년도). 인구동태통계연보.
* 잠정 합계출산율.

(3) 이혼율

　이혼을 금기시하고 초혼 부모와 그 자녀로 구성된 핵가족을 이상화해 온 우리 사회의 현실은 빠르게 변화하고 있다. 〈표 1-6〉에서 알 수 있듯이 1970년의 이혼율 0.4가 거의 3배인 1990년의 1.1이 되기까지 20년이 소요되었다. 그에 비해 1990년의 이혼율 1.1이 3배가 넘는 2003년의 3.5[17]로 증가하는 데에 걸린 시간은 고작 13년밖에 되지 않아 이혼이 매우 빠르게 증가하고 있음을 알 수 있다. 이혼율은 2003년에

---

15) 합계출산율 1.3 이하는 초저출산, 2.1 이하는 저출산으로 분류된다.
16) 합계출산율: 여자 1명이 가임기간(15~49세) 동안 갖게 될 평균 출생아 수.
17) 이 시기의 이혼율이 그 이후보다 높았던 것은 1997년의 경제위기에서 비롯된 것으로 이해된다. 1997년 외환부족으로 국가부도 위기에 봉착한 한국은 IMF의 긴급지원을 받게 되는데, 그 대가로 IMF는 강도 높은 경제구조조정을 요구하였다. 이로 인해 수많은 실업자가 양산되며 그 여파로 가정이 해체되는 경우가 많았다.

표 1-6 이혼율의 연도별 추이 (단위: 건)

연도	1970	1975	1980	1985	1990	1995	2000	2002	2003	2004	2005	2010	2015	2016	2017	2018	2019	2020
조이혼율*	0.4	0.5	0.6	1.0	1.1	1.5	2.5	3.0	3.5	2.9	2.6	2.3	2.1	2.1	2.1	2.1	2.2	2.1

* 조이혼율: 인구 1,000명 당 이혼 건 수.
출처: 통계청(각년도). 인구동태통계연보(혼인·이혼편).

3.5로 정점을 찍은 후 점차 하락추세를 보이다가 2015년 이후로는 2.1 수준의 정체
상태를 이어 가고 있다.

(4) 재혼

변화하는 가족구성행동 중 관심을 끄는 현상은 재혼이다. 재혼은 두 가지 측
면에서 관심을 끄는데, 하나는 양적 증가이고 다른 하나는 재혼의 유형이다. 〈표
1-7〉에서 알 수 있듯이, 1980년에 전체 혼인의 7.8%를 차지하였던 재혼은 1990년
에 10.6%, 1995년에 13.7%, 2000년에 18.0%로 빠르게 증가하였고, 2005년에는 전
체 혼인에서 재혼이 점하는 비율이 25.3로 최고점에 올랐다. 그 후 다소 하락하

표 1-7 혼인형태별 구성비 (%)

연도	초혼녀+초혼남	재혼유형			
		재혼남+재혼녀	초혼남+재혼녀	재혼남+초혼녀	소계
1980	92.2	3.1	1.2	3.5	7.8
1985	91.0	3.8	1.6	3.6	9.0
1990	89.3	4.7	2.3	3.6	10.6
1995	86.3	6.5	3.6	3.6	13.7
2000	82.0	9.6	4.9	3.5	18.0
2005	73.8	14.7	6.4	4.2	25.3
2010	78.1	12.0	5.6	4.3	21.9
2015	78.7	11.5	6.0	3.9	21.4
2020	78.2	11.8	6.0	3.7	21.5

출처: 통계청(각년도). 인구동태통계연보(혼인·이혼편).

면서 21%를 조금 넘는 기조를 계속 유지하여 2020년에는 21.5%로서 결혼하는 5쌍 중 1쌍 이상이 재혼이었다.

재혼을 주목해야 하는 다른 이유는 재혼유형과 관련이 있다. 1995년 이전까지 재혼남+초혼녀 재혼이 초혼남+재혼녀 재혼보다 더 많았던 상황이 변하여 1995년에 3.6%로 동률이 되더니 그 이후에는 그 양상이 역전되어 2020년까지 그 기조가 변함없이 지속되었고, 양적 측면에서도 두 배 가까이 차이가 벌어지고 있다. 여성의 재혼을 금기시하고 여성의 정절을 강조했던 과거 한국의 강한 가부장적 문화에 비추어 보면, 전혼 경력이 있는 여성이 초혼남성과 결혼하는 비율이 초혼여성과 결혼하는 재혼남성 비율보다 더 많아지고 있는 현상이 얼마나 커다란 변화인지 가늠할 수 있다.

2) 가족구조의 변화

(1) 1인 가구시대의 도래

우리 사회의 급격한 가족변동 중 괄목할 만한 변화는 1인 가구의 급증이다. 흥미로운 점은 1인 가구가 우리 사회가 미처 인식하지 못하는 사이에 엄청난 속도로 늘어났다는 것이다. 〈표 1-8〉이 보여 주듯이, 1980년 1인 가구는 사회적 의미가

표 1-8 가구원수별 구성비율 추계(1980~2047) (단위: %)

연도	1980	1985	1990	1995	2000	2005	2010	2012	2015	2016	2017	2018	2019	2027	2037	2047
1인	4.8	6.9	9	12.7	15.5	20	23.9	25.3	27.2	27.9	28.6	29.3	30.2	32.9	35.7	37.3
2인	10.5	12.3	13.8	16.9	19.1	22.2	24.2	25.2	26.1	26.2	26.7	27.3	27.8	30.9	33.4	35.0
3인	14.5	16.5	19.1	20.3	20.9	20.9	21.3	21.3	21.5	21.4	21.2	21.0	20.7	20.7	19.7	19.3
4인	20.3	25.5	19.5	31.7	31.1	27	22.5	20.9	18.8	18.3	17.7	17.0	16.2	12.3	9.0	7.0
5인 이상	49.9	39	28.7	18.4	13.4	10	10	7.2	6.4	6.2	5.8	5.4	5.0	3.3	2.1	1.4

출처: 통계청(2020). 2019년 인구주택총조사.
통계청(2019). 장래가구추계: 2017~2047년.

거의 없는 전체 가구의 4.8%에 불과했던 것에 비해 30년이 지난 2010년에는 무려 23.9%로 급증했을 뿐만 아니라, 2년 뒤인 2012년에는 25.3%로 가구원수별 구성비율에서 1위를 차지하였다. 이러한 추세는 계속 이어져 2019년에는 30.2%로 증가하였고, 추계자료에 따르면 그 이후로도 1인 가구 점유비율은 지속적으로 상승할 것으로 예측되어 1인 가구가 보편적인 존재양식으로 자리 잡을 전망이다.

1인 가구의 혼인지위별 통계에서 미혼이 가장 높은 비율을 차지하는 것을 통해 우리 사회의 미혼인구 증가와 만혼화 경향이 1인 가구 증가와 크게 관련되어 있음을 알 수 있다. 1인 가구 중 미혼인구 비율은 2000년 43.0%, 2005년 45.0%, 2010년 44.5%, 2015년 43.8%로 전체적으로 미세한 증감은 있으나 1인 가구에서 차지하는 1위 자리에는 변함이 없다(통계청, 2018). 1인 가구 증가의 또 다른 요인은 이혼이다. 이혼율 증가는 1인 가구 증가로 이어져, 1인 가구의 혼인지위별 통계에서 이혼이 점하는 비율은 2000년 9.8%, 2005년 11.8%, 2010년 13.4%, 2015년 15.5%로 지속적으로 상승하고 있다(통계청, 2018).

1인 가구의 증가는 급속한 고령화 현상에 따른 60대 이상 노인인구 증가와도 관련이 있다. 우리 사회는 이미 2000년에 노인인구 7.3%로 고령화 사회에 진입하였고, 2017년에 14.2%로 노령사회가 되었다. 2020년에는 그 비율이 16.4%로 증가하였고, 2026년쯤에는 20%를 넘어 초노령사회[18]에 도달할 것으로 예측하고 있다. 2015년 1인 가구 가운데 23.5%는 65세 이상의 고령자로 구성되어 있으며, 이 수치는 2017년에 24.5%로 증가하였다(통계청, 2018). 노인 1인 가구 중 여성노인 1인 가구가 압도적으로 높아, 2017년 기준 65세 이상 노인 1인 가구 중 남성노인 25.9%에 비해 여성노인은 74.0%로 나타났다. 이러한 차이는 대부분 남녀 평균수명 차이로 인한 사별로 설명되지만, 2012년부터 증가하기 시작한 혼인기간 20년 이상 부부의 이혼 또한 여성노인 1인 가구 증가에 일조를 하고 있다(통계청, 2018).

---

18) 고령화 사회(aging society)는 전체 인구 중 65세 이상 인구비율이 7% 이상 14% 미만인 사회를 가리키고, 노령사회(aged society)는 14% 이상 20% 미만인 사회, 초노령사회(super-aged society)는 20% 이상인 사회를 가리킨다.

(2) 가족규모의 축소

출산율의 현저한 하락은 가족규모를 급격하게 줄이는 결과를 가져왔다(〈표 1-5〉 참조). 〈표 1-9〉에 따르면, 1985년까지 4명 이상이던 평균 가족 수는 1990년대에 이르러 4명 이하로 감소하다가 2005년에는 3명 이하로까지 줄어들었고, 2019년에는 2.39명으로 지속적인 하락세를 보이고 있다. 이러한 현상은 앞의 〈표 1-8〉이 보여 주듯이 1인 가구와 2인 가구의 상승세와 맞물린 당연한 결과라고 할 수 있다.

표 1-9 가족 수의 변화

(단위: 명)

연도	1970	1975	1980	1985	1990	1995	2000	2005	2010	2015	2019
평균 가구원 수	5.24	5.04	4.55	4.09	3.71	3.34	3.12	2.88	2.69	2.53	2.39

출처: 통계청(각년도). 인구총조사.

(3) 가족유형의 다양화

우리 사회의 가족을 둘러싼 가치관은 빠르게 변화하고 있다. 가족을 연구하는 학자들은 '백년해로'와 같은 결혼가치관은 더 이상 작동하지 않으며, 한 개인은 평생 살면서 한 가지 이상의 가족유형을 경험하게 될 것이라고 전망하고 있다. 예컨대, 결혼하여 핵가족을 형성한 이후 이혼하여 1인 가구 혹은 한부모가족이었다가 재혼하여 재혼가족이 되는 시대가 되었다는 것이다.

앞의 〈표 1-8〉에서 알 수 있듯이, 핵가족은 더 이상 보편적 가족유형이 아니며, 한부모가족, 재혼가족, 다문화가족, 조손가족, 노인가족 등 다양한 모습의 가족이 공존하는 사회가 되었다. 이혼, 별거, 사망, 유기 등의 사유로 부모 중 한쪽과 그 자녀로 이루어진 가족을 지칭하는 한부모가족은 2018년에 전체 가구의 7.5%를 점하고 있다(통계청, 인구주택 총조사, 각년도). 2010년 이후로 변함없이 한 해 혼인 중 21% 정도를 점하고 있는 재혼율은 우리 사회 재혼가족의 규모를 짐작하게 한다.

3) 가족의 기능과 관계 변화

(1) 부부의 정서적 기능 강화

1990년대 중반까지도 한국 가족은 부부의 사랑이 식으면 헤어지는 서구 사회 가족과는 다르게, '제도가족'의 특성이 강하게 남아 있는 것으로 분석되었다. 즉, 부부의 정서적 유대나 성생활 만족보다, 남편에게는 경제부양자 및 아버지 역할에 대한 기대, 아내에게는 알뜰한 살림꾼 및 어머니로서의 역할에 대한 기대가 우선한다는 것이다(이동원 외, 2001). 그러나 최근에 이르러 서구 사회와 유사하게 한국 가족도 부부의 정서적 유대가 가족을 유지하는 주요 요인으로 부각되기 시작하였다. 앞의 〈표 1-6〉에서 알 수 있듯이 우리 사회의 이혼율은 지속적으로 증가하고 있다. 대부분의 사회에서 이혼율 증가는 경제적 요인으로 인한 사례보다 부부불화로 인한 사례에 기인하는 보편적 경향(조정문, 장상희, 2001)에 비추어 볼 때, 한국의 이혼율 증가는 바로 부부의 애정적 결속이 가족의 중요한 기능이 되면서 오히려 가정의 불안정성이 커졌다는 것을 방증한다.

(2) 소비기능 강화와 맞벌이 부부의 확산

한국은 1970년대 이후 산업화가 본격적으로 진행되면서, '남성은 일터, 여성은 가정'과 같은 성별 분업이 가정의 모습으로 정상화되었다. 이 시기 여성의 경제활동은 주로 일을 할 수밖에 없는 저소득층 여성들에 의해 주도되었다. 그러나 산업화의 진전으로 생활수준이 향상되고 이와 더불어 소비수준 또한 급격히 향상되면서 남성에게 전담되었던 가족생계부담을 맞벌이를 통해 여성이 공유하는 형태로 변화되기 시작하였다. 경제적 욕구 외에 여성의 자아실현 욕구, 자녀양육기간 감소와 기계 발전으로 인한 가사노동시간 단축, 여성취업직종 증가 등 다양한 요인에 의해 여성 경제활동은 증가하였다. 이러한 여성의 경제활동은 21세기 정보화 사회에 이르러 노동의 연성화로 인해 더욱 확대되는 경향이 있다. 그 결과 1985년 41.0%이던 기혼여성의 취업률이 2020년에는 60.1%로 증가하였다(통계청, 경제활동인구연보, 각년도).

(3) 부계혈통 존속기능의 쇠퇴

1990년대의 「가족법」 개정으로 부계와 모계가 모두 동등하게 친족으로 인정되고, 아들과 딸의 동등상속권이 법적으로 보장되었다. 2005년 국회를 통과한 「민법」 개정안이 2008년 1월부터 시행되면서 이 지구상에서 유일하게 호주제도를 채택하고 있던 한국에서도 호주제가 사라지게 되었다. 관련법 개정을 통해 천명한 남녀평등의식은 아동출생성비의 변화에서도 감지된다. 〈표 1-10〉이 보여 주듯이, 1990년 116.5이던 출생성비가 21세기에 들어서서 줄기 시작한 후 2015년에는 105.3으로 성비균형을 이루더니 2020년에는 104.9로 역전되는 상황이 되었다.[19]

표 1-10 연도별 출생성비 출생성비* 추이

연도	1990	1995	2000	2005	2010	2015	2020
성비	116.5	113.2	110.2	107.8	106.9	105.3	104.9**

* 출생성비: 여아 100명당 남아 수.
** 잠정 출생성비.
출처: 통계청(각년도). 인구동태통계연보.

(4) 양육과 보호 기능의 약화

전통사회에서는 물론 산업사회에서도 가족의 주요 기능 중의 하나이던 자녀양육기능이 현대사회로 들어오면서 사회적 제도나 기관들로 적극적으로 이전되는 추세이다. 아동양육에 대한 사회적 개입의 확대[20]는 한국 기혼여성의 경제활동 증가와 밀접히 관련된다고 볼 수 있다. 이와 더불어 여성권리에 대한 의식이 신장되

---

19) 인위적 개입이 없는 자연상태에서 성비는 지역에 따라 다소 차이는 있지만 대략 105.0이나 106.0으로 보고 있다. 이러한 출생성비 불균형의 이유에 대해서는 아직 밝혀지지 않았다. 가장 설득력 있는 가설은 여성보다 남성의 생존력이 약하다는 것이다. 2020년의 104.9라는 숫자는 여아를 선호한다고 해석될 수 있는 성비이다.

20) 2004년 1월의 「유아교육법」 제정과 「영유아보육법」(1991년 제정) 개정은 아동양육에 대한 사회적 역할을 강화시킨 단적인 예라고 할 수 있다. 2021년 현재 「유아교육법」에 의한 취학 직전 3년의 유아교육과 「영유아보육법」에 의한 만 3세 이상 아동에 대한 보육서비스가 무상으로 실시되고 있다.

면서 가족 내 재생산 담당자로 제한하는 기존의 여성 역할에 대한 비판의식과 함께 확산된 사회적 양육개념도 일조를 하였다고 하겠다.

아동양육뿐만 아니라 가족 내 노약자에 대한 보호기능 약화도 가속화되고 있다. 출생률 하락으로 노인들을 부양할 가족자원이 절대적으로 감소하고 있으며, 여성의 사회활동 증가와 가족규모의 축소로 노인보호를 더 이상 가족 내에서 해결할 수 없게 되면서 노인주간보호센터, 노인요양보호시설과 같은 사회적 보호시설들이 지속적으로 늘어나고 있다.

(5) 성과 출산의 통제기능 약화

성과 출산에 대한 규제기능은 가족제도의 주요 기능으로서 현대사회에서도 존속되고 있다. 그러나 과거에 비해 통제기능의 강도는 점차 약화되고 있다. 의학기술의 발달에 힘입은 임신과 출산의 조절, 피임법의 발달과 보급은 자유로운 성생활을 가능하게 하였고, 성에 대해 개방적으로 변화하는 가치관 등으로 인해 혼외 성을 규제했던 사회적 규범도 약화되기 시작하였다. 단적인 예로, 2016년 2월 헌법재판소는 "혼인과 가정의 유지는 형벌을 통해 타율적으로 강제될 수 없다."라는 이유로 1953년 이후 62년간 지속되어 온 간통죄를 폐지하였다.

(6) 지위재생산 기능

현대사회에 들어와 한국에 가족의 사회경제적 배경에 따라 거주 지역, 여가와 문화생활 등에 있어서 뚜렷이 차별화되는 계층별 가족생활 양식이 대두되기 시작하였다. 이처럼 사회계층 구조가 견고해짐에 따라 계층이동 기회가 점차 희박해지면서 가족지위 계승기능이 더욱 강화되는 경향이다. 아들과 딸에게 최고 수준의 교육을 시켜 훌륭한 직장을 갖게 하고, 사회경제적 수준이 비슷한 집안이나 더 좋은 집안에 혼인시켜 가족지위를 유지하거나 계층상승이동을 시키는 것이 가족의 주요기능이 되고 있다.

이것이 지나치게 되면 가족이기주의로 비춰지기도 한다. 일제강점기와 한국전쟁등 혼란기에는 가족주의가 외부 위기에 대처하기 위해 가족 내부의 단결을 강화시키는 수단으로 기능한 반면, 오늘날에는 가족주의가 가족의 지위재생산 기제를 지나치게 강조하며 사회적 경쟁을 촉발시키는 가족이기주의로 변질된 부분이 없지 않다. 이러한 가족이기주의는 사회적 통합을 저해하는 역기능으로 작용할 뿐만 아니라 가족 내부에도 많은 문제를 초래하기도 한다. 자녀 성공을 위한 부모의 지나친 희생, 그 희생을 대가로 하는 자녀로부터의 과도한 보상심리, 세대 간 가치관 차이로 인해 부모의 희생을 당연한 것으로 여기는 세태 등이 가족 통합을 방해하기도 한다.

4) 가족가치관의 변화

(1) 효 가치관 약화와 부부중심적 가족생활 강화

　한국 가족은 전통적으로 효 가치관을 중심으로 강하게 결속된 부모-자녀[21]가 가족생활의 중심이었으나, 최근에 젊은 세대를 중심으로 부부중심의 생활이 보편화되고 있다. 가족생활이 부부를 중심으로 이루어지면서 자신의 원가족(family of origin)에 대한 의무나 책임의식과 같은 효의식이 약화되는 반면에 부부와 자식[22]으로 구성된 출산가족에 대한 애정, 관심, 충성심, 귀속감 등이 강화되는 경향이다.

　〈표 1-11〉은 지난 20여 년 동안 부모부양에 대한 의식이 얼마나 급속하게 변했는가를 일목요연하게 보여 주고 있다. 2002년 가족이 부모를 부양해야 한다는 비율이 70.7%였으나 2020년에는 22.0%로 급감하고 대신에 가족과 함께 정부, 사회가 부양해야 한다는 비율이 2002년 18.2%에서 2020년 61.6%로 증가하였다. 부모부양 책임이 가족보다는 정부나 사회에 있다는 인식이 넓게 퍼지고 있어 전통적 효사상이 퇴색하고 있음을 알 수 있다.

---

21) 여기서 부모란 부부를 중심으로 그 윗세대를 의미하며 자녀란 부부를 의미한다.
22) 부모는 부부, 자식은 부부의 자녀를 의미한다.

표 1-11 부모부양에 대한 의견조사 (단위: %)

	가족, 정부, 사회가 함께	가족	부모님 스스로 해결	정부, 사회	기타
2002	18.2	70.7	9.6	1.3	0.2
2008	43.6	40.7	11.9	3.8	0.0
2010	47.4	36.0	12.7	3.9	0.0
2014	47.3	31.7	16.6	4.4	0.0
2016	45.5	30.8	18.6	5.1	0.0
2018	48.3	26.7	19.4	5.7	0.0
2020	61.6	22.0	12.9	3.5	0.0

출처: 통계청(각년도). 사회조사.

(2) 평등 · 우애적 부부관계

가족관계가 부부중심으로 바뀌면서 관계 속성 또한 변하고 있다. 여성교육이 증대되고 여성권리가 신장되면서 남녀평등적 가치가 확산되고, 이에 따라 부부관계도 평등적 관계를 지향하게 되었다. 또한 여성의 확대된 경제활동은 경제적 자립을 가능하게 하였고, 이것은 여성의 독립심을 강화시켜 결과적으로 부부관계 평등화에 기여하였다고 볼 수 있다. 오늘날 부부관계는 부부간 위계적 관계와 그에 따른 역할이 분리되었던 과거의 '제도적 결혼'과는 달리 평등한 부부관계에 기반한 우애적 · 동반자적 관계로 변화해 가고 있다(이여봉, 2014). 우애적 관계가 중시되는 결혼에서는 부부간의 의사소통을 통한 이해, 절충, 타협, 양보 등이 부부관계 유지의 필수적 요소가 될 수밖에 없고, 이것이 실패하게 되면 관계를 지속시킬 유일한 이유가 사라지게 되는 것이다. 과거에 비해 높아진 이혼율은 많은 부분 여기에서 비롯된다고 보아도 무리가 없다.

부부관계의 변화는 가정에서 남녀 성역할 변화를 불러왔다. 통계청(고용보험 DB, 각년도)이 발표한 자료에 따르면 육아 및 가사전담 비경제활동 남자들이 2020년 8월에 17만 1천 명에 이르는 것으로 나타났다. 이는 2015년 같은 달의 14만 6천 명에 비해 17.1%가 늘어난 수치이며, 2003년의 6만 9천 명에 비해서는 147.8%나 증가한 수치이다. 이렇게 수치가 늘어난 데는 집안일을 한다는 사실을 당당하게 밝히는 남자가 많아진 측면도 있다는 것이 통계청의 분석이다. 또한 육아휴직[23]을 신청하는 남성 근로자의 수가 눈에 띄게 느는 것에서도 남녀관계의 변화가 감지된다. 고용노동부 통계(고용보험DB, 각년도)에 따르면 2002년 상반기 중 육아휴직을 사용한 근로자 중 남성은 78명에 불과했으나 2016년 7,616명, 2017년 1만 2,043명, 2020년 3만 8,511명으로 급격하게 늘어났다.

(3) 부모–자녀 간 단절과 독립의식 증대

세대차이란 어느 사회에서나 존재하는 자연스러운 현상이라고 볼 수 있다. 그러나 과거의 세대차이가 나이차이로 인한 경험의 양에서 비롯된다면, 현대사회의 세대차이는 질적으로 판이한 경험에서 비롯된다는 점에서 다르다. 농경사회와 산업사회의 가치관을 지닌 부모와 인터넷과 함께 성장하며 정보화사회의 새로운 가치관을 습득한 자녀 간에 현격한 세대차이가 존재할 수밖에 없다. 또한 지식순환이 빠른 현대사회에서는 부모의 지식과 경험이 자녀에게 더 이상 쓸모가 없게 됨에 따라 자녀에 대한 부모의 교육이나 훈육의 권위가 점차 약화되고 있다.

부모와 자녀 간 세대차이와 부모의 권위약화가 긍정적 결과를 가져오기도 한다. 부모와 자녀가 서로의 독립성을 인정하고 각자의 자율적 판단을 존중하게 되면서 상호 간 독립의식이 증대되어, 자녀를 위해 부모가 희생을 하고 그 대가로 노후를 자녀에게 의탁하는 과거 시대의 모습은 점차 사라지는 추세이다. 반면에 이러한 변화를 긍정적으로 수용하지 못하는 경우 세대 간 갈등을 빚기도 한다.

---

23) 「남녀고용평등과 일·가정 양립 지원에 관한 법률」제19조에 의해 만 8세 이하 또는 초등학교 2학년 이하의 자녀가 있는 남녀 근로자가 양육을 목적으로 사업주에 휴직을 신청하는 제도를 말한다. 육아휴직기간은 1년 이내로 육아휴직기간 동안 매월 통상 임금의 100분의 40을 육아휴직 급여로 지급한다.

제**2**장

가족복지에 대한 이해

　가족복지의 개념은 이전에도 매우 혼란스럽게 정의되고 있었지만 이런 혼란은 현대에 와서 더 심화되는 경향이 있다. 그것은 무엇보다도 현대에 와서 가족복지의 대상인 '가족'을 정의하기가 그 어떤 시기보다도 어려워졌기 때문이다. 가족관련 전문가들이 가족에 대한 정의는 불가능하다고 할 정도로 가족은 급격하게 변하고 있고, 정형화된 가족의 모습은 더 이상 존재하지 않은 시대가 되었다. 둘째, 가족은 사회의 기본적 제도로서 사회의 다양한 제도나 정책들과 직간접적으로 모두 관련되기 때문에 가족만의 영역을 분명하게 구별하여 다루는 것이 거의 불가능하다. 셋째, 아동복지, 노인복지, 여성복지 등과 같은 다양한 사회복지 분야들이 각기 개별적인 가족성원들과 관련되어 있기 때문에 가족을 대상으로 하는 가족복지가 이러한 사회복지의 다른 분야들과 중첩되는 것을 피할 수 없다. 이러한 이유로 아동복지, 노인복지 등과는 다르게 가족복지의 외연을 확연하게 구분하여 정의한다는 것이 현실적으로 매우 어렵다. 그러나 가족복지가 아동문제, 노인문제, 여성문제와 동일개념이 아닌 것은 분명하다.

이 책에서는 이러한 개념혼란을 정리하고 가족복지에 대한 이해를 도모하기 위하여 가족복지의 대두배경, 목적, 대상, 개입영역, 유형 그리고 가족복지의 방법 등에 대하여 살펴본다.

1. 가족복지의 대두배경과 정의

1) 대두배경

사회복지가 도입된 이래로 가족은 언제나 사회복지의 중심에 위치하고 있었다. 현대 사회복지제도의 역사는 전통적인 가족기능을 보완, 대체 및 강화하는 역사라는 관점에서 보면 모든 사회복지는 바로 가족복지라고 할 수 있다. 이러한 시각에서 보면 가정의 소득단절 위험을 보완하기 위한 연금제도도 가족복지의 일환인 것이다. 그러나 사회복지의 한 분야로서 가족복지를 논할 때의 의미는 이와는 다르다고 할 수 있다. 사회복지의 하위 영역으로 가족복지를 다룰 때 그 범주는 다른 사회복지프로그램과는 구별되는 영역을 염두에 두고 있는 것이다.

또한 전문직으로서 사회복지실천방법(social work)이 발달한 미국에서는 그 초창기부터 개인의 문제와 욕구를 다룸에 있어서 개인의 생활환경으로서 가족배경을 중요하게 간주하였다. 그러나 전통적 사회복지접근에서 가족 또한 사회배경으로서의 의미를 가질 뿐 결국 초점은 개인에게 있었고, 가족기능에 대한 개입이었다고 하더라도 사회복지의 직접적인 대상은 개인이었지 가족은 아니었다.

가족복지가 특별히 강조되는 시점은 사회와 국가마다 다르지만, 그 배경에는 공통점이 있다. 즉, 이혼율의 상승이나 여성의 노동시장 참여확대로 인한 아동양육문제 등 가족기능이 사회적 문제로 부각되는 시점이라는 것이다. 미국이 최초로 가족을 공공정책의 어젠다로 채택한 것은 1977년 대통령 취임연설에서 카터 대통령이 가족기능을 강화할 행정기구를 설치하겠다고 공언한 것을 꼽는다. 그 결과, 1979년 12월 카터 대통령에 의한 '가족에 관한 백안관 회의'가 개최되었다. 이 시기의 미국은 급격한 산업구조 변화로 인하여 노동시장에서 여성의 비중이 대폭 증가하였고, 이에 따라 가정에서의 여성역할에 변화가 발생하면서 아동양육 등의 문제가 불거지기 시작하였으며, 이러한 가족기능 변화에 자조적으로 적응하지 못한 가족은 해체되거나 붕괴되는 상황이었다.

스웨덴이 아동양육의 사회화를 중심으로 가족정책을 펼친 시점도 산업화에 따라 여성의 노동시장 참여가 확대되고 가족의 양육기능이 쇠퇴하는 등 기존의 가족기능이 변화되는 시기였다. 한국의 경우에도 최근에 가족정책에 대한 정부와 사회의 관심이 높아진 배경에는 이혼율 급증이나 여성 경제활동 참여와 같은 변화가 자리하고 있다.[1] 전통적 가족구조와 역할이 변화하고 가족해체 문제가 심각해지면서, 통합적 가족정책을 수립하고 각 부처의 가족정책을 조정·지원하는 기능을 수행할 수 있도록 2005년 여성가족부를 출범시켰으며[2] 2004년에는 한국 가족복지의 근간이 되는 「건강가정기본법」[3]을 제정함으로써 가족복지에 대한 국가 책임을 명확히 하였다. 2007년 기존의 「남녀고용평등법」의 법제명을 「남녀고용평등과 일·가정 양립 지원에 관한 법률」로 변경한 것도 가정기능 지원에 방점을 둔 가족복지의 일환이라고 볼 수 있다.

국가별 시기는 서로 다르지만, 산업화의 진전과 더불어 여성의 고학력화, 경제활동 참여와 더불어 남녀평등의식의 확산 등으로 남성은 생산담당, 여성은 재생산담당이라는 역할분화를 기조로 작동해 온 가족기능에 변화가 발생하면서부터 가족

---

[1] 국가가 가족정책에 관심을 갖는 보다 직접적인 이유는 한국의 인구감소가 심각한 단계이기 때문이기도 하다. 2021년은 연간 기준 주민등록인구가 역사상 처음으로 감소한 해로 역사에 기록될 것이다. 주민등록인구가 전년에 비해 0.08% 감소하였는데, 전쟁이나 대규모 자연재해 없이 이렇게 급격하게 인구가 줄어드는 경우는 매우 드물다고 한다. 2020년 한국 합계출산율은 0.84로, 인구유지에 필요한 최소 합계출산율 2.1에 현저히 밑도는 수치를 보이고 있다. 합계출산율이란 여자 1명이 가임기간(15~49세) 동안 갖게 될 평균 출생아 수를 의미한다.

[2] 한동안 보건복지부로 기능이 이관되었다가 2010년 다시 여성가족부로 개편되어 현재에 이르고 있다.

[3] 「건강가정기본법」이라는 법제명이 시사하듯이, 당시 이 법이 제정될 당시, '건강가정'이라는 '정상가족' 개념을 고수하고 새롭게 등장하기 시작한 다양한 가족유형을 포괄하지 못한다는 비판이 강하게 제기되었다. 2021년 8월 현재, 현대의 가족변화를 반영하여 법 개정을 추진 중이다.

복지에 대한 논의가 시작되었다는 점에서 공통적이다.

2) 정의

가족복지에 대한 정의들은 일견 혼란스러워 보이는데, 그것은 가족복지의 고유 영역이나 외연이 모호해서이기도 하지만 정의마다 초점이나 강조점이 다르기 때문이기도 하다. 가장 고전적인 정의는 1960년 미국 사회복지사협회가 발간한 『사회복지연감』과 1965년 같은 기관에서 발간한 『사회복지사전』의 가족복지사업(family social work)에 대한 정의로서, 가족복지사업이란 가족생활을 보호 · 강화하고, 가족구성원의 사회 적응상의 문제를 원조하고, 사회인으로서의 기능을 높이기 위해 행하는 일련의 서비스를 의미한다고 규정하고 있다. 이러한 미국 사회복지사협회의 정의는 '가족구성원의 사회적 기능수행을 지원한다'라는 구절에서 알 수 있듯이 가족을 대상으로 하기보다는 개인에게 초점을 두고 있다. 또한 이 정의는 '케이스워크로 대표되는 사회사업방법론[4]으로써 가족복지적인 대응에 머물러, 폭넓게 사회복지정책으로서의 가족에 대응하는 종합적인 접근 자세를 논하지 못하였다'(野夕山久也, 2001)는 지적을 받고 있다.

미국 사회복지사협회의 정의에는 사회복지가 사회복지실천 중심으로 발달한 미국적 특성이 반영되어 있다. 이처럼 가족복지는 국가마다 다른 사회문화적 특성에 따라 다양한 의미를 가지게 된다. 사회복지가 거시적인 정책중심으로 전개된 유럽의 경우 가족복지란 용어보다 가족정책이란 용어가 선호되는 것도 이러한 맥락에서 이해될 수 있다. 이런 점을 전제로 가족복지에 대한 정의들을 정리하면 다음과 같다.

미국의 펠트먼과 쉬츠(Feldman & Scherz, 1967)는 가족복지란 전체로서의 가족과 그 구성원들의 사회적 기능수행을 효과적으로 증진시켜 가족구성원들의 행복을 도모하는 것이라고 하였으며, 일본의 야마자키 미치코(山埼美貴子, 1976)는 가정

---

[4] 이 책에서 social work는 사회복지실천으로 기재하였으나, 원저자의 글을 직접 인용할 때는 원저자가 사용한 사회사업방법론을 그대로 옮겨 적었다.

복지는 가족생활을 보호·강화하고 가족성원의 사회적 기능수행을 고양하는 것으로 규정하였다. 조흥식 등(2017)은 "가족에 대한 사회복지는 가족생활을 보호, 보장, 강화하고 가족구성원 개개인의 사회적 기능수행을 높이기 위하여 시행되는 제반 서비스 활동을 의미한다."라고 정의하였다.

가족을 대상으로 하는 가족복지의 지향점을 가장 포괄적으로 제시한 것은 김상규 등(1983)의 정의로서, 가족복지란 가족생활의 보장을 통하여 가족의 행복을 유지시키는 것이라고 하였다. 이보다 좀 더 분명하게 가족복지의 목적을 드러낸 사람은 노노야마 히사야(野々山久也)로, 그는 가족생활의 기반을 충실히 하는 것이 가족복지의 가장 기본적 이념이라고 하였다(野々山久也, 2001).

이상에 기초하여 가족복지를 정의하면 다음과 같다.

- 가족복지의 목적은 가족생활의 기반을 충실히 함으로써 가족의 행복을 유지시키는 것이다.
- 가족복지란 가족생활을 보호, 보장 및 강화하고 가족구성원들의 기능수행을 증진시키기 위한 다양한 복지서비스 활동을 의미한다.
- 가족복지의 대상은 한 단위로서 가족 전체가 되며 가족구성원 개개인이 포함된다.

2. 가족복지의 대상과 개입영역

1) 대상: 전체로서의 가족

가족복지가 다른 사회복지 분야와 구별되는 특성은 집단인 가족 전체를 서비스 대상으로 한다는 점일 것이다. 그것은 바로 가족이 사회복지의 직접적인 원조대상으로서 가족복지의 중심에 위치하는 것을 의미한다(野々山久也, 2001). 즉, 가족복지란 가족을 구성하는 개인과 그 가족을 '한 단위(unit)'로 보고, '전체로서의 가족(family as a whole)'에 주목한다(최경석 외, 2003). 김성천과 윤혜미(2000)가 한국 가족복지 전문가들을 대상으로 설문조사를 한 결과 응답자의 약70%가 가족복지정책이란 가족의 전체성에 영향을 주는 정책이라고 답변하였으며, 28%가 가족 내 개인에 대한 정책이 되어야 한다는 답변을 하여 '전체로서의 가족'이 가족복지의 핵심적 특성임이 확인되었다.

이 개념이 처음으로 등장한 것은 미국의 가족복지사업기관(Family Social Service Association of America, 1956)의 보고서로서, "가족복지사업은 가족관계의 곤란 및 사회인으로서의 기능을 수행할 수 없는 개인과 가족을 원조대상으로 하나, 이때 가족복지사업의 특징은 가족 전체를 문제로 삼는다. 즉, 그것은 가족 전체를 지향하는 것이다."라고 규정되어 있다. '가족 전체를 지향한다'는 것은 조사와 진단을 가족을 단위로 하여 시행하는 것이라고 덧붙였다. 물론 여기서 가족복지사업은 대인서비스 중심의 직접적 서비스에 국한되기는 하지만, 가족복지의 정체성을 드러낸 정의로서 매우 중요한 의미를 지닌다고 할 수 있다.

그러나 '가족 전체'라는 용어가 가족복지 관점을 제시하기는 하지만 너무 추상적이어서 그 의미는 모호하다. 분명한 것은 개인의 문제를 취급할 경우 개인의 가족 환경이나 가족관계를 조사하는 정도를 의미하는 것이 아니라는 정도이다. 그렇다면 가족복지의 핵심적 특성으로서 '전체로서의 가족'의 구체적인 의미는 무엇일까? 김성천(1989)은 "가족복지는 가족성원 개개인보다 가족성원들의 상호작용 결과로 대표되는 '가족의 전체성'에서 나타나는 욕구와 문제를 해결하는 것"이라고 하였다. 한국의 가족복지가 '전체로서의 가족'을 다루지 못하였다고 지적한 서병숙 등(2002)은 가족복지에서 가족 전체 체계의 건강성을 지원하는 포괄적인 관점이 필요함을 강조하였다.

2) 개입영역

가족복지 개입영역이란 가족복지 목적을 달성하기 위해서 정책이나 복지서비스가 구체적으로 개입하는 문제영역을 가리킨다. 가족복지 개입영역에 대한 논의 또한 매우 다양하며, 서로 다른 기준에 근거하고 있어 혼란스럽다. 다양하게 제시되고 있는 개입영역들은 분류 기준에 따라 다음과 같이 유형화할 수 있다.

첫째는 단순나열형으로 선택의 원칙이나 기준을 생략한 채 가족복지 개입대상이 되는 가족문제들을 병렬로 제시하는 유형이다. 여기에 속하는 대표적 예로 짐머먼 (Zimmerman, 1995)을 들 수 있다. 그는 가족복지 개입이 필요한 가족문제로 미혼모, 가정폭력, 가족해체, 가족성원의 건강문제, 소득불평등, 빈곤, 부랑인, 자살, 약물남용, 복지 의존성, 실업, 알코올남용, 부적절한 건강보호, 장기보호, 폭력과 범죄, 정부개입의 불합리성, 낙태, 학교 성교육, 아동보호 부족, 학교 교육, 성차별과 인종차별, 노동 강제, 부적절한 서비스체계, 서비스 전달능력 부족, 가족가치의 붕괴 등을 나열하였다. 가족문제에 대한 이러한 접근은 가족복지에 대한 전체적인 기준이나 원칙에 따른 것이 아니고 상황에 따른 사후적 · 대증적 대응이라는 한계를 지닌다.

가족생활주기를 기준으로 결혼성립기, 육아기, 노후기의 세 시기로 나누어 각 시기별로 가족복지가 개입할 문제영역을 구분하기도 한다.

- 결혼성립기: 건강하지 못한 결혼형태와 관련된 문제
- 육아기: 육아기능의 적절한 수행과 관련된 문제
- 노후기: 노후문제

가족문제 영역을 분류하는 기준으로서 가족생활주기는 가족 전체를 대상으로 하는 가족복지 관점에는 매우 적절한 설정이지만, 가족 내부적 측면만을 부각시키고 가족생활에 영향을 미치는 외부적 측면이 간과되었다는 점에서 한계를 갖는다. 또한 남녀로 구성된 부부중심의 핵가족을 전제로 하였다는 점에서 가족유형이 다양화되고 있는 오늘날 사회에 적용하기에는 부적절한 부분이 있다.

가족은 외부의 사회경제체계의 영향을 받고, 내부의 가족구성원의 문제는 가족 전체와 관련되어 있기 때문에 가족의 문제 상황은 다양한 발생요인들의 역동적 관계 속에서 파악하는 것이 중요하다. 발생요인을 기준으로 가족문제를 분류하면 다음과 같다.

- 외생적 요인: 가계유지에 관한 문제, 직업문제, 주택문제, 기타 가정생활 수행에 관한 제도와 정책, 사회자원 도입 시 발생하는 문제
- 내생적 요인: 가족 내 관계의 부조화, 긴장관계, 가족기능 수행상의 장애, 가족성원의 결손에 따르는 제반 문제, 가족성원의 심신장애
- 외생적 요인과 내생적 요인의 중복: 다문제 가족

최경석 등(2003)은 내생적 요인을 가족관계요인과 가족성원 개인의 요인으로 재분류하여 가족 외부환경의 문제, 가족성원의 관계문제, 가족성원의 내적 문제 등으로 구분하여 다음과 같이 제시하였다.

- 가족 외부환경의 문제: 가족의 전체성에 영향을 주는 경제적 불안정, 불평등, 실업, 무주택, 교육기회의 박탈, 의료기회의 박탈 등
- 가족성원의 관계문제: 가족의 전체성에 영향을 주는 가족성원 역할의 불이행, 갈등, 가족성원의 증가나 감소, 별거, 이혼 등
- 가족성원의 내적 문제: 가족의 전체성에 영향을 주는 가족성원의 적응능력, 인성, 행동상의 장애 등

이러한 분류는 가족구성원, 가족, 가족의 사회경제적 환경 등의 체계적 관계성을 부각시킨 것으로 평가된다. 그러나 이혼이나 별거를 가족문제로 보는 것은 초혼핵가족 이상주의를 반영한 것으로, 이러한 관점은 결혼과 가족생활에 대해 '순응'과 '일탈'의 이분법으로 접근하던 과거와는 달리 동거, 미혼모, 이혼, 독신과 같은 다양한 선택이 가능한 현대사회[5]에는 부적절한 시각이다.

마지막으로, 가족문제를 가족성원들의 가족 내 역할이 제대로 수행되지 않을 때

---

5) 일찍이 스트로마이어(Strohmeier, 1993)는 이혼, 동거, 미혼모와 같은 다양한 생활양식을 결혼이나 가족의 붕괴가 아니라 가족적 생활양식 속에서 제도적인 특성이 축소하는 것으로 보고 이러한 현상을 탈제도화라고 명명하였다.

발생하는 것으로 보면 가족복지 개입영역을 가족 안정을 위협하여 가족구성원의 역할장애를 유발하는 요인들을 중심으로 한 분류가 가능하다. 가족구성원의 역할 장애를 유발하는 요인을 가족 외부의 환경적 요인과 가족 내부의 요인으로 구분하고, 가족 내부의 요인은 다시 가족 간 요인과 가족성원의 개인적 요인으로 구분하여 정리하면 다음과 같다.

- 환경적 요인으로는 경제적 불안정, 빈곤, 실업, 재해, 주택문제, 보육시설과 같은 사회적 자원의 결핍, 교육의 불평등 등을 들 수 있다. 예컨대, 1997년 한국이 경험한 경제위기는 다량의 실업을 불러왔고, 실직한 가족성원은 경제부양자로서의 기능을 수행하는 데 문제가 발생했고, 그 결과 가족기능이 약화되고 가족생활의 기반이 흔들리는 상황이 초래된 것이다.
- 가족 간 요인으로는 부부의 권력갈등, 가족의 문화적 갈등과 의사소통의 문제, 정서적 갈등관계, 가정폭력 등을 들 수 있다. 예를 들어, 부부의 정서적 갈등이 심각할 경우 가족구성원의 정서적 역할에 장애가 발생하고 결과적으로 가족 전체의 복지에 문제가 발생하는 것이다.
- 가족 개인의 요인으로는 건강, 신체적·정신적 장애, 알코올남용을 포함한 약물남용 등을 들 수 있다.

3. 가족복지의 유형과 개입방법

1) 유형

가족을 대상으로 하는 가족복지가 구체적으로 수행되는 형태는 사회와 국가마다 매우 다른 양상을 보이는데, 그것은 가족복지가 그 사회의 지배적인 가족관과 관련되기 때문이다. 미국에서 가족정책을 처음 공공정책의 어젠다로 채택한 카터 대통령의 가족문제에 대한 상황인식은 전통적인 가족관에 기초하고 있었다. 그는 당시 가족의 해체나 불안정 등의 문제를 남녀 성역할 분담에 기초한 전통적 가족기능의 약화에서 비롯되는 것으로 인식하였으며, 따라서 가족정책은 전통적인 남녀의 역할을 회복·강화시켜야 한다는 신념을 가지고 있었다. 반면에, 스웨덴의 경우는 여성의 사회진출로 인해 여성의 가정 내 기능인 아동양육의 수행이 어려워지자 여성의 아동양육 기능을 더 이상 고수하지 않고 광범위한 보육정책을 통해 국가가 양육기능을 인수하는 정책을 펼쳤다.

한국은 다른 분야와 마찬가지로 가족제도 또한 짧은 기간 동안 급격한 변화를 경험하게 됨에 따라 전통적 가치와 현대적 가치가 혼란스럽게 공존하고 있으며, 이것이 가족을 대상으로 한 복지제도와 프로그램 안에 고스란히 반영되어 나타나고 있다. 노인부양에 관해서는 아직도 가족책임을 우선시하는 반면에, 아동양육에 있어서는 사회적 양육의 필요성에 대한 괄목할 만한 합의가 이루어지기도 하였다.[6] 이처럼 전통적 가족관을 담보하는 정책과 변화하는 가족 기능과 구조를 적극적으로 수용하는 정책이 공존하고 있는 것이 한국의 상황이라고 하겠다.

국가마다 조형한 가족복지의 상이함은 산업화 이후 후기 산업사회, 그리고 현대 정보화사회에 이르는 사회변동에 조응하여 끊임없이 진행된 가족변화를 인정하고 그로부터 파생되는 복지욕구를 국가가 적극적으로 수용했는가, 아니면 가족변화를 하나의 '일탈'로 간주하고 이를 치료하거나 원조함으로써 특정 가족유형에 대한 이상을 고수하는가에서 비롯된다. 최경석 등(2003)은 전자를 가족친화형, 후자를 특정 가족기능 강화형으로 구분하였다.

가족친화형 가족복지는 특정 유형의 가족을 규범화하는 것을 배제하고 다양한 가족형태를 인정한다. 현대 유럽은 가족을 한 명 이상의 성인과 혈연 및 후견 관계인 한 명 이상의 아동으로 정의할 정도로 다양하게 변화하는 가족유형을 받아들이고 있다(김수정, 2006). 가족친화형은 가족에게 부양과 양육의 책임을 전가하

---

6) 2004년 6월 대통령 자문기구 '고령화 및 미래사회위원회'와 여성부는 '미래인력 양성 및 여성의 경제활동 참여 확대를 위한 육아지원정책'을 발표하였다. 육아보육가정에 보육비를 직접 지원하여 2008년까지 보육비의 정부부담을 50%로 늘리고, 출산전후 휴가와 육아휴직의 활성화, 가정보육교사 양성, 미취업모를 위한 '육아지원센터' 설립 등을 주요 내용을 하고 있다. 2021년 현재 대부분의 정책이 실행되고 있다.

지 않고, 가족복지에 대한 사회적 책임을 강조하기 때문에 에스핑-앤더슨(Esping-Andersen, 1999)은 탈가족주의(defamilization)라고 규정하였다.

반면에 특정 가족기능 강화형은 근대적 가족유형인 부부와 자녀 중심의 핵가족을 규범적·이념적으로 지향한다. 다양하게 표출되는 가족문제는 핵가족의 기능이 제대로 수행되지 못하기 때문이고, 따라서 쇠약해진 가족기능을 원상태로 복귀시킴으로써 현대 사회문제를 해결할 수 있을 것으로 보았다. 이혼, 별거, 한부모가족, 미혼모 등과 같이 핵가족 유형에서 벗어나는 가족유형은 결국 핵가족의 기능 실패로 인해 발생한다고 보고 '치료'를 받아야 할 '문제가족'으로 인식한다. 이 유형의 가족복지는 기본적으로 공적 영역과 사적 영역으로의 남녀역할 분담을 전제로 한 핵가족의 기능회복을 목표로 한다. 흔히 이러한 가족관에 기초한 가족복지는 가족성원에 대한 일차적 책임은 가족이나 친족이 지고, 국가는 가족기능이 실패했을 때 최소한으로 개입하는 잔여적(residual)인 복지형태를 채택한다. 가족복지에 대한 가족책임을 강조한다고 하여 에스핑-앤더슨(1999)은 이 유형을 가족주의(familialism)라고 명명하였다.

가족친화형 가족복지에 속하는 대표적인 국가로 스웨덴을 들 수 있다. 후기 산업사회로 접어들면서 발생하는 가족변화의 가장 큰 요인은 여성의 사회진출로 인한 가정 내 여성역할의 변화라고 할 수 있다. 부부와 미혼자녀로 구성된 근대적 가족유형인 핵가족에서 재생산 기능을 전담했던 여성이 노동자 지위를 획득함에 따라 여성역할에 대한 가족의 이해가 분화되기 시작하였다. 가정 내 여성역할의 공백은 가정의 불안정요소가 되기 시작하였다. 이러한 변화에 대한 스웨덴의 대응방식은 사회변화에 따른 여성의 노동시장 참여와 그로 인한 가정기능 쇠퇴를 현실로 수용하고, 아동양육을 탈가족화함으로써 개인 복지의 가족의존도를 감소시켜 가족의 복지부담을 줄이는 정책을 실시한 것이다(Esping-Andersen, 1999).

반면에 특정 가족기능 강화형의 예로는 1970년대의 미국을 들 수 있다. 1977년 미국의 카터 대통령이 취임연설에서 처음으로 가족을 공공정책의 주요 어젠다로 공론화시켰지만, 그의 정책은 전형적으로 핵가족의 가족기능을 강화하고 회복하는 것이었다. 한국 또한 이 범주에 속하지만, 이러한 잔여적 접근을 비판하고 새로운 가족복지 패러다임의 필요성이 적극적으로 요구되고 있다. 김성천과 안현민(2003)은 가족친화적 가족복지를 주장하였고, 이진숙(2003)은 가족의 다양성을 수용하고 가족유형별 특성에 따라 다양하게 나타나는 복지욕구를 수용하는 방향으로 나아가야 함을 강조하였다. 가족복지를 '가족에 의한' '가족을 통한' '가족을 위한' 복지유형[7]으로 구분한 김혜란과 장경섭(1995)은 한국 가족복지의 발전방향으로 '가족에 의한' 복지를 넘어서 '가족을 통한' '가족을 위한' 복지로 나아가야 한다고 주장하였다. 조정문과 장상희(2001)는 후기 산업사회에 이르러 근대적 가족 모델인 핵가족이 약화되면서 새로이 등장하는 다양한 가족유형을 가족 해체나 붕괴로 보기보다는 기존의 가족을 대체하는 새로운 가족유형으로 봐야 한다고 하였다. 따라서 현대 정보화사회에서 가족기능 문제를 해결하기 위한 방안으로 전통적 가족생활로의 회귀를 논하는 것은 부적절하며, 오히려 전통적 가족의 회복이 아니라 다양한 가족이 제 기능을 할 수 있는 사회정책의 필요성을 강조하였다. 그럼에도 불구하고 2004년 제정된 「건강가정기본법」은 법제명이 시사하듯이, '건강가정'이라는 '정상가족' 개념을 고수하고 새롭게 등장한 다양한 가족유형을 포괄하지 못한다는 점에서 특정 가족기능 강화형이라고 할 수 있다.

2) 개입방법

가족복지는 가족문제에 대한 직접적·간접적 개입을 통해 이루어진다. 가족복지 접근방법에는 거시적인 가족복지정책과 미시적인 전문적 실천이 있다. 전자는 가족을 직접 대면하는 것이 아니라 가족지원을 위한 프로그램이나 서비스의 제도적 확충을 통해 간접적으로 지원하는 것으로 정책적 개입으로 이루어진다. 이러한 접근은 가족문제의 외생적 요인인 사회구조적 부분에 대한 개입이라는 의미에서 거시

---

7) '가족에 의한 복지'는 에스핑-앤더슨의 가족주의 복지를 가리키고, '가족을 위한 복지'는 탈가족주의 복지를 가리킨다. '가족을 통한 복지'는 노인, 아동, 장애인 등의 복지수요를 가족의 부양·보호기능의 활용과 지원을 통해 충족하는 것이다.

적이라고 한다. 반면에 미시적 접근은 가족과의 직접적 관계를 통해 개별적으로 개
입하는 전문적 대인서비스이다. 가족문제가 사회와 가족, 가족성원 간의 역동적 상
호작용의 결과이므로 이 양자의 접근은 가족복지를 위해 상호 보완적 관계에 있다
고 하겠다.

(1) 정책적 접근

가족에 대한 사회정책을 가리키는 용어로 가족정책(family social policy)과 가족복
지정책(family social welfare policy)이 있는데, 학자에 따라 두 개념을 혼용하기도 하
고 최경석 등(2003)처럼 구분하여 사용하기도 한다. 전통적으로 복지라는 용어가
보편적이지 않은 프랑스나 독일 등 유럽 국가들은 가족에 대한 국가개입을 가리키
는 용어로 가족정책을 사용해 왔다. 이때의 가족정책이란 가족의 기능이나 역할을
변화시키기 위해 국가가 의도적으로 개입하는 활동을 의미한다.

서구 사회에서 가족정책의 의미는 역사적으로 계속 변화하여 왔다. 처음에는 가
족수당, 보편가족급여, 소득세제 등과 같은 소득재분배의 의미로 사용되었고, 다음
에는 인구정책과 장기간에 걸친 인구계획을 의미하기 시작하였다. 그 후에는 결손
가족, 장애가족, 노인가족, 빈곤가족, 무주택가족 등 부적응으로 인식되는 가족에
대한 지원을 의미하였고, 최근에는 아동의 인권옹호 및 취업모를 위한 시책 등으로
개념이 확대되었다. 이러한 발달과정을 지나온 가족정책의 영역은 다음과 같이 정
리될 수 있다.

- 사회보장, 현금부조, 현물지원, 세금공제 등의 소득유지정책(income maintenance
  policy)
- 가족계획 등의 인구정책(population policy)
- 고용과 노동시장정책(employment and labor market trends and policies)
- 주택정책(housing policies)
- 가정보육, 시설보육 등의 아동양육 프로그램과 서비스(child care programs and
  services)

- 보건과 의료보호정책(health and medical care policies)
- 대인복지서비스(personal social service)

캐머먼과 칸(Kamerman & Kahn, 1978)은 이 중에서 인구정책을 제외한 나머지 6개 분야를 특히 가족복지와 관련되는 정책으로 간주하였다. 이와 관련하여 최경석 등(2003)은 가족복지정책의 개념을 사용하여, 가족복지정책이란 가족정책의 한 영역으로서 국가가 가족의 복지추구를 당위적 정책목표로서 설정한 활동을 의미하며, 가족성원과 전체로서 가족을 위한 것이 아닌 다른 정책목표의 수단으로 가족이 이용되는 것은 가족복지정책이 아니라고 정의하였다.

가족복지정책 발달과정을 여성역할의 변화라는 관점에서 본 이진숙(2003)은 초기 가족복지정책의 역사는 산업노동자와 그의 가족으로 구성된 가족제도를 유지하고, 생산영역의 남성과 재생산영역의 여성으로 분리된 성역할분업을 공고히 하는 것으로부터 시작되었다고 보았다. 따라서 가족의 양육기능을 강화하고 양육자인 부모를 지원하는 가족복지체계가 설계되었고(Orloff, 2001), 이러한 맥락에서 모성기능에 대한 보상 성격을 가진 가족수당이 가장 먼저 도입되었다. 그 후 1960년대 여성의 경제활동 참여가 증가하기 시작하면서 가정에서 여성이 전담하던 아동양육 문제가 발생하기 시작하였으며, 가족유형이 다양화되면서 다양한 가족욕구가 표출되기 시작하였다. 이러한 욕구에 부응하고, 여성들의 분화된 역할, 즉 가정생활과 노동시장 참여의 양립을 지원하기 위해 가족지원체계의 초점이 공적 보육제도와 모성보호제도로 이동되었다(김수정, 2002).

캐머먼과 칸(1978)이 제시하는 가족복지정책 분류방식을 적용하여 가족복지정책의 영역을 정리하면 〈표 2-1〉과 같다.

표 2-1 유럽 가족복지정책의 범주별 분류

분야		급여 및 프로그램
소득관련	일반 가족급여	사회부조
		가족수당, 아동수당
		출산수당, 입양수당
	세금공제	세율의 차등적 적용
		피부양자를 위한 세금감면제도
		빈곤가족을 위한 면세제도
		근로소득공제
고용과 양육관련		모성건강 위한 의료보호
		부성휴가, 모성휴가
		육아휴직수당
		부모수당
		모성바우처
보건과 의료보장		모성건강 위한 의료보호
		질병보험, 질병급여, 간병수당
대인복지서비스		아동양육서비스
		노인보호서비스
		재가복지서비스, 가정봉사원, 가족상담

(2) 실천적 접근

가족복지실천적 접근이란 가족 전체나 가족성원에게 직접적으로 제공되는 서비스로서, 전통적으로 사회복지 분야에서 발달해 온 가족복지사업(family social work)[8] 과 가족생활교육, 그리고 사회복지학, 정신의학 등 다양한 학문분야에서 발달해 온

---

[8] family soical work는 매우 다양하게 번역되어 소개되기에 다소 혼란스럽다. 김익균(2004)은 가족복지사업, 이화여자대학교 사회복지연구회(2001)는 책제목에서는 가족복지실천론, 책내용에서는 가족사회사업, 조흥식 등(2017)은 가족복지서비스, 이소희 등(2003)과 이원숙(2004)은 가족사회사업으로 서로 다른 용어를 사용하고 있다.

가족치료(family therapy)를 대표적인 방법으로 꼽을 수 있다. 학자에 따라서는 가족치료를 가족사회복지실천의 한 기법으로 분류하기도 한다(Zastrow, 1999). 이 두 접근의 커다란 차이점은 가족사회복지실천이 개인과 사회의 복잡한 상호관련성을 강조하고, 명확히 정의된 다양한 가족의 문제와 욕구에 초점을 두는 반면에, 가족치료는 체계이론에 근거하여 가족성원의 역할과 구성원 간의 관계변화에 집중적인 관심을 두는 것이라고 할 수 있다.

① 가족사회복지실천

빈곤가정에 대한 자선활동과 중산층 여성들의 도덕적 우위를 앞세운 우애방문원(friendly visitor) 중심의 초기 사회복지실천 활동은 1917년 리치먼드(Richmond)의 저서 『사회진단(Social Diagnosis)』을 기점으로 체계화와 이론화의 과정을 밟기 시작하였다. 사회복지실천이 처음 시작된 영국에 비해 보다 체계적인 발전을 보인 미국에서는 초기의 빈곤문제를 넘어 다양한 영역으로 그 개입대상이 확장되었다. 가족은 확장된 영역 중의 하나로서, 1920년대에 이미 아동, 의료사회복지, 정신의료사회복지, 학교사회복지과 함께 5대 사회복지실천 분야의 하나로 자리 잡았다. 이처럼 가족과 가족문제는 전통적으로 사회복지실천 활동의 주요한 관심대상이었으며, 항상 그 중심에 있었다고 하여도 과언이 아니다.

가족문제에 대한 사회복지실천 접근방법인 가족사회복지실천이란 일상생활에서 다양한 문제나 욕구에 직면해 있는 가족을 지원함으로써 가족생활을 보호·강화하기 위한 목적으로 공적·사적 기관에 의해 제공되는 일련의 서비스라고 정의할 수 있다. 가족사회복지실천 서비스를 제공하는 사회복지사는 가족들의 다양한 욕구와 문제를 해결하기 위해 매개자, 교육자, 옹호자, 지지자, 조력자 등 다양한 역할을 수행한다. 가족사회복지실천 서비스의 특징을 정리하면 다음과 같다.

• 가족 전체를 문제로 본다.
• 가족성원 개인이나 두 사람 혹은 가족 전체를 서비스 대상으로 한다.
• 한 가족의 일상생활에서 명확히 정의된 구체적인 사건들과 사회환경과의 상

호작용에 초점을 둔다.
- 제공되는 서비스는 가족의 문제를 해결하거나 지원하는 상담과, 기술이나 능력훈련, 가정봉사서비스, 물품이나 현금지원을 통한 경제적 지원 등 다양하고 구체적인 형태로 제공된다.
- 가족을 지역사회의 자원에 연결시킨다.
- 개별사회복지실천, 집단사회복지실천, 지역사회조직 등의 전문적 사회복지 기법들에 의해 이루어진다.

② 가족생활교육

초기의 가족사회복지실천은 다분히 문제가족에 대한 사후적인 치료서비스에 치중되어 있었지만, 가족과 관련된 다른 분야에서 발달한 기법을 적극적으로 흡수하면서 그 서비스 영역을 점차 확대시켜 왔다. 그중 하나가 가족생활교육(family life education)이라고 하겠다. 가족생활교육은 가족기능을 강화함으로써 가족문제의 발생을 사전에 방지하는 예방적 서비스의 특성을 가진다. 가족생활교육은 건강한 가족을 형성하고, 생애주기 전반에 걸친 인간의 성장·발달과 행동에 관한 교육을 통해 현재와 미래의 가족역할에 대한 개인의 잠재력을 발달시키는 것이다(최경석 외, 2003). 구체적으로는 가족구성원으로서 직면하게 되는 현재와 미래의 문제를 건설적으로 해결하도록 문제해결능력을 함양하고, 결혼, 부모-자녀 관계, 부부관계, 형제자매관계 등 가족 내 관계유지에 필요한 기술과 태도를 교육하고, 가족에 대한 새로운 지식과 성숙한 사고를 발달시켜 변화하는 사회에의 적응력을 향상시키기 위한 목적을 가지고 실시된다. 최근 들어 부모역할훈련, 부모-자녀 의사소통훈련, 재혼준비프로그램 등의 가족생활교육 프로그램을 실시하는 가족복지기관들이 늘어나는 추세이다.

③ 가족치료

가족치료는 용어가 의미하는 그대로 가족의 문제에 대해 치료적 접근을 하는 실천방법론이다. 가족치료의 이론과 기법의 발달과정에는 사회복지학뿐만 아니라 정신의학, 심리학, 사회학, 인류학 등 다양한 분야의 학문적 공헌이 있었다. 가족에 대한 전통적인 접근법과 구분되어 전체 가족에 대한 새로운 시도로서 가족치료가 시작된 시기는 1950년대부터이며, 그 후 다양한 이론과 치료 모델이 지속적으로 등장하며 발전되어 왔다. 가족치료의 가장 큰 특징은 가족 전체를 대상으로 실시되는 심리치료로서, '전체로서의 가족'을 복지대상으로 하는 가족복지의 본질적 특성에 가장 부합되는 가족복지 접근방법이라고 할 수 있다.

가족치료는 가족의 문제나 가족성원 개인의 문제는 바로 가족 전체 역동성의 결과라는 전제로부터 출발한다. 즉, 가족체계에서 가족성원들은 모두 유기적으로 연결되어 상호 순환적인 상호작용을 하며, 따라서 인과적으로 상호 의존되어 있다. 가족치료 관점에서는 한 가족성원의 문제를 가족 전체의 병리적 역동성의 증상으로 인식하기 때문에 변화되어야 할 것은 역기능적인 가족 구조나 관계이다. 가족치료는 주로 가족의 역할, 관계, 가족 간 상호작용, 의사소통방법, 의사결정 과정 등에 관심을 두고 이러한 부분의 변화를 통해 가족의 문제를 치료한다.

한국에는 1970년대 중반에 도입되어 1990년대 이후 본격적으로 보급되기 시작하여 사회복지학과의 주요 교과과정 중의 하나로 자리매김하였다. 또한 사회복지학, 정신의학, 심리학, 가정학 등 다양한 학문이 참여하는 학제 간 학회인 한국가족치료학회가 1988년에 창립되어 가족치료사 자격증제도를 만들고 가족치료사를 배출하여 왔다. 2014년에 명칭을 가족치료사에서 부부가족상담전문가로 변경한 후 2020년 현재 부부가족상담전문가 1급 47명과 2급 94명, 부부가족상담 슈퍼바이저 26명이 활동하고 있다.

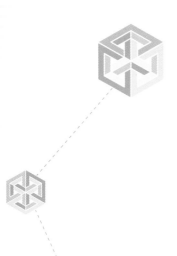

제2부

가족복지 정책, 법률 및 서비스에 대한 이해

제3장 가족복지정책

제4장 가족복지 관련 법률과 지원서비스

제**3**장

가족복지정책

    가족정책이란 가족 전체의 기능 강화와 안정 도모 그리고 개별 구성원의 복지 증진을 궁극적인 목표로 설정하고 이를 실현하기 위한 범국가적 차원의 조치이다. 가족정책은 사회변동과 가족변화에 대응하여 개별 가족구성원 및 가족 전체의 복리를 증진시키기 위해 반드시 필요하다(Kamerman & Kahn, 1998). 가족정책의 궁극적 목표가 가족의 복지를 향상시키는 것인 만큼 가족정책과 가족복지정책의 개념적 구분이 명확하지 않으며 한국에서 가족정책과 가족복지정책 간 개념적 합의 없이 두 용어가 혼재되어 사용되어 오고 있다(최정숙 외, 2020). 이 장에서는 가족복지정책의 개념적 이해를 바탕으로, 그 대상, 지원유형, 특징을 설명한 후, 한국의 가족복지정책의 방향과 지원체계를 소개한다.

1. 가족복지정책의 개념적 이해

1) 가족복지정책의 정의와 특징

가족정책이란 가족 전체의 기능 강화와 안정 도모 그리고 개별 구성원의 복지 증진을 궁극적 목표로 설정하고 이를 실현하기 위해 가족을 대상으로 하는 범국가적 차원의 조치이다. 가족정책은 국가가 원하는 사회적 목표를 달성하기 위해 가족의 기능이나 역할에 의도적으로 영향을 미치는 것이며(이진숙, 2003), 다양한 사회환경의 변화로 인해 가족의 역할 및 기능이 한계에 봉착했을 때 국가가 이를 사회적으로 분담하고 조정하려는 대응책이다(송다영, 정선영, 2013). 유사한 맥락에서 짐머먼(Zimmerman, 2001)은 가족정책을 "가족복지의 극대화를 목적으로 하는 정책"이라 정의하고 임금, 고용, 빈곤, 교육, 출산, 혼인, 삶의 질 등 가족이 사회에서 겪는 다양한 문제를 포괄적으로 다룬다고 하였다.

이처럼 가족정책의 궁극적 목표가 가족의 복지를 향상시키는 것인 만큼 가족정책과 가족복지정책의 개념적 구분이 명확하지 않다. 가족정책은 사회정책의 하위 개념으로서의 위상을 지니며(Bogenschneider & Corbett, 2010) 개인의 삶의 질을 향상시키고 사회적 문제를 해결하고자 하는 사회복지정책과 밀접한 관련이 있다. 특히 오늘날 거의 모든 사회복지정책이 가족에게 직간접적으로 영향을 미치고 있다는 점을 고려했을 때 가족정책과 가족복지정책을 구분하기란 더욱 어려운 일일 것이다. 이에 따라 한국에서 가족정책과 가족복지정책 간 개념적 합의 없이 두 용어가 혼재되어 사용되어 오고 있다(최정숙 외, 2020).

가족정책 혹은 가족복지정책의 개념은 20세기 초중반 유럽에서 논의되기 시작하였다. 초기의 가족정책은 국가가 아동 및 가정의 복지 향상을 위해 어떤 법과 제도를 도입해야할 것인가에 대한 사회정책 담론에서 형성되어 왔다. 이후 20세기 후반에 인구·사회적 전환과 함께 사회제도로서의 가족의 기능과 가족구성원들의 역할변화로 말미암아 가족정책 수립의 중요성이 강조되었다. 한국에서 가족정책

에 대한 학문적 논의는 1990년 중반 외국의 가족정책이 소개되면서 전개되기 시작
하였다.

　이 중 가족(복지)정책의 개념을 이해하는 데 있어서 캐머먼과 칸(Kamerman &
Kahn, 1978)이 제시한 정의가 보편적으로 인용되고 있다(최정숙 외, 2020). 이들이
정의한 가족정책이란 "가족을 대상으로, 가족을 위해 행하는 모든 활동"(Kamerman
& Kahn, 1978)으로서 매우 광범위하다는 특징을 가진다. 캐머먼과 칸(1978)은 가족
정책의 개념을 세 가지 차원에서 제시하고 있다.

　첫째, 가족정책은 하나의 분야로서 출산율 제고, 아동복지 증진, 자녀양육 부
담 감소, 양성평등 실현 등의 가족관련 목표를 설정하고, 이 목표를 실현하기 위
해 다양한 구체적인 정책과 조치들이 취해진다. 그 예시로 아동·가족수당, 사회
급여, 육아지원, 세금 감면, 아동보호 및 발달 서비스, 이와 관련된 법률 등이 있다
(Kamerman & Kahn, 1998).

　둘째, 가족정책은 다른 사회정치적 목표를 위한 수단으로도 볼 수 있다. 국가는
가족과 직접적인 관련이 없는 특정 정치적·사회적 목적을 달성하기 위해 가족의
협조나 변화를 요구할 수 있다. 예를 들어, 여성의 경제활동을 촉진하는 노동정책
이나 출산을 제한 혹은 장려하는 인구정책은 가족과 구성원들에게 직간접적으로
영향을 미치는 가족정책이며, 이처럼 가족정책은 다른 사회정책 영역의 목표를 이
루기 위한 도구로 활용될 수 있다.

　마지막으로, 가족정책의 개념은 사회정책을 결정하는 관점이나 기준으로 이해
할 수 있다. 사회정책을 결정하고 그 효과성을 평가하는 데 있어서 가족복지 증진
이 고려될 수 있기 때문이다. 특히 명시적인 가족복지정책이 부재한 경우, 다양한
정책적 시도가 가족기능에 어떤 영향을 미치는가를 확인하는 것은 중요한 일이다
(Kamerman & Kahn, 1998).

2) 가족복지정책의 범위와 분류

(1) 협의적 관점과 광의적 관점

가족정책은 크게 정책의 목표와 효과에 따라 분류할 수 있는데, 먼저 가족의 복지 향상이라는 목표를 분명히 표명한 명시적(explicit)이고 명백(manifest)한 가족정책, 그리고 정책의 결과가 계획한 바에 따라 가족에게 직접 영향을 미치는 의도적 (intentional)이고 직접적(direct)인 가족정책이 있다(Zimmerman, 2001).

협의적 관점에서의 가족복지정책은 이와 같이 원활한 가족기능 수행과 복지 증진을 위해 가족구성원 개인이나 가족 전체를 지원한다는 목적하에 의도적이고 명시적으로 고안된 조치나 행동을 가리킨다. 예컨대, 아동학대 관련 정책은 가정 내 아동학대 금지와 피해아동에 대한 보호를 통한 아동 및 가족 전체의 복지 증진이라는 목적을 분명히 명시하는 가족정책이다.

구체적으로 보겐슈나이더(Bogenschneider, 2014)는 가족기능을 가족 형성 및 구성, 배우자와의 관계, 경제적 부양, 자녀 양육, 돌봄으로 분류하며 가족정책을 가족기능의 유지ㆍ발전을 최종 목표로 명시하는 국가적 개입이라 정의하였다. 첫째, 가족의 첫 번째 기능인 가족 형성 및 구성과 관련된 정책의 예로 정부의 결혼ㆍ이혼과 출산ㆍ입양ㆍ위탁 등에 대한 규정을 들 수 있다. 둘째, 배우자와의 관계와 관련된 가족정책은 가족이 안정적으로 지속할 수 있도록 지원하는 것으로서 결혼, 배우자교육 관련 정책을 포함한다. 셋째, 가족은 구성원들의 기초적 요구 충족과 관련된 의식주를 위한 경제적 부양기능을 맡고 있는데, 이 기능과 관련된 가족정책은 소득, 주거, 직업훈련, 세금혜택 등이 있다. 넷째, 자녀양육은 가족의 중요한 기능 중 하나이다. 미래사회를 이끌어 갈 구성원들의 양육과 사회화를 위한 일련의 시책 역시 가족정책에 포함된다. 마지막으로, 전 생애 발달과정에 걸쳐 보살핌이 필요한 노인, 장애인 등 취약한 가족구성원에 대한 돌봄관련 정책 또한 가족정책이라 할 수 있다.

이에 반해 정책의 목표가 가족의 안녕과 복지를 위한 것임을 묵시적(implicit)ㆍ잠재적(latent)으로 명시하거나, 가족에 대한 정책적 효과가 간접적(indirect)이고 의도하지 않았던(unintentional) 결과를 가져오는 가족정책도 있다. 이러한 광의적 관점에서의 가족복지정책은 가족기능의 원활한 수행을 위한 조치뿐 아니라 정책의 수립이나 수행 단계에서 계획·의도하지는 않았지만 결과적으로 가족에 영향을 미치는 정책까지도 포괄한다. 이러한 일련의 정책을 묵시적 가족복지정책 혹은 가족에 영향을 미치는 관점을 지닌 정책(family impact lens)이라 일컫는다(Bogenschneider, 2014).

최저임금제도는 가족복지 향상을 의도하지 않았더라도 저소득 가정에 대한 지원을 통해 간접적으로 구성원들의 삶의 질이 향상되는 데 기여할 수 있는 가족정책이라 할 수 있다. 이 외에도 보건의료, 주택, 빈곤, 사회보험, 공공부조, 약물남용, 실업 관련 정책 또한 가족단위를 정책대상으로 하거나 궁극적으로 가족의 안녕과 복지에 영향을 미치게 된다면 묵시적 가족복지정책으로 볼 수 있으며, 이들은 모두 가족복지정책의 광의적 범주에 해당한다.

(2) 가족정책체제에 따른 분류

고티어(Gauthier, 2002)는 20세기 말 산업국가에서 나타난 가족에 대한 공적 개입의 정도 및 종류를 중심으로 가족정책체제(family policy regime) 유형을 도출하였다. 구체적으로, 국가적 차원의 개입으로서 가족에 지급된 현금급여 수준과 취업한 부모에 대한 제도적 지원 정도를 검토하여 산업국가에서 나타나는 가족정책체제를 제시하였다. 그 유형으로 사회민주주주의 체제, 보수주의 체제, 남부유럽 체제, 자유주의 체제가 있으며, 이는 에스핑-앤더슨(Esping-Anderson, 1990)의 복지국가를 유형화한 연구를 기반으로 한 것이다. 고티어(2002)는 국가와 가족의 관계를 살펴보는 데 있어서 에스핑-앤더슨(1990)이 고찰한 연구가 대표적이며 유용하게 사용되고 있지만, 이는 가족복지정책을 이해하기 위해 고안된 것이 아니어서 가족정책체제를 분석하는 데 한계가 있을 수 있다고 지적하였다. 고티어(2002)의 가족정책체제 분류 및 특징은 〈표 3-1〉에 제시되어 있다.

🎡 **표 3-1** 가족정책체제에 따른 분류 및 특징

체제	특징	현금급여	취업 부모 지원	국가
사회 민주주의	취업 부모를 위한 다양한 보편적 제도 보장, 양성평등 추구	중간 수준의 보편적 현금급여와 다양한 형태의 지원이 이루어짐	양부모에게 충분한 제도적 지원이 이루어짐. 출산·양육 휴가가 길며, 광범위한 보육서비스가 제공됨	덴마크, 핀란드, 노르웨이, 스웨덴
보수주의	부모의 취업상태에 따라 차등 지원. 가족정책은 전통적 성역할을 기반함	국가에 따라 중상 수준의 현금급여가 지급	출산·양육 휴가는 보장되지만, 보육서비스는 다소 제한적	네덜란드, 독일, 벨기에, 룩셈부르크, 아일랜드, 오스트리아, 프랑스
남부유럽	직업에 따라 지원 수준이 다르며 공공·민간 서비스를 고루 갖춤. 법정 최저임금 제도가 부재	낮은 현금급여로 인해 아동 빈곤율이 높음	제한적으로 지원	그리스, 스페인, 이탈리아, 포르투갈
자유주의	전반적으로 공적 개입이 제한적. 저소득 가족을 중심으로 지원. 시장의 역할에 크게 의존	현금급여 수준은 낮은 편임. 반드시 필요로 하는 저소득가족을 중심으로 선별적 지원	제한적. 보육서비스는 민간부문에 높은 의존도	뉴질랜드, 미국, 스위스, 영국, 일본, 캐나다, 호주

출처: Gauthier (2002), p. 453, Table1에서 재구성.

(3) 정책목표에 따른 분류

2000년 이후 가족정책은 국가의 복지정책체제에 따른 유형화 이상으로 더욱 세분화될 필요가 있다는 의견이 제기되었다. 가족의 모습과 가족을 둘러싼 사회환경이 변함에 따라 가족복지정책에 대한 이해가 달라진 것이다. 이에 테베농 (Thévenon, 2011)은 육아휴직권, 현금급여, 현물서비스를 기반으로 가족정책의 목표를 여섯 가지로 세분화하고, 국가마다 추구하고자 하는 가족정책 모형과 실제 적용

표 3-2 가족정책의 목표 및 특징

정책 목표	특징
빈곤율 감소와 안정적인 소득 유지	자녀를 양육하고 있는 저소득가정을 중심으로 지원되는 정책들이 이에 포함되며, 가족의 소득수준이나 구성원의 수에 따라 차등지원이 가능하다.
자녀양육비에 따른 경제적 부담의 해소	아동이 있는 가정과 아동이 없는 가정 간 생활수준의 차이를 줄이고자 하는 정책으로서 일반적으로 현금급여나 재정 이전의 형태로 보편적 지급이 이루어지며 자녀의 연령에 따라 지원범위가 다를 수 있다.
취업률 증가	출산휴가 · 육아휴직, 안정적 급여와 고용 보장, 양질의 보육서비스 등을 통해 여성의 경제활동을 촉진하기 위한 일 · 가정양립 조치를 포함한다.
양성평등 실현	남성과 여성의 임금노동과 가사돌봄노동 활동에 대한 부담을 동등하게 하는 정책들이 이에 해당한다.
영유아기 자녀의 발달	영유아기는 발달적으로 중요한 시기이다. 부모의 자녀양육을 지원하는 정책, 공적 보육서비스를 제공하는 정책 등을 포괄한다.
출산율 제고	그동안 출산율 제고 자체가 가족정책의 명시적 목표는 아니었으나, 여러 가족정책을 통해 간접적으로 출산율을 높이는 데 기여해 왔다.

출처: Thévenon (2011), pp. 58-60 내용을 정리.

되는 정책의 방향성이 이러한 정책목표의 조합 · 균형에 따라 다르게 나타난다고 주장하였다(〈표 3-2〉 참조).

2. 가족복지정책의 대상

가족복지정책의 대상범위가 다양하며 대상에 따라 욕구와 문제가 다르게 나타나기 때문에, 구체적인 지원 내용이나 방식에 대한 고려가 필요하다. 이미 어려움을 겪고 있는 가족에게 사후적으로 접근할 것인가 혹은 예방적 차원에서 서비스를 제공하는 제도적 방식을 추구할 것인가? 가족에 대한 정책적 지원은 구성원 개인을 중심으로 이루어져야 할 것인가 혹은 가족단위 전체를 대상으로 이루어질 것인가? 이러한 질문들에 답하기 위해서는 가족복지정책의 대상에 있어서 가족의 구조·생활주기·기능에 따른 구분에 대한 이해가 선행되고, 이에 따라 다른 욕구나 문제들을 반영할 수 있는 차별화된 가족복지정책 기반이 마련되어야 한다.

1) 가족형태

현대사회 가족은 다양한 형태로 출현하고 있다. 저출산·고령화의 인구학적 변화, 개인주의·다원주의의 문화적 변화로 인해 전통적인 핵가족의 모습 외에도 여러 형태의 가족이 나타나고 있다(정경희 외, 2012). 구체적으로 한부모가족, 미혼모가족, 무자녀가족, 이혼가족, 재혼가족 등과 같은 가족구조적인 변화, 출산이 아닌 입양에 의해 형성된 입양가족과 인종 및 문화가 서로 다른 구성원들로 이루어진 다문화가족과 같이 가족구성원들의 변화, 동거가족, 성소수자가족, 공동체가족 등과 같이 개인의 자율성과 평등적 관계를 지향하는 인식의 변화가 이루어지고 있다(정경희 외, 2012). 한부모가족, 다문화가족, 동거가족의 강점들과 당면한 문제들이 각각 상이한 만큼, 가족복지정책 수립에 있어서 다양한 모습으로 변화하는 가족형태를 포용하고 개별적 욕구에 맞는 개입에 대한 고려를 하는 것이 중요하다.

2) 가족생활주기

가족복지정책은 가족생활주기에 기반한 다양한 욕구를 반영해야 한다. 가족생활주기는 결혼을 통한 가족형성을 시작으로, 출산, 양육, 노후의 과정과 이혼이나 사별로 인한 가족해체까지를 포괄하는 전 생애에 걸친 가족생활 단계이다(김유경, 2014). 유영주(1984)는 가족생활주기를 6단계(가족형성기-자녀출산·양육기-자녀교육기-자녀성인기-자녀결혼기-노년기)로 분류하였다. 이는 듀발(Duvall, 1957)의 8단계 가족생활주기 유형을 한국 가족경험에 적절하게 보완한 것이다. 하지만 가족생활주기는 사회변화를 반영하여 변화한다는 유동적인 특징을 지닌다. 최근 늦은 결혼과 낮은 출산율로 가족형성기와 자녀출산·양육기는 단축되는 반면, 성인자녀의 늦은 독립과 평균수명의 증가로 자녀성인기와 노년기가 확대되고 있는 추세이다(김유경, 2014). 가족생활주기는 각 가족생활 단계별 특징, 과업, 문제, 욕구, 강점 등에 대한 이해를 도움으로써 가족복지정책 수립에 대한 방향성을 제시해 준다.

3) 가족기능

가족의 기능은 성적 통제와 사회구성원 충원, 양육과 사회화, 보호, 경제적(생산·소비) 기능, 종교적 기능, 사회안정, 휴식, 오락, 심리적 기능, 지위부여 등으로 다양하다(강마리아, 김명선, 현영렬, 2020). 가족복지정책은 이렇게 다양한 가족기능을 지원하는 역할을 한다. 가족정책 중 출산장려정책은 사회구성원을 충원하고, 취약한 아동·노인·장애인에 대한 보호정책은 다양한 가족의 보호기능을 강화한다. 또한 가정의 빈곤문제, 가정 간 불평등문제, 여성의 노동시장 진출, 가정부채 관련 정책은 가족의 경제적 기능과 관련이 있고, 아동학대 및 청소년비행에 대한 정책은 가족의 양육 및 사회화 기능과 직결된다.

3. 가족복지정책의 지원유형

1) 현금·현물 지원에 따른 분류

가족복지정책의 지원유형은 크게 현금급여와 현물급여로 분류할 수 있다. 이현주 등(2018)은 현금급여와 현물급여의 구체적인 의의를 다음과 같이 정리하였다. 현금급여는 현물급여에 비해 수급자의 기호를 반영한 소비자주성을 보장하기 때문에 급여에 대한 효용을 극대화할 수 있으며 관리·운영도 상대적으로 효율적이다. 특히 선별적으로 제공되는 현물급여가 일반 시장에서 제공되는 수준과 다른 경우 낙인의 위험이 있는데, 이에 반해 현금급여는 이러한 위험성이 낮다. 가족복지정책과 관련한 직접적 현금급여로는 아동수당, 육아휴직급여, 한부모가족 소득지원 등이 있고 세액공제, 세금우대 등의 간접적 현금지원정책도 포함된다.

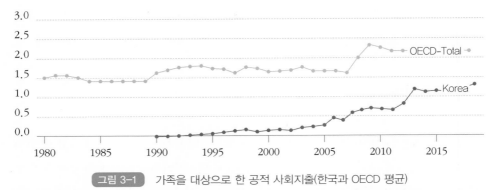

그림 3-1   가족을 대상으로 한 공적 사회지출(한국과 OECD 평균)

* 참고: 아동거주가족을 대상으로 한 가족정책 관련 현금급여는 아동수당, 출산양육휴가급여, 한부모가족지원 등을 포함하며 현물지원은 보육서비스, 가족서비스, 주거서비스 등을 포함함.

출처: OECD (2021). https://data.oecd.org/socialexp/family-benefits-public-spending.htm

반면, 현물급여는 급여 수급 후 이전·매매가 불가능하기 때문에 수급자가 물품이나 서비스를 직접 소비하게 된다는 장점이 있다. 부권주의적 관점에서 현물급여는 수급자의 욕구를 기반으로 수급대상자를 정확하게 표적화함으로써 사회 전체가 지향하는 정책목표를 달성할 수 있다. 국가가 아동보육서비스, 노인돌봄서비스를 제공하여 저출산·고령화라는 사회적 변화에 대응하고자 하는 노력이 이 경우에 해당한다. 또한 현물급여는 자가표적의 특징을 지니고 있어 물품이나 서비스를 더욱 필요로 하는 수급대상자를 선정해 낼 수 있다. 마지막으로, 현금급여를 통한 노동동기의 왜곡 위험이 약하다는 장점이 있다. 가족복지정책 관련 현물급여의 예로는 아동보육서비스, 노인돌봄서비스, 주택지원 등이 있다.

아동을 부양하고 있는 가족을 대상으로 한 공적 사회지출의 경우, 한국의 현물급여와 현금급여는 1990년 이후 꾸준히 증가하였다. 하지만 2017년 자료에 따르면 한국은 전체 GDP에서 현금급여와 현물급여의 총합이 차지하는 비중(1.10%)이 OECD 국가 평균(2.12%)의 절반 수준이었으며 OECD 38개국 중 34위였다([그림 3-1] 참조). 이는 한국 현물급여의 경우 GDP의 0.95%로 OECD 국가 평균(0.95%)과 유사한 수준이었으나, 현금급여는 GDP의 0.15%로 OECD 국가 평균(1.16%)에 크게 미치지 못함에 기인한다(OECD, 2021).

2) 재정적 · 시간적 · 서비스 지원에 따른 분류

또한 가족정책에 따른 지원은 재정적 지원, 시간적 지원, 서비스 지원으로도 분류할 수 있다. 이 중 재정적 지원은 현금급여, 소득대체급여, 조세혜택으로 구분된다(이승윤, 박고은, 김윤영, 2014). 구체적으로 살펴보면, 첫째, 현금급여는 가족수당, 자녀수당, 출산수당과 같이 아동이나 배우자 등의 부양가족이 있는 경우 현금으로 지급된다. 둘째, 소득대체급여는 출산휴가나 육아휴직처럼 출산이나 돌봄으로 인해 근무를 하지 못하는 기간 동안 제공되는 소득보조금을 가리킨다. 셋째, 조세혜택은 세금환급, 세금공제, 세금감면, 소득공제 혜택들을 포함한다. 세금혜택은 가족복지정책보다는 소득보장제도로 분류하여 가족에 대한 재정적 지원에 포함하지 않는 입장도 있다(이승윤 외, 2014).

시간적 지원은 가족에게 시간의 형태로 제공되는 정책을 일컫는다. 대표적으로 출산휴가, 배우자출산휴가, 육아휴직, 부성휴가, 가족돌봄휴직와 같은 휴가 · 휴직뿐 아니라 근무시간을 자유롭게 단축 · 조정할 수 있는 시간근로제, 유연근로제, 육아기 근로시간 단축제 등을 포함한다.

마지막으로, 서비스 지원은 서비스의 형태로 지원되는 정책이며 아동보육서비스, 아동돌봄서비스, 노인돌봄서비스 등을 포함한다.

OECD 국가의 가족정책 지원을 분석한 이승윤 등(2014)은 한국의 경우 네덜란드, 이탈리아, 미국, 일본과 함께 재정, 서비스, 시간의 모든 차원에서 낮은 수준을 보이지만, 시간적 지원이 증가하는 등 가족정책의 범위가 확장되고 있다 보고하였다. 한편, 재정 · 시간 · 서비스 모든 차원에서 지원 수준이 높은 국가는 프랑스로 나타났고, 재정 및 서비스 지원은 높은 데 비해 시간적 지원의 수준이 낮은 국가는 덴마크와 스웨덴으로, 재정 및 시간은 높으나 서비스 수준이 낮은 국가는 독일로 나타났다.

4. 가족복지정책의 특징

1) 탈상품화

　탈상품화(de-commodification)는 "개인이나 가족이 시장활동 참여 여부와 상관없이 사회적으로 적절한 생활 수준을 영위할 수 있도록 하는 정도"를 가리킨다(Esping-Anderson, 1990). 노동자에게 탈상품화는 교육·훈련, 여가, 돌봄 등을 수행하기 위해 임금노동을 중단하여도 일정 수준의 생활을 유지하기 위한 소득보장이 이루어지는 것을 가리킨다(전윤정, 2015). 산업사회에서 복지국가가 구성원들에게 보장해야 할 사회적 권리를 가리키는 개념으로 등장한 탈상품화는 시장노동력의 상품화로 인해 발생하는 문제를 소득보장제도를 통해 해결하고자 제시되었다.
　한국에서 모든 아동을 대상으로 보편적으로 지급하고 있는 아동수당의 경우, 아동의 양육비를 사회가 함께 부담하고 임금노동을 보조하는 소득보장적 특징을 고려했을 때 탈상품화 수준이 높은 가족정책으로 분류할 수 있다(김희찬, 2018).

2) 탈가족화

　탈가족화(de-familialization)의 개념은 복지국가가 탈상품화를 통해 가족의 경제적 부담을 줄였지만, 돌봄노동에 대한 고려가 부족했다는 비판과 함께 1990년대 초에 등장하였다(류연규, 2007). 즉, 남성은 임금노동을 통해, 그리고 여성은 남성부양자와의 관계를 통해 생계를 유지하는 가족구조 속에서 탈상품화가 임금노동의 주된 대상자(주로 남성)에게 차별적으로 적용되고, 무급 돌봄·가사노동에 주로 종사하고 있는 노동자(주로 여성)는 사회적 권리에서 배제된다는 것이다. 이처럼 탈가족화는 여성 무급노동자들도 임금노동자와 동일하게 생활유지를 보장받을 수 있어야 한다는 생각에서 발전하였으며, 탈가족화를 제고하기 위한 정책이란 가족의 돌봄부담을 완화하기 위한 국가적 노력이라 할 수 있다(류연규, 2007).

표 3-3 탈가족화의 개념 비교

연구자	특징
Lister (1994)	임금노동이나 사회보장제도를 통해 가족관계와는 무관하게 사회적으로 적절한 수준의 생활을 영위하게 하는 정도
McLaughlin & Glendinning (1994)	개인의 복지가 (가부장적) 가족관계에 의존되는 수준이 국가의 규정과 관습에 의해 변화하는 정도
Esping-Anderson (1999)	개인의 가족에 대한 의존도가 감소되는 것. 가구의 복지와 돌봄 책임이 복지국가정책 또는 시장을 통해 완화되는 정도
Zagel & Lohmann (2020)	사회·경제적 자원의 불균형으로 인해 의존성을 야기하는 다양한 성별과 세대 간 가족관계로부터의 개인의 독립성을 보조하는 정도
류연규(2007)	가족의 복지 부담을 완화하고 가족구성원이 가족 내 관계·역할에 상관없이 사회적으로 적절한 수준의 생활을 유지하도록 하는 국가의 제도적 노력
윤홍식(2012)	탈가족화에는 차원이 다른 두 의미가 내재함. 하나는 여성이 가족 또는 결혼관계와 관계없이 독립적 생활이 가능한지를 묻는 것이고, 다른 하나는 여성의 돌봄 노동을 탈가족화시키는 것
김희찬(2018)	보살핌에 대한 가족의 부담을 덜어 주거나 남성 생계부양자에 대한 여성의 의존을 완화하는 것

국내외 학자들이 다양한 정의를 제시하고 있어 세부적 개념에 대한 합의는 이루어지지 않고 있으나(〈표 3-3〉 참조), 상술한 바와 같이 큰 틀에서 탈가족화 정책은 국가가 가족의 돌봄부담을 줄이기 위한 노력이라고 볼 수 있다. 한국에서는 대표적인 것으로 보육서비스, 노인돌봄서비스 등의 공적 돌봄서비스 및 모성휴가 관련 정책이 있다.

3) 탈젠더화

가족복지정책의 탈젠더화(degenderization)는 남성의 돌봄가사노동 참여의 기회를 확대시킴으로써 가정 내 불평등한 성별분업을 해소하는 것을 가리킨다. 오랫동안 여성은 돌봄과 가사에 대한 1차적 책임자라는 인식하에 가정영역에서의 노동을 부담해 왔다. 돌봄가사노동은 사적 영역으로서 인식되었기 때문에 가정 내 불평등한 성별분업 구조에 대해 공공정책의 개입이 쉽게 이루어지지 않았다(조흥식 외, 2017). 하지만 여성의 경제활동이 증가할수록 돌봄의 1차적인 책임을 맡는 여성에게 이중부담이 강화되어 남성의 돌봄노동 참여에 대한 필요성이 강조되었다.

탈젠더화는 남성과 여성이 동등하며, 모두 시장노동과 돌봄노동을 함께 할 수 있도록 해야 한다는 개념으로 일 · 가족 양립을 실현하기 위한 가족정책의 방향을 제시한다(김희찬, 2018). 한국의 경우 남성의 육아휴직 및 근로단축제, 배우자출산휴가, 아버지할당제가 탈젠더화를 강화하는 가족복지정책에 해당한다.

4) 통합적 접근

[그림 3-2]는 탈가족화와 탈젠더화 개념을 두 축으로 한 가족정책 유형 공간화를 나타내고 있다. 한국 가족복지정책은 2000년을 기점으로 제한적 탈가족화 · 탈젠더화 유형(ab)에서 관대한 탈가족화 · 탈젠더화 유형(AB)으로 점차 전환되어 가고 있다(김희찬, 2018).

제한적 탈가족화 · 탈젠더화 유형(ab)은 전통적인 성별구조를 지지하는 가족정책을 가리킨다. 이러한 전통적인 가족정책 패러다임에서의 가족정책은 남성의 임금노동이 이루어지는 노동시장이라는 공적 영역과 여성의 돌봄이 이루어지는 가족이라는 사적 영역의 이분화를 기반으로 한다는 특징을 갖는다(송다영, 정선영, 2013). 즉, 시장기능의 안정 · 유지를 목표로 하는 사회정책과 가족기능 강화에 초점을 둔 가족정책이 분리되어 있는 상태이다(송다영, 정선영, 2013).

관대한 탈가족화 · 탈젠더화 유형(AB)은 양성평등적 가치를 지향한다. 이 유형은 공사영역이 통합됨으로써 사회정책과 가족정책이 유기적으로 연계되어 있다. 즉, 아동 · 노인 등의 돌봄에 대한 가족의 책임을 가족과 국가가 함께 분담하는 탈가족화 정책과 돌봄의 여성화에서 남성과 여성이 함께하는 탈젠더화 정책의 통합적 확대를 동시에 이루고자 하는 특징을 지닌다(송다영, 정선영, 2013).

탈젠더화 확대(B)

(aB) 탈젠더화 중심적 유형	(AB) 관대한 탈가족화 · 탈젠더화 유형
(ab) 제한적 탈가족화 · 탈젠더화 유형	(Ab) 탈가족화 중심적 유형

탈가족화 제한
(a)

탈가족화 확대
(A)

탈젠더화 제한(b)

그림 3-2 탈가족화 · 탈젠더화를 중심으로 한 가족정책 공간

출처: 김희찬(2018), p. 157에서 재구성.

가족정책 유형 중 탈젠더화 중심적 유형(aB)은 탈가족화보다는 탈젠더화를 주요 목표로 하고 있으며, 반면 탈가족화 중심적 유형(Ab)은 탈젠더화보다는 탈가족화 경향이 뚜렷하다. 후자의 경우, 여성의 공적 경제활동을 지원하지만, 사적 영역인 가사나 돌봄의 성별분업에 대해서는 제한적인 정책이다.

5. 한국의 가족복지정책

1) 발전사

한국의 가족정책은 2000년대 초에 본격적으로 시작되었다. 당시 인구 · 사회적 전환과 함께 사회제도로서의 가족의 기능과 가족구성원들의 역할이 변화하면서 가족정책 수립의 중요성이 강조되기 시작했다. 2000년 이전에도 초기 가족정책의 형태로서 여성근로자를 위한 모성보호제도, 영유아 보육서비스가 존재했으나, 이러한 정책들은 상당히 제한적이었다. 하지만 한국 사회에 나타나는 다양한 사회문제(이혼율 급증, 출산율 급감, 여성의 경제활동 증가 등)가 가족과 연관되어 있다는 사회적 인식이 확대되면서 가족정책 추진을 위한 범부처적 · 법률적 변화들이 나타

나기 시작했다.

2005년에는 여성부가 여성가족부로 확대 · 개편되어 여성정책에 대한 종합적인 기획 · 조정, 가정폭력 · 성폭력 피해자 예방 및 보호, 남녀차별의 금지 및 규제 등 여성의 지위와 권익 향상, 양성평등사회 구현 등을 담당하는 기구로 발전하였다. 이러한 조직의 확장은 저출산 · 고령화 사회로의 진입과 함께 전통적 가족구조의 변화와 새롭게 등장하는 가족공동체에 대한 지원욕구 증가에 부합하기 위해 통합적인 가족정책의 수립 · 조정 · 지원이 가능하도록 하기 위함이었다(여성가족부 홈페이지, http://www.mogef.go.kr/).

한편 2004년「건강가정기본법」의 제정을 통해 가족정책이 명시적으로 제도화되었고, 이 법을 근거로 '건강가정기본계획'을 수립하여 가족정책을 단계적으로 추진할 수 있게 되었다. 이러한 일련의 변화는 가족복지정책에 대한 사회적 관심을 불러일으키는 계기를 마련하고, 이후 다양한 가족정책과 가족지원서비스 등 가족에 대한 국가의 공적 개입이 추진될 수 있는 기반을 확고히 하였다.

2) 건강가정기본계획

「건강가정기본법」(제15조)에서 여성가족부장관은 관계 중앙행정기관의 장과 협의하여 5년마다 건강가정기본계획을 수립할 것을 의무화하고 있다. 이에 따라 사회변화 및 정책수요에 부응하기 위해 가족정책이 단계적으로 추진되었다. 제1차~4차 건강가정기본계획 수립기간 동안 다양한 법률을 개정 · 제정하고 건강가정지원센터, 가족센터 확대 등 가족정책의 추진기반이 마련되었다. 〈표 3-4〉는 제1차부터 제4차까지의 건강가정기본계획의 비전과 목표를 정리한 것이다.

(1) 제1차~제3차 건강가정기본계획 성과

제1차 건강가정기본계획(2006~2010)의 성과는 다음과 같다. ① 보육 및 돌봄 서비스가 확대되고 노인장기요양보험제도 도입 등 가족돌봄의 사회화를 강화하였다. ② 배우자출산휴가제 도입, 기혼여성 경제활동 참여 지원 등 일 · 가정 양립지

표 3-4 건강가정기본계획의 비전과 목표

차수 (연도)	제1차 (2006~2010)	제2차 (2011~2015)	제3차 (2016~2020)	제4차 (2021~2025)
비전	가족 모두 평등하고 행복한 사회	함께 만드는 행복한 가정, 함께 성장하는 건강한 사회	평등한 가족, 지속 가능한 사회	모든 가족, 모든 가족 구성원을 존중하는 사회
목표	가족과 사회에서의 남녀 간·세대 간 조화 실현 가족 및 가족구성원의 삶의 질 증진	개인과 가정의 전 생애에 걸친 삶의 질 만족도 제고 가족을 위한, 가족을 통한 사회적 자본 확충	소통·존중하는 가족 일·생활이 조화로운 사회	가족 다양성 인정 평등하게 돌보는 사회

원을 강화하였다. ③ 한부모·다문화·조손·장애·입양·북한이탈주민 등 다양한 가족에 대한 지원방안을 강구하였으며, 건강가정지원센터, 다문화가족지원센터 설치 등 가족지원서비스 전달체계를 마련하였다. ④ 가족친화기업인증제 도입, 호주제 폐지에 따른 가족관계등록제도 실시 등 가족친화적 사회환경을 조성하고 민주적이고 양성평등한 가족문화 형성에 기여하였다.

제2차 건강가정기본계획(2011~2015)의 주요 성과는 다음과 같다. ① 무상보육 전면 실시, 찾아가는 돌봄서비스 제공, 공동육아나눔터 설치 등 자녀양육 부담 경감을 위한 보육·돌봄 지원이 강화되었다. ② 한부모가족의 아동양육비 지원대상을 확대하고 금액을 인상하여 자립역량을 강화하고 양육비이행관리원의 설립을 통해 비양육부모의 자녀양육 책임을 강화하는 사회적 분위기를 조성하였으며, 다문화가족지원센터가 확충되어 한국어교육, 방문상담 등 다양한 서비스가 확대되었다. ③ 육아휴직 등 남녀 모두의 일·가정 양립을 위한 제도를 확립하고 이용률을 제고하며 가족친화인증기업·기관을 확대함으로써 가족친화적 직장환경을 조성하였다.

제3차 건강가정기본계획(2016~2020)의 주요 성과는 다음과 같다. ① 자녀 양육 및 자립을 위한 정책지원이 강화되었다. 아동수당제도의 도입과 가족형태별·가족구성원의 생애주기별 맞춤 가족서비스를 제공하는 가족센터의 건립 등 보편적 가족지원의 기반을 마련하였다. ② 국공립 어린이집 확충, 노인장기요양서비스 및 아이돌봄서비스 확대를 통해 돌봄의 공공성이 강화되었으며, 지역사회 기반의 돌봄이 확대되었다. ③ 배우자 출산휴가·남성 육아휴직·출산지원금·육아휴직자 특례지원 확대, 가족돌봄휴가 신설, 기업의 가족친화경영 제도 개선 등 일·생활 균형을 위한 제도가 확충되었다. ④ 1인 가구를 정책대상에 포함하고, 미혼모·부 등 가족복지 사각지대를 해소하는 등 다양한 가족을 포용하려는 정책을 추진하였다.

(2) 기존 건강가정기본계획의 한계와 제4차 건강가정기본계획(2021~2025) 수립

제1차~3차 건강가정기본계획은 그 성과에도 불구하고 여전히 다양한 한계점이 존재하였다. 기존의 가족정책에서 가족의 정의가 「민법」(제779조)에 기초하여 혼인·혈연·입양 중심으로 규정됨에 따라 다양한 가족구성을 포용하는 정의의 필요성이 지속적으로 제기되었다. 가족유형에 따라 선별적으로 지원함으로써 서비스 사각지대가 발생하고 사회적 낙인이 초래된다는 우려가 있었다. 다양한 사회환경 변화에 따라 가족구성원의 1차적 돌봄 책임을 전제로 하는 공적 돌봄의 대응에 한계가 있었으며 가사돌봄 부담에 있어서 성불평등이 만연하다는 지적이 있었다.

기존 가족정책의 성과 및 한계 그리고 가족정책의 환경을 고려하여 제4차 건강가정기본계획(2021~2025)이 수립되었다. 제4차 기본계획의 주요 내용은 가족 다양성을 포용하고, 구성·형태에 따른 낙인이나 차별 없이 모든 가족의 안정적인 삶의 여건을 보장하며, 가족 전체와 가족구성원 개개인의 권리를 함께 존중하는 방향을 지향하고 있다. 이러한 내용은 4개의 정책과제와 11개의 추진계획에 자세히 명시되어 있다(〈표 3-5〉 참조).

표 3-5 제4차 기본계획은 정책과제와 추진계획

정책과제	추진계획
세상 모든 가족을 포용하는 사회기반 구축	• 위탁가족, 동거 · 사실혼 부부 등 결혼제도 밖의 다양한 가족 구성을 가족정책의 대상으로 포용하는 법 · 제도 마련 • 가족의 다양성을 인식하고 평등한 가족문화 개선을 위해 교육 · 상담 프로그램 운영 • 법률 정비, 발굴, 사건현장 조치 등 가정 내 폭력에 대한 대응 강화
모든 가족의 안정적 생활 여건 보장	• 기초생활보장제도 개선, 긴급복지급여 확대, 아동양육 가족에 대한 경제적 지원 강화, 주거지원 등 경제적 기반 강화 • 한부모가족 · 다문화가족 자녀 및 위기 · 취약 아동 · 청소년 등 자녀 양육 여건 조성 • 건강가정 · 다문화가족지원센터 기능을 확대하여 가족센터로의 전환 등 지역 중심 통합적 가족서비스 체계 구축
가족 다양성에 대응하는 사회적 돌봄 체계 강화	• 공동육아나눔터, 1인 가구의 일상적 돌봄 등 지역 기반 가족 돌봄 지원 확대 • 아이돌봄 서비스 지원 확대 및 서비스 전달체계 개선, 재난 · 재해 시 돌봄공백 대응 등 돌봄 체계 구축 • 가족 돌봄의 공공성 강화와 돌봄노동의 사회적 가치 제고를 통한 가족 돌봄 지원의 양적 · 질적 강화
함께 일하고 돌보는 사회 환경 조성	• 육아휴직 및 육아기 근로시간 단축 제도 개편 및 사용 문화 정착 등 돌봄권 보장을 위한 제도 강화 및 일터 조성 • 성평등 돌봄 정착을 위한 지원 및 홍보를 강화하고 지방자치단체의 가족친화 지역사회 환경구축

출처: 여성가족부(2021d).

3) 가족복지정책 전달체계

(1) 정부부처

① 여성가족부
가족복지정책은 여성가족부에서 총괄한다. 여성가족부 청소년가족정책실의 가족

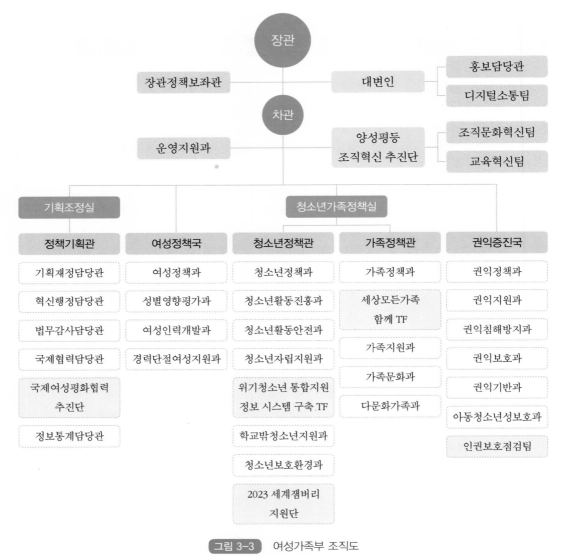

그림 3-3 여성가족부 조직도

출처: 여성가족부 홈페이지(http://www.mogef.go.kr/mi/osg/mi_osg_s001.do).

정책관에서 가족정책의 수립·조정·지원 기능을 수행하고 있다([그림 3-3] 참조).

가족정책관은 가족정책과, 세상모든가족함께 TF, 가족지원과, 가족문화과, 다문화가족과로 조직되었으며 과별 주요 기능은 〈표 3-6〉에 요약되어 있다. 가족정책

표 3-6 가족정책관의 과별 주요 사업

구분	추진계획
가족정책과	• 건강가정기본계획의 수립 · 조정 및 연도별 시행계획의 총괄 • 중앙부처 및 지방자치단체 가족정책의 협의 · 조정 총괄 • 가족 관련 법령의 관리 · 운영 • 가족제도 · 가족실태에 관한 조사 · 연구 • 건강가정 · 다문화가족지원센터 통합서비스 운영기관 및 건강가정지원센터 관리 • 한국건강가정진흥원의 지도 · 감독 등
세상모든 가족함께 TF	• 세상모든가족함께 캠페인 추진
가족지원과	• 미혼모 및 청소년 한부모의 자립 지원 • 한부모가족 지원과 관련 계획의 수립 및 법령의 관리 · 운영 • 가족역량강화 지원 • 양육비 이행 관련 법령의 관리 · 운영 및 제도개선 등
가족문화과	• 가족친화 사회환경 관련 법령의 관리 · 운영 • 가족친화기업 등의 인증 · 관리 • 민주적이고 양성 평등한 가족문화의 확산 및 건전가정의례법령 관련 사항 • 아이돌봄서비스 등 가족의 자녀양육 지원 등
다문화가족과	• 중앙부처 및 지방자치단체의 다문화가족 지원정책 총괄 • 다문화가족 관련 조사 · 연구 및 법령의 관리 · 운영 • 다문화가족지원센터의 운영 지원 • 결혼이민자의 경제 · 사회적 자립 지원 등

출처: 여성가족부 홈페이지(http://www.mogef.go.kr/mi/osg/mi_osg_s001.do).

과는 가족정책 총괄, 관련법령 관리, 한국건강가정진흥원 · 지원센터의 지도관리를 맡고 있으며, 세상모든가족함께 TF는 관련 캠페인을, 가족지원과는 한부모가정에 대한 지원을, 가족문화과는 가족친화 사회환경과 양성평등가족문화 확산을 위한 지원을, 다문화가족과는 다문화가족에 대한 지원 전반을 맡고 있다.

② 기타 정부부처

가족복지정책은 여성가족부에서 총괄하지만, 다양한 관계중앙행정기관과 지방자치단체의 협력하에 수립 · 시행 · 평가된다. 제4차 「건강가정기본계획」상의 가족정책 영역 · 과제별 소관부처는 경찰청, 고용노동부, 교육부, 국토교통부, 금융위원회, 기획재정부, 법무부, 법원행정처, 보건복지부, 지방자치단체, 통계청, 환경부로 매우 다양하다.

(2) 정부산하기관

① 한국건강가정진흥원

한국건강가정진흥원은 「건강가정기본법」(제34조)에 근거를 두고 2004년 시범사업을 시작해 2015년에 여성가족부 산하 특수법인으로 출범하였다. 한국건강가정진흥원은 다양한 형태를 지닌 가족에 대해 삶의 질 제고 및 역량강화를 위한 가족정책을 효율적 · 체계적으로 지원하는 것을 목적으로 한다. 가족정책서비스 전달체계인 건강가정지원센터, 다문화가족지원센터, 건강가정 · 다문화가족지원센터, 가족센터 등을 관리 · 평가 · 지원하고 있다. 주요 업무로는 가족상담 및 가족교육, 가족친화적 사회환경 조성, 아이돌봄 및 자녀양육 지원, 취약가족의 역량강화 지원, 다문화가족의 사회통합지원, 사업관리 및 종사자 교육 · 훈련 등이 있다.

② 가족센터

가족센터는 기존의 지역 건강가정센터와 다문화가족지원센터의 기능이 확대되어 전환된 것이다. 2021년 기준 93개소가 건립되었으며 단계적인 확대를 추진하고 있다.

가족센터는 다목적 열린 공간으로서 전 생애에 걸친 가족구성원들을 위한 다양한 가족의 욕구를 지원한다. 구체적으로 가족센터의 주요 기능은, ① 영유아부터 노인까지의 생애주기별 맞춤서비스 제공, ② 한부모 · 다문화 · 1인 가구 등 다양한 가족형태별 지원, ③ 성별 · 세대 간 소통 · 교류의 공간과 ④ 가족과 이웃이 함께할 수 있는 교육 · 문화 · 여가 공간 마련이다.

　가족센터는 지역의 특성과 지역주민의 욕구를 고려하여 세 가지 유형으로 구분된다(가족센터 홈페이지, http://soc.kihf.or.kr/). 첫째, 돌봄중심 유형은 지역사회 자녀돌봄 공동체를 형성하고, 주 양육자의 휴식과 자녀와의 여가생활 공간을 지원한다(예: 키즈카페, 실내놀이터, 장난감도서관 등). 둘째, 글로벌 소통중심 유형은 다문화 이주민의 사회 · 문화 · 정서 적응과 다문화가족 자녀돌봄을 지원한다(예: 스터디룸, 자조모임룸, 공동부엌 등). 셋째, 지역공동체 통합중심 유형은 다양한 세대와 연령대에 있는 가족들과의 관계형성 및 교류를 활성화할 수 있는 공간을 제공한다(예: 세미나실, 작업실, 도서관, 공동부엌 등).

가족센터	지역 특성별 중심 유형 선택		
	아동 · 돌봄 유형	다문화 통합 유형	공동체 소통 유형
대상 지역사회, 가족, 취약가족, 다문화가족 등 가족구성원 전체	**대상** 맞벌이, 한부모가족 등	**대상** 외국인, 이주민 등	**대상** 노인 · 1인 가구 등
기능 가족 돌봄 지원, 다양한 가족 및 지역사회 연계, 가족친화 사회 환경 조성 등	**지역 특성** 손자녀 노년기 가족 돌봄	**지역 특성** 다문화가족, 이주민 등 서비스 수요가 많은 지역	**지역 특성** 노인 · 1인 가구 등 사회적 관계망 지역 수요가 많은 지역
공간 상담, 교육, 여가, 소통공간 등	**공간** 공동육아나눔터, 부모자녀 소통공간 등	**공간** 다문화소통공간, 교육실, 상담실 등	**공간** 휴식공간, 공동 부엌, 공유카페, 다목적 작업실 등

그림 3-4　가족센터 모델

출처: 여성가족부(2021a).

제**4**장

가족복지 관련 법률과 지원서비스

 광의적 관점에서의 가족복지 관련 법률이란 가족 전체와 구성원 개인의 복지 향상을 함께 도모하는 데 기여하는 법률이다. 상당수의 법들은 가족구성원들의 생애 발달과정 혹은 사회적 역할에 따라 개인에게 적용된다. 하지만 이 중 다수의 법률은 가족을 이루는 각 구성원의 복지 증진을 위한 내용을 다룸에도 불구하고, 가족구성원 간의 관계 혹은 가족 전체의 발전과 행복 실현을 직접적인 목적이나 추진방향으로 설정하고 있지 않기 때문에 이 장에서는 가족복지 관련 법률이라 규정하지 않는다. 이 장에서는 국가가 가족정책을 체계적으로 추진하기 위해 마련한 「건강가정기본법」 노동권 보장을 위한 근거를 제공하는 「영유아보육법」 「아이돌봄 지원법」 부모권 보장을 위한 「아동수당법」 「영유아보육법」 「근로기준법」 「남녀고용평등법」 「고용보험법」에 대해 설명한다.

1. 가족복지 관련 법률의 정의 및 구분

광의적 관점에서의 가족복지 관련 법률이란 가족 전체와 구성원 개인의 복지 향상을 함께 도모하는 데 기여하는 법률이다. 이에 따라 가족의 범위를 규정하는 「민법」과 「가족관계의 등록 등에 관한 법률」, 가족의 역기능에 대응하는 「가정폭력방지 및 피해자 보호 등에 관한 법률」과 「아동학대범죄의 처벌 등에 관한 특례법」, 다자녀가족에게 부여되는 혜택을 명시한 「소득세법」과 「주택공급에 관한 규칙」, 특수욕구를 지닌 가족단위를 대상으로 다루는 「다문화가족지원법」과 「한부모가족지원법」, 가족구성원의 돌봄활동과 경제활동의 조화를 도모하는 「남녀고용평등과 일·가정 양립 지원에 관한 법률」과 「영유아보육법」 등을 그 예로 들 수 있다.

물론 신생아부터 노인까지 가족구성원들의 생애주기 과정 혹은 학생이나 근로자 등 구성원들의 사회적 역할에 따라 가족구성원 개개인에게 적용되는 법들은 상당수 존재한다. 가령 「아동복지법」은 아동의 건강한 출산, 행복하고 안전한 성장, 복지 보장을 목적으로 두고 있으며, 「국민연금법」 또한 근로자의 노령, 장애, 사망에 대하여 연금급여를 제공함으로써 이들의 생활 안정과 복지 증진에 이바지함을 명시하고 있다. 이러한 법률들은 가족을 이루는 아동과 근로자의 개별적 복지 증진을 위한 내용을 각각 다루지만, 가족구성원 간의 관계 혹은 가족 전체의 발전과 행복 실현을 직접적인 목적이나 추진방향으로 설정하고 있지 않기 때문에 이 장에서는 가족복지 관련 법률이라 규정하지 않는다.

한편 협의적 관점으로서의 가족복지 관련 법률들은 일·가족 양립 실현이라는 정책적 목적과 직결된 노동권 보장과 부모권 보장을 목표로 한 법률로 분류할 수 있다. 노동권과 부모권은 가족구성원들의 경제활동과 돌봄활동의 조화를 이루는 데 반드시 보장되어야 할 권리이다. 현재 노동권 보장을 위한 근거를 제공하는 법률로 「영유아보육법」 「아이돌봄 지원법」이 있으며, 부모권 보장 관련 법률은 「아동수당법」 「영유아보육법」 「근로기준법」 「남녀고용평등법」 「고용보험법」을 꼽을 수 있다 (〈표 4-1〉 참조).

표 4-1 노동권과 부모권 보장 주요 법률 및 지원서비스

권리	관련 법률	지원서비스
노동권 보장	「아이돌봄 지원법」	아이돌봄서비스
	「영유아보육법」	무상보육
부모권 보장	「고용보험법」	출산휴가급여, 배우자출산휴가급여, 육아휴직급여
	「근로기준법」	출산전후휴가
	「남녀고용평등법」	배우자출산휴가, 육아휴직, 육아근로단축, 가족돌봄휴직, 가족돌봄휴가, 가족돌봄 등 근로시간 단축
	「아동수당법」	아동수당
	「영유아보육법」	양육수당

출처: 국가법령정보센터 홈페이지(https://www.law.go.kr) 내용을 정리.

2. 노동권과 부모권

　노동권은 근대 시민의 기본권으로서, 일반적으로 노동시장에 참여할 수 있는 기회를 보장하고, 노동시장에서 차별받지 않도록 하는 권리로 기회의 평등을 강조한다. 개인의 노동권 보장은 대한민국「헌법」에서도 명시하고 있으며(제32조), 인간의 존엄성을 존중하는 근로조건의 보장과 고용·임금·근로조건에서 여성이 부당한 차별을 받지 않도록 하는 특별보호에 대한 내용을 포함한다. 또한 노동권 향상에 기여하는 가족복지 관련 법률로서「남녀고용평등법」은 가족구성원, 특히 여성들이 노동시장에서 평등한 지위를 확보할 수 있도록 고용의 전 과정에 있어서 성별에 따른 차별방지와 적극적인 고용조치들을 명시하고 있다.

　근로활동을 위한 노동권 보장은 가족의무 수행에 필요한 노동력을 보완하는 공적 서비스의 확충을 전제로 한다. 즉, 노동권은 돌봄의 사회화를 통해 각종 서비스 기반이 마련될 때 보장될 수 있다. 일·가정 양립이라는 정책적 목표를 위해 노동권의 개념은 부·모 노동력의 상품화와 탈가족화의 관점에서 논의되어 왔다. 즉, 노동권 보장은 부·모의 양육의무를 탈가족화시키고 그 노동력을 시장경제활동을

통해 상품화시킬 수 있는 여건이 마련될 때 가능하다(윤홍식, 2006). 비슷한 맥락에서 무상보육제도와 아이돌봄서비스의 확대는 과거 가족(주로 여성)에게 부과되었던 양육의 의무 일부를 국가의 몫으로 전환하는 역할을 한다. 이렇게 영유아 양육과 아동돌봄에 대한 국가의 책임을 명문화하는 법률로서 「영유아보육법」과 「아동돌봄서비스법」이 있다.

한편 부모권은 부모(혹은 다른 주 양육자)가 직접 아이를 돌볼 수 있는 권리이다(윤홍식, 2006). 과거에는 여성이 자녀양육의 책임주체라는 전제가 상정되어 부모권보다는 모성권에 대한 논의가 주를 이루었다. 모성권은 여성의 임신과 출산에 대한 권리이며, 더 나아가 복지국가적 관점에서는 임금노동을 하지 못하거나 노동자로서의 지위가 불안정한 여성이 가족수당, 아동수당, 주부연금 수급을 통해 복지시스템으로 통합될 수 있는 권리를 가리킨다(이재인, 2006).

이에 반해 부모권은 돌봄노동을 여성의 문제로 국한시키는 모성권보다 중립적 입장으로, 여성뿐 아니라 남성에게도 돌봄의 권리와 의무를 확대시킨 개념이다(김나연, 2013). 부모권의 보장은 부·모 노동력의 탈상품화를 통해 그 노동력의 가족화를 동반할 때 이루어진다. 즉, 부모가 자녀양육 등 가족책임을 수행하기 위해 임금노동에 의존하지 않아도 가족이 적절한 생활을 유지할 수 있을 때 부모권이 존중될 수 있다(윤홍식, 2006).

가족복지 관련 주요 법률의 제정 및 개정 과정을 살펴보면(〈표 4-2〉 참조), 초기에는 여성의 노동권이나 모성권 보장을 위한 제도들이 발전되었고, 남성의 돌봄에 대한 책임에 대해서는 소극적이었음을 알 수 있다. 이는 여성의 건강한 출산과 양육에 대한 국가의 책임을 명시한 「모자보건법」의 제정을 시작으로 여성의 평등한 근로 기회와 경제활동 촉진을 위한 「남녀고용평등법」, 산전후유급휴가와 임산부에 대한 보호규정을 담은 「근로기준법」, 소수 저소득층 근로여성의 자녀보육 지원을 명시한 「영유아보육법」에서 확인할 수 있다.

2000년대 이후, 한국 가족복지정책이 양성평등적 관점을 지향하게 됨에 따라 여성의 노동권을 지원하는 조치들이 강화되었을 뿐 아니라, 부·모 모두가 가족에 대한 책임을 수행할 수 있는 법적 근거가 확충되었다. 「건강가정기본법」 제정을 통해

표 4-2 가족복지 관련 주요 법률 제정 · 개정 및 특징

연도	법률	특징
1973. 2	「모자보건법」 제정	모성 및 영유아의 생명과 건강을 보호하고 건전한 자녀의 출산과 양육을 도모
1987. 12	「남녀고용평등법」 제정	고용에 있어서 남녀의 평등한 기회 및 대우를 보장, 모성을 보호(육아휴직, 육아시설), 직업능력을 개발함으로써 근로여성의 복지증진에 기여
1991. 1	「영유아보육법」 제정	보호자가 근로, 질병으로 인하여 보호하기 어려운 영아 및 유아에 대한 국가의 양육 책임 명시
1995. 12	「여성발전기본법」 제정	남녀평등을 촉진하고 여성의 발전을 도모하기 위한 국가 · 지방자치단체의 책무 규정과 제도적 장치 마련
1997. 3	「근로기준법」 제정	근로기준제도를 합리적으로 규정함으로써 근로자의 기본적 생활을 보장 · 향상, 산전후유급휴가와 임산부에 대한 보호규정 포함
2001. 8	「고용보험법」 개정	「남녀고용평등법」의 규정에 의한 출산전후휴가급여와 육아휴직급여를 고용보험에서 지급할 수 있는 근거 규정 마련
2004. 1	「영유아보육법」 대상자 확대 개정	모든 영아 및 유아에 대한 국가의 양육 책임 명시
2004. 2	「건강가정기본법」 제정	가족생활 및 가족구성원에 대한 국가의 책임과 지원을 명시하는 기본법 제정
2007. 4	「노인장기요양보험법」 제정	장기요양급여에 관한 사항을 규정, 노후의 건강증진 및 생활안정을 도모하고 가족의 부담을 경감
2007. 7	「가족관계의 등록 등에 관한 법률」 제정	가부장적 가족관계를 개선하기 위해 2008년 호주제 폐지에 따른 가족관계등록 제도 실시
2007. 10	「모부자복지법」이 「한부모가족지원법」으로 변경	한부모가족의 생활 안정과 복지 증진에 이바지를 목적
2007. 12	「가족친화 사회환경의 조성 촉진에 관한 법률」 제정	가족친화 사회환경(일 · 가정 양립과 돌봄의 사회화)의 조성을 위한 법적 근거 마련
2007. 12	「남녀고용평등법」에서 「남녀고용평등과 일 · 가정 양립 지원에 관한 법률」로 명칭 변경	남녀고용평등 실현 및 일 · 가정의 양립을 위한 정책을 강화, 배우자출산휴가, 육아기 근로시간 단축에 대한 법적 근거 마련
2008	「다문화가족지원법」 제정	다문화가족구성원의 안정적인 가족생활 영위, 삶의 질 향상, 사회통합 증진

2008. 6	「경력단절여성등의 경제활동 촉진법」 제정	경력단절여성의 경제활동 촉진을 통하여 여성의 경제적 자립, 자아실현, 국가경제 발전을 도모
2012	「아이돌봄 지원법」 제정	아이의 복지증진, 시설보육의 사각지대를 해소, 자녀양육 부담 경감
2014	「양육비 이행확보 및 지원에 관한 법률」 제정	양육비 이행확보 등을 지원하여 미성년 자녀의 안전한 양육환경을 조성
2014. 5	「여성발전기본법」에서 「양성평등기본법」으로 명칭 변경	정치·경제·사회·문화의 모든 영역에서 양성평등 이념 실현을 위한 국가와 지방자치단체의 책무 등에 관한 기본적인 사항을 규정
2018. 3	「아동수당법」 제정	자녀양육 부담 경감, 건강한 성장 환경 조성, 아동의 기본적 권리와 복지를 증진

출처: 국가법령정보센터 홈페이지(https://www.law.go.kr) 내용을 정리.

가족생활 및 가족구성원에 대한 국가의 책임과 지원을 명시함으로써 가족을 사적 영역이 아닌 공적 개입이 필요한 영역임을 표명하는 것을 시작으로, 「남녀고용평등과 일·가정 양립 지원에 관한 법률」에 따라 배우자출산휴가, 육아기 근로시간 단축이 가능해졌고, 「가족친화 사회환경의 조성 촉진에 관한 법률」을 통해 가족친화 사회환경(일·가정 양립과 돌봄의 사회화)의 조성을 위한 법적 근거가 마련되었다.

3. 가족복지 관련 법률

1) 건강가정기본법

(1) 목적 및 의의

「건강가정기본법」은 가족정책에 대한 기본법으로서, 기본법의 특성상 가족 관련 국가의 주요 사안을 체계적으로 추진하기 위하여 목적과 기본이념을 정하고 관련 자들의 권리·의무 및 권한·책무, 제도·정책의 틀과 기본방향, 지원범위, 추진체계 등을 규정한다(음선필, 2021).

　이 법의 목적은 "건강한 가정생활의 영위와 가족의 유지 및 발전을 위한 국민의 권리 · 의무와 국가 및 지방자치단체 등의 책임을 명백히 하고, 가정문제의 적절한 해결방안을 강구하며 가족구성원의 복지증진에 이바지할 수 있는 지원정책을 강화함으로써 건강가정 구현에 기여하는 것"(제1조)이다. 또한 기본이념으로서 "가정은 개인의 기본적인 욕구를 충족시키고 사회통합을 위하여 기능할 수 있도록 유지 · 발전"(제2조)되어야 함을 제시하고 있다. 이러한 목적과 기본이념에 상응하도록 해당 법률은 정책적 대상으로서의 가족을 정의하고, 가족정책의 방향 및 지원책들을 명시하고 있다.

　「건강가정기본법」은 가족에 대한 국가의 개입을 명시하고 있는 최초의 법률이며 가족을 사적 영역이 아니라 가족정책이라는 수단을 통해 공적 개입이 필요한 영역임을 표명하였다는 의의가 있다(김인숙, 2007). 즉, 근대시대 이후 가족의 문제는 가족구성원 개인이나 가족 전체가 해결해야 하는 사안으로 간주되어 왔으나, 「건강가정기본법」의 제정으로 가족문제에 대한 국가의 개입이 명문화된 것이다.

(2) 제정배경 및 개정과정

　1990년대 이혼율 급증, 출산율 급감, 여성의 경제활동참가율 증가 등으로 인한 가족해체 증가와 가족기능 약화를 둘러싼 가족위기 담론은 이후 한국 미래의 성장동력 부족과 사회보장제도 유지의 위협으로 인식되어 2000년대 국가위기 담론으로 이어졌다(윤홍식, 2004; 이재경, 2004). 결국 2004년 가족이 안고 있는 문제가 사회적 의제로 확대되어야 한다는 인식이 고조되면서 가족에 대한 국가적 대응을 담은 「건강가정기본법」이 제정되었다.

　이후 가족의 변화와 가족복지 수요의 변화에 따라 몇 차례의 개정을 거쳤는데, 그 주요 내용은 다음과 같다. 2011년 개정을 통해 자녀양육지원사업의 강화를 위한 관련 법적 근거와 예산지원 근거가 마련되고, 치매 등 노인질환 경험 가족을 적극 지원할 수 있도록 건강증진대책 마련 대상에 노인이 추가되었다. 2014년에는 다문화가족, 한부모가족, 조손가족 등 취약가족의 역량강화를 위한 가족정책의 효율적·체계적 운영을 위해 한국건강가정진흥원의 설립조항이 신설되었다. 2016년에는 출산과 육아에 대한 사회적 책임 인식이 확대되어 출산·육아환경 조성을 위한 적극적 지원규정이 마련되었고 2018년에는 1인 가구를 생활단위로 정의하여 가족정책의 대상이 확장되었다.

(3) 주요 내용

첫째, 「건강가정기본법」은 가족정책의 대상을 정의하고 있다. 가족은 "혼인·혈연·입양으로 이루어진 사회의 기본단위"이며, 가정은 "가족구성원이 생계 또는 주거를 함께 하는 생활공동체로서 구성원의 일상적인 부양·양육·보호·교육 등이 이루어지는 생활단위"이다(제3조). 해당 법이 지향하고자 하는 건강가정은 "가족구성원의 욕구가 충족되고 인간다운 삶이 보장되는 가정"으로 규정된다. 또한 사회적 보호를 필요로 하는 가정으로서 한부모가족, 노인단독가정, 장애인가정, 미혼모가정, 공동생활가정, 자활공동체를 제시하고 있다(제21조). 모든 국민은 안정된 가정생활을 영위할 권리가 있지만, 가족의 복지 향상을 위해 노력할 의무 역시 있음을 강조하고 있다(제4조).

둘째, 「건강가정기본법」은 국가와 지방자치단체가 건강가정기본계획을 5년 주기로 수립하고 이를 시행하기 위한 근거를 마련한다. 기본계획은 가족기능의 강화, 가족공동체문화의 조성, 다양한 가족의 욕구 충족, 민주적이고 양성평등적인 가족관계 형성, 가정친화적인 사회환경의 조성, 가족의 양육·부양 등의 부담완화와 가족해체 예방을 통한 사회비용 절감, 위기가족에 대한 긴급 지원책, 가족지원정책 재정조달 방안 등에 대한 내용을 골자로 한다(제15조). 또한 가족정책의 기반 마련을 위해 가족의 욕구·수요를 파악하여 3년마다 가족실태조사를 실시하도록 한다.

셋째, 「건강가정기본법」은 건강가정사업을 통해 건강가정의 유지·발전에 필요한 제도를 마련할 국가 및 지방자치단체의 책임을 강조하고 있다. 건강가정사업은 가정문제를 예방하고 해결하기 위한 여러 조치와 가족의 부양·양육·보호·교육 등의 가정기능을 강화하기 위한 사업을 말한다(제3조). 국가는 이러한 건강가정사업을 통해 생애주기에 따르는 가족구성원의 종합적인 건강증진대책을 마련하고

(제24조) 가족단위 복지증진을 위한 시책을 개발 · 추진해야 한다(제23조).

마지막으로, 「건강가정기본법」은 여성가족부와 지방자치단체가 건강가정사업에 관한 업무를 수행할 전담조직을 둘 것을 명시하며 가족정책을 효율적 · 체계적으로 지원하는 한국건강가정진흥원과 가정문제의 예방 및 개입, 건강가정 유지를 위한 교육을 담당하는 건강가족지원센터의 설치 · 운영 근거를 제공한다.

2) 아동수당법

(1) 제정 배경과 의의

한국이 아동에 대한 재정적 · 정책적 지원에는 소극적이었다는 비판과 아동양육에 대한 국가의 책임성 강화라는 요구 증가와 함께 아동수당의 법적 근거를 마련하기 위해 2018년 「아동수당법」이 제정되었다. 본 법의 제정은 가족과 국가가 자녀양육에 대한 책임을 함께 한다는 의지를 법으로 명문화하였다는 의의를 지닌다. 현재 「아동수당법」에 기초하여 아동수당이 지급되고 있는데, 이는 한국에서 소득 · 자산에 기반하지 않고 연령만을 기준으로 복지급여가 지급되는 첫 보편적 사회수당이다(임현규, 2019).

아동수당은 1926년 뉴질랜드에서의 도입을 시작으로 현재 대부분의 OECD 국가에서 오랜 기간 정착되고 시행되어 온 제도이다(최영진, 2020). 국가별 인구구조, 재정적 · 경제적 · 사회적 · 문화적 여건을 반영하여 다자녀, 출생순위, 연령, 소득 수준을 기준으로 하여 아동수당이 다르게 지급되고 있다. 한국은 만 7세 미만의 모든

표 4-3 OECD 국가의 아동수당 지급 연령 분포

	6세 미만	7세 미만	15세 미만	16세 미만	17세 미만	18세 미만	18세	합계
OECD 국가*	호주	한국	라트비아	영국 외 8개국	핀란드	독일 외 16개국	프랑스, 체코	32

* 16개국이 학생일 경우 지원 연령을 확대하고 있음.

출처: 임현규(2019), p. 29, 표를 재구성.

아동에게 동일한 금액을 지급하고 있다. 특히 호주(6세 미만)와 한국(7세 미만) 두 국가를 제외한 OECD 30개국은 아동수당 최소 지급 연령이 15세에 달하고 있다.

이와 같이 각 국가에 따라 아동수당제도의 운영에 있어 차이는 있으나, 국가가 가족의 자녀에 대한 책임을 지닌다는 인식은 공통적으로 적용된다. 국가정책으로서 아동수당 도입의 필요성은 사회보장의 관점, 아동복지의 관점, 임금정책의 관점, 인구정책의 관점으로 구분된다(최영진, 2020).

첫째, 사회보장의 관점은 소득의 불균형 해결과 부양가족의 생활비 보장을 위한 수단으로서 아동수당의 필요성을 강조한다. 둘째, 아동복지의 관점은 아동의 권리 확립과 아동복지의 적극적인 실천 차원에서 아동수당의 당위성을 찾으며, 국가, 사회, 부모 모두가 양육의 책임을 분담해야 한다고 본다. 셋째, 아동을 미래사회 성장을 위한 노동력으로 간주하는 임금정책의 관점은 아동수당을 자녀의 재생산을 위한 비용 또는 임금의 일부로 여긴다. 마지막으로, 인구정책의 관점은 아동수당을 저출산문제에 대응하기 위한 인구 증가대책의 수단으로서 바라본다.

한국의 경우, 「아동수당법」의 목적이 "양육에 대한 경제적 부담 완화" 및 "아동의 기본적 권리와 복지 증진"인 점과 더불어, 법에는 명시되어 있지 않지만 저출산·고령화 사회로의 진입이라는 거시적 맥락을 고려했을 때, 사회보장의 관점, 아동복지의 관점, 인구정책의 관점이 강하다고 할 수 있다.

(2) 주요 내용

「아동수당법」은 양육에 대한 경제적 부담을 줄이고 아동에게 건강한 성장환경을 제공하여 결국 아동의 기본적 권리보장과 복지 증진을 목적으로 하고 있다(제1조). 이 법은 아동양육에 대한 국가와 지방자치단체의 책무를 가족의 경제적 부담 경감, 아동의 건강한 성장환경 조성, 재원 조달 등으로 명시하고 있으며, 보호자 역시 아동수당 사용을 아동의 기본적 권리를 보장하고 복지를 향상시키는 데 활용해야 한다고 하고 있다(제3조). 아동수당 지급대상, 지급액, 신청방법(제2장), 보호자 변경과 지급정지 등 수급아동의 사후관리(제3장), 양도·압류불가, 이의신청 등 아동수당 수급권자의 권리보호(제4장)에 대한 내용을 포함하고 있다.

(3) 관련 정책 및 서비스

「아동수당법」은 아동수당제도의 근거를 마련하고 있다. 아동수당은 대한민국 국적을 보유한(「난민법」상 난민 인정 아동 포함) 7세 미만의 아동에게 매월 10만 원을 지급하는 제도이다(제4조). 수급아동의 국외 체류기간이 90일 이상 지속되거나 수급아동이 행방불명·실종되는 경우 지급이 정지되며(제13조), 아동의 사망, 대한민국 국적상실, 난민인정 취소 등의 사유로 아동수당 수급권이 상실될 수 있다(제14조). 아동수당은 일반적으로 매월 수급아동 또는 그 보호자 명의의 금융회사계좌로 입금되어 지급되지만(제9조), 해당 지방자치단체가 발행하는 상품권(고향사랑상품권 등)으로도 지급 가능하다(제10조). 부정한 방법으로 아동수당을 지급받는 경우 1년 이하의 징역 또는 1천만 원 이하의 벌금에 처한다(제24조).

3) 영유아보육법

(1) 제정 배경 및 변화

「영유아보육법」은 1991년 산업화에 따라 여성의 경제활동이 증가하고 가족구조의 핵가족화로 인해 보육수요가 급증하면서 제정되었다. 그 이전에 아동보육이라는 개념은 저소득층 기혼여성의 경제활동 참여로 인해 자녀양육이 어려울 경우 제공되는 구빈적·보충적·개별적 서비스를 가리키는 것이었다(강현구, 이순형, 2015, 이순형 외, 2009). 1991년 「영유아보육법」 제정 당시 "보호자가 근로 또는 질병 기타 사정으로 인하여 보호하기 어려운 영아 및 유아"를 대상으로 하였다는 점에서 여전히 보육서비스의 잔여적 특징이 남아 있었다. 이후 보편적 보육서비스에 대한 수요가 증가하면서 2004년에 「영유아보육법」은 개정을 통해 모든 영유아의 보호와 교육을 위하는 법률로서 발전하였으며 2012년에 만 0~2세 및 만 5세 전 계층에 대한 보육료 지원이 시작되었다. 이렇게 소극적 복지의 입장에서 아동의 생존권, 복지권 증진과 관련된 내용을 중심으로 구성되었던 「영유아보육법」은 모든 아동의 행복추구권과 자녀양육에 대한 국가의 책임이 강조되면서 점차 적극적인 관점으로 변모함에 따라 보육서비스 역시 보편적 서비스로 확대되었다(강현구, 이순형, 2015).

	국 · 공립	사회복지법인	법인 · 단체 등	민간	가정	협동	직장
2000년	99,666	157,993	15,949	336,625	67,960	–	7,807
2020년	253,251	78,322	34,066	578,196	230,444	3,716	66,401

그림 4-1 2000년, 2020년 보육아동 비교(단위: 명)

출처: 보건복지부(2020a).

(2) 주요 내용

「영유아보육법」의 입법목적은 영유아에 대한 보호와 교육을 통해 이들을 건강한 사회구성원으로 육성하고, 보호자의 경제적 · 사회적 활동을 지원하는 것이다. 이를 통해 결국 영유아와 가정 전체의 복지증진에 기여하고자 하였으며(제1조), 영유아보육법의 적용대상은 6세 미만의 취학 전 아동으로 정의되는 영유아다(제2조). 보육은 영유아의 최우선적 이익, 안전, 건강한 성장, 비차별을 이념으로 하며(제3조), 보호자, 국가 및 지방자치단체를 포함한 모든 국민은 영유아의 건전한 보육에 책임을 진다(제4조).

동법은 보육사업과 관련된 사항을 심의하는 보육정책위원회(제6조), 시간제보육서비스, 보육정보 수집 · 제공 및 상담을 담당하는 육아종합지원센터(제7조), 보육정책에 대한 체계적 지원을 제공하는 한국보육진흥원의 설립 및 운영(제8조)에 대한 근거를 명시하고 있다. 이 외에도 어린이집 설치와 보육계획 수립(제2장), 보육교직원의 직무 · 책무 · 자격 · 교육(제3장), 어린이집의 운영 기준 및 기간(제4장), 건강관리, 급식 및 영양 관리, 안전관리(제5장) 등에 대한 내용을 명시하고 있다.

(3) 관련 제도

① 무상보육

1991년 「영유아보육법」 제정 당시 저소득층 가족의 자녀를 제외한 유아의 보호 · 교육에 필요한 비용은 보호자가 부담하는 것을 원칙으로 하였으나, 2013년 일 · 가정 양립 지원, 자녀양육에 대한 경제적 부담 완화, 출산율 제고를 목적으로 「영유아보육법」 개정이 이루어져 무상보육의 근거가 마련되었다(제34조). 보건복지부장관은 어린이집 표준보육비용(보육교직원 인건비, 급식 · 간식의 재료비, 교재 · 교구비, 시설 · 설비비, 관리 · 운영비)을 파악하기 위한 조사를 3년마다 실시하고, 이에 따라 표준교육비용을 결정하며, 국가나 지방자치단체가 무상보육에 따른 비용을 부담한다.

표 4-4 연령에 따른 보육료 지원금

대상연령	지원내용
만 0세	(기본보육 · 야간) 484,000원 / (24시) 726,000원
만 1세	(기본보육 · 야간) 426,000원 / (24시) 639,000원
만 2세	(기본보육 · 야간) 353,000원 / (24시) 529,500원
만 3세	(기본보육 · 야간) 260,000원 / (24시) 390,000원
만 4세	
만 5세	

출처: 한국사회보장정보원 홈페이지(http://www.bokjiro.go.kr).

② 양육수당

「영유아보육법」은 가정에서 영유아를 돌보는 양육수당을 지원할 것을 명시하고 있다(제34조의2). 단, 어린이집, 유치원(특수학교 포함), 아이돌봄서비스(영아종일제 서비스) 지원을 받지 않는 아동에 대해 양육수당 지원이 이루어지며, 자녀의 보육 상황에 따라 보육료, 유아학비, 종일제돌봄서비스, 양육수당 간 서비스를 변경 신청할 수 있다. 이에 양육수당은 가족의 자녀양육에 대한 경제적 부담을 경감하고 보육서비스의 선택권을 보장한다는 의의가 있다. 2009년 양육비용을 일정소득액 이하인 가구의 만 2세 미만의 영유아를 대상으로 도입된 양육수당은 현재 초등학교 미취학 영유아에게 확대되었으며 만 6세가 되는 날이 속하는 해의 다음 해 2월까지 매월 정기적으로 지급된다(시행령 제23조의2). 양육수당은 수급아동 또는 보호자 명의의 계좌로 입금되며, 소득 수준에 관계없이 양육수당 지급액이 동일하나, 장애나 농어촌 거주 여부에 따라 차등 지급된다(지원내용은 〈표 4-5〉 참조).

표 4-5 양육수당 대상 연령 및 지급액

대상 연령	지급액
12개월 미만	200,000원
12개월 이상 23개월	150,000원
24개월 이상 86개월 미만(취학전)	100,000원

※ 장애아동은 36개월 미만 20만 원, 36개월~86개월 미만 10만 원; 농어촌 아동은 연령별로 10~20만 원 차등지급

출처: 한국사회보장정보원 홈페이지(http://www.bokjiro.go.kr).

③ 직장어린이집 설치

「영유아보육법」은 직장어린이집의 설치 및 운영에 관한 사항을 규정하고 있다. 상시 여성근로자 300명 이상 또는 상시근로자 500명 이상을 고용하고 있는 사업장에 직장어린이집 설치(제14조; 시행령 제20조)를 의무화하여 근로자의 자녀가 이용할 수 있도록 하고 있으며, 보육의 우선 제공 규정(제28조)을 통해 취업 중인 부모의 영유아가 어린이집을 우선적으로 이용할 수 있도록 하고 있어, 취업한 부모의 자녀에 대한 보육을 통해 가족을 지원하고 있다. 직장어린이집 설치 등 의무 이행에 관한 실태조사를 매년 실시하고 있는 보건복지부장관은 직장어린이집 설치의무 미이행 사업장 명단을 공표할 수 있다(제14조의2).

4) 아이돌봄 지원법

(1) 주요 내용

「아이돌봄 지원법」은 "가정의 아이돌봄을 지원하여 아이의 복지증진 및 보호자의 일 · 가정 양립을 통한 가족구성원의 삶의 질 향상과 양육친화적인 사회환경 조성"을 목적으로 한다(제1조). 국가와 지방자치단체는 돌봄대상 아동의 이익을 최우선으로 고려하고 보호자의 다양한 요구 충족을 원칙(제3조)으로 아이돌봄에 대한 책임을 다하며(제4조), 이를 위해 5년 주기로 아이돌봄 지원을 위한 기본계획을 수립해야 한다(제4조의2).

동법은 아이돌보미의 직무, 자격, 결격사유, 교육(제2장), 아이돌봄서비스 제공기관의 임무, 관리 · 평가, 아이돌봄서비스의 우선 제공 대상(제13조의2)과 비용지원(제5장)에 대한 내용도 포함되어 있다(제3장). 최근 아이돌보미의 인 · 적성검사(제7조) 및 건강진단(제10조2)의 의무화와 자격정지 · 취소 사유로 아동에 대한 모욕 · 협박이나 아동학대로 인한 보호처분을 받을 경우가 추가(제32조, 제33조)되어 돌봄대상 아동을 위한 보호조치가 강화되었다. 또한 아이돌봄중앙지원센터(제10조의3)와 아이돌봄광역지원센터(제10조의4) 지정 · 운영에 대한 조항도 추가함으로써 아이돌봄 지원정책의 효율적 · 체계적 수행과 아이돌보미에 대한 자격 및 관리 · 감독을 강화하고자 하였다.

(2) 관련 정책 및 서비스

「아이돌봄 지원법」과 관련된 대표적인 가족복지제도로는 아이돌봄서비스를 들 수 있다. 아이돌봄서비스는 아동의 복지 증진과 보호자의 일 · 가정 양립을 목적으로 만 12세 이하 아동의 주거지 등에서 개별적으로 제공하는 보호 및 양육 등의 서비스이다. 기초생활수급자 · 차상위계층 · 한부모가족 · 장애인가족 · 다문화가족 · 국가유공자가족 · 맞벌이가정의 자녀는 우선적으로 아이돌봄서비스를 이용할 수 있다. 가족의 소득기준에 따라 가형(중위소득 75% 이하), 나형(75% 초과 120% 이하), 다형(120% 초과 150% 이하), 라형(150% 초과)의 네 단계로 서비스 비용의 80%까지

표 4-6 아이돌봄사업 유형별 설명

서비스 유형	내용	특징
시간제서비스	부모의 맞벌이 등으로 양육공백이 발생한 가정의 생후 3개월 이상, 만 12세 이하 아동을 대상으로 아이돌보미가 돌봄장소에 직접 찾아가 서비스 제공	정부지원시간: 연 840시간 시간당 이용요금: 10,040원~13,050원
영아종일제서비스	부모의 맞벌이 등으로 양육공백이 발생한 가정의 생후 3개월 이상, 만 36개월 이하 영아를 대상으로 돌봄장소로 아이돌보미가 직접 찾아가 서비스 제공	정부지원시간: 월 200시간 시간당 이용요금: 10,040원
질병감염 아동지원서비스	만 12세 이하의 아동이 전염성 및 유행성 질병 감염 등에 의해 불가피하게 가정양육이 필요한 경우 아이돌보미가 돌봄장소에 직접 찾아가 돌봄서비스 제공	시간당 이용요금: 12,050원
기관연계서비스	사회복지시설, 학교, 유치원, 보육시설 등의 만 0~12세 아동을 대상으로 아이돌보미가 기관에 직접 찾아가 돌봄서비스 제공	시간당 이용요금: 16,870원

출처: 아이돌봄서비스 홈페이지(https://idolbom.go.kr/).

정부보조금이 차등 지원된다. 아이돌봄사업은 시간제서비스, 영아종일제서비스, 질병감염아동지원, 기관연계서비스의 네 종류로 구분된다(〈표 4-6〉 참조).

5) 남녀고용평등과 일 · 가정 양립 지원에 관한 법률

(1) 제정 배경 및 의의

「남녀고용평등과 일 · 가정 양립 지원에 관한 법률」(이하 「남녀고용평등법」)은 남녀 간 고용차별을 금지한 국내 최초의 법률이다. 성차별 관행 금지, 근로여성의 모성 보호, 여성의 취업촉진에 관한 규정을 명시한 「남녀고용평등법」은 1987년 제정 이후 여성의 노동권 보장을 위한 법과 제도 발전의 기반이 되어 왔다. 구체적으로 모집 · 채용 · 승진 · 퇴직 · 해고의 단계에서 발생하는 여성차별과 직장 내 성희롱 금지, 출산 · 육아 · 돌봄이 가능하도록 일 · 가정 양립을 위한 제도 정비, 여성의 적극적 고용개선조치 도입 등이 그 결실이다.

이와 같은 일련의 조치를 통해 남녀 간 고용률 격차 감소, 남녀 간 사용직 비율 감소, 성별 임금격차 감소 등의 성과가 있었다. 하지만 여전히 한국에서는 다른 OECD 국가에 비해 성별격차가 크고, 결혼 · 출산 · 육아로 인한 경력단절에서 나타나는 M자곡선 또한 여전히 유지되고 있어 법 · 제도가 더욱 실효성을 발휘할 수 있게 정비될 필요가 있다(김준영 외, 2018).

(2) 주요 내용

동법의 목적은 "「대한민국헌법」의 평등이념에 따라 고용에서 남녀의 평등한 기회와 대우를 보장하고 모성 보호와 여성 고용을 촉진하여 남녀고용평등을 실현함과 아울러 근로자의 일과 가정의 양립을 지원함으로써 모든 국민의 삶의 질 향상에 이바지하는 것"이다. 고용에 있어서 양성평등을 실현하기 위해 국가와 지방자치단체의 책무와 남녀가 동등하게 존중받는 직장문화를 조성하기 위한 근로자와 사업주의 책무를 명시하고 있다.

구체적으로 「남녀고용평등법」의 주요 내용으로 고용의 전 과정에서 성차별 금지, 직장 내 성희롱 방지, 여성의 직업능력개발, 적극적 고용개선조치 등 고용에서 남녀의 평등한 기회보장 및 대우(제2장), 출산 · 육아 · 가족돌봄과 관련된 모성보호와 일 · 가정 양립지원(제3장), 차별, 직장 내 성희롱, 모성보호 및 일 · 가정 양립 등에 관한 상담 등 분쟁 예방과 해결(제4장), 사업주의 위반행위에 대한 벌칙(제6장)을 들 수 있다.

최근 근로자가 성별, 혼인, 임신 또는 출산 등의 사유로 받은 차별경험에 대해 시정을 신청할 수 있는 구제수단을 추가 명시하였다. 이는 기존에 사업주의 차별에 대하여 벌칙을 부과하는 소극적 보호만을 제공하는 데에서 벗어나 노동위원회에 구제신청을 통해 차별을 적극적으로 시정하도록 요구하고 이에 대해 배상을 받을 수 있는 규정을 마련한 것이다.

(3) 관련 정책 및 서비스

「남녀고용평등법」은 출산전후휴가(제18조), 배우자출산휴가(제18조의2), 육아휴
직(제19조), 육아기 근로시간 단축(제19조의2), 가족돌봄휴직(제22조의2), 가족돌봄
휴가(제22조의3), 가족돌봄 등을 위한 근로시간 단축(제22조의4) 등 부양자녀나 돌
봄이 필요한 구성원들이 있는 가족에 대한 지원근거를 마련하고 있다. 관련 정책의
구체적인 내용은 다음과 같다.

① 배우자출산휴가

사업주는 근로자가 배우자의 출산을 이유로 배우자출산휴가를 신청할 경우 이
를 허용해야 한다(제18조의2). 배우자출산휴가는 유급으로 이루어지며 최대 10일
이다. 배우자출산휴가는 분할 사용 가능하나 두 번째 사용기간은 출산일부터 90일
이내에 그 휴가를 시작해야 한다. 배우자의 휴가로 인해 해고나 불리한 처우 등 불
이익이 없도록 하고 있다(제18조의2).

② 육아휴직

사업주는 근로자가 만 8세 이하 또는 초등학교 2학년 이하의 자녀(입양한 자녀를
포함)를 양육하기 위해 육아휴직을 신청하는 경우에 이를 허용해야 한다(제19조).
단, 육아휴직 시작 전날까지 해당 사업장에서의 근로 기간이 6개월 미만인 근로자
는 제외한다. 육아휴직의 기간은 1년 이내로 하고, 2회에 한정하여 나누어 사용할
수 있다. 근로자의 육아휴직을 허용하지 않은 사업주는 500만 원 이하의 벌금에 처
한다(제37조).

③ 육아기 근로시간 단축

「남녀고용평등법」은 주 15시간 이상, 35시간 이내 근무하는 육아기 근로시간 단
축(제19조의2)을 명시하고 있다. 사업주는 근로자가 만 8세 이하 또는 초등학교 2학
년 이하의 자녀를 양육하기 위하여 육아기 근로시간 단축을 신청하는 경우 대체인
력 채용이 불가하거나 정상적인 사업 운영에 중대한 지장을 초래하지 않는 한 이를

허용해야 한다(제19조의2). 육아휴직과 육아기근로단축 제도는 각각 1년 이내지만 두 제도 간 가산이 가능하다. 육아로 인해 휴직이나 근로시간을 단축할 경우 해고나 불리한 처우를 받지 않고 직장으로 복귀하여 이전과 동일한 업무나 급여를 받을 수 있다. 육아기 근로시간 단축을 허용하지 않은 사업주에게 500만 원 이하의 과태료가 부과된다(제39조).

④ 가족돌봄휴직

사업주는 근로자가 가족(부모, 배우자, 자녀, 배우자의 부모 등)의 질병, 사고, 노령으로 인한 돌봄을 사유로 휴직을 신청하는 경우 이를 허용해야 한다(제22조의2). 사업주가 이를 허용하지 않는 경우 연장근로의 제한, 근로시간의 단축, 탄력적 운영 등 근로시간의 조정을 취해야 한다. 가족돌봄휴직 기간은 연간 최장 90일이며, 이를 나누어 사용할 수 있다. 단, 1회의 기간은 30일 이상이어야 한다. 가족돌봄휴직 신청을 승인하지 않은 사업주에게 500만 원 이하의 과태료가 부과된다(제39조).

⑤ 가족돌봄휴가

사업주는 근로자가 가족(조부모, 부모, 배우자, 배우자의 부모, 자녀, 손자녀 등)의 질병, 사고, 노령, 양육으로 긴급돌봄을 위한 휴가를 신청하는 경우 이를 허용해야 한다(제22조의2). 단, 근로자의 가족돌봄휴가가 사업 운영에 중대한 지장을 초래하는 경우 근로자와 협의하여 그 시기를 변경할 수 있다. 가족돌봄휴가 기간은 연간 최장 10일이며 감염병의 확산 등 대규모 재난이 발생한 경우에 기간을 연간 10일(한부모의 경우 15일)까지 연장 가능하다. 가족돌봄휴가 기간은 근속기간에 포함되지만 평균임금 산정기간에서는 제외된다. 사업주가 가족돌봄휴가를 허용하지 않은 경우 500만 원 이하의 과태료를 부과받으며 가족돌봄휴가를 이유로 해당 근로자를 해고하거나 근로조건을 악화시키는 등 불리한 처우를 한 경우 3년 이하의 징역 또는 3천만 원 이하의 벌금에 처해진다(제37조, 제39조).

그림 4-2 출산 및 육아휴직 현황(단위: 명)

출처: 한국고용정보원 고용정보통계 홈페이지(https://eis.work.go.kr).

⑥ 가족돌봄 등 근로시간 단축

사업주는 근로자가 가족이나 근로자 자신을 돌보기 위해, 학업을 위해 혹은 은퇴 준비를 위해 신청할 경우 근로시간 단축을 허용해야 한다. 근로시간 단축기간은 1년 이내지만 추가로 2년 연장이 가능하다. 근로단축 후 근로시간은 주당 15시간 이상, 30시간 미만이어야 한다. 근로시간 단축을 이유로 해당 근로자에게 해고 등 불리한 처우를 하는 사업주는 3년 이하의 징역 또는 3천만 원 이하의 벌금에 처하며, 사업주가 근로시간 단축을 하고 있는 근로자에게 연장근로를 요구하는 경우에는 1천만 원 이하의 벌금에 처한다(제37조).

6) 근로기준법

(1) 주요 내용

「근로기준법」은 근로조건의 최저기준을 규정하고 있는 노동보호법으로서, 1953년에 제정되고 6차례의 개정을 거치고 1997년에 다시 제정되었다. 노동관계법의 가장 기본이 되는 법인 「근로기준법」의 목적은 근로자의 인간다운 삶을 보장·향상시키며 균형 있는 국민경제의 발전을 도모하는 것으로서(제1조), 근로계약(제2장), 임금(제3장), 근로시간과 휴식(제4장), 여성과 소년(제5장), 재해보상(제8장) 등 근로자의 최소 노동조건을 규정하고 있다. 특히 임산부에 대한 도덕상 또는 보건상 유해·위험한 사업으로부터의 보호(제65조), 야간근로와 휴일근로의 제한(제70조), 시간외근로(제71조), 출산전후휴가, 근로단축, 업무시간조정 등을 통한 임산부의 보호(제74조), 유급수유시간(제75조) 등을 명시하고 있어 여성의 모성보호뿐만 아니라 직장과 가정생활의 양립 지원을 도모한다.

(2) 관련 정책과 서비스

① 출산전후휴가
「근로기준법」에서 출산전후휴가에 대한 내용을 명시하고 있다. 임산부는 출산 전·후 총 90일(다자녀 임신의 경우에는 120일)의 휴가를 받을 수 있으며, 이 기간 중에 산전후휴가급여가 지급된다(제74조). 임신 중인 여성이 유산 또는 사산한 경우에는 유산·사산 휴가를 가질 수 있다. 사업주는 임신 중의 여성 근로자에게 시간외 근로 금지, 쉬운 근로로의 전환, 근로시간 단축 등을 허용하며, 출산전후휴가 종료 시 휴가 전과 동일한 업무 또는 동등한 수준의 임금을 지급하는 직무에 복귀를 허용해야 한다. 출산전후휴가 중 최초 60일(다자녀는 75일)은 유급휴가이다(제74조). 사업주가 이를 위반할 경우 2년 이하의 징역 또는 2천만 원 이하의 벌금에 처한다(제110조).

7) 고용보험법

(1) 주요 내용
「고용보험법」은 1993년에 제정되었으며, "고용보험의 시행을 통하여 실업의 예방, 고용의 촉진 및 근로자 등의 직업능력의 개발과 향상을 꾀하고, 국가의 직업지도와 직업소개 기능을 강화하며, 근로자 등이 실업한 경우에 생활에 필요한 급여를 실시하여 근로자 등의 생활안정과 구직 활동을 촉진함으로써 경제·사회 발전에 이바지하는 것"을 목적으로 한다(제1조). 동법은 실업의 예방, 취업의 촉진, 고용기회의 확대, 직업능력개발·향상의 기회 제공 및 지원 등과 관련된 고용안정과 직업능력개발에 대한 지원(제3장), 실업급여(구직급여와 취업촉진수당)의 수급요건, 지급액, 지급기간 등에 대한 내용(제4장), 육아휴직급여와 출산전후휴가급여에 대한 규정(제5장)을 명시하고 있다.

(2) 관련 정책과 서비스

육아휴직급여, 육아기 근로시간 단축 급여, 출산전후휴가급여 등의 지급요건, 지급 기간 및 절차 등에 관하여 필요한 사항은 「고용보험법」(제5장)에서 규정하고 있다.

① 육아휴직급여

고용노동부장관은 육아휴직을 30일 이상 부여받은 근로자에게 육아휴직급여를 지급한다(제70조). 단, 육아휴직 신청 근로자는 육아휴직 시작 이전까지 피보험 단위기간이 합산하여 180일 이상이어야 한다. 육아휴직급여의 75%에 해당하는 금액이 매월 지급되며 나머지 금액은 육아휴직 종료 후 해당 사업장에 복직하여 6개월

표 4-7 육아휴직급여

지급기간	지급금액
육아휴직 시작일부터 3개월까지	월 통상임금의 80%에 해당하는 금액 (하한액 70만 원, 상한액 150만 원)
육아휴직 4개월째부터 육아휴직 종료일까지	월 통상임금의 50%에 해당하는 금액 (하한액 70만 원, 상한액 120만 원)
육아휴직 급여 특례 제도	같은 자녀에 대해 부모가 순차적으로 육아휴직을 하는 경우 두 번째 육아휴직을 한 근로자의 최초 3개월의 육아휴직 급여는 월 통상임금의 100%를 지급(상한액 250만 원)

출처: 「고용보험법 시행령」 제95조, 제95조의2.

이상 계속 근무한 경우 합산하여 일시불로 지급된다(「고용보험법 시행령」 제95조). 월별 지급금액은 휴직 개월 수에 따라 다르다(〈표 4-7〉 참조).

② 육아기 근로시간 단축 급여

고용노동부장관은 육아기 근로시간 단축을 30일 이상 실시한 근로자 중, 육아기 근로시간 단축 시작 날 이전에 피보험 단위기간이 합산하여 180일 이상인 경우 육아기 근로시간 단축 급여를 지급한다(「고용보험법」 제73조의2). 지급기간별 금액은 〈표 4-8〉과 같다.

표 4-8 육아기 근로시간 단축 급여

구분	지급금액
매주 최초 5시간 단축분	$월통상임금 \times \dfrac{5}{단축전소정근로시간}$ (월 통상임금의 하한액 50만 원, 상한액 200만 원)
나머지 근로시간 단축분	$월통상임금의\ 80\% \times \dfrac{단축전소정근로시간 - 단축후소정근로시간 - 5}{단축전소정근로시간}$ (월 통상임금의 하한액 50만 원, 상한액 150만 원)

출처: 「고용보험법」 제73조의2 제3항; 「고용보험법 시행령」 제104조의2 제2항.

③ 출산전후휴가급여 및 배우자출산휴가급여

출산전후휴가급여는 통상임금에 해당하는 금액(제76조)이 출산전후휴가 또는 유산 · 사산휴가 기간 동안 지급된다. 배우자출산휴가급여는 휴가기간 중 최초 5일이 지원되며, 휴가가 끝난 날 이전에 피보험 단위기간이 합산하여 180일 이상인 경우에만 급여 지급 자격이 부여된다(제75조). 피보험자에게 지급하는 휴가급여의 상한액과 하한액은 매년 고용노동부장관이 고시하고 있다(「고용보험법 시행령」 제101조).

참고   **지원서비스별 예산**

앞서 다양한 가족복지 관련 법률과 이를 근거로 삼고 있는 제도 및 서비스를 소개하였다. 이 중 영유아보육료 지원을 위한 예산이 가장 컸고, 이어 아동수당과 모성보호육아지원(출산전후휴가급여, 육아휴직급 등)이 뒤를 이었다. 이에 대한 예산은 보건복지부나 고용노동부의 다른 지원사업이나 서비스에 비해 상대적으로 비중이 있는 것이지만, 향후 가족복지 관련 법적 제반하에 더욱 확대될 것으로 기대된다.

지원서비스		예산(단위: 백만 원)
아동수당[1]		2,219,455
가정양육수당[1]		760,779
영유아 보육료[1]		3,395,239
아이돌봄 지원[2]		251,493
모성보호육아지원[3]	출산전후휴가급여, 유산 · 사산휴가급여	1,591,537
	육아휴직급여	
	육아기 근로시간 단축급여	
	배우자 출산휴가급여	
가족돌봄비용지급[4]		52,900

[1] 2021년도 보건복지부 예산 및 기금운용계획 사업설명자료(II−1)_일반회계
[2] 2021년 여성가족부 예산 및 기금운용계획 사업설명자료
[3] 2021년 고용노동부 예산 및 기금운용계획 사업설명자료
[4] 2020년도 고용노동부 자체평가 결과보고서
출처: 서비스별 상이.

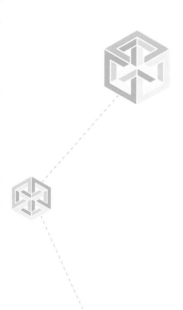

제 3부

가족복지실천 과정에 대한 이해

제 5 장

인테이크와 사정

　가족은 구조적 · 기능적 측면에서 급격한 변화를 겪고 있다. 즉, 형태의 다양성과 함께 기능적 측면에서도 복합적이고 다면적인 변화가 계속되고 있다. 이에 따라 개별 가족의 노력만으로 가족의 복지가 보장되지 못하므로 가족복지실천이 가족의 안녕 회복과 유지에 중요한 역할을 맡고 있다. 가족복지실천 과정은 구별되는 몇 개의 단계로 구성되며, 단계마다 특정 목표와 함께 그 목표를 성취하기 위한 사회복지사의 활동이 있다. 일반적으로 가족복지실천의 단계는 인테이크, 사정, 개입, 종결 단계로 구분되는데, 이 장에서는 인테이크와 사정을 살펴본다. 인테이크는 가족사회복지사와 클라이언트 체계인 가족이 만나 가족의 문제 혹은 욕구를 확인하고 이 가족이 서비스를 받을 수 있는 적합한 클라이언트 체계인지 결정하는 것을 일컫는다. 사정은 가족의 문제 혹은 욕구와 관련된 가족구성원과 가족 내외의 상호작용을 파악할 수 있는 자료를 수집하고, 분석하며, 종합하여 개입계획을 수립하는 과정으로 정확한 사정은 개입을 성공적으로 수행하는 기초가 된다. 인테이크와 관련해서 기본 지식으로 주요 목표와 활동을 논의하고, 이 단계에서 활용되는 관계기술, 문제확인 기술, 계약

서 작성을 설명한다. 사정단계에 대한 포괄적 이해를 위해서는 주요 목표와 가족사
회복지사의 활동 그리고 사정방법으로 면담, 관찰, 가계도와 생태도 작성을 비롯한
도구 활용을 소개한다.

1. 인테이크

1) 주요 목표와 활동

콜린스, 조던과 콜먼(Collins, Jordan, & Coleman, 2013)은 인테이크의 목표를 가족
이 갈등하는 문제를 확인하고 가족과 원조과정을 진행하기로 계약하는 것으로 보
고 있다. 도움을 청하는 가족의 문제 혹은 욕구를 확인하는 것이 이 가족의 문제가
기관에서 제공할 수 있는 자원과 가족사회복지사의 서비스에 부합되는지를 결정
하기 위해 선행되어야 할 일이다. 사회복지실천의 인테이크 과정에서 수행되는 활
동(조흥식 외, 2009)을 가족복지실천의 인테이크에 적용해 보면 주요 활동은 다음과
같다. 첫째, 가족의 문제와 욕구를 분명하게 확인하는 것이다. 둘째, 가족사회복지
사와 가족은 원조의 목적을 분명히 하고 원조과정에서 기대하는 바가 무엇인지 명
확히 한다. 셋째, 가족의 욕구가 기관의 자원과 정책에 부합되는지를 판단한다.

하트먼과 래어드(Hartman & Laird, 1983)는 사전 동의, 역할결정과 기대의 일치,
계약, 면담을 시작단계의 주요 활동으로 제시하고 있다. 가족사회복지사와 클라이
언트인 가족은 함께 문제해결을 위해 협력하기로 하는 일종의 사전 동의에 도달해
야 한다. 이러한 결정은 첫 번째 만남에서 결론에 도달되기도 하지만 때로는 두세
번 더 만나 가족사회복지사와 클라이언트 체계가 상호 간 이해가 되거나 혹은 함께
문제해결을 위해 노력할 이유가 없다고 상호 간에 결론을 내릴 때까지 상당한 정도
로 협의를 해야 한다. 사전 동의는 보통 구두로 이루어지는데 최소한 양측 간에 합
의된 목적과 서로 합의된 시간과 장소에서 구체적으로 몇 번을 만날 것인지에 대한
동의를 포함한다. 사전 동의 과정에서 가족사회복지사의 역할, 즉 사회복지사의 목

표와 활동방법에 대해 사회복지사와 클라이언트 체계의 기대가 일치되어야 하며 이러한 양측의 일치는 클라이언트 체계의 역할에 대해서도 마찬가지로 필요하다. 가족과의 계약은 때로 특별한 고려가 필요하다. 예를 들어, 가족면담의 녹화, 일방경 뒤의 팀 활용, 비밀보장 문제 등은 전체 가족과의 계약에서 명확하게 다루어져야 한다. 개인면담 경험이 풍부할지라도 가족을 면담하는 것은 개인면담과 다른 관점과 기술이 필요하므로 가족사회복지사가 전체 가족과의 면담을 유능하게 이끌어 가는 것이 중요하다.

콜린스 등(Collins et al., 2013)은 가족사회복지사의 초기 활동에 대해, 첫째, 모든 가족구성원을 만나보고, 둘째, 문제를 정의할 때 가족구성원 모두가 그 문제에 대해 어떻게 지각하고 있는지를 고려해야 하며, 셋째, 가족구성원들이 상호작용을 하도록 격려하고, 넷째, 목표와 개입과정을 명확히 하며, 다섯째, 가족과 계약을 해야 한다고 제시했다.

한편 사회복지사가 만나는 많은 가족이 비자발적인 클라이언트이므로 인테이크 단계에서 가족문제 확인과 가족구성원들과의 적절한 관계형성은 특별히 중요한 과업이 된다(최정숙 외, 2020).

인테이크 과정에서 사회복지사가 과업을 달성하기 위해 고려해야 할 점은 가족에게 초점을 두고 가족과 신뢰관계를 형성하는 것이다(원영희, 손화희, 2019). 가족에게 초점을 둔다는 것은 모든 가족구성원을 중요시하고, 가족의 상황, 관심사, 자원에 관심을 기울이는 것이다. 가족구성원들과의 관계형성을 위해서는 합류가 필요한데, 이는 가족구성원들의 생각과 감정을 존중하면서 그들의 성장을 촉진하거나 가족갈등을 해결하도록 돕는 것을 의미한다.

2) 실천 기술 및 기법의 활용

(1) 관계기술

하트먼과 래어드(1983)는 원조를 목적으로 하는 다른 사회복지실천과 마찬가지로 가족복지실천에서의 관계형성 또한 상호적 과정이라고 설명하고 있다. 가족사회복지사는 클라이언트인 가족이 사회복지사와 함께하는 일에 긍정적인 관심을 가지도록 관계형성을 해야 하며 클라이언트인 가족은 사회복지사와 관계를 형성할지 여부를 결정해야 한다. 상호적 과정의 시작인 첫 만남에서 가족사회복지사는 가족에게 자신의 이름과 소속기관을 소개하고, 자신의 역할에 관해 상세하게 설명하며, 가족이 기관에 관해 어떤 관심을 가져야 하는지 설명한다. 클라이언트 체계인 가족은 가족사회복지사가 자기 가족의 문제를 해결하도록 돕는 데 유능한지 알고 싶으므로 탐색을 하게 된다.

원조관계는 가족사회복지사가 처음 가족과 만나는 상황에서 보이는 태도와 이에 대한 가족의 반응으로 시작된다. 관계형성을 위해 가족사회복지사는 가족과 합류하는 것이 필요하다. 가족과 합류한다는 것은 가족을 수용하고 가족에게 적응함으로써 신뢰를 얻는 것을 의미하며 합류를 위해서는 무엇보다 가족구성원의 이야기를 경청하는 것이 중요하다(김혜란, 홍선미, 공계순, 2008). 가족에 합류해 가족사회복지사와 가족 간에 긍정적인 원조관계가 형성되면 합류된 체계의 전체 구성원이 변화과정에 영향을 미칠 수 있다.

가족사회복지사가 클라이언트 가족과 전문적 원조관계를 형성하는 데 도움이 되는 지침은 다음과 같다(Collins et al., 2013).

- 면담은 신중해야 한다. 즉, 사회복지사는 가족과 만나 구체적인 관심사를 다루어야 하고 사회복지사의 모든 행동은 의도적이어야 한다.
- 면담내용은 목적과 분명하게 관련이 있어야 한다.
- 가족사회복지사는 면담의 내용과 방향에 일차적 책임이 있다.
- 원조관계는 구조화되고 시간제한이 있다.

(2) 문제확인 기술

인테이크에서 문제를 확인하는 것이 가족사회복지사의 일차적 과업이다. 해결해야 할 문제를 분명히 하기 위해 가족사회복지사는 각각의 가족구성원이 그 문제를 어떻게 생각하고 이해하고 있는지 파악해야 한다. 이를 위해 가족구성원은 다른 가족의 간섭 혹은 방해 없이 자유롭게 자기 생각을 이야기할 수 있어야 한다. 이 과정에서 가족사회복지사는 특정한 가족구성원에게 책임이나 비난이 집중되지 않도록 하면서 문제를 확인하여야 한다. 가족사회복지사는 각 가족구성원들이 문제해결을 위해 그동안 어떤 시도들을 했으며 미래에 대해 어떤 기대를 하고 있는지도 파악해야 한다. 이러한 과정에서 중요한 것은 다루어야 할 문제가 가족 전체의 문제라는 관점이다.

가족을 실천대상으로 하는 사회복지사에게 인테이크 과정에서 필요한 실천기술은 다음과 같다(Collins et al., 2013).

- 가족구성원과 전체 가족이 표현한 의미의 경청
- 가족구성원 각각의 소망과 목표에 관한 언어적 · 비언어적 의사소통에 대한 민감성
- 효과적인 문제해결과 관련된 가족의 어려움 파악
- 가족기능을 증진할 수 있는 기술, 지식, 태도와 환경적 여건의 활성화

(3) 계약서 작성

가족사회복지사와 가족은 앞으로 얼마나 자주, 언제까지 만날 것인지, 만날 때 참석할 사람이 누구인지, 어디에서 만날 것인지, 개입의 범위가 무엇인지 등을 합의해야 한다. 이러한 계약내용은 구두 혹은 문서로 작성될 수 있으며 이같이 공식화하는 것이 가족사회복지사와 클라이언트 체계인 가족 모두에게 유익하다. 계약과정에서 가족사회복지사는 자신이 가족의 문제를 대신 해결해 주는 것이 아니라 가족이 목표를 찾아내고 그 목표를 성취하기 위한 노력과 책임을 다하도록 돕는 전문가라는 입장을 명확히 한다.

문서로 작성된 계약서의 예는 다음과 같다(Collins et al., 2013). 로쉬로 가족은 이 계약서에 담긴 여러 가지 생활상의 문제를 겪고 있다.

계약서(예)

　이 계약서는 12세인 캠벨과 6세인 재키의 부모인 테레사 로쉬로와 에드 로쉬로, 그리고 가족사회복지사인 고든 복지사가 ① 자녀양육 기술, ② 에드의 실직, ③ 캠벨의 학교결석 문제에 대해 함께 해결하기로 한 공식적인 약속이다.

1. 모든 가족구성원과 가족사회복지사는 앞으로 6주 동안 매주 월요일 오후 6시부터 7시 30분까지 로쉬로의 집에서 만나는 데 동의한다.
2. 수행한 과제 관련 대화를 나눈다
3. 로쉬로 부부는 고든 복지사가 제공하는 부모교육과 직업훈련 자원에 대한 정보를 활용하기로 동의한다. 로쉬로 부부는 매주 자신들이 어떤 진전을 보였는지에 대해 보고한다.
4. 로쉬로 부부는 부모교육 참석에 동의하고 가사기술을 향상하기 위해 협력한다.
5. 에드 로쉬로는 직업훈련 세미나에 참여하고 이 세미나에서 제시된 조언을 따르는 데 동의한다.
6. 로쉬로 부부는 캠벨이 빠진 수업 보충계획을 세우기 위해 캠벨과 함께 학교 선생님과 만나는 데 동의한다.
7. 캠벨은 학교에 규칙적으로 출석하는 데 동의한다. 부모는 캠벨이 매일 아침에 일어나 식사를 하고 학교에 숙제를 가져가도록 돕는다.
8. 재키는 매일 숙제를 하고 잠자리에 드는 데 동의한다.
9. 이 계약은 _____(날짜)에 검토될 것이며 필요한 경우 재조정된다.

2. 사정

1) 주요 목표와 활동

　가족 사정의 목적은 가족의 문제 및 욕구 그리고 강점과 자원을 파악함으로써 그 가족이 변화목표를 효과적으로 달성하도록 돕기 위해서이다. 사정의 첫 번째 목표는 클라이언트 가족의 문제 혹은 욕구와 관련된 다양한 출처에서 나온 많은 정보를 의미 있게 만드는 것이다. 두 번째 목표는 다음 단계인 개입과의 연결인 개입계획을 수립하는 작업이다.

가족 사정은 가족을 한 단위로 보고 가족 내부 요인과 상호작용을 파악하기 위해 자료를 수집하고 분석하며 종합하여 가족에 대한 개입을 계획하는 일련의 과정이다(조흥식 외, 2017). 사정과정에서 가족이 제공하는 가족과 관련된 각종 정보와 가족들이 서로 어떻게 상호작용하는지에 관한 정보와 가족사회복지사의 관찰이 사정의 주요 자료가 된다. 가족 사정에서는 객관적 정보와 함께 주관적 정보가 중요하다. 객관적 정보는 가족의 인구사회학적 특성, 가족의 역할, 가족 규칙, 물리적 환경, 가족을 둘러싼 사회적 환경 등에 관한 정보를 말한다. 주관적 정보는 가족에게 일어난 사건이나 사람에 대한 가족구성원이나 전체 가족의 감정이나 반응 등을 일컫는다.

가족을 사정할 때 가족사회복지사는 그 가족을 공간적 관점과 시간적 관점에서 파악하도록 기대된다. 가족을 공간적 관점에서 파악하는 것은 가족을 하나의 사회체계로 간주하는 것을 의미한다. 즉, 가족이 개별 가족구성원들로 이루어지므로 개별 가족구성원의 상위체계이면서 동시에 확대가족, 이웃, 지역공동체, 문화 등과 상호작용을 지속하는 하위체계라는 점을 고려하는 것이다. 시간적 관점으로 가족을 파악한다는 것은 가족이 생활주기에 따라 계속 변화하고 가족의 문화, 가치, 규범, 상호작용 패턴 등이 세대 간에 전승되는 측면을 중요시하는 것을 일컫는다.

개입계획을 세우기 위한 과정에서 가족사회복지사는 다루어야 할 문제 혹은 욕구를 확인하면 실천목표를 정해야 한다. 실천목표는 가족에게 의미 있는 것이어야 하며 가족의 의지와 자원에 비추어 볼 때 목표달성이 가능하고 현실적이어야 한다. 무엇이 성취될 수 있는지에 대한 현실적인 기대가 합의되어 개입계획에 명시되어야 한다.

가족사회복지사의 사정 관련 활동은 가족 사정이 이루어져야 하는 영역과 개입계획 수립으로 나누어 살펴본다.

(1) 가족 사정의 영역

가족 사정이 이루어져야 하는 영역은 가족문제와 가족 관련 주요 사정요소로 구분될 수 있다.

먼저, 가족문제를 사정하려면 가족과 관련된 정보에 그 가족이 호소하는 문제가 무엇인지, 가족구성원들은 각자 그 문제를 어떻게 지각하고 있는지, 가족문제의 기간이 얼마나 되는지, 가족이 그 문제를 어떻게 다루어 왔는지가 우선 기본적으로 포함되어야 한다. 과거의 기록 혹은 이차적 자료 등도 가족문제를 파악하는 데 참고가 될 수 있다. 이 과정에서 가족사회복지사는 가족문제의 본질이 무엇인지 분명하게 파악하는 것이 가장 중요하다. 가족문제에는 가족구성원 모두가 직접적·간접적으로 영향을 미친다. 가족복지실천은 개별 가족구성원보다 가족구성원 간 관계 혹은 가족과 외부환경과의 관계에 초점을 둔다(성정현 외, 2020). 따라서 사정과정에서도 가족사회복지사는 가족에 초점을 두면서 확인된 어려움 혹은 행동문제에 가족구성원들이 어떤 영향을 서로 주고받는지에 관심을 가져야 한다. 가족문제의 본질을 파악하기 위한 접근에서 우선 가족사회복지사는 가족생활에 있어서 최근의 혹은 지속적으로 스트레스를 주는 요인에 대해 주의 깊게 탐색해 보는 것이 중요하다. 예를 들어, 가정 내 아동이나 청소년의 행동은 종종 가족 감정의 지표가 되며 부모의 갈등과 관련이 있을 수 있다. 가족문제가 얼마나 오래되었는지 파악하는 것도 필요하다. 오래된 가족문제일수록 변화가 어렵다. 또 학교나 직장, 이웃과 같은 환경체계들이 이 가족의 문제가 무엇이라고 보는지도 탐색해야 한다.

그 밖에 사정이 이루어져야 할 가족 관련 주요 요소에 관해 커스트-애쉬먼과 헐(Kirst-Ashman & Hull, 2015)는 가족 의사소통, 가족구조, 생활주기 적응, 사회환경의 영향을 제시하였다. 햅워스 등(Hepworth et al., 2017)은 보다 세분화하여 항상성, 경계 및 경계유지, 가족 의사결정과 위계서열 및 영향력, 가족역할, 가족구성원의 의사소통 유형, 가족생활주기, 가족규칙, 사회환경, 가족적응력(스트레스 요인과 강점)을 제시하였다.

이 책에서는 사정이 이루어져야 할 가족 관련 주요 요소를, ① 체계로서의 가족 특성, ② 가족생활주기, ③ 가족역할, ④ 의사소통, ⑤ 가족규칙, ⑥ 강점과 자원으로 간주하고 그 내용을 살펴본다.

① 체계로서의 가족 특성

체계로서의 가족 특성은 주로 하위체계와 경계로 파악된다. 우선 하위체계의 특성을 살펴보면 가족 내에는 세대, 성별, 관심, 능력, 기능 등에 따라 구분되는 하위체계가 형성된다. 가족 내에 형성된 이 하위체계들은 지속적으로 혹은 일시적으로 존재하며, 가족 내에서 긍정적인 혹은 부정적인 영향을 미칠 수 있다. 부부체계, 부모체계, 부모-자녀체계, 형제자매체계 등은 지속적인 하위체계로, 이러한 주요 하위체계들에는 규범적 역할이 기대된다. 일반적으로 가족 내 주요 하위체계가 적절한 기능을 수행하고 있는지를 사정한다. 부부체계의 기능수행은 부부가 서로에게 유익한 만족스러운 관계에 있는지, 적응에 어려움은 없는지, 각자 충분한 자율성을 갖는지 등이 평가된다. 부모체계의 기능수행은 부모가 적절한 양육기술이 있는지, 필요한 사회적 지원을 받고 있는지, 자녀를 지도하고 필요에 따라 통제할 수 있는 권위가 있는지 등을 평가한다. 부모-자녀체계에서는 부모와 자녀의 관계가 양호한지, 부모와 자녀 간에 삼각관계가 형성되어 있는지 등을 탐색한다. 형제자매체계에서는 형제자매간 관계가 어떠한지, 우애가 있는지 등을 탐색한다. 한편 아버지와 딸이 특정 시점에서 연합하여 어머니에게 도전하는 경우는 일시적인 하위체계이다. 가족체계에서는 부정적인 영향을 미치거나 역기능적인 하위체계가 형성될 수도 있다.

가족체계의 특성으로서 경계를 살펴보면 경계는 가족과 가족 외부, 가족 내 하위체계 간, 가족구성원 간을 구분하는 비가시적인 분리를 의미한다. 가족체계와 외부환경 사이의 경계가 과도하게 개방되어 있거나 폐쇄되어 있으면 역기능적이기 쉽다. 가족의 경계가 분명하면서 융통성이 있어야 가족기능이 양호하다. 경계가 분명하다는 것은 가족구성원 간, 가족 내 하위체계 간, 가족과 외부체계 간에 서로 독립성과 자율성을 인정하는 것을 의미한다.

기능적인 가족은 가족구성원 사이에 경계가 분명하며 가족구성원들은 가족에 대한 소속감과 함께 개인으로서의 자아가 발달한다. 가족구성원 간의 분명한 경계는 분리된 가족구성원으로서 개인의 자율성을 인정할 수 있도록 돕는다. 가족구성원 간 경계가 지나치게 경직되었거나 혼란스러운 경우 그 가족에게 어려움이 발생할 가능성이 크다. 경계가 지나치게 경직되었다는 것은 가족구성원들 그리고 가족 내 하위체계들이 서로 고립되고 의사소통이 단절된 상태를 말한다. 이러한 유리된 가족은 가족구성원들이 서로 관심이 없으며 응집력과 결속력이 약하기 때문에 가족구성원의 정서적 욕구를 알아채지 못하고 이에 반응하지 못한다(조흥식 외, 2017). 경계가 혼란스러운 것은 가족구성원 간 그리고 가족 내 하위체계 간에 독립성과 자율성이 부족해 경계가 구분되기 어려운 상태를 일컫는다. 이렇게 밀착된 가족은 가족구성원들이 서로 지나치게 관여하고 응집력과 결속력이 높으므로 가족 내에 일치를 중시하고, 다른 의견을 용납하지 못하며, 결과적으로 가족구성원 개인의 자율성과 성장이 잘 이루어지지 못할 뿐만 아니라 외부체계에 자신을 개방하지 못한다(조흥식 외, 2017).

② 가족생활주기

가족생활주기는 발달적 관점에서 가족을 사정하는 영역이다. 개인에게 생활주기가 있듯이 가족도 생활주기에 따라 발달하며 각 단계에서 수행해야 하는 발달과업과 욕구가 있다. 가족생활주기를 사정함으로써 가족사회복지사는 이 가족이 일반적인 사회적 기대를 충족하고 있는지 여부를 알 수 있다. 카터와 맥골드릭(Carter & McGoldrick, 1988)은 일반적인 가족생활주기의 단계와 발달과업을 〈표 5-1〉과 같이 제시하였다.

표에서 보듯 가족생활주기의 변화는 가족체계로 새로 가족구성원이 들어오거나 나갈 때 발생한다. 예를 들어, 결혼을 앞둔 생활주기에는 부모-자녀 관계의 분리가 가족 내에서 중요한 이슈이다. 부모-자녀 관계의 분리라는 이 단계의 적절한 변화가 일어나기 위해서는 가족구성원들의 태도변화가 세 가지 영역에서 기대된다. 첫째, 원가족과의 관계에서 자아 분화, 둘째, 동료와의 밀접한 관계형성, 셋째, 직업에서의 자아정체감 수립이다. 가족이 이전과 다른 단계로 성공적인 전환을 하기 위해서는 가족관계의 조정 혹은 변화가 필수적으로 요구된다. 가족생활주기의 변천과

표 5-1 가족생활주기와 발달과업

가족생활주기	정서적 전환과정	발달과업
1단계: 결혼전기	부모-자녀 관계의 분리를 인정	• 원가족으로부터 자아분화 • 친밀한 동료관계 형성 • 직업세계 형성
2단계: 결혼적응기	새로운 가족체계를 위해 노력	• 부부체계 형성 • 친척 및 친구 관계 재형성
3단계: 자녀아동기	새로운 가족구성원을 받아들임	• 부부체계에 자녀를 위한 공간마련 • 부모 역할수행 • 부모와 조부모의 역할을 통한 친족관계 재정립
4단계: 자녀청년기	가족경계의 융통성 증가	• 청년기 자녀를 위한 유연한 부모-자녀 관계 형성 • 중년기의 부부관계와 직업 관련 문제에 관심 • 노인세대 돌봄 준비 시작
5단계: 자녀독립기	다양한 가족구성원의 증감에 적응	• 부부만의 체계로 재조정 • 장성한 자녀와의 관계를 성숙한 성인과의 관계로 재정립 • 사돈과 손자녀와의 관계형성 • 노부모의 죽음과 신체장애 대비
6단계: 노년기	세대교체에 따른 역할에 적응	• 신체적 쇠퇴에 따른 기능과 흥미 유지-새로운 가족 역할 및 사회적 역할개발 • 중간세대의 중추적 역할을 위한 지원 • 지혜와 경험을 토대로 여유추구 • 배우자, 형제, 친구, 자신의 죽음을 맞을 준비 • 삶을 돌아보고 재정리

정에서 가족구성원이 들어오고, 성장하며, 가족체계에서 나가는 변화와 가족관계의 변화는 균형에 위험이 될 수 있으므로 가족은 이 과정에서 도움이 필요할 수 있다.

가족의 발달적 과업 성취를 통해 가족발달이 이루어지고 이 과정에서 가족의 발달적 특성은 다음 단계로 전해진다. 특정한 발달과업 수행에 어려움이 있으면 가족발달이 지체되거나 중단되며 이 어려움이 후속단계에 영향을 미치게 된다. 예를 들어, 유치원에 가게 된 어린 자녀와의 분리에 두려움을 느끼는 젊은 엄마의 해결되지 않은 두려움은 이후 그 자녀가 청소년기에 들어서 부모로부터 정서적인 독립을 시도할 때 다시 가족문제가 될 수 있다.

예측 가능한 발달과업 외에 다른 요인들이 가족들에게 새로운 적응을 요구하기도 한다. 저출산, 급격한 수명연장, 이혼과 재혼의 증가 등은 가족생활주기에 큰 변화를 초래하고 있다.

카터와 맥골드릭(1988)은 이혼과 재혼이 일반적인 가족생활주기에 변형을 가져오는 것을 반영해 그 단계와 발달과업을 〈표 5-2〉와 〈표 5-3〉과 같이 제시하였다. 이혼과 재혼은 가족관계에서의 변화, 상실, 추가에 따른 혼란을 대표하는 가족상황이다.

이혼은 가족구성원 모두에게 영향을 미친다(성정현 외, 2020). 자녀들은 부모의 이혼으로 심리적 고통을 겪고 발달에 부정적인 영향을 받을 수 있는데 이혼과정에서 심리적으로 고갈된 부모는 자녀의 심리적 고통을 적절하게 돌보기 어렵다. 재혼가족은 구조와 기능, 가족관계, 정서 등에서 초혼가족과 다른 특성을 가지는데 이 특성들이 가족을 위협하는 요인이나 갈등요인이 될 수 있다. 이와 관련하여 〈표 5-2〉와 〈표 5-3〉에는 이혼가족과 재혼가족의 정서적 전환에 필요한 태도와 발달과업이 정리되어 있다. 이혼가족과 재혼가족은 단계별로 필요한 태도로 적절하게

표 5-2 이혼가족의 생활주기 단계와 발달과업

단계	정서적 전환에 필요한 태도	발달과업
이혼		
1단계: 이혼결정	• 부부관계의 긴장을 완화시킬 능력이 없다는 점을 인정	• 결혼 실패에 본인의 책임인정
2단계: 가족체계 해체	• 가족 내 모든 체계가 재구성되도록 지원	• 자녀양육, 생활비 등을 함께 해결 • 이혼에 대한 친족들의 의견조정
3단계: 별거	• 공동부모 역할수행에 협조적 태도 • 배우자에 대한 애착 해소를 위해 노력	• 가족을 상실함으로 인한 슬픔 • 부부, 부모-자녀 관계와 재정을 재구조화 • 친족들과의 관계 재정비

4단계: 이혼	• 정서적 이혼 성립: 슬픔, 분노 등 극복	• 재결합에 대한 환상 포기 • 결혼에 대한 기대, 희망, 꿈 회복 • 친족들과의 관계 지속
이혼 후의 가족		
양육권을 가진 한부모	• 부모역할 수행을 위해 전 배우자와 접촉, 자녀들과 관계 유지	• 전 배우자와 자녀의 유연한 방문 모색 • 재정적 자원 재구축 • 자신의 사회적 관계망 재구축
양육권을 갖지 않은 한부모	• 전 배우자와 연락 • 자녀들과 관계유지	• 자녀들과 함께 살지 않더라도 주어진 상황 속에서 효율적인 부모역할 모색 • 전 배우자와 자녀에 대한 재정적 책임 이행 • 자신의 사회적 관계망 재구축

표 5-3 재혼가족의 생활주기 단계와 발달과업

단계	정서적 전환에 필요한 태도	발달과업
1단계: 새로운 관계 맺음	• 결혼 실패감 극복	• 복잡하고 모호한 감정을 정리하고 결혼과 가족 형성에 새로운 각오
2단계: 새로운 결혼과 가족에 대한 계획	• 자신, 새 배우자, 자녀의 재혼에 대한 두려움 극복 • 새로운 다양한 역할 • 가족경계 재형성 • 정서적 문제 해결	• 새로운 관계에 개방적인 태도 • 전 배우자와 협조적으로 부모역할 협력 • 자녀가 갖는 두 가족에 속하게 되는 두려움과 갈등 이해 • 새 배우자와 자녀를 친족체계 안으로 인도 • 전 배우자와 친족과 자녀가 관계를 유지하도록 협조
3단계: 재혼과 재혼가족 형성	• 전 배우자와 이상적 결혼관에 대한 집착 정리 • 유연한 가족경계	• 새 배우자를 부모역할을 하는 가족 구성원으로 가족경계 조정 • 다양한 가족 하위체계를 재조정 • 자녀들이 생부, 생모를 포함한 친족들과 관계를 유지하도록 허용 • 재혼가족의 통합증진을 위해 추억이나 경험 공유

바뀌면서 발달과업을 성취하도록 기대된다. 가족사회복지사는 이혼가족과 재혼가족이 어떤 단계에 있는지 정확하게 사정할 수 있어야 한다.

한국에서 만들어진 가족생활주기를 살펴보면, 김승권 등(2000)은 가족의 형성, 확대, 축소, 해체를 중심으로 구분한 모형으로 가족 형성기(결혼부터 첫째 자녀 출산 전까지), 가족 확대기(첫째 자녀 출산부터 막내 자녀 출산 시점까지), 가족 확대완료기(막내자녀 출산부터 자녀의 결혼 시작 시점까지), 가족 축소기(자녀의 결혼 시작 시점부터 자녀 결혼 완료 시점까지), 가족 축소완료기(자녀를 모두 결혼시킨 시점부터 배우자 사망 시점까지), 가족 해체기(배우자 사망부터 본인 사망 시점까지)의 6단계를 제시하였다(김승권 외, 2012 재인용).

이같이 국내외 문헌의 가족생활주기 구분기준을 살펴보면 대부분 자녀 유무와 자녀의 연령이 중요하다. 이는 자녀 유무가 가정생활에 큰 영향을 미치고 있으며, 자녀가 성장함에 따라 가족욕구가 변화하기 때문이다. 그러나 자발적 선택이든 불임이든 자녀 없이 부부끼리만 사는 무자녀가족, 비혼자녀의 증가와 함께 자녀들이 계속 부모와 사는 가족, 결혼 대신 동거를 선택한 커플 등 전형적인 가족생활주기를 적용할 수 없는 다양한 유형의 가족들이 빠르게 증가하고 있는 것을 고려하여 가족생활주기의 유연한 응용이 필요하다. 가족에 대한 개입을 계획하기 이전에 가족생활주기에 대한 사정평가가 필수적인데, 가족사회복지사는 현재의 단계에서 발달과업이 무엇인지, 과업수행을 어떻게 하고 있는지를 사정해야 한다.

③ 가족역할

가족을 이해하는 데 있어서 각 가족구성원의 역할을 분석하는 작업은 필수적이다. 가족구성원들은 가족구조 속에서 자신에게 부여된 역할을 수행한다. 이 역할들은 법적 지위, 성별이나 연령에서 비롯된 지위, 문화적 혹은 사회적 규범에 따라 기대된다. 가족 구조와 기능이 급변하고 있는 현대사회에서 가족역할을 규범적으로 정하는 것은 어려운 일이다. 가족역할에는 부모역할, 손자녀역할 등과 같은 공식적 역할 외에 사고뭉치, 희생양 같은 비공식적 역할도 있다. 개인과 가족의 생활주기 변천에 따라 역할의 변화 혹은 수정이 필요하다. 예를 들어, 거동이 불편한 노인은 자녀들을 보살펴 주고 지지해 주던 부모로서의 역할수행을 더 이상 할 수 없게 되고 오히려 자녀들에게 의존하게 되는 돌봄대상자로서의 역할을 맡게 된다. 자녀들이 성장해 독립한 가족생활주기에서 장년기 성인들은 가족 내에서 부모역할보다 부부역할의 수행이 더 중요해진다.

가족구성원들은 보통 때는 어떤 역할을 맡고 있는가에 무심하다가 누가 가족을 편안하게 하고, 문제가 발생할 때 누가 주로 해결하는가와 같은 질문들을 통해 가족 내에서 주어진 비공식적 역할이 드러난다. 가족의 역할은 전체적 시각에서 보았을 때 가족에게 유익하게 작용하는지 혹은 불리하게 작용하는지에 따라 사정되어야 한다(Kirst-Ashman & Hull, 2015). 가족 안에서 요구하는 역할이 사회적으로 기대되는 것과 유사할 때는 갈등이 적으나 그렇지 못할 때는 역할수행에 어려움이 생길 수 있다. 집을 나간 아내로 인해 아버지가 아직 나이 어린 딸에게 동생들을 돌보는 엄마역할을 기대한다면 딸은 자신을 어떤 역할기대에 일치시켜야 할지 혼란스럽게 된다. 가족구성원 개인과 가족기능에 부정적인 영향을 미치는 역할이 있는지, 있다면 그 역할의 변화가능성은 어느 정도인지도 사정되어야 한다(Hepworth et al., 2017).

④ 의사소통방식

가족의 기능을 파악하기 위해서는 의사소통방식에 대한 분석이 필요하다. 이는 가족구성원들이 의사소통을 통해 의미전달을 하고 서로의 행동에 영향을 미치는 피드백을 제공함으로써 가정생활을 영위하기 때문이다. 가족구성원은 언어적 혹은 비언어적 의사소통으로 상호작용을 한다. 의사소통을 통해 가족구성원은 욕구를 충족하고, 감정을 서로 표현하며, 역할과 규칙을 정하게 된다. 의사소통은 내용기능과 관계기능을 수행한다(성정현 외, 2020). 내용기능은 사실적 정보, 의견, 감정을 전달하며 관계기능은 정보가 전달되는 과정에서 관계의 속성을 규정한다. 예를 들어, 알코올중독인 남편이 숙취로 인해 출근이 어렵게 되었을 때 부인이 남편에게 직장에다 집안에 초상이 나서 지방에 내려가야 하는 걸로 전화하면 어떻겠느냐는 이야기를 하는 경우 이 의사소통에서는 결근 사유를 문상으로 하자는 내용기능과 함께 문제음주로 인한 남편의 직장에서의 문제를 부인이 대신 해결하는 공동의존을 나타내는 관계기능이 드러난다.

가족의 의사소통방식에 대한 사정 시 가족사회복지사는 몇 가지 주요 측면을 중심으로 평가한다. 첫째, 의사소통의 일치성이다. 의사소통의 일치성은 언어적 수준, 비언어적 수준, 상황적 수준의 의사소통이 어느 정도 일치하는지를 평가한다. 둘째, 의사소통의 명확성이다. 명확성은 자신의 의견이나 느낌, 생각 등을 회피하지 않고 분명하게 전달하는지로 평가된다. 셋째, 가족 내에 부정적인 의사소통 패턴이 나타나는지 평가한다. 긍정적 의사소통은 일치되고, 명확하며, 지지적이고, 문제해결에 효과적이나 부정적인 의사소통은 일치되지 않고, 모순되며, 공감적이지 못하고, 문제해결에 비효과적이다. 가족 내 바람직하지 못한 대표적인 의사소통 방식으로는 이중구속이 있다.

⑤ 가족규칙

가족규칙은 명시적 혹은 암묵적으로 가족구성원들의 행동과 관계를 통제하는 유형화된 기대 혹은 규범을 일컫는다. 많은 경우 가장 강력한 것은 모든 가족구성원이 알고 있지만 절대 발설하지 않는 암묵적인 규칙이다(Kirst-Ashman & Hull, 2015). 예를 들면, 가정에서 일어난 일을 집 밖에서는 이야기하지 말아야 한다는 알코올중독자 가족의 규칙이 있다. 가족규칙은 가족의 언어, 시간과 공간의 사용 패턴, 가족 내 의사소통 방식과 특성, 가족구성원에 대한 지위와 권력의 부여, 가족의 의례 등을 정하는 역할을 한다(Hartman & Laird, 1983). 가족규칙과 관련해 중요한 한 가지는 메타 규칙(meta-rule)으로 가족규칙에 관한 규칙이다. 즉, 가족구성원들이 가족의 규칙을 어떻게 변화시키고 유지할 것인가에 관한 규칙이다. 현상유지에 급급하거나 경직된 가족은 가족규칙이 논의되거나 변화될 수 없는 것이라는 완강한 태도를 지닌다(Hartman & Laird, 1983).

가족규칙에 관한 사정을 하기 위해서는 가족구성원들의 행동, 관계, 신념 등을 지배하는 규칙이 무엇인지, 그것이 명시적 혹은 암시적인 것인지, 가족의 의례와 기념식이 가족구성원들에게 어떻게 인식되고 있는지, 가족규칙에 관한 규칙은 무엇인지, 가족구성원의 병리적 행동 뒤에 숨어 있는 가족의 규칙은 무엇이며 가족들은 그것을 어떻게 받아들이고 있는지, 가족문제의 해결을 위해 변화되어야 할 규칙은 무엇인지 등을 확인해야 한다(조흥식 외, 2017).

ⓖ 강점과 자원

가족사회복지사는 가족의 강점 그리고 지역사회의 자원에 관한 정보를 사정자료로 포함한다. 가족의 강점은 인정과 애정, 헌신, 긍정적 의사소통, 함께하는 시간, 영적 안녕감, 스트레스와 위기대처 역량 등이다(Olson, DeFrain, & Skogrand, 2013). 지역사회의 자원은 지역사회 내에 존재하는 관련 서비스 및 프로그램, 다양한 사회복지제도 등을 포함한다.

(2) 개입계획 수립

가족사회복지사는 가족문제와 가족문제 외의 영역에 대해서 파악하고 무엇을 변화시킬 것인지 알아내고 무슨 자원이 이용 가능한지에 근거해서 개입을 계획하게 된다. 개입계획을 수립하기 위해서는 가족 내에서 문제해결의 장애요소들과 이를 극복할 방법을 찾는 것이 필요하다. 가족구성원들은 이 장애요소들과 자원을 찾는 데 가족사회복지사와 함께 노력하여야 한다. 이 과정에서 목표설정을 할 때 가족사회복지사는 그 목표가 성취되었을 때 어떤 변화가 발생하는지에 대해 명료하고 구체적으로 설명을 해야 한다. 개입계획은 가족사회복지사와 가족에게 개입단계의 방향과 개입결과를 평가하는 기준을 제시한다.

개입계획은 사정과정에서 밝혀진 여러 가지 요소를 변화시키기 위한 목적으로 전략을 수립하는 것을 의미한다. 가족이 목표를 설정하도록 돕는 과정에서 사회복지사가 할 일은 다음과 같다(Collins et al., 2013).

- 가족구성원은 위기 상황에서 더 변화하기 쉽다는 것을 깨닫는다.
- 일반적이고 추상적인 목표에서 구체적이고 실제적인 목표를 도출한다.
- 명료하고 구체적이며 측정 가능한 목표를 설정한다.

- 가족이 우선 성취하고 싶은 목표가 무엇인지 규명하도록 돕는다.
- 행동변화에 관해 가족이 서로 협상할 수 있도록 돕는다.
- 가족의 기술과 강점을 파악한다.
- 가족의 변화의지를 다짐받는다.

톰리슨(Thomlison, 2007)은 실천가가 가장 흔히 하는 실수 중 하나가 가족들에게 가능하지 않은 시간 내에 달성하도록 하는 비현실적인 목표를 설정하는 것이라고 지적하였다. 실천가들은 지나치게 많은 목표를 세우고 가족들은 목표에 도달하는 것이 불가능하다고 여긴다. 개입계획 관련 계약은 서면 혹은 구두로 이루어져야 하며 목표는 실천가의 마음속에 있는 것이 아니라 실천가와 가족들에게 분명하게 명시되어야 한다. 또 계약내용에 개입과정에서의 실천가의 역할과 가족의 역할이 명확하게 제시되어야 한다. 이 외에도 개입과정에 드는 비용 및 시간과 함께 예상되는 이득, 혜택, 그 밖의 성과들 또한 설명되어야 한다.

하트먼과 래어드(1983)는 계획수립에서 지켜야 할 원칙들을 다음과 같이 제시하였다.

첫째, 계획을 수립하는 과정은 사회복지사와 클라이언트가 함께 진전시켜야 하는 자동제어 과정이어야 한다. 자동제어적인 계획 모델에서는 이전의 개입으로부터의 피드백을 점검하는 것을 통해 개입계획을 세운다. 가족체계는 매우 복잡하게 많은 변수가 상호 관련되어 있어 정확하게 예측하기가 어렵다. 변화전략은 모든 가족체계의 특성에 관한 일반적 가설과 대상가족에 관한 특정한 가설에 근거해 계획되어야 한다. 가족체계가 작용하는 방식에 관해 많이 알면 알수록 개입방향을 이끌더 정교하고 유용한 가설을 개발할 수 있다.

둘째, 가족사회복지사와 클라이언트는 가족체계의 역기능적 작용과 가족체계의 균형을 회복하려는 시도에 대해 대비해야 한다. 정확하게 예측하는 것은 불가능하지만 발생할 수 있는 반응들에 대해서 성찰하고 주시할 수는 있다.

셋째, 가족체계의 모든 구성원이 서로 개별적 관계를 수립해야 한다. 이는 건강한 분화를 위해서 필요하다.

넷째, 변화란 클라이언트 자신의 행동 관점에서 규정되어야 하므로 자신의 변화여야 한다. 예를 들어, 어머니가 지나치게 간섭하고 비판적이어서 함께 시간을 보낼 수 없다고 불평하는 클라이언트는 이러한 교류 속에서 자신이 정서적으로, 행동상으로 어떻게 반응하는지 알아보고 자신의 행동을 변화시킬 전략을 세워야 한다. 자기 자신 대신 가족을 고쳐 보려는 클라이언트는 실패하기 쉽다.

다섯째, 클라이언트에게 외부에서부터 접근하게 하거나 혹은 가장 쉬운 단계부터 시작하도록 조언한다. 궁극적으로 개입해야 할지라도 변화시키기 매우 어렵거나 감정적으로 누적된 대상에 대한 직접적인 접근보다 그렇지 않은 가족구성원을 통해 우회적으로 접근하는 것이 긴장을 분산시키고 클라이언트에게 문제를 다루도록 준비하게 할 수 있다.

여섯째, 접근성의 원칙이다. 접근성 부족은 강한 동기와 인내로 보통 극복될 수 있기는 하다. 그러나 변화를 위한 정보수집 과업 혹은 전략은 거리가 멀거나 당사자가 사망하였으면 이행하기가 어렵다.

일곱째, 클라이언트의 생활과 목표에 가장 큰 영향력을 가진 가족 내 관계를 찾아내는 것이다. 가족 내에서 어떤 관계를 검토해 볼지는 가계도 분석을 통해 선택할 수 있다.

여덟째, 개별적으로 변화를 시도하는 사람은 가족구성원과 자신의 계획을 공유하지 않아야 한다. 어떤 클라이언트는 어머니에게 상담회기에서의 내용을 요약해서 말하고는 자기가 계획했던 대로 왜 전혀 이루어지지 않는지 알 수 없어 하였다.

마지막으로 변화에 대한 가족의 저항을 인식하고 현명하게 대항할 힘을 파악하는 것이 중요하며 변화에 반대하는 클라이언트 내 혹은 우리 자신 속에 있는 강력한 힘도 인식해야 한다.

가족문제의 해결을 모색할 때는 현 상황(the here and now)을 직시해야 한다 (Thomlison, 2007). 즉, 무엇이 가족문제를 유지하고 있는지, 변화가 일어나기 위해서는 무엇이 필요한지, 가장 중요하게는 변화를 일으키기 위해 무엇이 행해질 수 있는지를 고려해야만 한다. 이러한 접근에서는 가족의 강점을 강조하면서 가족체계에 변화를 일으키고자 하며 개인 혹은 문제가 되는 사건 탓을 하지 않는다. 즉,

원인을 찾는 것보다 해결책을 모색하는 것이 궁극적으로 더 유용하다.

2) 실천 기술 및 기법의 적용

가족 사정에 활용되는 실천 기술 및 기법으로는 면담, 관찰, 가계도 작성, 생태도 작성, 기타 사정도구 등이 있다.

(1) 면담

면담은 가족 사정에서 가장 기본이 된다. 가족면담은 질문, 경청, 격려, 공감, 반영 등 기본적인 상담기술을 활용하여 진행된다. 개인면담과 가족면담은 상당한 차이가 있다. 먼슨(Munson, 1993)에 의하면 여러 명의 가족구성원이 가족면담에 참여하기 때문에 가족과 면담하는 사회복지사는 개인면담보다 지배력이 덜하다. 그리고 개인면담보다 가족을 만나는 상황은 훨씬 더 복잡성이 가중된다. 복수의 가족구성원들과 면담하는 동안 가족사회복지사는 여러 경로로, 또 동시에 얻게 되는 정보의 양에 의해 압도되는 느낌을 자주 이야기한다(Collins et al., 2013). 가족을 만나는 사회복지사에게 특히 어려운 점은 모든 가족구성원을 동시에 이해하면서 개별 가족구성원과 제휴하는 것을 삼가는 것이다(Shulman, 1999). 이와 관련해 콜린스 등(2013)은 가족과의 면담에서 가족사회복지사가 중립적 태도를 유지하는 것이 중요하다고 강조하였다.

콜린스 등(2013)은 사정을 위한 면담에서 다루어지는 주제들을 다음과 같이 제시하였다.

① 가족문제

• 사회복지사의 개입이 필요한 요소들은 무엇인가? 이 가족은 왜 지금 도움이 필요한가? 이 가족이 비자발적으로 기관에 왔다면 어떻게 된 일인가? 비자발적 참여의 조건이 무엇인가? 이 가족은 원치 않는 서비스 강제에 어떻게 느끼는가?

- 이 가족은 현재 장단기적으로 어떤 문제를 경험하고 있는가? 가족사회복지사를 만나기 전에 이 가족은 문제와 관련해 무엇을 했는가?
- 문제가 얼마나 심각하고 긴급한가?
- 가족은 누구누구인가? 그들은 현재 문제에 어떻게 관여되어 있는가?
- 가족구조는 어떠한가? 경계, 순환적 교류, 역할, 의사소통, 관계, 협력, 삼각관계 등을 기술한다.
- 사회복지사가 개입하는 것에 대한 가족의 태도와 동기는 어떠한가? 변화에 대해 개별 가족구성원은 다른 가족구성원들과 비교해 어느 정도 동기가 부여되어 있는가?
- 가족구성원들은 문제를 어떻게 정의하는가(예를 들면 공동 책임 혹은 한 사람의 문제)? 가족은 무엇이 문제를 일으켰는지에 관한 가정이나 신념을 갖고 있는가? 만일 전체가 포함되는 개입이 요구된다면 가족구성원 각각은 가족의 문제를 해결하기 위해 어느 정도 동기화되어 있는가? 가족구성원은 개입으로 무엇을 성취하기를 기대하는가?
- 가족은 그 밖의 어떤 사회체계들과 연결되어 있는가? 어떤 이슈로 연결되어 있는가? 각 가족구성원은 문제가 무엇이라고 생각하고 있는가? 다른 기관들은 문제가 무엇이라고 생각하고 있는가? 분리되지 않으면 신체적 · 정신적으로 위험에 처하는 가족구성원이 있는가?

② 가족의 내부기능

- 가족이 역량, 강점, 회복력을 보이는 영역은 어떤 영역인가? 위기 상황뿐 아니라 평상시 활용하는 심리적 · 사회적 자원은 무엇인가?
- 가족구성원들은 전체로서의 가족에 관해, 가족구성원 간 관계에 관해 어떻게 이야기하고 있는가? 가족 내 관계의 특성은 무엇인가? 가족구성원 간 상호작용 패턴은 무엇인가? 문제를 유지하는 상호작용 패턴은 무엇인가? 가족이 유지하고 있는 패턴과 주제는 무엇인가?
- 가족구조는 어떤 위계를 가지고 있는가? 누가 힘을 갖고 있고 그 힘을 어떻게

사용하고 있는가?

- 문제를 해결하기 위해 동원할 수 있는 가족과 가족구성원의 강점과 자원은 무엇인가?
- 이 가족은 어떻게 의사소통하고 있는가? 가족구성원은 반복되는 상호작용 패턴을 나타내는가? 의사소통은 직접적이고 개방적이며 솔직한가?
- 사적·공적 역할에서 가족의 기능은 어떠한가?
- 개인과 부모체계와 같은 하위체계와 전체로서의 가족 간 경계를 어떻게 유지하고 있는가?
- 가족 내에서 누가 누구와 밀착되어 있으며 핵심문제는 가족 중 누구와 관련되어 있는가?
- 가족 내에 삼각관계가 있는가? 어떤 삼각관계가 가족구성원에게 상처를 주고 있는가?
- 부모는 어느 정도 기능하는가? 결혼만족도 수준은 어떠한가? 자녀훈육 및 행동통제에서 서로 지지하는가?
- 부모는 자녀의 행동을 어떻게 다루나? 부모는 자녀들에게 일관성 있게 행동하는가?
- 가족구성원은 서로 어느 정도 관여하고 있나?
- 누구의 욕구가 충족되고, 누구의 욕구가 소홀시되는가? 무엇이 욕구 충족의 차이를 만드는가?
- 가족 내에서 누가 상처를 받는가? 어려움이 생기면 누가 비난을 받는가?

③ 가족생활주기
- 가족의 역사는 어떠한가?
- 가족은 가족생활주기의 어느 단계에 있는가? 가족은 가족구성원의 발달욕구를 얼마나 적절히 충족시키고 있는가?
- 가족구성원들은 자신들의 발달 욕구와 과업을 얼마나 잘 수행하고 있는가?
- 발달주기에서 위기를 해결하는 가족의 방식, 패턴이나 기제는 무엇인가?

• 무엇이 욕구 충족의 차이를 가져왔나?
• 가족생활주기에서 어떤 결정적 사건 및 혼란이 있었나? 가족은 이 혼란을 어떻게 해결했는가?

④ 가족의 주위환경

• 가족과 환경 간 관계의 특성은 무엇인가? 환경적 요소들은 가족기능이 향상되도록 하는가 혹은 방해하는가?
• 가족과 외부환경 간 관계의 범위와 질, 가족에게 미치는 외부요인들의 영향을 포함해 가족과 사회적 환경 간 상호작용의 질은 어떠한가?
• 가족은 기본적 욕구를 어떻게 충족하는가? 어떤 욕구가 충족되고 어떤 욕구가 충족되지 못하는가?
• 욕구가 발생할 때 가족은 누구에게 의존하는가? 양적 · 질적 측면에서 볼 때 가족 외부의 지지체계와의 관계 특성은 무엇인가?
• 외부의 지지와 관련해 가족은 얼마나 독립적이고 자립적인가?
• 가족은 친척, 친구, 교사, 동료, 종교인, 의료인들을 포함해 중요한 사람들과 어떤 관계를 맺고 있는가?
• 가족은 같은 인종의 다른 사람들과의 관계가 어떠한가?
• 가족의 종교적 신념과 가치의 영향은 무엇이며 어떻게 영향을 주고 있는가?
• 가족의 문화유산 측면은 강점으로 작용하는가 혹은 방해가 되는가?
• 가족에 대한 공식적 · 비공식적 지지는 무엇인가?
• 가족은 문화, 종족, 종교 측면에서 어떠한가?
• 가족이 경험한 억압과 차별은 어느 정도인가? 억압과 차별이 가족기능에 미친 영향은 어떠한가?
• 이 가족에 관여하는 다른 기관들은 몇 개나 되며 그 기관들은 어떤 이유로 관여하는가?

(2) 관찰

가족사회복지사는 관찰을 통해서 가족을 이해하는 데 필수적인 정보를 얻을 수 있다. 특히 관찰은 비언어적 형태의 자료를 수집하는 데 유용한 방법이다. 가족구성원들의 비언어적 행동, 신체적 특성, 정서, 언어적 정보와 불일치되는 점 등이 관찰을 통해 파악된다(Collins et al., 2013). 즉, 가족사회복지사는 가족 내 상호작용의 내용과 과정, 예컨대 힘과 권위에 관한 미묘한 단서, 원조에 대한 양가감정을 관찰할 수 있다.

일반적으로 관찰은 가족면담 상황에서 자연스럽게 이루어진다. 면담에서 가족구성원들은 사건이나 가족 내 역동에 관해 서로 다른 관점에서 이야기할 수 있으나 가족구성원들의 언어적 표현능력이 미흡하여 제한된 정보를 줄 수도 있다. 이 경우 가족사회복지사는 관찰을 통해 면담이나 다른 사정도구를 사용해 얻은 정보들을 보완할 수 있는 중요한 정보들을 얻는다.

특별한 정보가 필요할 때는 구조화된 관찰을 계획적으로 실행하기도 한다. 가족의 역할, 의사소통, 권력 등을 살펴보기 위해서 구조화된 관찰을 할 수 있다. 가족을 관찰하는 구조화된 방법으로는 실연(enactment)과 가족조각(family sculpture)이 있다(Jordan & Franklin, 2016). 실연은 가족의 이전 상황을 재연하게 하는 것을 말한다. 가족사회복지사는 실연을 통해 가족과정의 강점과 약점을 파악할 수 있고 이를 기반으로 가족에게 의미 있는 이야기를 할 수 있다. 가족조각은 가족구성원이 다른 가족들에 대한 자신의 생각을 표현하는 자세를 취하게 하는 것이다. 가족사회복지사는 가족조각을 통해 권력, 유대, 정서적 반응, 통합, 삼각관계 같은 가족 내 역동을 사정할 수 있다.

한편 관찰은 가족사회복지사의 가정방문 시 중요한 사정방법이 될 수 있다. 가정방문에서 사회복지사는 가족의 일상생활에서의 상호작용과 같은 가족구성원들에 대한 관찰뿐 아니라 가족의 물리적 환경과 지역사회에 대한 주의 깊은 관찰을 해야 한다. 가족사회복지사는 관찰을 통해 클라이언트인 가족이 사는 집이 병원, 학교, 사회복지기관 등 주요 사회기관들과 거리가 어느 정도인지, 교통편이 편리한지, 범죄로부터 안전한 지역인지, 문화시설 등이 충분한지 등을 파악할 수 있다.

(3) 가계도 작성

가족의 내적 관계에 초점을 두고 있는 가계도는 일정 기간의 가족 역사를 파악하는데 유용한 도구이다. 가계도에서 가족구성원의 출생과 사망, 의사소통과 관계 유형, 중요 사건들 등 가족과 관련된 연대기적 정보를 제공하기 때문이다. 가계도는 사람을 표시하는 기호와 관계를 표현하는 선을 사용하여 3세대 이상의 가족에게 나타나는 결혼, 이혼, 출생, 사망, 입양 등의 중요한 생활사건과 성별, 연령 등 인구사회학적 정보들을 표현한다. 다시 말해, 가계도는 가족 구성과 구조 그리고 상호작용 패턴을 나타내는 상징들과 함께 가족에 관한 중요한 정보들을 사용해 작성된다. 가계도 작성에 필요한 정보는 한 명의 가족구성원 혹은 여러 가족구성원에게서 얻을 수 있다. 가계도 작성을 위한 면담에서 가족구성원들이 동일 사건에 대해 다른 해석을 할 수 있는데, 이를 통해 가족사회복지사는 각자의 시각을 비교해 볼 수 있고 가족구성원 간 상호작용을 관찰할 수도 있다.

가계도에서 사용하는 상징들은 [그림 5-1]과 같다(McGoldrick, Gerson, & Shellenberger, 1999).

가계도를 작성하기 위한 정보들은 일반적으로 가족과의 면담을 통해 수집된다. 가계도 작성에 필요한 시간은 매우 다양하다. 기본적 정보는 짧은 시간 내에 얻을 수 있으나 여러 가족구성원이 참여하는 가계도를 작성하기 위한 가족면담은 한두 시간 정도 소요되는 것이 일반적이고, 때로는 훨씬 많은 시간이 걸릴 수도 있다. 가계도는 단순히 가족 역사의 도식화에 그치는 것이 아니며, 가족사회복지사가 가족과 합류하면서 진행해야 한다.

가족과 관련된 정보수집은 가족과 가족 주변에 관한 중요한 정보들을 파악하기 위한 과정으로 그 방향은 다음과 같다(McGoldrick, Gerson, & Petry, 2008).

- 제시된 문제에서 문제의 배경으로
- 핵가족에서 확대가족과 더 광범위한 사회체계까지
- 현재 가족 상황부터 가족 관련 사건의 과거 시점까지
- 쉬운 질문부터 곤란하고 불안을 유발하는 질문까지

남성	여성	출생연도	나이	사망연도	사망
		41–	60	–96	41–96

결혼	동거	여성 성소수자부부	남성 성소수자부부
m. 1970	lt. 75	m. 91	lt. 93

별거	이혼	이혼 후 재결합
m. 70 s. 85	m. 70 s. 85 d. 87	d. 87 rem. 90

자녀들: 출생순서에 따라 왼쪽에서 오른쪽으로

71–	73–	76–	77– 77	–79	–81	83– 83–	85– 85–	98–
27	25	22	사산아			쌍둥이	일란성 쌍둥이	임신자녀
친자녀	위탁자녀	입양자녀	자연유산	인공유산				

약물남용	약물남용 의심	약물남용 회복	심각한 정신적 혹은 신체적 문제	약물남용과 정신적 혹은 신체적 문제

상호작용 유형을 나타내는 상징들

친밀	소원	친밀–대립적	초점이 집중됨	성적 학대
융합	대립적	융합–대립적	단절	신체적 학대

그림 5-1   가계도의 상징들

• 가족기능과 가족관계에 관한 명백한 사실부터 가족 패턴에 대한 사정과 가설을 설정하기까지

　가계도 작성을 위해서 가족면담에서 파악할 주요 내용은 호소문제와 가족에 대한 기본정보, 현재 가족의 상황, 확대가족, 가족 밖의 지지체계, 가족과정, 가족구성원 개인의 기능 등이다(McGoldrick et al., 2008).

① 호소문제와 가족에 대한 파악

　가족의 구조를 파악하기 위한 가족구성원들의 이름, 성별, 나이, 직업 등 인구학적 정보는 가족의 문제에 관해 대화하면서 자연스럽게 얻을 수 있다. 가족구성원들이 제시하는 문제의 탐색은 가족이 호소하는 문제와 그것이 가족에게 어떤 영향을 미치는지에 대한 가족의 이야기를 듣는 동안 이루어진다. 또 지금까지 문제를 해결하려고 어떻게 도움을 받았는지 등도 알아본다. 다음과 같은 질문을 통해 이러한 정보들을 얻을 수 있다.

• 누구누구와 살고 있는가?
• 같이 사는 가족구성원 간 관계는?
• 같이 살지 않는 다른 가족구성원은 어디에 사는가?
• 어떤 가족구성원이 문제에 대해 아는가?
• 각 가족구성원은 문제를 어떻게 보고 문제에 대해 어떻게 반응했는가?
• 가족 내에 유사한 문제를 가진 사람은 없는가?
• 이 상황에서 누가 어떤 해결책을 시도했는가?
• 언제 문제가 시작되었는가? 누가 제일 먼저 알았는가? 문제를 심각하게 여긴 사람은 누구이고, 가장 관심이 없는 사람은 누구인가?
• 문제가 생기기 전에 가족관계는 어땠나? 그 후에 어떻게 달라졌나? 이 문제 전에 다른 문제가 있었는가? 이 문제가 생긴 후 다른 문제는 어떻게 달라졌는가?
• 가족이 문제를 변화라고 생각하고 있는가? 변화라고 여긴다면 어떻게 변화했

다고 보는가? 긍정적 방향으로 보는가 혹은 부정적 방향으로 보는가?

② 현재 상황

해결해야 할 문제가 무엇이고 이에 관련된 사람이 누구인지, 최근 일어난 변화 등을 다음과 같은 질문들을 통해 파악한다.

- 최근 가족 내에 무슨 일이 일어났는가?
- 가족 내에 최근 어떤 변화가 있었는가?(접촉했던 사람, 질병, 직업상 문제 등)

③ 확대가족 상황

가족면담에 가족구성원들이 편안해진 시점에서 확대가족에 관해 탐색한다. 외가부터 시작해 양가의 가족에 대해 다음과 같은 질문을 한다.

- 외가부터 시작해 보겠다. 어머니는 몇 남매 중 몇째였는가?
- 어머니는 언제 어디에서 태어났는가?
- 어머니는 아직 생존해 계신가?
- (사망한 경우) 언제 돌아가셨으며 사망원인은 무엇이었는가?
- (생존해 있는 경우) 지금 어디 사시는가?
- 무슨 일을 하고 계신가?
- 학교는 어디까지 다니셨는가?
- 어머니는 아버지와 언제, 어떻게 만났으며, 언제 결혼했는가?
- 그 이전에 결혼한 적이 있는가? (있다면) 언제인가? 그 결혼에서 배우자와 별거 나 이혼 혹은 사별했는가? 그때는 언제였는가?

이런 식의 질문들을 통해 확대가족에 관한 정보를 수집한다.

④ 가족 밖의 지지체계

가족 외의 친구, 대부나 대모, 교사, 이웃, 친구 부모, 성직자, 의사 등 중요한 사람들에 관해 탐색하기 위한 질문은 다음과 같다.

- 경제적 · 정서적 · 신체적 · 종교적 도움이 필요한 경우 누구에게 요청하는가?
- 가족 외의 사람이 가족 내에서 어떤 역할을 하는가? 가족 이외의 중요한 사람은 누구인가?
- 지역사회로부터 도움을 받은 적이 있는가?
- 따르던 돌봐 주던 사람이 있는가? 그 사람은 어떻게 되었는가?
- 가족 이외의 사람이 함께 산 적이 있는가? (있다면) 언제이며 지금 어디서 살고 있는가?
- 가족 중 의사나 다른 전문가 혹은 보호기관의 도움을 받은 사람이 있는가?

⑤ 가족과정

가족을 역사적 관점에서 보게 되면 과거, 현재, 미래의 연결을 통해 가족의 변화에 대한 유연성을 살펴볼 수 있다. 중요한 생활사건, 가족의 과거 적응유형, 특정 문제의 역사 등은 다음과 같은 질문들을 통해 파악할 수 있다.

- 문제가 계속된다면 가족 내에 어떤 일이 일어날 것인가?
- 만약 문제가 사라진다면 어떻게 될 것인가?
- 가족은 미래에 어떤 변화가 일어날 수 있다고 생각하는가?

⑥ 가족구성원 개인의 기능

가족구성원인 개인의 기능에 관한 질문은 민감하므로 신중하게 접근해야 한다. 기능을 파악하는 질문은 다음과 같다.

- 심각한 문제
  - 가족 중 심각한 의료적 혹은 정서적 문제를 가진 사람이 있는가? 우울증, 불안, 공포, 통제 불능인 사람은 없는가? 신체적 혹은 성적 학대가 있었는가?
  - 그 밖의 다른 문제가 있는가? 그 문제는 언제 시작되었는가? 도움을 요청하였는가? (요청했다면) 언제, 어떻게 요청했으며 현재 그 문제는 어떠한가?
- 직업
  - 최근 직업을 바꾸거나 실직한 사람이 있는가?
  - 현재의 직업을 좋아하는가?
  - 가족 중 직업을 가진 사람이 또 있는가? (있다면) 그는 자기 일을 좋아하는가?
- 경제적 상황
  - 가족구성원들은 소득이 각각 어느 정도인가? 소득으로 인해 가족관계의 불균형이 발생하는가? 그렇다면 그 불균형을 어떻게 해소하는가? 친척들과 비교해 가족의 경제적 상황은 어떠한가?
  - 유산을 받을 수 있는가? 재정적 도움이나 돌봄이 필요한 가족구성원이 있는가?
  - 특별한 지출이 있었는가? 빚이 있는가? 신용카드 대금은 어느 정도인가?
  - 누가 재정을 관리하는가? 어떻게 지출을 결정하는가? 원가족에서 해 왔던 방식과 다른가?
  - 가족구성원 중 도박이나 과소비 문제를 가진 사람이 있는가?
- 약물과 알코올
  - 가족구성원 중 정기적으로 약을 먹는 사람이 있는가? 어떤 종류의 약을 왜 먹고 있는가? 누가 처방했는가? 그 의사와 가족은 어떤 관계인가?
  - 알코올이나 약물 문제를 가진 가족구성원이 있다고 생각하는가? 다른 가족구성원들도 그렇게 생각하고 있는가? 어떤 약물인가? 언제부터인가? 가족은 그 문제에 대해 어떻게 대처했는가?
  - 약물의 영향으로 그 사람의 행동은 어떻게 변화했는가? 다른 가족구성원들의 행동은 어떻게 변했는가?

- 법적 문제
  - 구속된 적이 있는 가족구성원이 있는가? 무슨 일로, 언제 구속되었으며 그 결과는 어떠했는가? 현재는 어떤 법적 상태인가?
  - 운전면허가 정지 처분된 사람이 있는가?
- 신체적 · 성적 학대
  - 가족 내에서 위협을 느낀 적이 있는가? 가족구성원한테 맞은 사람이 있는 가? 가족구성원을 협박하거나 때린다고 위협한 적이 있는가? 가족 내에서 다른 방식으로 위협을 당한 적이 있는가?
  - 가족이나 외부인으로부터 성추행을 당한 적이 있는가? 누구한테 당했나?

가족과 관련된 어떤 정보가 가계도에 들어가야 할지 결정하는 데 고려할 점은 다음과 같다.

- 가족 전체에 그리고 세대에 걸쳐서 증상, 관계, 기능이 반복되는 유형 혹은 삼각관계, 연합, 정서적 단절, 갈등, 역할의 과다 혹은 과소 등은 가계도 해석에서 중요하다.
- 연월일의 우연한 일치, 즉 한 가족구성원의 사망일 혹은 기일에 다른 가족구성원의 증상이 시작되거나 혹은 한 가족구성원의 증상이 시작된 나이와 다른 가족구성원에게 증상이 나타나기 시작한 나이의 우연한 일치에 주의를 기울인다.
- 변화에 따른 충격이나 갑작스러운 생활주기의 변천, 특히 가족의 중대한 사건과 동시에 발생한 가족의 기능이나 관계의 변화, 부적절한 가족생활주기의 변천, 즉 예기치 못한 출산, 결혼, 사망 등을 주목한다.

한편 작성된 가계도는 시간이 지나면서 재작성될 수 있다. 예를 들어, 이혼 후 남매의 양육권을 가진 아버지가 딸의 난폭한 행동문제로 인해 도움을 청하였다. 가족치료사는 딸을 따돌리고 있는 아버지와 아들 간 연합에 의한 삼각관계와 가족의 관

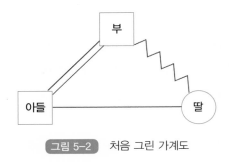

그림 5-2   처음 그린 가계도

심을 끌기 위한 딸의 비행문제로 여기고 이 가족의 구조를 처음에 [그림 5-2]와 같은 가계도로 만들었다(Walsh, 2016).

가족치료사는 이 가계도에서 드러난 가족 내 삼각관계를 재조정하는 데 원조의 초점을 맞추었으나 긍정적인 진전이 없었다. 사실상 가족관계를 복잡하게 만든 원인이 현재의 가족 외부에 있었기 때문이다. 아버지는 아이들의 친모가 자신의 절친한 친구와 외도를 했다는 것을 알고 3년 전에 이혼하였다. 그는 양육권을 둘러싼 심한 갈등 후 자녀들과 친모 간 접촉을 심할 정도로 제한하였고 아이들에게 친모를 심하게 비난해 왔다. 이혼과정에서 아버지는 다른 여성과 심각한 관계를 맺게 되었고 상대 여성은 현재 그에게 결혼을 재촉하고 있다. 딸은 아버지 때문에 어머니를 만나지 못했던 것에 화가 났고, 어머니를 상실한 슬픔이 컸으며, 새어머니가 등장할지 모른다는 사실에 분노하였다. 아버지는 이전의 결혼에서 경험한 고통 때문에 재혼에 대한 두려움이 있다. 새로 추가된 정보들이 반영되어 재작성된 가계도는 [그림 5-3]과 같다.

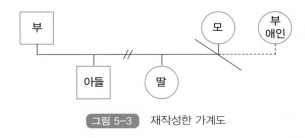

그림 5-3   재작성한 가계도

　사회복지사와 가족은 작성된 가계도를 다음 네 가지 차원에서 분석한다(김혜란 외, 2008). 첫째, 가족의 구성과 구조를 분석한다. 결혼상태, 형제순위, 자녀에 대한 부모의 기대와 태도 등을 분석한다. 둘째, 가족의 생애주기를 분석한다. 가족이 생애주기에 따른 변화에 성공적으로 적응해 왔는지 검토한다. 예를 들어, 가족을 잃은 직후 자녀가 결혼했다면 해결되지 않은 애도의 문제가 있을 수 있다. 셋째, 세대 간 유형의 반복이 있는지 살펴본다. 적응유연성, 강점, 창조성 등의 적응적 유형과 가정폭력, 알코올 남용, 자살 등 부적응적 유형이 세대 간에 반복되는지, 상호작용에서 친밀감, 소원함, 단절, 갈등, 삼각관계 등이 세대 간에 반복되는지 검토한다. 넷째, 가족구성원의 역할과 기능이 균형을 이루고 있는지 분석한다. 부부간, 형제자매간에 혹은 능력이나 부모의 편애, 가족가치 등에서 차이가 있는 가족구성원 간에 힘의 균형이 어떻게 이루어지고 있는지, 불균형이 있는 경우 가족이 어떻게 이를 해결하는지, 평등한 균형을 이루기 위해 가족구성원들이 어떻게 변화해야 하는지 등에 대해 검토한다.

(4) 생태도 작성

　생태도는 가족과 환경의 관계를 이해하는 것을 돕는 도구이다. 가족사회복지사는 가족의 문제해결 혹은 욕구 충족을 돕기 위해 클라이언트 체계인 그 가족이 환경과 어떻게 상호작용하고 있는지 살펴볼 필요가 있는데, 생태도는 이를 파악하기 위한 사정도구이다. 생태도는 가족과 외부환경 간 자원교환, 에너지의 흐름, 스트레스 요소, 갈등, 활용되지 못한 자원 등을 시각적으로 표현할 수 있다. 이러한 생태학적 사정에서는 가족의 기본적 욕구가 충족되고 있는지, 가족과 환경체계 간 경계는 어떠한지, 개별 가족구성원과 환경체계 간 관계는 어떠한지, 환경체계들과의 관계에서 개별 가족구성원 간의 차이가 있는지, 가족과 사회복지사 혹은 기관과의 관계가 어떠한지에 대한 탐색이 이루어진다. 즉, 생태도는 가족 전체와 환경체계의 관계뿐만 아니라 개별 가족구성원과 환경체계의 관계도 나타낸다.

　사회복지사가 생태도를 그릴 수도 있고, 클라이언트가 생태도 작성에 함께 참여할 수도 있다. 생태도를 그릴 때는 중앙에 가족을 나타내는 원을 먼저 그린다. 중심원 내부에 가족구성원들에 대한 기본적인 정보를 제시한다. 생태도에서 가족구성원들에 대한 기본정보는 이름, 성별, 나이 정도로 최소화된다. 가족과 상호작용하는 확대가족, 친구, 학교, 법원, 의료기관, 사회복지기관, 직장, 종교기관 같은 주변 환경들을 가족이 그려져 있는 중심원 주변에 작은 원으로 표시한다. 환경체계를 나타내는 원 안에 그 체계의 명칭과 관련된 정보를 기입한다. 가족과 주변 환경들과의 관계는 관계의 내용 및 방향을 나타내는 여러 가지 형태의 선으로 표현된다. 실선이 굵을수록 강한 긍정적 관계를 나타내고 점선은 약한 긍정적 관계를 의미한다. 실선 위에 사선을 그린 것은 갈등적인 관계를 나타낸다. 자원과 에너지의 흐름은 화살표로 나타낸다.

[그림 5-4]의 로어 가족(Rauer Family)의 생태도를 보자(Hartman & Laird, 1983). 이 가족은 현재 과도한 부담을 지고 있다. 48세인 남편 필과 47세인 아내 마르타는 결혼한 지 25년이 되었으며 3년 전까지 가족관계에서나 재정적으로나 큰 어려움 없이 살아왔다. 그런데 3년 전부터 여러 일이 일어나 부부의 정서적 · 재정적 자원을 고갈시켰다. 우선 필의 모친이 말기 암 진단을 받았고 18개월 전에 사망하였다. 부인에게 지나치게 의존적이던 필의 아버지는 부인의 사망 후 신체 건강과 정서적 안정이 급속도로 악화되었다. 이버지는 현재 요양원에 계신다. 80대 초인 마르타의 부모님은 건강이 양호하여 가능한 한 자기 집에서 계속 살기를 원하나 두 사람 모두 이제 운전을 못하기 때문에 일상생활에서 손자인 로스를 포함해 로어 가족으로부터 많은 도움이 필요하다. 필과 마르타 부부의 맏딸인 진저는 4년 전 결혼했고 법과대학원에 다니는 남편과의 사이에 10개월 된 아들이 하나 있다. 도서관에서 일하는 진저는 최근 도서관학으로 석사과정을 시작하기로 결정했고 마르타의 도움을 요청하고 있다.

작성된 생태도는 클라이언트인 가족을 다각도로 이해하는 데 매우 유용하다. 김혜란 등(2008)에 따르면 생태도는 세 가지 차원에서 분석될 수 있다. 첫째, 생태학적 환경에서 가족을 전체적으로 이해할 수 있다. 가족이 이용할 수 있는 주요 자원들이 무엇인지, 없거나 부족한 자원이나 지지는 무엇인지, 가족과 환경 간 관계의 본질은 무엇인지 등을 알 수 있다. 둘째, 가족과 환경 간 경계에 대해 이해할 수 있

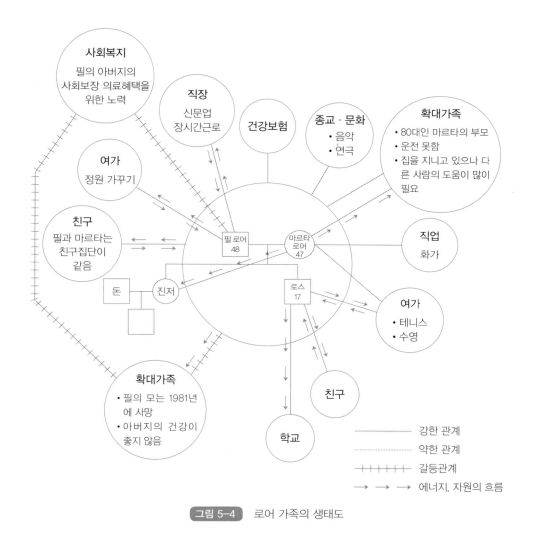

사회복지
필의 아버지의
사회보장 의료혜택을
위한 노력

직장
신문업
장시간근로

건강보험

종교 · 문화
• 음악
• 연극

확대가족
• 80대인 마르타의 부모
• 운전 못함
• 집을 지니고 있으나 다른 사람의 도움이 많이 필요

여가
정원 가꾸기

친구
필과 마르타는
친구집단이
같음

필 로어
48

마르타
로어
47

직업
화가

돈

진저

로스
17

여가
• 테니스
• 수영

확대가족
• 필의 모는 1981년에 사망
• 아버지의 건강이 좋지 않음

친구

학교

———— 강한 관계
·········· 약한 관계
+++++++ 갈등관계
→　→　→ 에너지, 자원의 흐름

그림 5-4　로어 가족의 생태도

다. 에너지 혹은 투입과 산출의 흐름이 쌍방적인지, 환경으로부터 가족에게로 일방적인지, 혹은 가족으로부터 환경으로 일방적인지 알 수 있다. 셋째, 가족 내부에 대해 이해할 수 있다. 가족구성원들이 외부체계와 서로 다르게 연결되는지, 일부 가족구성원이 환경과 단절되어 있는지, 한 가족구성원이 특히 긴장관계에 있는지, 가족이 함께 혹은 개별적으로 다른 체계들과 상호작용하는지 등에 대해 알 수 있다. 이와 같이 생태도를 통해 가족의 주변환경과 사회적 지지체계를 확인할 수 있고 이를 근거로 가족에게 필요한 사회적 지지를 추정할 수 있다. 즉, 가족체계를 변화시켜야 하는지, 가족과 환경체계 간의 관계를 변화시켜야 하는지, 환경체계를 변화시켜야 하는지 등을 결정할 수 있다. 생태도를 통해 가족이 지닌 자원들이 그 가족의 욕구를 충족시키는 데 적합한지를 탐색하면서 가족과 그들을 둘러싸고 있는 환경과의 관계를 파악할 수 있다.

(5) 기타 도구

가족 사정을 위해서 가족의 문제 혹은 가족기능을 측정하기 위해 개발된 척도를 사용할 수 있다. 사정도구로서 척도는 가족의 문제나 상황에 따른 선택이 가능하다. 특히 척도의 활용은 말을 잘하지 않는 가족의 사정에 유용하다. 가족사정에서 자주 사용되는 척도로는 공동의존 척도, 갈등전술 척도, 가족적응력 및 응집력 평가 척도, 가족대처 척도, 가족기능 척도, 가족생활 사건 및 변화 척도, 원가족 척도, 가족문제해결 의사소통 척도, 형제자매관계 척도, 가족관계 척도, 자녀 양육태도 척도, 부모자녀관계 조사, 부모애착 척도 등이 있다(Fisher & Corcoran, 2007).

〈표 5-4〉에서는 가족문제가 얼마나 심각한지 사정하는 데 활용할 수 있는 가족관계 척도(Hudson, 1997)를 소개한다. 25문항으로 구성된 이 가족관계 척도는 가족구성원들이 서로 간의 관계에서 갖게 되는 가족문제의 심각성 혹은 가족 내 스트레스의 전반적인 측정도구로 사용된다. 역문항들(1, 2, 4, 5, 8, 14, 15, 17, 18, 20, 21, 23번 문항)을 채점하고, 점수를 합산한 다음, 응답한 문항들의 수를 빼고, 여기에 100을 곱한 후, 응답한 문항의 수에 6을 곱한 수로 나눈다. 가능한 점수는 0에서 100까지이다. 이 척도에는 두 개의 기준점수가 있다(Fisher & Corcoran, 2007). 하나는 30±5점이다. 30점 이상의 점수는 임상적으로 유의미한 문제가 있다는 것을 의미하는데 25~35점까지는 문제가 있을 수도 있고 없을 수도 있는 수준으로 간주하도록 권장되고 있다. 25점 이하는 가족관계에서 문제가 없는 것으로 35점이 넘으면 문제가 있는 것으로 명확하게 평가할 수 있다. 두 번째 기준점수는 70점이다. 70점 이상의 점수는 폭력사용의 가능성과 함께 심각한 가족 내 스트레스가 있다는 것을 의미한다.

표 5-4 가족관계 척도

전혀 그렇지 않다(1점), 거의 그렇지 않다(2점), 드물게 그렇다(3점), 때때로 그렇다(4점), 상당히 그렇다(5점), 대부분 그렇다(6점), 항상 그렇다(7점)

1. 우리 가족구성원들은 진정으로 서로를 보살핀다.

2. 우리 가족은 훌륭한 것 같다.

3. 우리 가족은 내 신경을 건드린다.

4. 나는 진정으로 우리 가족을 소중하게 여긴다.

5. 나는 전적으로 우리 가족에게 의지할 수 있다.

6. 나는 한순간도 우리 가족과 함께 있기가 싫다.

7. 나는 우리 가족의 일부가 아니었으면 좋겠다.

8. 나는 우리 가족과 잘 지낸다.

9. 우리 가족의 구성원들은 자기주장이 너무 강하다.

10. 우리 가족에게는 친밀감이 없다.

11. 우리 가족 안에서 나는 낯선 사람처럼 느낀다.

12. 우리 가족은 나를 이해하지 않는다.

13. 우리 가족은 서로 너무 미워한다.

14. 우리 가족의 구성원들은 진정으로 서로에게 도움 된다.

15. 우리 가족은 우리가 알고 있는 사람들에게 존경받는다.

16. 우리 가족에게는 마찰이 자주 일어나는 것 같다.

17. 우리 가족에게는 온갖 사랑이 넘친다.

18. 우리 가족의 구성원들은 서로 잘 지낸다.

19. 우리 가족의 생활은 일반적으로 유쾌하지 못하다.

20. 우리 가족은 나에게 큰 즐거움을 준다.

21. 나는 우리 가족이 자랑스럽다.

22. 다른 가족들이 우리 가족보다 더 잘 지내는 것 같다.

23. 우리 가족은 나에게 안락함을 주는 진정한 근원이다.

24. 나는 우리 가족에게서 소외감을 느낀다.

25. 우리 가족은 행복하지 못하다.

제 **6**장

개입과 종결

　가족사회복지사는 개입을 통해 가족이 위기에 대처하도록 돕고, 가족의 문제해결 노력을 지원하며, 가족 기능을 향상시키는 변화를 이끈다. 가족사회복지사는 가족문제의 원인과 유형, 지역사회 자원이나 공적 제도 및 서비스의 이용자격 여부 등에 따라 적절한 개입을 한다. 가족 관련 개입에서 가장 효과적인 접근은 다양한 개입방법의 절충적 활용으로 알려져 있다. 개입을 마무리해야 하는 시점의 가족사회복지사는 종결과정에 대한 기본 지식과 종결에 따른 자신과 클라이언트 체계인 가족의 심리적 반응에 대한 민감성이 필요하다. 개입과 종결을 소개하는 이 장에서는 개입단계의 주요 목표와 활동을 논의하고 가족구성원 간 의사소통이나 관계 문제에 적용할 수 있는 교육적 · 행동적 개입방법과 가족체계에 긍정적 영향을 미칠 수 있는 외부환경에 대한 개입을 살펴보며, 개입으로 달성된 가족의 변화를 지속할 수 있도록 하는 종결에 대한 준비와 진행을 중심으로 종결과정을 설명한다.

1. 개입

1) 주요 목표와 활동

개입단계의 목표는 가족체계의 기능향상이다(Hartman & Laird, 1983). 이 과정에서 가족사회복지사는 가족이 강점을 활용하고, 성장과 변화의 장애요소를 제거하며, 파괴적인 패턴을 바꾸도록 돕는다. 콜린스, 조던과 콜먼(Collins, Jordan, & Coleman, 2013)은 개입에서 가족사회복지사의 역할이 가족에게 지지, 교육 그리고 구체적인 도움을 제공하는 것이라고 보았다.

한편 전체 가족의 문제라기보다 가족구성원 가운데 한 사람이 관계로 인한 어려움이 있거나 혹은 한 가족구성원이 행동문제를 보여서 도움을 요청할 수도 있다. 가족 중 한 사람에게 어려움 혹은 문제가 발생한 것이라도 그것이 전체 가족에게 영향을 미친다. 이런 경우 변화를 위한 표적과 자원은 전체 가족이라고 할 수 있으나 목표는 개인 가족구성원의 기능향상이다(Hartman & Laird, 1983).

가족복지 실천과정의 개입단계에서 가족사회복지사가 염두에 두어야 할 효과적 개입을 위한 지침을 요약해 보면 다음과 같다(Collins et al., 2013).

첫째, 가족의 욕구에 초점을 두어야 한다. 가족사회복지사의 스케줄이 가족의 스케줄과 잘 맞지 않거나 가족사회복지사의 생각과 차이가 있는 가족구성원의 행동 혹은 선택이 있는 경우 가족의 욕구에 대한 우선적 배려가 중요하다.

둘째, 클라이언트의 자율성을 존중하여야 한다. 가족사회복지사가 클라이언트의 행동을 책임질 수는 없으며 클라이언트는 자신의 삶을 통제할 권리를 가진 독립된 인간이라는 점을 기억해야 한다. 가족사회복지사는 클라이언트가 자기탐색과 자기지시를 할 수 있도록 돕는다.

셋째, 의존을 조장하지 않아야 한다. 위기 상황에서 클라이언트의 의존은 불가피하나, 과도한 의존심이 생기지 않도록 가족사회복지사는 주의를 기울여야 한다. 클라이언트의 독립심을 키우기 위해서 현재 가지고 있는 능력을 강화하고 다른 능력을 발달시키도록 도와야 한다.

넷째, 클라이언트의 저항에 대한 재사정을 한다. 성취해야 할 목표 관련 가족사회복지사와 클라이언트 간 갈등 혹은 비자발적인 참여동기 등으로 인해 저항이 발생할 수 있는데, 저항의 원인이 무엇인가를 고려해 클라이언트에게 동기부여를 하는 것이 중요하다.

다섯째, 전문적 원조관계를 유지한다. 사회복지사는 가족이 독립적이고 효과적으로 문제해결을 할 수 있도록 도울 때 객관적이고 목표중심적이어야 한다. 가족사회복지사와 가족 간에 적절한 감정적 거리가 유지됨으로써 가족은 사회복지사를 역할 모델로 받아들이고 행동의 변화를 추구할 수 있게 된다.

여섯째, 가족들이 적정한 기대를 갖도록 해야 한다. 가족사회복지사는 가족들이 사회복지사와 가족의 관계가 분명히 한계가 있다는 점을 인식하도록 도와야 하고 가족의 강점을 긍정적으로 강화하고 격려하는 데 초점을 두어야 한다.

개입에서 가족사회복지사의 역할은 공감해 주는 지지자, 교사 혹은 훈련자, 자문가, 조력자, 자원동원자, 중재자, 옹호자로 제시된다(Collins et al., 2013). 공감해 주는 지지자 역할에서 가족사회복지사는 가족의 한계와 자원부족 파악과 함께 가족의 강점을 확인하고 강화한다. 교사ㆍ훈련자 역할은 기술이나 지식이 부족하거나 결핍된 영역을 가족들이 채우도록 가족사회복지사가 돕는 것이다. 그 영역은 의사소통, 양육기술, 문제해결, 분노조절, 갈등해결, 가치명료화, 금전관리, 일상생활기술 등이다. 자문가로서의 가족사회복지사 역할은 가족들의 특정한 문제에 대해 조언하는 것이다. 조력자 역할은 이용 가능한 서비스를 알려 주고 가족들이 이용할 수 있도록 도와 가족의 기회를 확대하는 것이다. 자원동원자로서의 가족사회복지사는 원조체계와 지역사회의 지지망을 잘 알기에 가족들을 도울 수 있도록 지역사회 관련 기관들을 동원하고 조율한다. 중재자 역할에서 가족사회복지사는 가족과 지역사회 간 갈등이나 갈등이 생긴 가족구성원 간을 중재할 수 있다. 옹호자로서의 가족사회복지사는 클라이언트 가족에 유익한 사회개혁과 입법개혁을 위해 가족을 대신해 행동을 취한다.

가족의 가치나 태도 혹은 행동을 변화시키고자 하는 개입에서 가장 효과적인 접근은 다양한 개입방법을 활용하는 것이다. 예를 들어, 만성 정신장애인이 부모 및 형제들과의 상호작용 과정에서 활용하도록 사회기술훈련을 시키고 동시에 가족교육에 초점을 둔 가정방문 전략을 적용하는 것이다. 가족사회복지사는 적절한 행동모델로 사회기술을 교육하고, 긍정적으로 의사소통하는 방법을 가르쳐 주며, 가족의 상호작용 패턴에서 나타나는 행동조건을 알려 준다. 이 외에도 가족사회복지사의 과업은 가족문제의 원인과 유형에 따라, 그리고 개입목표를 달성하는 데 필요한 자원의 활용가능성 등에 따라 다양한 활동을 포함할 수 있다.

개입성과 연구에서 도출한 개입단계의 실천지침은 다음과 같다(Thomlison, 2007).

- 변화를 촉진하는 데 계획된 체계적 노력을 기울이는 것이 가족들을 위한 무계획적이고 비공식적인 도움보다 더 효과적인 결과를 낳는다.
- 구조화되고, 방향이 설정된, 시간제약이 있는 개입이 효과적이다.
- 개입하지 않기보다는 개입을 하는 것이 더 나은 결과를 보인다.

2) 실천 기술 및 기법의 적용

개입단계에서는 가족구성원과 관계를 형성하기 위한 직접적 실천기술과 지역사회의 자원 발견, 다른 기관과의 연계 등과 관련된 간접적 실천기술을 필요로 한다(원영희, 손화희, 2019). 혹은 가족을 대상으로 의사소통방법, 상호작용 유형, 구체적인 행동변화를 가져오도록 하는 직접서비스와 가족이 변화하거나 회복하는 데 도움이 될 주변 체계나 환경의 개선을 목적으로 하는 간접서비스로 개입을 구분하기도 한다(최정숙 외, 2020).

대상이 되는 가족의 문제나 욕구뿐만 아니라 가족체계가 복잡하므로 개입단계에서는 다양한 실천 기술 및 기법을 적절하게 활용하는 것이 중요하다. 콜린스 등(2013)에 의하면 원조방법은 가족이 일상생활을 재구조화하도록 돕고, 가족구성원들이 효과적으로 의사소통하도록 가르치며, 가족이 새로운 행동을 연습할 때 피드백과 지지를 제공해 주는 것을 포함한다. 여기서는 개입단계에서 사회복지사가 가족에게 적용하는 실천 기술과 기법을 의사소통 교육, 행동기법, 환경적 개입 등으로 구분해 설명한다. 제4부 가족치료에서 다루어질 내용과 중복되는 실천 기술과 기법은 제외한다.

(1) 의사소통 교육

가족 내의 의사소통은 가족기능의 수준을 결정할 정도로 중요하다. 그런데 의사소통에 대한 가족구성원의 기대는 세대 간에, 성별에 따라, 혹은 하위문화에 따라 각각 다를 수 있다. 부모의 조언을 우선 존중해 주어야 한다고 믿는 노부모의 부모-자녀 간 의사소통에 대한 기대와 달리 자녀는 하루가 다르게 급변하고 있는 사회에서 무한경쟁을 경험하면서 노부모의 기대를 비현실적이라고 여길 수 있다. 의사소통에 대한 이러한 기대차이는 가족갈등의 주요 원인 가운데 하나이다.

의사소통 접근은 가족문제나 가족갈등이 잘못된 의사소통으로 발생한다고 가정하고 가족구성원들이 경청하고 개방적이고 솔직하게 자신을 표현하면 변화가 생길 것으로 보았다(Sheafor & Horejsi, 2015). 많은 가족이 경험하고 있는 어려움이 가족구성원 간 의사소통에서 경청이나 진솔함의 부재에서 비롯되는 문제이므로 가족 내 의사소통을 향상하는 기술을 교육하는 것이 필요하다. 의사소통 교육에서 사회복지사는 명확한 의사소통방식의 시범을 보여 주고, 효과적인 의사소통기법을 교육하며, 가족구성원들이 연습하도록 지도한다. 콜린스 등(2013)은 가족구성원 간 상호작용이 모두에게 기억이 생생한 현장에서 의사소통에 관한 이야기를 하는 것이 가장 효과적이라고 하면서 가족의 의사소통기술을 향상하는 훈련으로 경청과 공감, 나-전달법을 강조하였다.

① 경청과 공감

경청이란 말하는 사람의 생각과 감정에 대한 이해를 동반한 듣기이다. 의사소통 문제가 있는 가족은 효과적인 메시지 전달자와 수신자가 되기 위한 교육과 훈련을 받을 수 있다. 이러한 교육과 훈련은 강의와 시연을 통해 가능하다. 의사소통에서 메시지 전달자는 자신의 메시지를 쉽게 그리고 정확하게 전달해야 하며, 메시지 수신자는 전달자가 전하려고 하는 메시지를 정확하게 받아야 한다. 이를 위해 가족은 메시지 전달과 수신의 규칙을 익힐 필요가 있다. 메시지 전달과 수신의 규칙은 주로 강의를 통해 학습이 이루어진다.

메시지 전달의 규칙은 다음과 같다(전재일, 이성희, 김연희, 2015).

- 명확하고 단순한 단어를 사용한다. 분명하고 너무 빠르지 않게 말한다.
- 전달하려고 하는 메시지 내용과 몸짓이 일치해야 한다. 적절한 시선 접촉과 몸짓을 사용한다.
- 너무 많은 정보로 수신자를 압도하지 않는다. 길고 복잡한 메시지는 몇 개의 문장으로 나누어 보다 쉽게 이해될 수 있게 한다.
- 수신자가 잘 이해했는지 확인하기 위해 질문이나 의견 등 피드백을 요구한다.

메시지 수신의 규칙은 다음과 같다(전재일 외, 2015).

- 말하는 것을 멈추고 듣는다. 말하는 동안에는 들을 수가 없다.
- 메시지 전달자를 편안하게 해 주고 전달자의 불안을 줄이기 위해 노력한다.
- 주의를 집중하여 말이나 행동으로 자신이 듣고 싶음을 나타낸다.
- 말하는 사람을 참을성 있게 대하고 말을 끊지 않는다.
- 메시지를 더 잘 이해하기 위해서 혹은 전달자가 자신의 메시지를 명확히 하도록 돕기 위해서 질문을 한다.
- 감정을 통제한다. 의사소통에 장애를 일으킬 수 있는 비판이나 논쟁을 하지 않는다.

경청능력은 연습을 통해 증진될 수 있다. 즉, 가족구성원의 언어적 표현 뒤에 감추어진 느낌을 파악하고 그 느낌을 적절하게 반영하는 반응을 하는 연습을 시킨다. 이러한 훈련은 다양한 워크북을 활용해 시행할 수 있다.

경청훈련은 먼저 적극적 경청과 부정적 의사소통의 차이점을 발견하도록 가족 내의 실제 대화에 근거해 시행할 수 있다. 예를 들어, 가족 중 한 사람이 이야기한 후 그 사람이 느끼고 있는 감정이 어떤 것인지를 다른 가족들이 이야기하게 한 후 당사자에게 자신의 감정이 반영되었는지 확인하여 비교해 보는 것이다.

공감은 상대방 입장에서 그의 생각과 감정을 존중하고 이해하며 인정하는 것을 일컫는데, 가족사회복지사는 가족구성원들이 다른 가족구성원의 경험, 행동, 감정에 대한 이해를 전달하는 공감의 필요성과 중요성, 구체적인 공감방법을 가족들에게 교육할 수 있다. 편안하고 서로 의지할 수 있는 가족관계는 가족 내의 공감 혹은 감정이입이 충분한 상호작용을 통해 형성된다. 공감하는 혹은 감정이입이 된 상호작용이 이루어지기 위해서는 무엇보다도 경청이 중요하다. 경청은 말하는 사람에게 공감을 전달해 준다. 듣는 사람이 경청을 해 주면 말하는 사람은 자기 생각과 감정이 충분히 전해졌다는 느낌을 받게 된다.

② 나-전달법

나-전달법은 다른 사람을 평가하고 해석하는 것이 아니라 자신이 느끼는 감정과 경험을 표현하는 것이다. 나-전달법은 효과적인 의사소통을 하는 메시지 구조로 직접적이고 명확하게 자신의 의사에 대해 표현하면서 메시지를 받는 사람이 방어적이지 않도록 하는 방법이다. 나-전달법을 통해 갈등 혹은 논쟁을 하는 상황에서 서로 비난하거나 책임을 따지는 무익한 말싸움이 되지 않도록 하면서 분노, 실망, 혼란 등의 감정을 적절하게 표현할 수 있다. 나-전달법은 특정 행동에 대한 간결하고 분명한 묘사, 그 특정 행동으로 인해 경험된 감정의 묘사, 그 행동으로 인해 자신이 받은 영향을 표현하는 데 초점을 두기 때문에 상대방에게 심리적 상처를 주거나 혹은 결론이 없는 말다툼으로 끝나는 것을 막을 수 있다(Sheafor & Horejsi, 2015). 가족사회복지사는 개발된 워크북들을 이용해 가족구성원들이 이 세 가지 구성요소로 된 나-전달법으로 행동, 영향, 행동 혹은 영향에 대한 감정을 표현하는 연습을 시도하도록 한다.

나-전달법을 부부간 혹은 부모-자녀 간 등 가족구성원 간의 대화에 적용할 수 있도록 가르친다면 가족의 의사소통능력이 증진되어 가족갈등을 완화할 수 있다.

(2) 행동기법

행동기법은 자녀의 과잉행동, 공격성, 비행, 부모의 학대나 방임 등 다양한 가정 내 문제행동에 유용하게 적용될 수 있다. 가족에 대한 행동주의적 개입은 가족구성원 개인의 문제보다 가족의 상호작용에 초점을 두게 된다. 이는 가정 내 문제행동은 계속되는 강화로 고정된 것이기 때문이다. 많은 경우 가족 내에서의 강화는 의도적이지 않은 채 문제행동을 형성하고 유지한다. 예를 들어, 부모가 자녀의 긍정적인 행동에는 무관심하나 부정적인 행동에는 민감한 경우 부모의 관심을 원하는 자녀는 부정적 행동이 강화된다.

행동주의적 개입은 인간행동의 학습에 관한 행동주의 이론의 개념과 원리를 적용해 가족구성원의 부적응 행동을 변화시키는 것을 가리킨다. 모든 행동은 학습되고 변화될 수 있다고 전제하는 행동기법은 사람들 간의 상호작용으로 행동이 형성되고 유지된다고 여긴다. 따라서 행동을 형성하고 유지하는 반응을 변화시킨다면 행동이 변화될 수 있다고 기대한다. 즉, 행동기법을 적용함으로써 가족 내 특정 문제행동을 없애거나 바람직한 행동으로 변화시키고자 하는 것이다. 주로 고전적 조건화와 조작적 조건화 원리에 근거한 기술이 사용된다.

가족문제는 체계적인 탐색을 통해 이해될 수 있고 특정한 행동주의적 기법을 통해 수정될 수 있는 바람직하지 않은 행동으로 설정된다. 다시 말해, 가족문제는 관찰 가능하고, 측정 가능하며, 변화 가능한 행동으로 표현된다. 이러한 가족문제의 변화는 강화의 조건을 재조정함으로써 발생한다. 즉, 그 행동의 선행사건과 결과를 변경시키는 것을 말한다.

행동주의적 개입기술 중 많은 것이 의식적인 통찰을 촉진하기 위해 고안된 해석의 형태를 취한다. 현재의 증상을 완화할 뿐만 아니라 기술을 가르치고 이해를 높여 가족들이 앞으로 자신의 문제를 해결할 수 있도록 하기 위해서이다. 예를 들어, 부인이 머리 아프다고 하소연할 때만 남편이 관심을 보인다. 부부에게 이 역동성을 설명하여 남편은 부인이 두통을 호소할 때 무관심하게 대하게 하고 부인이 가족을 배려하고 자기계발을 적극적으로 추진하는 행동에 감사와 칭찬을 표현하도록 한다. 이같이 행동주의적 개입은 본질적으로 교육적인 접근이라고 할 수 있다.

① 고전적 조건화에 근거한 개입기술

고전적 조건화 개념에서는 과거에 특정 반응을 유발하지 않던 어떤 자극이 그 후 특정 반응을 유발하는 경우 그 반응이 특정 자극으로 조건화되었다고 한다. 고전적 조건화는 불안, 공포증 같은 학습된 자동적 반응에 주로 관련된다. 같은 원리로 역조건화는 바람직한 반응을 특정한 자극과 관련시키는 것을 추구하는 것을 말하는데, 바람직하지 않은 반응과 경쟁해 바람직한 반응을 특정 자극과 결합하는 것을 의미한다. 역조건화는 체계적 둔감법에서 주로 사용한다.

체계적 둔감법은 불안, 분노, 불면증 등 다양한 가족문제에 적용할 수 있다. 부인의 분노가 심해 자녀와 남편을 신체적으로 학대하고 있는 사례에 체계적 둔감법을 적용해 분노를 유머로 대체한 예를 살펴보자(Spiegler & Guevremont, 2003).

클라이언트는 22세의 여성으로 남편과 3세 아들과의 관계에서 분노를 조절하지 못한다. 아들은 아주 활동적인 아이로 엄마를 화나게 하는 행동으로 관심을 끌고 싶어 했다. 클라이언트와 아들과의 상호작용을 관찰한 내용을 보면 아들이 버릇없는 행동을 하면 클라이언트는 소리를 지르고, 날뛰며, 물건을 부수고, 아이를 때리는 극단적인 반응을 보였다. 이에 대해 클라이언트는 자신이 통제할 수 없는 무의식적 반응으로 자신의 분노를 설명하였다. 남편과의 관계도 유사하였는데, 남편에게 화가 나면 소리를 지르고, 욕설을 퍼붓고, 물건을 던지거나 폭력을 사용했다. 클라이언트를 아는 지인들과 친척들은 이 가족의 문제를 클라이언트의 아동기부터 시작된 폭력적 기질 때문이라고 하였다. 클라이언트는 자발적으로 도움을 요청해 왔고 자신의 폭력성이 자신과 가족을 불행하게 만들므로 자살하고 싶다고 하소연하였다. 여러 차례 체계적 둔감법을 실시한 후에도 클라이언트는 진전을 보이지 않는데 예외적으로 재미있는 장면을 상상할 때만 분노가 표출되지 않았다. 따라서 가족치료사는 가능성 있는 대립반응으로 웃음을 선택하였다. 클라이언트가 자신이 상상한 장면이 분노를 느끼게 한다는 신호를 보내면 치료사는 그 상황을 희극적으로 전환하였다. 이같이 클라이언트에게 화가 나는 장면을 웃음이 나는 상황으로 대체해 상상하게 한 결과, 클라이언트는 분노 위계에 포함된 다른 상황들에서도 화를 내지 않게 되었다. 클라이언트는 남편과 아들에게 분노를 표출하는 빈도가 줄었고 분노의 강도도 약화되었으며 분노조절 능력이 생겼다.

② 조작적 조건화에 근거한 개입기술

조작적 조건화에서는 고전적 조건화와 달리 행동을 끌어내는 자극이 없다. 조작적 조건화에서 다루는 행동은 스스로 우러나오는 행동으로 자극에 이끌려 나오는 고전적 조건화에 의한 반응과는 다른 것이다. 조작적 조건화에서 가장 중요한 것은 행동이 발생한 후에 따르는 결과인데 이것이 강화물로 기능한다. 조작적 조건화에서 강화물은 그런 결과를 가져온 반응 혹은 행동을 강화한다. 행동이 강화된다는 의미는 그 행동이 앞으로 더 자주 일어나게 된다는 것이다. 이같이 조작적 조건화는 행동의 결과에 초점을 둔다. 조작적 행동은 결과를 산출하기 위해 환경을 조작하는 행위들로 이루어지게 된다.

일반적으로 강화조건은 행동이 일어나는 상황, 행동 그 자체, 행동 뒤에 오는 강화적 결과라는 삼자 간의 상호관계를 말한다. 즉, 행동이 일어나는 전체 상황 그 자체를 의미한다. 사람이 행동하는 모든 상황은 행동강화라는 관점에서 강화조건이 될 수 있다. 조작적 조건화 원리에 근거한 강화조건 계약은 모든 관련된 사항을 고려해 이루어진다. 계약은 각자가 어떤 행동을 언제 할 것인지 분명히 하면서 상호 간의 타협을 통해 이루어진다. 보통 계약은 누가, 누구를 위해, 어떤 상황 속에서, 언제, 어디서, 무엇을 할 것인지 구체적으로 제시한다. 강화조건 관리를 실행하기 위해서는 개입 전 단계에서 이미 선행사건을 찾아내고, 구체적 관찰과 측정을 할 수 있도록 문제를 명확하게 정의해야 하며, 행동의 결과를 명확하게 규명하여야 한다.

③ 기타 행동주의적 개입기술

타임아웃은 가족구성원의 문제행동을 감소시키는 데 흔히 사용하는 기법이다. 자녀의 문제행동으로 도움이 필요한 가족에게 적용되는 경우, 타임아웃은 자극적인 환경에서 아동을 분리해 자극이 없는 환경에 두는 것이다. 타임아웃이 시행되면 아동이 진정하는 동안 부모도 평정을 회복할 시간을 갖게 된다.

다음의 예는 위탁가정에서 7세 남아를 보호하는 상황에서 타임아웃 기법의 구체적 지침을 제시하고 있다(Sheafor & Horejsi, 2015).

- 타임아웃을 사용할 수 있는 집 안의 장소를 발견한다. 아이가 발로 차거나 물건을 던지거나 떼를 쓰면 사용할 장소로 깨질 수 있는 위험한 물건이 없는 곳을 선택한다. 조명이 밝고 환기가 잘되는 아이의 침실이나 다른 조용한 장소를 이용한다.
- 바람직하지 않거나 수용될 수 없는 행동을 정한다. 예를 들어, 다른 아이를 때릴 때마다 타임아웃을 사용할 것을 정한다.
- 표적행동이 발생할 때마다 즉각 타임아웃을 조치한다. 아이에게 가서 무슨 규칙을 위반했는지 말해 주고 이후에 해야 할 일을 설명한다. 아이를 타임아웃 장소로 데려가고 도중에 아이를 쳐다보거나 아이에게 말하지 않아야 한다. 아이가 저항하면 가능한 한 빨리 타임아웃 장소로 이동한다.
- 미리 정한 시간 동안 타임아웃 장소에 아이를 남겨 둔다. 타임아웃 시간은 나이를 기준으로 보통 1세를 1분으로 계산한다. 정한 시간이 다 되었거나 아이가 조용해지고 얌전해졌을 때 방에서 나와 올바르게 행동할 준비가 되었는지를 묻는다. 장난감을 던져서 타임아웃을 실시했다면, "나와서 장난감을 정돈할 거니?"라고 묻는다.
- 아이가 올바른 행동을 하겠다는 의사 표현으로 "예."라고 대답하면 타임아웃 장소에서 나오게 해서 이전의 행동을 수정하게 한다. 칭찬으로 올바른 행동을 강화한다.
- 아이가 올바른 행동을 하겠다는 의사 표현으로 "예."라고 대답하지 않거나, 소리치고 울며 떼를 쓰거나, 다른 바람직하지 않은 행동을 하면 타임아웃 장소에서 나와서 아이가 조용해지고 적절하게 행동할 때까지 기다린다. 그리고 다시 가서 같은 질문을 한다.
- 처음에는 아이가 타임아웃 장소에서 나와서 잘못된 행동을 바로 하기까지 여

러 번 물어보아야 할 수도 있다. 실망하지 말고 이 규칙을 계속 따른다.
- 타임아웃 장소에 가지 않은 날에는 특별한 활동, 특혜나 즐거운 일을 계획하고 아이에게 착한 행동에 대한 보상이라고 말한다.

역할연습도 행동기법의 일종으로 자주 사용된다. 역할연습은 결과에 관한 두려움 없이 새로운 행동을 연습하는 것을 의미하는 안전한 형태의 행동연습이다. 행동을 시연하는 동안 가족사회복지사와 다른 사람들은 클라이언트에게 피드백을 제공한다. 이같이 안전한 환경에서 행동을 연습하면 가족구성원들은 현실에서 적절한 행동을 할 수 있는 준비가 된다. 역할연습은 실제 생활에서 발생할 수 있는 내용으로 구성된 각본에 따라 행동을 시연해 보게 하고 그럼으로써 대처기술과 자신감을 발달시키는 것이다. 역할연습은 가족복지실천에서 여러 가지 방식으로 사용할 수 있다. 역할연습을 실행하는 한 가지 방법은 클라이언트인 가족구성원은 자신의 역할을 하고 가족사회복지사는 그 상대의 역할을 하는 것이다. 또 다른 방법은 두 사람이 역할을 바꿔 시연하게 하는 것이다. 부부간 혹은 부모-자녀 간에 서로의 역할에 대한 기대와 인식이 다를 경우 서로 역할을 바꾸어 봄으로써 서로 좀 더 이해하고 수용하는 계기가 마련될 수 있다. 예를 들어, 아버지와 딸이 역할을 바꾸어 수행해보면 서로 공감하고, 문제 상황에 대해 이해하며, 이전에 생각하지 못했던 대안들을 생각할 수 있다(Kirst-Ashman & Hull, 2015). 역할연습은 공연하기 전에 연기를 연습하는 것과 마찬가지로 어떤 상황에 적절한 기술을 연습하기 위해 활용될 수 있다. 다시 말해, 실제 상황에서 겪을 수 있는 위험에 대한 부담이 전혀 없는 상황에서 새로운 행동을 학습하도록 도울 수 있다. 예를 들어, 아내의 말을 주로 무시하는 남편에 대해 부인이 이전의 수동적 태도와 다르게 자기의 의견을 적극적으로 주장하는 연습을 하는 것이다.

자기주장훈련도 종종 활용되는데, 이 훈련은 언제, 어떻게 자기주장을 적절하게 할 것인가를 구체적으로 가르치는 것을 일컫는다. 주장훈련을 위해서는 주로 모델링을 활용한다. 주장훈련은 내면적으로 모델링할 수도 있다. 예를 들어, 클라이언트에게 자신을 부당하게 취급하는 배우자나 부모에게 직면을 시도하는 장면을 시각화하도록 하는 것이다. 내면적 모델링은 클라이언트가 표적행동을 실행하는 것을 상상하도록 하는 것과 같은 내면적 행동연습을 하면 보다 효과가 있다. 가족갈등은 가족구성원들이 의견이 다른 경우 이를 적절하게 표현하지 못하거나 서로 간에 자기주장을 전개하는 방법을 알지 못할 때 흔히 발생한다(Collins et al., 2013). 적절하게 표현하거나 주장하는 대신 가족구성원들이 수동적 혹은 공격적 행동을 하는 것이다. 자기표현이나 주장이 수동적이면 다른 사람들이 그의 권리를 쉽게 침해할 수 있다. 공격적인 사람은 수동적인 사람의 권리를 침해하고 분노를 통해 자신의 욕구를 충족한다. 가족들이 주장기술을 배우는 것은 가족구성원들이 서로 그리고 가족 외부의 사람들에게 잘 대처하도록 도울 수 있다.

(3) 환경적 개입

가족들은 주위환경에서 제공되는 지지와 자원을 활용하여 가족의 어려움을 해결하거나 위기를 극복한다(조성희 외, 2021). 하지만 가족이 스스로 주위환경과의 상호작용을 통해 필요한 자원과 지원을 확보하지 못하는 경우 가족사회복지사는 가족의 외부환경을 변화시키기 위해 환경적 개입을 한다. 어떤 가족은 자원이 어디에 존재하는지 단순히 정보가 없어서 어려움을 겪는가 하면 어떤 가족은 알고 있으나 그 자원을 어떻게 연결할지 모른다. 지역사회에 자원이 존재하고 있음에도 불구하고 그 자원과 연계되지 못해 가족의 욕구가 충족되지 못하는 경우가 흔히 발생한다.

환경적 개입은 세 가지로 구분될 수 있다. 첫째, 지역사회 내에 존재하는 자원을 동원하고 연계시키는 것이다. 둘째, 서비스 전달체계의 개선을 시도하는 것이다. 셋째, 존재하지 않는 자원과 지원을 새롭게 개발하는 것이다.

① 지역사회 내 자원의 동원과 연계

가족사회복지사는 가족의 욕구를 충족시키거나 문제를 해결하기 위해 공적 · 사적 자원을 동원하고 연계할 수 있도록 도와야 한다. 가족사회복지사는 가족을 위해 지역사회 자원을 발견해 이를 단순히 연결해 주는 역할에 그치는 것이 아니라 가족의 옹호자 혹은 대변자 역할을 수행한다. 예를 들어, 아동이 행동상의 문제를 보일 때 가족이 아동 놀이치료 기관이나 청소년 수련원과 같은 기관의 서비스를 받을 수 있도록 의뢰하고 안내해 주어야 하며, 가족이 그 서비스를 이용할 수 있도록 준비시켜 주어야 한다(성정현 외, 2020).

② 서비스 전달체계의 개선

지역사회에서 보면 어떤 가족들은 필요한 서비스가 부족하거나 혹은 정보가 없어서 수혜에서 배제되는가 하면 어떤 가족들은 중복이 심한 서비스들로 인해 조정을 필요로 한다(성정현 외, 2020). 서비스의 배제 혹은 중복과 같은 전달체계상의 문제를 해결하기 위해서 가족사회복지사는 필요한 서비스의 공급을 확대하거나, 지역사회 내 서비스들에 관한 충분한 정보를 제공하거나, 서비스들을 조정해 주어야 한다.

③ 자원의 개발

필요한 자원이 지역사회 내에 없는 경우도 많다. 농촌 지역이나 신흥도시의 경우가 특히 그렇다. 또 생활환경이 급변하고, 기술이 발전하며, 사회경제적 상황이 바뀌면서 사람들의 변화하는 욕구에 적절하게 반응할 수 있는 새로운 자원이 개발될 필요성이 생긴다.

2. 종결

1) 주요 목표와 활동

종결은 가족복지실천 과정의 최종 단계로 주요 목표는 개입을 통한 가족의 변화를 확인하고 실천과정에서 성취한 것들을 유지할 수 있도록 준비시키는 것이다. 가족복지실천이 종료된 이후에도 가족구성원들이 독립적으로 자신들의 문제를 해결할 수 있는 역량을 발휘할 수 있어야 하기 때문이다. 가족복지실천의 이상적인 마무리는 긍정적인 변화를 지속하게 하는 것으로 가족사회복지사의 개입이 종료된 후에도 문제를 해결할 수 있는 가족능력이 유지되도록 하는 데 초점이 있다.

종결과 관련해 가족사회복지사는 구체적으로 여러 가지를 확인해야 한다. 현재 문제상태가 어떠한지, 가족개입 이후 어떤 변화가 있었는지, 개입과정에서 가족구성원들이 각각 어떤 역할을 하였는지, 유사한 문제가 다시 생긴다면 가족은 이를 어떻게 다룰 것인지, 문제에 대한 가족의 생각이 어떻게 달라졌는지, 종결에 대해 가족구성원들은 어떻게 느끼는지, 가족개입이 다시 필요하다고 느끼게 하는 요인들은 무엇인지 등을 확인한다.

종결은 클라이언트인 가족뿐 아니라 가족사회복지사에게도 특별한 의미가 있다. 가족사회복지사는 가족이 새로운 성취를 인정하고 자신감을 유지할 수 있도록 세심한 배려로 종결을 이끌어야 한다. 종결을 논의하기에 가장 좋은 시점은 제시된 문제가 해결되고 가족과 사회복지사가 모두 결과에 만족할 때이나 실제 상황에서의 종결은 예상하지 못한 방식으로 흔히 이루어진다. 많은 가족이 중도에 그만두거나 바람직한 결과가 성취되기 전에 성급하게 종결을 하게 된다. 계획된 종결 이외의 유형으로는 가족문제에 진전이 나타나지 않는 경우, 가족구성원이 비협조적이거나 심한 저항을 보이는 경우가 있다(성정현 외, 2020). 가족문제에 진전이 없는 경우 가족사회복지사는 자신의 능력이 부족한 것으로 생각할 수 있으며 가족도 사회복지사에게 책임을 전가할 수 있다. 이 경우 가족사회복지사는 자신의 역할이 가족의 문제를 해결해 주는 것이 아니라 가족이 해결할 수 있도록 돕는 전문가이므로 가족문제에 진전이 없는 것을 주제로 하여 가족과 개방적으로 논의할 기회가 필요하다. 이 과정을 통해 가족사회복지사가 미처 인식하지 못한 다른 불만이나 문제가 있는지 파악하고 종결 혹은 의뢰와 같은 대안을 모색한다. 가족 전체와 계약을 수립했더라도 개입과정에서 가족구성원의 저항에 부딪히는 경우가 있는데, 이는 가족사회복지사에 대한 저항이 아니라 기존의 안정성과 균형을 위협하는 새로운 변화에 대한 저항인 경우가 많다. 가족사회복지사는 클라이언트에게 종결할 수 있는 권리가 있다는 것을 알려 줘서 그동안 변화된 것과 성취한 것을 돌아볼 기회를 주어 가족 스스로 종결의 타당성을 검토하는 것이 필요하다.

2) 실천 기술 및 기법의 적용

종결에서 가족사회복지사의 주된 역할은 종결을 계획하고 진행하는 것이다. 가족사회복지사는 초기부터 가족들과 종결에 관한 이야기를 나누어야 한다. 어떤 경우 원조관계가 갑자기 혹은 예상치 못하게 종료될 수 있으나, 이상적으로는 종결을 처음부터 예상하고 계획해야 한다. 종결은 여러 가지 방식으로 일어날 수 있는데 그 유형은 다음과 같다(Collins et al., 2013).

- 제시된 문제의 성공적 해결 후에 상호 간 합의로 종결을 한다.
- 정해진 계약상의 기간이 끝나는 시점에서 클라이언트 체계가 종결을 주도한다. 일정 기간을 정하는 것은 개입을 효율적으로 만드는 시간관리 틀을 제공한다.
- 만남이 더 진전을 보이지 않는 경우 서로 동의함으로써 종결을 한다.
- 클라이언트 체계가 진전과 결과에 대해 의문을 가지면서 적극적 저항을 나타낸다. 한 명 이상의 클라이언트가 드러내 놓고 비협조적이고 적대적이다.
- 클라이언트가 공식적으로 철회하지 않은 채 약속을 반복적으로 취소하거나 지키지 않는다.
- 이유를 말하거나 말하지 않은 채 클라이언트가 종결하겠다는 결정을 밝힌다. 주로 전화로 철회한다.

종결을 다루는 방식은 그 가족이 원조과정에서 이룬 변화를 얼마나 잘 유지할지에 영향을 미칠 수 있다. 만족스러운 종결을 경험한 가족은 필요한 경우 다시 도움을 청할 수 있는 신뢰감이 있다.

(1) 종결결정 관련 사용도구

종결 여부를 결정하는 데 참조하기 위해 〈표 6–1〉과 같은 체크리스트를 사용할 수 있다(Collins et al., 2013). 체크리스트 분석을 통해 가족이 종결을 위한 준비가 어느 정도 되었는지 평가할 수 있다. 대부분의 문항에 '예'로 답하는 경우가 종결이 적절한 시점이다.

표 6-1 가족복지실천을 종결하기 위한 체크리스트

	예	아니요
• 제시된 문제가 없어졌다.	☐	☐
• 가족이 다룰 수 있거나 견딜 수 있게 되었다.	☐	☐
• 이루어진 변화가 효과적으로 측정될 수 있다.	☐	☐
• 긍정적인 변화가 심리사회적 기능 차원에서 일어났다.	☐	☐
• 가족구성원들이 더 효과적으로 의사소통을 하고 있다.	☐	☐
• 가족구성원들이 학대의 위험 없이 안전하다.	☐	☐
• 공적 지지망 이용이 가능하고 가족들이 이용방법을 안다.	☐	☐
• 가족이 필요할 때 요청할 수 있는 적절한 사적 지지망이 있다.	☐	☐
• 가족 혹은 가족구성원이 지역사회 내 전문서비스에 의뢰되었다.	☐	☐
• 가족은 전문서비스에 의뢰되는 것에 동의하였다.	☐	☐
• 가족은 일상생활을 수행하는 기술을 배웠다.	☐	☐
• 모든 가족구성원은 기본적인 신체적 욕구를 충족한다.	☐	☐
• 사회복지사와 가족은 현재까지의 진전을 평가했다.	☐	☐
• 가족은 제공된 서비스에 만족한다.	☐	☐
• 결과적으로 모든 가족구성원은 더 나아졌다.	☐	☐
• 가족은 자신들이 이룬 변화를 전반적으로 검토하였다.	☐	☐
• 가족구성원들은 변화를 낳는 데 자신들이 했던 역할을 인정했다.	☐	☐

(2) 종결의 진행

종결의 진행은 다음과 같은 단계로 정리해 볼 수 있다(Collins et al., 2013).

첫째, 리사이틀로 불리는 시간을 갖는다. 그동안 의미 있었던 일들을 검토하는 것이다. 원조과정이 마무리되어 갈 즈음 가족사회복지사와 가족구성원 각각은 무

엇이 변화되었는지 이야기하는 데 초점을 두고 자신의 경험을 이야기할 시간을 갖는다. 이를 통해 가족구성원들은 어떤 변화가 일어났고 무엇이 이 변화를 낳았는지 이해하게 된다. 목표를 달성하지 못했거나 추가적 문제가 드러나는 경우 이 리사이틀을 통해 다른 기관으로 의뢰하거나 같은 기관 내의 다른 사회복지사에게 의뢰할 필요성이 지적될 수 있다. 어떤 경우든 가족이 현재까지 자신들이 지각하고 있는 진전사항을 요약하여 새로운 사회복지사가 이 상황을 이해할 수 있게 해야 한다. 의뢰를 계획한 경우 가족사회복지사는 가족의 승낙을 받은 후 새로 이 가족을 담당할 사회복지사와 개인적으로 얘기를 나눈다.

둘째, 변화를 깨닫게 한다. 가족사회복지사와 함께 지금까지의 실천과정에 대한 자신들의 반응을 이야기한 후 가족구성원들은 사회복지사 관점에서의 피드백을 받는다. 가족사회복지사와 가족 양측이 실천과정에 관한 자신들의 인식을 비교하면서 가족구성원들은 더 큰 변화를 가져올 이해를 하고 방법을 터득한다. 이러한 깨달음으로 가족구성원들은 자존감을 향상할 수 있다. 또 가족구성원들은 변화가 일어나는 데 자신이 한 역할을 상기하면서 이후의 도전을 잘 극복할 수 있다는 자신감이 생긴다. 종결 시점인데 진전을 이루지 못해 가족이 괴로운 경우 가족사회복지사는 그동안 해 왔던 활동의 긍정적 측면과 부정적 측면을 이야기하면서 균형을 찾아야 한다. 부정적인 것들은 앞으로 해결해야 할 목표로 제시되어야 할 것이다. 가족사회복지사는 가족과 함께 활동하는 데 있어서 발생했던 어려움을 인정해야 한다. 거의 변화가 일어나지 않았다 해도 가족이 열심히 노력했다고 가족사회복지사가 믿어 주는 것이 중요하다. 또 가족의 장점을 강화해 주는 것이 중요하다.

셋째, 성취를 확고하게 하는 단계로 달성한 목표를 어떻게 유지하고 정착시킬지 강조하면서 미래에 관한 이야기를 한다. 가족이 미래의 목표를 달성하기 위한 전략을 발전시키도록 돕는 것이 바로 그동안 성취한 것을 확고하게 만드는 좋은 방법이다. 종결은 끝이 아닌 전환으로 간주해야 한다. 클라이언트에게 이런 식으로 종결을 이야기하는 것이 성취한 모든 것을 깨닫게 하고 새로운 시작이라는 감정을 불러일으킨다. 가족들에게 가장 유익한 것들은 클라이언트인 가족이 자신을 다르게 볼 수 있도록 해 주고 이후의 도전들에 대처하는 것을 도와주는 증진된 자신감, 새로운 기술, 지지적인 사회적 관계망 등이다.

넷째, 사회복지사에게 가족들이 피드백을 제공하는 단계로 직접 만나서 이야기하는 식으로 공식적인 종결을 하는 것이 중요하다. 마지막 만남에서는 성과 평가가 이루어질 수 있다. 가족사회복지사는 가족구성원들에게 "그동안 함께하면서 무엇이 가장 도움이 되었습니까?" "변화되지 않았지만 변화되길 원했던 것은 무엇입니까?"라고 질문을 한다. 이렇게 하는 것이 가족들에게 실천과정에서 성취한 것들과 미진한 것들을 말할 기회를 주게 되며, 또한 가족사회복지사가 피드백을 수용한다는 것을 보여 주게 된다. 가족사회복지사는 피드백에 대해 방어적으로 반응하지 않아야 하며, 감사를 표현하고, 가족구성원들의 협력이 가족을 대상으로 하는 사회복지사의 앞으로의 활동에 도움이 될 것이라고 알려 준다. 이는 가족사회복지사에게 자신의 개입방식에 관해 성찰하고 성장할 기회가 될 수 있다. 이러한 평가에다 추가로 측정도구 혹은 사정도구들이 비교를 위한 자료를 제공하기 위해 마지막으로 사용될 수 있다.

다섯째, 종결 이후의 문제들을 다룰 수 있도록 가족을 준비시킨다. 가족사회복지사는 가족에게 문제를 어떻게 다룰 계획인지 질문한다. 가족사회복지사는 또한 이 주제를 가족의 장점과 새로 발달시킨 기술을 강화하기 위해 활용할 수 있다. 보통 종결 이후 사후지도를 하기도 한다. 이러한 사후지도는 가족이 문제의 재발에 취약한 시기에 도움이 될 수 있다.

(3) 종결 관련 감정 다루기

종결은 목표달성을 의미하므로 일차적으로 긍정적인 것으로 전제된다. 목표달성을 하고 종결을 앞둔 가족구성원들은 자신들의 역량에 대한 기대와 신뢰가 증진될 수 있다. 가족사회복지사 또한 가족과 함께 설정한 목표가 성취되는 것에서 전문가로서 자존감 향상과 임파워먼트가 증진될 수 있다.

한편 서로 신뢰했고 친밀하였던 실천과정을 종결하면서 가족구성원들은 상실감, 두려움, 의존성, 슬픔 등과 같은 부정적 정서를 경험할 수 있다. 가족사회복지사 또한 슬픔, 상실감, 죄책감, 불안감 등 종결에 따른 다양한 부정적인 정서를 경험할 수 있다. 가족사회복지사는 가족과 함께 이러한 감정들을 개방적으로 다루는 것이 필요하다.

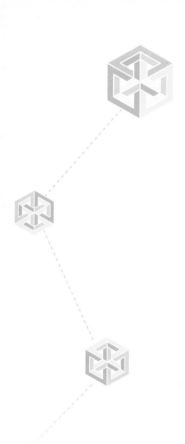

제4부

가족치료에 대한 이해

제**7**장

가족치료의 이해

가족치료의 역사는 20세기 초반에서 그 기원을 찾을 수 있다. 하지만 실제 가족치료가 하나의 실천분야로 자리 잡게 된 것은 20세기 중반이다. 우리가 현재까지 사용하는 다양한 가족치료 모델의 토대와 개념, 이론이 이때부터 정립되기 시작하며 가족대상 개입의 새로운 지평을 열어 주게 되었다. 가족치료에서 다루는 문제는 부부간 갈등 및 결혼관계 어려움, 자녀양육 및 자녀의 개별적 문제, 확대가족과의 갈등까지 그 범위가 광범위하며 다양하다. 또한 사회적 변화와 함께 가족 역시 다양한 변화를 경험하면서 가족의 문제는 더욱더 복합적이고 만성화되고 있어 가족을 대상으로 하는 사회복지실천과 가족치료의 필요성은 점차 더 크게 대두되고 있다. 이 장에서는 가족치료의 정의, 주요 관점 및 개념들을 검토하고 가족치료의 역사를 살펴보고자 한다.

1. 가족치료 개념 및 이론

1) 가족치료의 정의

가족치료는 가족구성원 개개인이 경험하는 문제 혹은 어려움을 개인의 영역으로만 보지 않고 개인이 속한 가족이라는 하나의 체계와 맥락 속에서 바라보는 관점을 토대로 진행되는 개입이다(권육상 외, 2011). 즉, 기존 사회복지 및 상담의 초점이 되었던 개인 수준의 문제 및 개입에서 벗어나 개인을 가족이라는 하나의 체계 속에서 바라보고 개인의 문제를 관계와 상호작용 패턴 중심인 대인관계형 접근으로 살펴보는 것이 가족치료의 특징이자 기존 개인치료와의 차별성이라 할 수 있다. 가족 내 관계와 역동에 개입하는 가족치료는 서로 다른 이론적 배경 및 접근을 가진 다양한 모델을 포함하고 있으나 기본적으로 모든 가족치료 모델은 가족체계관점에 그 토대를 두고 있다.

2) 가족체계관점

가족체계관점은 체계이론의 개념과 원리를 가족을 이해하기 위한 틀로 두고 가족을 또 하나의 체계로 인식하는 관점이다. 여기서 체계란 상호 의존적이며 상호 영향을 주고받는 부분들로 이루어진 전체를 가리킨다. 가족체계관점은 가족 역시 하나의 체계로 바라본다. 즉, 여느 다른 체계와 마찬가지로 가족은 가족을 둘러싼 사회환경과 지속적으로 상호작용하며 상호 영향을 주고받는다. 또한 가족은 내부적으로 여러 하위체계를 가지며 하위체계와도 지속적으로 교류한다. 이는 가족구성원의 행동은 가족과 가족 내 구성원과 분리해서 이해할 수 없으며 가족의 맥락과 관계의 패턴, 상호작용의 일부로 이해해야 한다는 것을 의미한다. 즉, 가족체계관점에서는 가족 내 특정 구성원이 보이는 문제행동 혹은 어려움은 개인의 문제가 아닌 가족 전체의 문제가 되며, 문제를 보이는 구성원은 '증상을 지닌 사람(symptom bearer of the family)'으로 인식된다(조흥식 외, 2010: 144). 따라서 가족치료에서는 가족을 하나의 체계로 이해하고 가족의 특성과 핵심요소를 살펴보는 것이 중요한 과제이다. 또한 개입 전반의 과정을 통해 특정 구성원의 문제를 가족 전체의 문제로 전환하여 가족 전체의 변화를 유도한다. 하나의 체계로서 가족이 가지는 특징의 예는 다음과 같다.

첫째, 가족은 비총합성(nonsummativity)의 특징을 가진다. 비총합성은 전체가 각 부분의 합보다 크다는 개념이며 이는 가족의 특성이 가족구성원 각각의 특성을 합한 것으로 볼 수 없다는 의미를 가진다. 즉, 가족을 이해하기 위해서는 가족구성원 개개인의 심리적 특성 및 행동에 초점을 두기보다는 가족구성원 간의 소통 패턴, 관계유형, 상호작용을 살펴봐야 함을 의미한다. 그 예로 스포츠 팀을 들 수 있다. 한 팀의 선수 모두가 개인기가 훌륭해도 조직력이 부족하고 협동이 잘 이루어지지 않는다면 그 팀은 결코 경기에서 좋은 성과를 낼 수 없다. 반면에 선수들마다 개인기 편차가 있더라도 협력하여 경기에 임하는 팀은 좋은 성과를 낼 수도 있다. 이는 전체가 부분으로 환원될 수 없는 비총합성의 특징을 보여 주며 가족을 이해함에 있어서도 마찬가지로 가족구성원 개개인의 특성의 합이 결코 가족 전체의 본질을 설명할 수 없음을 알려 준다.

둘째, 가족의 관계는 순환적 인과성의 개념으로 이해한다. 순환적 인과성(circular causality)이란 체계 내 한 부분의 변화는 체계 내 다른 부분과 동시에 체계 전체의 변화를 야기하며 이 변화는 다시 그 체계에 변화를 가져오는 과정을 설명하는 개념이다. 가족구성원 한 명의 변화는 다른 구성원 및 가족 전체에 영향을 미치며, 다른 구성원과 가족의 변화는 다시 가족구성원에게 순환적인 영향을 미친다. 이는 모든 가족구성원의 상호작용은 서로의 행동(action)에 대한 반응(reaction)이며 가족 내 발생하는 모든 문제 및 어려움은 순환되는 "인과사슬"에 얽혀 있음을 의미한다(김영화 외, 2012: 248).

셋째, 하나의 체계로서 가족은 항상성(homeostasis)을 유지하려는 특징을 가진다. 기본적으로 모든 체계는 안정된 상태를 유지하려는 항상성을 가지는데, 가족 역시 가족규칙, 환류고리(feedback loop) 등을 활용해 가족 내 지속적 균형을 유지하려고 한다. 가족규칙은 가족 내 허용되는 행동과 허용되지 않는 행동에 대한 암묵적인 약속으로 가족 내 역동과 개인의 행동을 연결하는 기능을 가지고 있다 (Ford, 1983). 가족은 환류고리 과정을 통해 특정 행동을 저지하거나 강화할 수 있으며 이를 통해 가족 내 항상성을 유지하려고 한다. 하지만 이런 항상성 유지를 위한 가족의 속성이 때로 가족문제를 유지시키는 원인이 될 수 있으며 합리적이지 않고 가족과 가족의 발달주기에 적합하지 않은 경직된 가족규칙과 환류고리는 가족의 문제를 확대시킬 수 있다.

넷째, 가족은 홀론(holon)의 성격을 가진다. 홀론이란 체계는 더 큰 체계의 일부이기도 하면서 동시에 다양한 하위체계로 구성된 하나의 단위임을 설명하는 개념이다. 가족 역시 확대가족, 이웃, 여러 사회조직, 지역사회의 하위체계를 구성하면서 동시에 부부체계, 자녀체계, 부모-자녀체계 등 내부적으로 여러 하위체계를 가지고 있다. 각각의 하위체계들은 그 자체로서 하나의 완전체이지만 동시에 가족의 한 부분으로 기능하고 통제되는 양면적 성격을 가진다. 가족 역시 하나의 완전체이지만 동시에 확대가족과 다양한 외부체계로부터 영향을 받고 통제를 받는다. 홀론의 개념은 경계(boundary)와 연결 지어 생각해 볼 수 있다. 경계는 체계와 체계를 구분하는 보이지 않는 선으로, 에너지 투과 정도에 따라 경계가 폐쇄적인지 또는 개방적인지 파악 가능하다. 가족, 그리고 가족 내 홀론은 경계를 형성하고 이에 따라 역동을 만들어 낸다. 건강한 가족의 경우 가족 내 하위체계 간 경계가 명확하여 가족 내 위계질서가 있고 각각 하위체계가 적절히 기능하며 동시에 한 가족으로서의 결속력을 가지고 있다. 반면에 건강하지 않은 가족은 홀론 간의 경계가 모호하고 외부체계와의 경계 역시 너무 폐쇄적이거나 개방적이어서 하나의 단위로써 기능하는 데 어려움이 있다. 예컨대, 외부체계와의 경계가 폐쇄적인 가족의 경우 가족 내 통제가 매우 엄격해 가족 내에서 발생하는 학대문제가 외부로 드러나지 않는다. 반대로 가족과 외부체계와의 경계가 너무 개방적인 경우 가족 내 일어나는 모든 일이 확대가족과 공유되면서 불필요한 가족 내 갈등을 야기할 수 있다.

3) 가족치료와 개인치료

앞서 제시한 바와 같이 가족체계관점은 가족을 고립된 하나의 단위로 바라보지 않으며 가족을 둘러싼 외부체계와 끊임없는 상호작용하는 하나의 체계로 살펴본다. 또한 가족체계관점은 가족 내의 다양한 하위체계 간 역동을 통해 가족을 이해해야 한다고 강조한다. 그렇다면 가족치료와 개인치료는 어떻게 다른가? 개인치료와 가족치료는 어떻게 구분되는가? 일부는 가족치료(family therapy)와 개인치료(individual therapy)가 상호 보완적인 성격을 가지고 있다고 설명한다. 예를 들면, 가족치료의 일부로 개인치료가 포함될 수 있고 개인치료의 세부 영역으로 가족치료가 활용되기도 한다. 비터(Bitter, 2014)는 개인치료와 가족치료의 차이를 문제를 바라보는 관점의 차이, 치료 개입대상의 차이, 치료목표의 차이로 구분했다. 첫째, 개인치료는 개인의 역기능, 병리가 무엇인지 파악하며 이에 초점을 둔다. 이를 위해 개인의 자아개념, 정서 발달, 상황에 대처하는 대처 능력 및 전략, 문제해결 능력을 살펴본다. 반면에 가족치료는 가족 내 교류, 상호작용의 유형 및 순서, 상호의존성, 상호영향력 및 그 방향 등에 초점을 둔다. 즉, 가족치료는 가족 내 소통과정과 문제해결 과정을 살펴보고 이 과정 속에서 발견되는 역기능을 가족문제로 이해하며 가족 내 관계와 과정을 중심으로 가족을 이해한다. 둘째, 전통적인 개인치료는 치료의 대상이 개인이 되지만 가족치료는 되도록 많은 가족구성원을 치료에 초대한다. 최근 가족치료에서는 핵가족뿐 아니라 확대가족, 가족, 친구뿐 아니라 가족과 자주 교류하는 지역사회 내 지인들도 치료의 일원이 된다. 이를 통해 치료사는 가족이 가족 내부 구성원뿐만 아니라 외부 사람들과 어떻게 교류하며 어떤 식으로 가족 상황을 노출하는지 그렇지 않은지, 가족문제가 외부 사람들과의 교류를 통해 어떻게 유지되거나 강화되는지 전반적으로 살펴본다. 마지막으로, 개인치료가 개인이 호소하는 혹은 개인의 문제로 간주되었던 심리·정서적 증상 혹은 문제행동의 감소와 제거를 치료의 목표로 둔다면, 가족치료의 궁극적인 목적은 가족 내 문제, 역기능을 유지시키고 강화했던 가족 내 관계 패턴 혹은 과정을 조정함으로써 가족의 관계와 기능을 회복하는 것이다. 벡바와 벡바(BecVar & BecVar, 2009)

는 가족치료는 궁극적으로 관계치료(relationship therapy)라고 명명하며 가족치료의 핵심은 관계임을 강조했다. 다음은 개인치료와 가족치료의 차이를 설명한 사례의 예시이다.

22세 앤은 우울증상으로 상담치료를 받기 원해 찾아왔다. 앤은 지난 2년간 우울증과 계속 싸워 왔으며 그 과정 속에서 친구와의 관계가 손상되기도 하고 직장에서의 업무효율성 문제로 고충을 겪어 왔다.

개인치료사(individual therapist)와 가족치료사(family therapist)는 모두 앤의 현재 상황과 경험에 관심을 두고 이를 탐색한다. 탐색 결과, 앤은 현재 부모님과 함께 거주 중이고 같이 살지는 않으나 같은 지역에서 변호사로 일하며 살고 있는 언니가 한 명 있는 것으로 파악되었다. 앤은 또한 함께 성장한 친한 친구들이 지난 몇 년간 결혼, 취업 등의 이유로 다른 지역으로 이사 가는 것을 보면서 자신만 뒤처져 있고 고립되어 있다는 감정과 생각에 휩싸여 있었다. 앤의 우울증상은 앤의 전반적인 삶에 부정적 영향을 미치고 있었다. 여기서 개인치료와 가족치료의 차이는 다음과 같다.

1. 문제의 정의: 개인치료사는 앤의 우울증상을 DSM-IV 기준으로 병리적인지 아닌지 판단하며 필요한 경우 정신의학자에게 앤을 의뢰한다. 반면에 가족치료사는 가계도와 같은 사정도구를 활용해 가족과정을 살펴본다.
2. 치료의 대상: 개인치료사는 앤과 바로 치료과정에 돌입하는 반면에 가족치료사는 앤의 가족을 모두 치료에 초대하여 함께 한다.
3. 치료의 초점: 개인치료의 초점은 앤의 우울증상의 원인과 우울증 및 대처기제와 연관되어 있는 앤의 인지적·정서적 행동을 살펴본다. 가족치료사는 앤의 우울증상을 유지하는 가족의 관계와 더불어 가족 내 세대 간 내려오는 가족관계, 역동 패턴, 우울증 내력, 소통 및 관계의 흐름과 과정, 가족규칙과 더불어 앤의 가족이 사는 지역사회 및 가족 외부체계와 가족의 관계를 살펴본다.
4. 치료의 목적: 개인치료의 목적은 우울증상 감소와 더불어 앤의 대처능력 향상에 있다. 가족치료사는 앤의 우울을 유지하는 가족 내 교류와 패턴을 변화시킴으로써 앤의 변화와 가족 내 관계 변화를 꾀한다.

출처: Corey (2013): Bitter (2014): 21-22 재인용

2. 가족치료의 발달배경

1) 가족치료의 발달배경

가족치료의 역사는 매우 독특한 특징을 가지고 있다. 가족을 위한 개입 및 가족 대상의 다양한 지원이 사회복지실천 분야의 태동 및 심리치료 초기부터 진행되었음에도 불구하고 1940년 전까지는 가족치료의 필요성 및 타당성 등이 인정되지 않았다. 사회복지실천의 태동기였던 1800년대 후반의 미국 내 자선조직협회와 인보관운동은 가족을 대상으로 하는 개입의 시작이라 볼 수 있으며(김연옥 외, 2005), 이미 당시에 빈곤가족 및 개인을 대상으로 하는 실천에서 부모와 가족 전체를 면담하고 개입하는 것의 중요성이 강조되었다. 메리 리치먼드(Mary Richmond) 여사는 1908년에 『어느 한 가족의 진짜 이야기(A Real Story of a Real Family)』라는 책을 발간하면서 가족을 대상으로 하는 다양한 사례를 소개하였으며 이후 1917년에 가족 대상 치료에 대해 기술한 바 있다. 하지만 가족치료는 1900년대 초반부터 팽배했던 프로이트(Freud)의 정신분석이론과 정신분석이론에서 파생된 수많은 개인, 내담자 중심의 이론의 영향으로 인해 크게 환영받지 못했다. 이는 초기 심리치료이론이 개인의 역기능은 개인이 성장하면서 가족 내에서 경험했던 불쾌하거나 과도한 혹은 건강하지 못한 경험들로 인한 산물이라는 전제하에 발달되었고 따라서 문제를 발생시키는 가족으로부터 대상자를 분리시키는 내담자중심의 치료형태가 발전되었기 때문이다. 이런 이론적 관점과 치료에 대한 시각으로 인해 가족을 치료의 대상으로 참여시키는 가족치료가 치료의 한 영역으로 자리 잡기까지는 오랜 시간이 걸렸다(김용태, 1999).

가족치료의 발전에 기여한 요인은 크게 네 가지로 구분된다. 첫째, 아동상담운동(Child Guidance Movement)은 「아동복지법」 제정과 함께 아동 권리의 중요성이 가시화되면서 시작된 운동이다. 아동의 문제 치료의 맥락에서 가족에 대한 논의가 시작되었다. 구체적으로 프리다 프롬−리히만(Frieda Fromm-Reichmann)이 '정신분열증을 일으키는 어머니(schizophrenic mother)'라는 개념을 소개하면서 지배적이고 공격적이며 정서적으로 불안정한 어머니의 양육은 자녀의 조현병을 유발할 수 있다는 관점이 공유되었고(Nichols & Schwartz, 1998), 이는 곧 치료의 대상과 초점이 아동 개인에서 부모까지 확장되는 계기가 되었다. 부모의 병리를 추가적으로 탐색하는 노력은 문제의 원인을 아동에서 부모로, 또 부모에서 가족 전체의 체계와 관계, 상호작용에서 찾으려는 노력으로 확장되었으며, 이는 가족치료의 발전을 가져온 계기가 되었다.

두 번째 요인은 결혼상담(marriage counseling)이다. 결혼상담은 1900년대 초반부터 성교육, 결혼교육운동 등을 통해 시작되었으며, 특히 폴 포피노(Paul Popenoe), 에밀리 머드(Emily Mudd) 등에 의해 주도되었다(김용태, 1999). 에밀리 머드는 사회복지사 출신으로 초기 결혼상담 영역을 개척한 주요 인물로 알려져 있다. 1933년 필라델피아 결혼상담소(Philadelphia Marriage Council)를 창립한 후, 머드는 수많은 결혼상담 전문가를 양성해 냈다. 이후 결혼상담은 엄연히 심리치료의 주요 영역으로 자리 잡았으며 결혼과 가족치료(marriage and family therapy)는 전문 영역의 토대가 되었다.

가족치료 발전에 기여한 또 다른 요인은 집단역동과 집단치료의 발전이다(Nichols & Schwartz, 1991). 집단역동(group dynamic)과 집단치료(group therapy)의 주요 개념과 이론은 가족치료에 영향을 미쳤는데, 먼저 집단 역시 하나의 전체 체계(whole system)이며 집단과 집단구성원이 치료의 단위가 된다는 집단치료의 관점은 가족 역시 하나의 체계로 바라보는 관점을 제공했다는 점에서 가족치료의 형성에 크게 기여했다. 집단역동에 대한 논의는 1940년대 쿠르트 레빈(Kurt Lewin)으로부터 시작되었는데 그의 장이론(field theory)과 윌프레드 비온(Wilfred Bion)을 통해 발전되었다. 특히 비온은 전체로서의 집단을 강조하면서 집단 전체의 역학과 구조에 대해 관심을 가졌으며 이는 이후 가족치료에 도입되어 가족 내 구조와 관계를 이해하는 틀을 제공하게 되었다. 또한 집단역동에서 강조한 내용과 과정의 구분 역시 가족치료에 큰 영향을 미치며 가족 간 소통의 내용보다는 소통의 패턴, 방식 등을 강조하는 계기가 되었다. 역할이론 역시 가족치료 발달에 기여했다. 역할이론(role theory)은 집단상담 과정에서 각 집단구성원이 수행하는 역할이 있다고 설명한다. 집단구성원이 집단 내에서 역할을 수행·확장하며 경험하는 집단역동과 다른 구성원과의 관계변화는 이들의 치료에 핵심이 된다. 역할이론은 가족 역시 집단과 마찬가지로 구성원마다 수행하는 역할이 있으며, 이는 곧 가족의 구조와 기능과도 연결된다는 이론적 토대를 마련하는 데 영향을 미쳤다.

1940년대부터 시작된 조현병 연구 역시 가족치료 태동에 큰 기여를 한 것으로 알려져 있다. 시어도어 리츠(Theodore Lidz)는 조현병 연구의 선구자 중 한 명으로 조현병을 가진 사람과 그 가족들에 대해 연구를 시작했다. 연구를 통해 그는 조현병을 가진 사람 대부분이 심각한 가족문제가 있거나 가족해체를 경험했음을 알게 되었으며, 이를 설명하기 위해 부부균열(marital schism) 등의 여러 개념을 소개하기 시작했다. 조현병 연구의 축적은 정신질환을 앓고 있는 개인의 치료에 있어 가족에 대한 이해가 필수임을 알리며 가족 내 병리적 증상에 대한 치료의 필요성을 알리는 계기가 되었다.

이 외 1940년대의 상황적 배경 역시 가족치료 발전의 계기가 되었다. 1939년부터 1945년까지 이어진 제2차 세계대전은 많은 가족에게 잊을 수 없는 고통을 안겨 주었다. 많은 사람이 전쟁으로 인한 트라우마, 정신적 고통 및 가족해체를 경험하면서 이들을 위한 심층적 치료의 필요성이 국가적으로 대두되었다. 1946년 「미국정신건강법(National Mental Health Act)」이 제정되면서 개인뿐 아니라 가족을 대상으로 하는 다양한 정신건강 치료법이 개발·지원되기 시작했으며, 이는 이후 가족치료 발전의 계기가 되었다.

2) 가족치료의 발달[1]

(1) 1950년대: 가족치료의 형성기

가족치료가 본격적으로 자리 잡기 시작한 것은 1950년대부터이다. 가족치료의

---

[1] 가족치료 발달에 대한 내용은 주로 Gladding(2019)의 자료를 참고해서 작성한 것임을 밝힌다.

형성기(정문자 외, 2018)로도 불리는 이 시기에 가족치료의 토대를 마련하고 이론을 정립한 학자들은 네이선 애커먼(Nathan Ackerman), 그레고리 베이트슨(Gregory Bateson), 밀튼 에릭슨(Milton Erickson), 칼 휘태커(Carl Whitaker), 머레이 보웬(Murray Bowen) 등으로 알려져 있다(Gladding, 2019).

　네이선 애커먼은 가족치료의 선구자 중 하나로 프로이트의 정신역동치료 모델을 가족으로 확장시키려 노력했다. 그는 이미 1930년대부터 체계론적 관점에서 가족치료를 시작했으며 가족치료의 확대에 힘써 왔다. 1958년 그는『가족생활의 정신역동(The Psychodyanmics of Family Life)』이라는 책을 발간했으며 이를 통해 정신질환을 앓는 환자의 치료과정에서 환자의 가족 과정 및 역동에 대한 이해가 필수적임을 역설했다. 또한 최초의 가족치료를 다루는『가족과정(Family Process)』학회지를 공동 창간했는데, 이는 오늘날까지 출간되고 있다. 베이트슨은 같은 시기 미국 캘리포니아 팰러앨토에서 동료 학자들과 함께 조현병 연구를 진행했으며, 그 과정에서 조현병 환자 뒤에는 역기능적인 가족 역동과 소통이 있음을 발견했다. 베이트슨은 제이 헤일리(Jay Haley), 돈 잭슨(Don Jackson) 등과 함께 이중구속이라는 역기능적 의사소통에 대한 이론을 제시했다. 이중구속(doube-bind)이론은 상반된 메시지가 다른 수준에서 동시에 전달되는 의사소통을 가리키며 이런 소통이 반복적으로 가족 내에서 이루어질 때 일부 메시지 수신자는 많은 혼란을 경험할 수 있고 이런 혼란이 추후 조현병 발병의 원인이 될 수 있다고 설명한다. 이중구속의 예시로는 부모가 자녀를 꾸짖으며 "당장 나가! 안 나가면 혼날 줄 알아!"가 있다(김용태, 1999). 대화의 내용만을 보면 자녀는 혼나지 않기 위해서는 나가라는 부모의 지시를 따라야 하지만 동시에 '실제 나가면 더 혼날 수 있다'는 그 이면의 부모의 암묵적인 메시지를 따라야 하는 이중적 고충을 직면하고 있다. 즉, 자녀는 부모의 언어적 지시를 따라도 혹은 따르지 않더라도 혼나게 되는 상황에 놓이게 됨으로써 많은 혼란을 경험하게 된다. 베이트슨이 중심이 되었던 팰러앨토 그룹의 연구는 1960년대 초반 베이트슨이 가족치료를 떠나면서 해체되었으나, 이들의 연구는 이후 돈 잭슨이 MRI(Mental Research Institute)를 설립하면서 지속되었다.

　칼 휘태커는 정신역동치료에 부모와 자녀를 최초로 포함시키면서 가족치료의 기초를 마련했다는 평가를 받는다. 그는 미국 에머리 대학에서 정신의학자로 재직하면서 최초로 가족치료 콘퍼런스를 개최했으며 커플치료를 시도하는 등 전통적인 정신역동 모델에서 벗어난 다양한 형태의 치료를 시도했다. 또한 가족치료의 걸작으로 손꼽히는 『가족을 위로한다(The Family Crucible)』를 집필했다. 또 하나의 중심인물로는 머레이 보웬이 있다. 보웬 역시 초기 모든 가족치료사가 그렇듯 프로이트의 정신역동치료 훈련을 받은 정신의학자였으며 미국 국립정신건강연구소(National Institute of Mental Health)에서 조현병 환자 연구를 지원받으며 조현병 환자와 그 가족을 대상으로 연구 및 치료를 병행하였다. 이 과정에서 그는 가족 내 삼각화, 자아분화 등의 개념을 발전시켰으며 이후 조지타운 대학으로 이직하면서 그곳에서 자신만의 이론을 발전시켰다. 또한 이곳에서 추후 가족생애주기를 발달시킨 베티 카터(Betty Carter)와 모니카 맥골드릭(Monica McGoldrick)을 훈련시킨 이력을 갖는다.

(2) 1960년대: 가족치료의 확대기

1960년은 가족치료의 급격한 성장과 확대로 특징지어진다. 이 시기에는 그동안 크게 주목받지 못했던 가족치료에 대한 관심이 고조되면서 정신의학 분야에서도 정신질환 치료의 일부로 가족치료가 적극적으로 도입되기 시작했다. 이 시기를 대표하는 인물로는 제이 헤일리, 살바도르 미누친(Salvador Minuchin), 버지니어 사티어(Virginia Satir) 등이 있다.

제이 헤일리는 1923년생으로 2007년에 사망했다. 헤일리는 1960년대 가족치료의 가장 핵심적인 인물로 손꼽히는데(Gladding, 2019), 이는 그의 업적과 그가 함께 일했던 혹은 그가 훈련시켰던 인물 모두가 가족치료 발전에 기여한 사람들이기 때문이다. 헤일리는 초기에 베이트슨의 프로젝트에 합류하면서 가족치료에 발을 들였으며 이후 에릭슨을 만나면서 전략적 가족치료의 주요 개념인 역설, 지시, 시련 등을 개발했다. 이후 헤일리는 돈 잭슨의 MRI에 합류하면서 『가족치료의 기법(Techniques of Family Therapy)』 등의 주요 책들을 발간했다. 이후 그는 필라델피아 아동상담소(Philadelphia Child Guidance Clinic)에 합류해 10여 년을 보냈으며, 나중에 워싱턴에 가족 치료연구소(Family Therapy Institute)를 세우면서 전략적 가족치료 발달에 기여했다.

1960년대는 또한 구조적 가족치료의 시작을 알리는 시기이다. 구조적 가족치료는 미누친에 의해 시작되었다. 그는 뉴욕에서 빈곤가족 내 아동을 대상으로 치료를 하면서 1967년 『슬럼가의 가족들(Families of the Slums)』을 저술했는데, 이 책은 구조적 가족치료의 발전에 중요한 기여를 했다. 이후 그는 필라델피아 아동상담소 소장으로 취임했고, 여기서 그의 구조적 가족치료가 완성되었다. 이 시기의 또 다른 주요 인물로 꼽히는 사람은 버지니아 사티어이다. 사티어는 사회복지사 출신으로 1950년대부터 가족을 대상으로 상담을 진행했다. 이후 MRI에서 가족치료를 이끌었으며 이후 자신만의 치료 모델을 발전시켰다. 당시 유일한 여성 가족치료사였던 사티어는 자아존중감과 관계의 중요성을 강조하면서 이후 경험적 가족치료를 발전시켰다.

(3) 1970년대: 가족치료의 정립과 혁신기

정문자 등(2018)은 이 시기를 가족치료의 정립과 혁신기라 불렀다. 1970년대는 가족치료이론이 정교화되고 가족치료가 공식적인 치료방법으로 자리매김한 시기이다. 1942년에 설립된 미국의 결혼가족치료협회(American Association for Marriage and Family Therapy: AAMFT) 회원이 급증한 시기도 1970년대부터이며 미국 가족치료협회(American Family Therapy Academy)가 설립된 시기이기도 하다. 또한 1970년대 가족치료의 특징은 기존 미국 내 학자들로 인해 선도되고 개발된 다양한 가족치료가 유럽에서도 확산되었고 유럽의 가족치료 모델과 이론이 다시 미국의 가족치료 모델의 정교화에 기여했다는 점이다. 유럽 내 가족치료는 1960년대 후반부터 1970년까지 많은 발전을 보였으며 1970년대 중반에 이르러서는 이탈리아와 영국 내에서 새롭게 재정비되고 발달된 가족치료 이론과 개념이 다시 미국으로 넘어와 미국 내 가족치료에 영향을 미쳤다. 이런 흐름의 중심에는 마라 셀비니 팔라촐리(Mara Selvini Palazzoli)가 이끌던 이탈리아의 밀란 그룹(Milan Group)과 영국의 로널드 랭(R. D. Laing)과 로빈 스키너(Robin Skynner)가 있다. 밀란 그룹은 순환적 질문(circular questioning)[2]과 삼인군 질문(triadic questioning)[3] 기법을 최초로 개발한 그룹으로, 이 두 기법은 이후 다양한 가족치료 모델에 흡수되어 널리 사용되었다. 영국의 랭은 위장(mystification)이라는 개념을 가족역동을 설명하기 위해 적용했다. 위장은 가족이 가족 내 일어나는 상황을 다른 상반된 것으로 덮어 버리는 것을 설명하는 개념이다. 스키너는 네이선 애커먼의 가족치료 개념을 토대로 자신만의 단기 정신역동 가족치료를 개발했으며 이후 1977년 영국의 가족치료연구소(Institute of Family Therapy)를 세우고 이끌었다.

1970년대 가족치료 발달에 있어 또 하나의 특징은 여성주의 이론과 사고가 접목되었다는 점이다(Gladding, 2019). 여성주의(feminist) 가족치료는 특정한 기법으로 구성된 치료 모델이기보다는 하나의 관점으로 볼 수 있다. 여성주의 가족치료는 가족 내 위계 및 권력 구조가 여성 구성원 및 다른 가족구성원에게 어떤 영향을 미치는지 살펴보며 동시에 기존 전통적인 가족치료가 여성을 어떻게 억압하는지 이해하고 이에 도전하는 치료사의 태도를 내포하는 치료 모델이다(Braverman, 1988; Gladding, 2019). 여성주의 가족치료는 1970년대부터 논의되기 시작해서 1980년대부터 확장되었으며 현재까지 많이 활용되고 있다.

(4) 1980년대: 가족치료의 전문화기

1980년대는 가족치료가 활발하게 보급되고 성장한 시기로 볼 수 있다. 이 시기의 특징으로는 첫째, 여성 가족치료사의 활동의 두드러졌다는 점이다. 이 시기는 기존 가족치료를 이끌었던 1세대 학자들의 은퇴와 함께 새로운 학자들이 등장한 시기이기도 한데, 1980년대는 특히 여성 가족치료사들이 가족치료의 중추적 역할을 하기 시작했다. 그중에는 모니카 맥골드릭(Monica McGoldrick), 레이철 헤어-머

---

2) 이는 가족구성원 간 차이를 강조하기 위해 하는 질문으로 이후 다양한 가족치료 모델에 흡수되어 사용된 기법이다. 예로, "가족 중 누가 가장 문제가 많나요?"를 가족구성원 모두에게 돌아가며 질문하면서 가족구성원들의 문제에 대한 인식 차이를 파악한다.

3) 삼인군 질문은 가족구성원 두 명의 행동이 나머지 한 명의 행동 및 정서상태에 미치는 영향을 보기 위한 질문이다(Gladding, 2019).

스틴(Rachel Hare-Mustin), 페기 팝(Peggy Papp), 클로에 마다네스(Cloe Madanes), 올가 실버스타인(Olga Silverstein), 매리앤 월터스(Marianne Walters), 베티 카터(Betty Carter), 그리고 버지니아 사티어가 있다. 이들은 가족치료 내 여성의 목소리와 경험을 부각시키는 데 기여했다. 이 중 1988년에 카터, 실버스타인, 월터스, 팝이 시작한 가족치료 여성 프로젝트(The women's project in family therapy)는 가족치료 관점의 전환에 매우 중요한 기여를 했는데, 이들은 전통적인 가족치료에 존재하지 않았던 젠더와 여성의 관점을 강조했을 뿐 아니라 병리적인 관점에서 가족을 바라보던 기존 치료의 초점을 가족의 강점과 자원으로 전환시켰다.

1970년대가 구조적 가족치료의 시대였다면 1980년대는 전략적 가족치료의 시대라고 해도 과언이 아니다(Bitter, 2014). 1980년대 가족치료에 몸담았던 대다수의 연구자와 실천가는 구조적-전략적 치료 모델의 혼합형태 혹은 전략적 가족치료를 많이 활용했으며 이는 곧 모델의 정교화로 이어졌다. 또한 1980년대 가족치료를 빛낸 치료 모델은 해결중심 실천 모델이다. 해결중심치료 모델(solution-focused therapy model)은 인수 킴 버그(Insoo Kim Berg)와 스티브 드 셰이저(Steve de Shazer)가 발달시킨 가족치료 모델로 MRI의 단기가족치료의 전통에서 시작되었다(김연옥 외, 2005). 해결중심치료 모델은 기존의 구조적-전략적 가족치료와 포스트모더니즘에 기반한 가족치료 사이를 잇는 모델로 기존의 문제중심 및 병리적 시각에서 벗어나 해결 및 미래중심 관점을 지향한다(Bitter, 2014). 1980년대에 걸쳐 해결중심 모델은 정교화 되었으며 이는 이후 후대 가족치료사들을 통해 더 확산되었다.

이 외에도 이 시기에는 가족치료 연구가 활성화되었으며 다양한 연구 결과가 논의되고 공유되기도 했다. 또한 다중체계치료(mulisystematic therapy: MST)가 소개되고 도입되었다. MST는 스콧 행글러(Scott Henggeler)에 의해 개발된 치료 모델로 심각한 반사회적 행동을 보이는 초기 소년 범죄자를 대상으로 진행된 가족 및 지역사회 기반 접근 모델이다. MST는 체계이론과 생태학적 관점을 기반으로 하는 모델로 여러 가족치료 내 다양한 기법을 활용하는 실용적 가족치료 모델이자 비용효율적인 치료 모델로 알려져 있다(Gladding, 2019).

(5) 1990년대: 가족치료의 통합기

가족치료의 통합기로 알려져 있는 1990년대(정문자 외, 2018)는 가족치료의 세계화와 가족치료 교육의 확산으로 특징지어진다. 포스트모더니즘과 사회구성주의의 영향을 받은 가족치료 모델이 확산되었으며 많은 가족치료사가 양성되었다. 1990년대 가족치료의 화두는 전문적 교육·훈련 영역으로서의 자리매김이었으며 이 시기에 가족치료 자격증, 교육과정 인증 등의 절차가 마련되고 논의되었다. 또한 1990년대에는 뉴질랜드의 마이클 화이트(Michael White)와 데이비드 엡스턴(David Epston)이 이야기치료(narrative therapy)를 개발했으며 이야기치료와 해결중심치료에 대한 관심이 고조되었다. 1980년대부터 시작된 가족치료 내 성인지감수성(gender-sensitivity)에 대한 논의 역시 1990년대에 걸쳐 더 풍성해졌다. 여성주의 가족치료(feminist family therapy)는 1990년에 들어서 하나의 전문적 가족치료로 인정받기 시작했으며 가족치료 내 성인지감수성 증진 및 성인지감수성 기반 가족치료에 대한 필요성 역시 집중적으로 논의되기 시작했다.

이 시기의 또 하나의 특징은 가족치료 이론의 통합이다. 기존의 가족치료 교육과 훈련 과정이 특정 이론, 모델, 기법을 토대로 구성되어 있었다면, 1990년대부터는 대상자중심의 교육 및 훈련, 대상자중심의 가족치료 모델 적용 등에 대한 논의가 시작되었다. 가족치료사들은 대상자의 특징과 상황에 적합한 다양한 접근방법과 기법을 사용하도록 교육받기 시작했으며 이와 관련된 다양한 책이 출판되었다(Gladding, 2019).

(6) 2000년대: 가족치료의 확산기

21세기의 가족치료는 세계화(globalization)로 설명될 수 있다. 2000년대에 들어 가족치료는 영국, 미국, 이탈리아를 넘어 전 세계적으로 확산되었으며 유럽, 아시아, 아프리카, 호주, 남미 등 각 지역마다 가족치료협회(Family Therapy Association)가 만들어지고 활성화되었다(Trepper, 2005: Gladding, 2019 재인용). 이런 세계화 움직임과 더불어 가족치료 내 중요한 화두로 떠오른 것은 치료의 문화적 민감성(cultural sensitivity)이다. 미국뿐 아니라 가족치료가 세계적으로 확산되면서 각 국가 혹은 인종 및 민족의 특성에 맞는 가족치료의 필요성이 대두되어 문화적 민감성에 기반한 가족치료에 대한 논의가 심화되었다. 다양한 집단에 적용 가능한 문화적으로 효과적인 가족치료 모델 연구에 대한 관심이 고조되면서 이와 관련된 연구 역시 활성화되었다.

3. 한국의 가족치료

가족치료가 한국에 도입되기 전 개인 및 가족을 대상으로 하는 상담 및 치료는 주로 정신치료의 형태로 진행되었다(정문자 외, 2018). 가족치료가 한국에 소개되기 시작한 시기는 1970년대 후반으로 해외에서 가족치료를 전공했거나 훈련받은 학자들이 돌아오고, 다수의 가족치료 서적이 번역되기 시작하면서 가족치료에 대한 관심이 시작되었다. 한국에서 최초로 가족치료 관련 과목이 개설된 곳은 이화여자대학교 대학원 사회사업학과(현 사회복지학과)이며 1979년에 전공선택 과목으로 수업이 개설되었다.

가족치료는 1980년대에 들어와 보급되고 현장에서 사용되기 시작했으며(김연옥 외, 2005), 1988년 창설된 한국가족치료학회는 국내 가족치료 발전에 중추적인 역할을 했다. 한국가족치료학회는 정신의학, 사회복지학, 간호학 등 여러 학문분야의 학자와 실천가들이 모여 만든 한국의 대표적인 가족치료 학회로, 1993년부터 『한국가족치료학회지』를 발간하기 시작했으며 이듬해인 1994년부터 한국 최초로 가족치료사 자격제도를 도입해 자격증 발급을 시작했다. 1980년대 후반부터 가족치료의 학문적 기틀이 갖춰지기 시작했는데, 이 시기부터 다수 대학 내의 아동가족학과, 사회복지학과 등 관련 학과에서 가족치료 과목이 개설되고 가족치료 전공프로그램이 만들어지기 시작했다. 또한 한국가족치료학회가 중심이 되어 다양한 워크숍, 학술대회가 개최되었으며 1989년에 발족한 한국가족관계학회에서도 다양한 가족상담 사례발표회 및 워크숍을 제공함으로써 가족치료사 양성을 위한 교육 및 훈련의 기회가 제공되었다.

가족치료가 국내에 정착된 시기는 1990년대 중반부터 2000년대 초기이다(정문자 외, 2018). 이 시기는 다양한 가족치료 모델과 연구가 활발히 논의되고 공유된 시기이다. 구조적 가족치료, 사티어의 경험적 가족치료, 인수 김 버그의 해결중심 가족치료 등이 국내에 본격적으로 소개되었으며 국내 가족상담에서의 가족치료 모델의 적용 가능성과 효과성에 대한 연구도 활발히 진행되었다. 2000년대는 한국에서 가족치료가 본격적으로 성장한 시기로(정문자 외, 2018), 다양한 법 제정과 지역사회 내 기관 설립으로 인해 가족치료가 확산되었다. 예컨대,「가정폭력 방지 및 피해자 보호 등에 관한 법률」「아동복지법」「노인복지법」「성폭력방지법」등의 사회구성원 보호를 위한 법이 제정되면서 피해자와 가족을 위한 가족치료가 점차 확산되기 시작했다. 또한 2004년에 제정된「건강가정기본법」은 가족지원을 위한 제도적 토대가 되었으며 전국적으로 설립된 건강가정지원센터에서는 가족 상담 및 지원이 필요한 가족에게 다양한 서비스를 제공하고 있다.

2000년대 초기부터 현재까지 국내에서의 가족치료는 지속적으로 성장하고 있다. 학회를 중심으로 다양한 가족치료 관련 자격증 제도가 마련되었으며[4], 지역사회 내 가족치료 상담기관 역시 증가하고 있다. 또한 사례관리사업이 지역사회 내 주요 복지사업으로 대두되면서 가족을 대상으로 하는 가족치료의 필요성이 더욱 강조되고 있으며 복합적인 어려움을 경험하는 가족을 대상으로 다양한 형태의 가족치료가 제공되고 있다.

한국의 가족치료는 또한 다학제적인 성격을 띤다. [그림 7-1]과 같이 국내 가족치료사들은 사회복지학, 정신의학, 가정의학, 교육학, 상담학, 목회상담학, 심리학, 아동학 등 다양한 학문적 배경을 가지고 있으며 다양한 기관에서 소속되어 치료를 제공하고 있다.

한국의 가족치료는 비교적 짧은 시기에 많은 발전을 이루어 왔으나 여전히 해결

[4] 국내 가족치료 자격증제도는 아직까지 학회중심으로 운영 및 발급되고 있다. 전문가 자격증을 발급하는 학회는 한국가족치료학회, 한국상담학회 산하 부부가족상담학회, 그리고 한국가족관계학회이다. 이들은 각각 '부부·가족상담전문가' '부부가족상담 1급 및 2급 전문상담사' '가족상담사 1급 및 2급' 자격증제도를 운영 및 발급하고 있다.

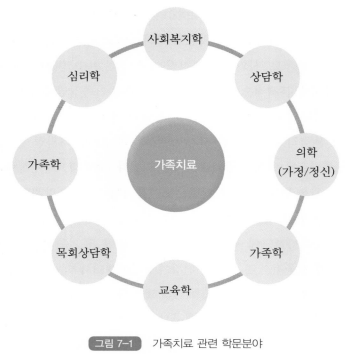

그림 7-1   가족치료 관련 학문분야

출처: 정문자 외(2018), p. 80.

해야 할 많은 과업을 가지고 있다. 이는 다음과 같이 정리될 수 있다. 첫째, 공인된 가족치료 자격증제도의 마련이 요구된다. 아직까지 한국의 가족치료 자격증제도는 학회중심으로 운영되고 있어 자격제도 운영 및 교육과정 인증 등에 많은 제한을 가지고 있다. 이를 위해 자격증제도의 공인화가 필요하다. 둘째, 국내 관찰되는 가족의 다양화를 반영한 가족치료 모델의 개발 및 적용이 요구된다. 그 예로, 지속적인 증가추세를 보이는 다문화가족 및 그 구성원을 위한 가족치료는 가족치료사의 문화적 역량과 문화적 민감성에 기반한 치료를 요구한다. 이는 가족치료사 교육과 훈련에 있어 한국 사회의 다양한 가족유형과 특성을 감안한 치료 모델 및 기법의 개발과 정교화가 필요함을 알려 준다. 셋째, 가족치료 전문가 양성을 위한 교육 및 훈련 과정의 체계화가 요구된다(김연옥 외, 2005). 한국의 가족치료는 근본적으로 다학제적 성격을 가지고 있으나 가족치료 자격증 발급을 위한 교육과정은 여전히 심리학, 상담학과 같은 일부 학문을 중심으로 제공되고 있다. 예를 들어, 가족상담, 가족치료, 심화상담 등은 사회복지학 필수 이수교과목에서 제외되어 있으며 이를 제공하는 교육기관 역시 제한적이다. 증가하는 가족치료 수요와 가족치료의 발전을 위해서는 다양한 학문의 교육과정에 가족치료 관련 교과목이 개설 및 증설되어야 한다.

제8장

가족치료이론

　가족대상 사회복지실천은 본질적으로 개인대상 사회복지실천과 다르다. 개인을 둘러싼 다양한 체계와 역동 및 상호작용을 살펴봐야 하는 개인대상 실천과 달리 가족대상 실천은 가족을 하나의 체계로 살펴보고 가족을 둘러싼 환경과의 관계에도 초점을 두며 동시에 가족 내 구성원 간 관계와 역동을 심층적으로 탐색하고 개입한다. 손병덕 등(2008)은 가족을 하나의 축구팀에 비유하며 가족구성원들이 각자가 맡은 자리에서 역할을 수행하는 것이 중요함을 강조했다. 즉, 부부, 부모, 자녀 및 각 구성원이 연합하여 하나의 팀으로 기능하기 위해서는 가족 내 안정적인 구조가 마련되어야 하며 서로 간의 적절한 상호작용과 소통이 있어야 하고, 탄력적이고 합리적인 가족규칙하에 함께 생활할 수 있어야 한다. 축구팀의 성공을 위해 팀원 간 단합과 소통이 중요하고 각자의 기능수행이 중요하며 이를 위해 감독, 코치, 분석가 등 다양한 지원체계가 존재하듯이, 가족 역시 건강하게 기능하기 위해서는 가족치료와 같은 외부 지원이 필요할 수 있다. 이 장에서는 다양한 가족치료 모델 중 사회복지 현장에서 가족을 지원하기 위해 많이 사용되는 주요 가족치료 모델을 중심으로 살펴보고자 한다.

1. 보웬의 다세대 가족치료 모델

1) 다세대 가족치료 모델 등장배경 및 특징

다세대 가족치료(multigenerational family therapy) 모델은 머레이 보웬(Murray Bowen)이 창시한 가족치료 모델이다. 보웬은 정신역동훈련을 받은 정신과 의사로 메닝거 연구소(Menninger Clinic)에서 조현병 환자들을 치료한 경력을 가진다. 이 시기에 보웬은 조현병 환자들을 치료하면서 환자들 다수가 병리적인 가족경험 및 체계를 가지고 있다는 점을 관찰하게 되는데, 특히 모자관계 내 공생관계에 집중하면서 가족치료에 대한 관심이 확대되었다. 이 시기부터 보웬은 치료의 초점과 범위를 개인에서 가족으로 확장하게 되었으며 이후 국립정신보건원(National Institute of Mental Health)에서 일하게 되면서 불안전한 애착과 분화에 대한 개념을 발전시켰다. 1959년 조지타운 대학으로 이직한 보웬은 여기에서 근무하는 동안 가족치료 모델을 계속 보완·확장해 나가며 현재 우리가 알고 있는 가족치료 모델을 거의 완성시켰다.

보웬은 조지타운에서 근무하는 동안 많은 가족치료사와 학자를 양성했다. 베티 카터(Betty Carter), 필립 게린(Philip Guerin), 토머스 포거티(Thomas Fogarty), 마이클 커(Michael Kerr)와 같은 가족치료의 대가들이 보웬의 동료로 또 제자로 함께 가족치료 모델을 개발하는 데 기여했다. 거린과 포거티는 뉴욕에 가족연구소를 개설하였으며 베티 카터 역시 뉴욕주 마운트 버넌에서 웨스트체스터 가족연구소(Family Institute of Westchester)의 소장으로 근무했다. 카터는 보웬의 가족치료 과정에 젠더 이슈를 통합하고 가족 내 다양한 문화에 대한 접근을 포함하는 등 보웬 가족치료 모델의 발전에 기여했다는 평가를 받고 있다. 카터는 이후 맥골드릭(McGoldrick), 가르샤-프레토(Garcia-Preto)와 함께 가족생활주기 관점을 개발하기도 했다(Bitter, 2014).

보웬은 가족치료에 있어 최소한 3대에 걸친 가족 간 관계와 기능을 살펴봐야 한다고 주장했다. 즉, 개인이 경험하는 문제의 원인을 이해하기 위해서는 그의 가족을 살펴보는 것이 중요하며, 정서적 단위로서의 가족을 이해하는 것이 필요하다고 주장했다(Bitter, 2014). 보웬은 가족치료의 구체적인 기법(technique)보다는 가족이론의 체계를 세우고 개념을 정립하는 데 더 관심이 많았으며, 이론적 토대가 가족치료 실천에 중추적인 역할을 한다고 주장했다. 보웬은 가족치료 모델의 총 8개의 핵심개념을 소개했으며(정문자 외, 2018), 이는 다음과 같다.

2) 주요 개념

(1) 자기분화

자기분화(differentiation of the self)는 보웬 이론의 가장 핵심적인 개념으로 크게 지적 기능과 정서적 기능의 심리적 분리와 자신과 타인의 구분을 모두 포함하는 개념이다. 분화가 잘 이루어진 사람은 자신의 감정보다 자신의 이성과 판단에 의해 생각하고 행동할 수 있으나, 분화가 덜 된 사람의 경우 타인으로부터 자신을 분리해서 생각하고 행동하기 어려우며 감정적으로 반응하는 성향을 보인다. 또한 자신이 직면하는 상황 속에서 자신의 입장을 분명히 하기 어렵다는 특징을 가진다. 감정적으로 반응하는 것 혹은 감정반사(emotional reactivity)라고 불리는 것은 외부 자극(상황 및 상대방)에 대해 어떻게 감정적으로 반응하는가를 알려 주는 개념으로, 보웬은 분화가 잘 된 사람일수록 감정반사 정도가 낮다고 설명한다. 감정반사 정도가 높은 사람은 자신의 순간적 감정에 의해 합리적 · 이성적 판단을 하기 어려우며 반면에 감성반사 정도가 낮은 사람은 상황에 대해 자동적으로 반응하지 않으며 자신과 타인에 대한 균형 잡힌 관점으로 상황을 이해하고 반응할 수 있다. 보웬은 추가적으로 확고한 자기(solid self)와 거짓 자기(psudo self)의 개념을 소개했다. 확고한 자기는 감정에 지배되지 않으며, 자신과 타인을 구분할 줄 알고, 사실과 지식에 초점을 두고 상황을 이해한다. 반면 거짓 자기의 경우 사실을 인식하지 못하고, 타인과의 관계에 따라 자신의 목표, 의견이 쉽게 바뀌며, 감정적 반응 정도가 높은 상태를 말한다. 궁극적으로 분화의 정도는 감정반사 정도, 지적–정서적 기능의 분리

정도, 타인과 자신의 분리 정도와 더불어 확고한 자기와 거짓 자기의 비례로 구분된다. 분화 정도는 척도를 통해 수치화될 수 있으며 0~100점의 범위를 갖는다. 점수가 낮을수록 분화 수준이 낮은 반면에 감정반사 정도가 높으며, 원가족과 강한 융합관계를 가진다. 또한 자신에 대한 확신과 믿음이 부족하고 정서적 상태에 따라 행동과 사고가 지배되는 특성을 가진다. 반면에 점수가 높을수록 높은 분화 수준을 가진 것으로 판단하는데, 현실적으로 어려우나 100점의 점수를 가진 사람은 보웬의 '확고한 자기' 상태를 성취한 사람으로, 높은 불안을 다룰 수 있는 능력을 가지고 높은 불안 속에서도 목표 지향적인 행동과 합리적인 사고가 가능하다. 분화점수가 100점에서 75점 사이에 분포한 사람은 비교적 자기와 타인의 분리가 잘 되며 자신에 대한 믿음과 확신이 있고, 지적 기능과 정서적 기능이 잘 분리되어 있다.

(2) 삼각관계

부부관계와 같은 정서적으로 친밀한 관계에서는 불안이 쉽게 발생할 수 있다. 부부간 긴장이 발생하고 불안이 높아질 때 사람들은 제3의 사람을 관계에 끌어들여 불안을 해소하려는 성향을 가진다. 그 예로, 부부가 갈등 상황을 경험할 때 자녀 혹은 외부인을 끌어들이게 되는데, 이런 관계의 형태를 삼각관계(triangle)라고 하며 이렇게 제3자를 끌어들여 긴장을 감소시키는 과정을 삼각화(triangulation)라고 한다. 이런 삼각화 과정을 통해 삼각관계가 만들어지면 일시적으로 두 명의 긴장상태는 일부 감소된 것으로 보일 수 있으나 장기적으로 볼 때 상황은 더 악화될 수 있다. 즉, 두 사람의 문제로 시작된 것이 장기적으로 가족의 문제로 확산될 수 있다는 것이다. 따라서 보웬의 가족치료에서는 삼각관계를 파악하고 삼각화 과정에 개입하는 것이 매우 중요한 과업이 된다. 가장 전형적인 삼각관계는 부부간 갈등이 발생할 때 자녀를 끌어들이는 것이다. 예로, 부부간 갈등관계가 발생할 시 부모 중 한 명 혹은 부모 모두가 자녀의 학업성적에 집중하게 되면서 자녀와의 관계로 긴장과 에너지가 이전하게 된다. 이 과정에서 자녀는 부부의 가장 큰 걱정거리이자 고민거리가 된다. 즉, 자녀의 문제에 초점을 맞추게 되면서 부부간 갈등은 일시적으로 감소하게 되지만 오히려 부부-자녀 관계에 긴장이 고조되거나 혹은 부모 중 한 명과 자녀의 관계에 문제가 생기기도 한다.

이런 부모와 자녀가 형성하는 삼각관계는 일차적 삼각관계(primary triangle)라고 한다. 이차적 삼각관계(seconday triangle)는 부부와 일차적 삼각관계에 포함되지 않는 친척, 조부모, 친구 등 다른 사람으로 구성된다. 일차적 삼각관계에 개입하기 위해서는 먼저 이차적 삼각관계에 대한 개입이 진행되어야 하며, 따라서 치료사는 가족 내 존재하는 다양한 차원의 삼각관계를 탐색할 필요가 있다(Bitter, 2014).

(3) 핵가족 정서과정

핵가족 정서과정(nuclear family emotional process)은 핵가족 내 존재하는 정서적 힘을 가리키며 각 가족구성원이 가지는 정서과정이 곧 가족의 정서과정에 영향을 미치는 과정을 설명한다. 즉, 미해결된 개인의 불안이 가족과 가족 간의 관계에 투사되는 과정을 가리킨다(김연옥 외, 2005). 가족의 전반적인 분화 수준과 각 개인의 분화 수준이 순환적인 패턴으로 작용한다. 예컨대, 원가족으로부터 충분히 분화되지 않은 개인이 결혼하게 되면 배우자와의 정서적 융합을 통해 안정을 얻고자 노력한다. 하지만 이런 정서적 융합은 본질적으로 불안정하기 때문에 계속해서 가족 내 문제를 발생시킨다. 핵가족 정서과정에는 크게 네 가지의 관계 패턴이 관찰되는데, 이는 다음과 같다.

- 부부관계 불화: 가족 내 긴장이 증가하면서 부부는 서로 비난하고 서로에게 감정적으로 대응한다.
- 배우자 중 한 명의 역기능: 부부 중 한 명이 심리적 · 신체적 역기능 상태를 경험한다.
- 부부간 문제를 자녀에게 투사: 부부간 불안을 자녀에게 투사함으로써 자녀의 전반적인 기능을 낮추는 결과를 낳는다.
- 공공연한 부부갈등으로 인해 누구든지 이에 대해 알고 있다.

(4) 가족투사 과정

가족투사 과정(family projection process)은 부모가 자신의 미성숙함과 낮은 분화 수준을 자녀에게 투사하는 과정을 가리킨다. 앞서 언급한 삼각화 과정과 연결시켜 설명하면, 분화 수준이 낮고 미성숙한 두 성인이 만나 결혼을 통해 부부가 되면 그 관계에서 많은 갈등과 불안을 경험하게 된다. 부부는 이런 긴장상태를 감소시키기 위해 자녀를 삼각관계에 끌어들이게 되면서 자녀는 졸지에 문제아가 되어 부모관계 내 유지되었던 긴장 및 불안이 부모-자녀 관계 혹은 부/모-자녀 관계로 전이되는데, 이 과정에서 부/모는 상대방에게 느끼는 불안을 자녀에게 투사한다. 이 과정을 바로 가족투사 과정이라고 한다. 즉, 자녀는 부모의 감정상태에 민감하게 반응하고 부모의 감정과 융합하게 되며 결과적으로 낮은 분화 수준에 머물러 있는 채 성장하게 된다.

(5) 다세대 전수과정

다세대 전수과정(multigenerational transmission of the emotional process)은 삼각관계와 가족투사 과정을 통해 이루어지는 것으로 세대 간 가족의 분화 수준 및 기능이 연결되는 과정을 설명하는 개념이다. 즉, 가족구성원 개개인의 분화 정도는 현 세대에서 경험하는 가족과의 경험 속에서 결정되는 것뿐 아니라 여러 세대를 통해 전달된 영향의 산물이라는 것이다. 이는 현재 가족의 문제를 과거의 경험에 비추어 설명해 주며, 가족 차원에서 문제를 바라볼 수 있는 시각을 제공해 준다(김연옥 외, 2005).

분화 수준이 비슷한 사람끼리 결혼을 하고 가족을 꾸리게 될 때 부모와 자녀 간에 삼각관계가 형성될 수 있으며 이 과정에서 가족투사가 발생하게 된다. 부모가 자녀에게 자신의 불안과 긴장을 투사하게 되면 앞서 언급한 것과 같이 자녀는 부모의 감정과정을 그대로 닮게 되며 높은 감정반사 수준을 보일 수 있다. 이런 경우 자녀의 분화 수준은 부모의 분화 수준보다 높기 어렵게 된다(김용태, 1999). 분화 수준이 낮을수록 핵가족 정서체계의 정도가 강해지며 이에 대한 반응으로 자녀들은 원가족과 정서적으로 단절하거나 혹은 융합관계를 가지게 된다. 또 자신과 유사한 분화 수준을 가진 배우자를 만나 가족을 꾸리며 또 한 번의 가족투사 과정과 삼각관계를 만들어 내고 경험하게 된다. 다세대 전수과정은 현재 치료대상이 되는 가족의 어려움과 갈등이 이 가족만의 독특한 경험이 아니며 각자의 원가족에서 이미 학습되고 전수된 경험일 수 있음을 알려 준다.

(6) 출생순위

보웬은 월터 토먼(Walter Toman)의 출생순위(sibling position)와 가족세우기(family constellation) 개념을 보웬 가족치료이론에 통합하였다(Bitter, 2014). 보웬은 자녀의 출생순위가 자녀의 분화 수준과 관련이 있다고 설명하며, 이는 각 자녀에 대한 부모의 기대 수준과 관계가 있다고 설명했다. 그 예로, 부모의 기대 수준이 높은 장남과 장녀의 경우 부모와 삼각관계를 형성할 확률이 높아지고 부모로부터의 불안과 긴장이 투사되는 대상이 되기 쉽다. 동시에 강한 핵가족 정서 수준을 가지게 되어 외부 자극에 감정적으로 반응하게 된다. 즉, 분화가 건강히 잘 이루어지지 않을 수 있다는 것이다. 반대로 부모의 기대 수준이 상대적으로 낮은 막내의 경우 부모의 삼각관계에 잘 포함되지 않을 확률이 높아 보다 자율적으로 사고하고 행동할 확률이 높아진다. 따라서 분화 수준이 상대적으로 높을 수 있다(김용태, 1999). 여기서 주의할 점은 보웬은 출생순위를 생물학적 출생순위로만 해석하지 않았다는 점이다. 첫째 자녀 역할을 하는 둘째 자녀가 있을 수 있으며 상황에 따라 자녀의 위치가 변할 수 있다. 보웬은 부모의 원가족 내 출생순위와 원가족 내에서의 기능 및 역할을 파악하는 것이 이들의 분화 수준 및 현 가족 내에서 경험하는 가족 갈등 및 문제 이해에 도움이 된다고 설명한다.

(7) 정서적 단절

정서적 단절(emotional cut-off)은 관계가 단절된 상태를 가리키는 것으로, 가족 간 융합이 크고 분화가 적절히 되지 않은 가족 간 관계에서 주로 나타난다. 가까운 관계에서 융합이 일어나게 되면 개인은 자신의 정체성이나 주체성을 상실할 수 있다는 두려움에 감정을 단절하는 선택을 하게 된다. 이런 정서적 단절은 크게 두 양상을 띤다. 먼저 물리적으로 가까운 관계를 유지하면서 정서적으로 단절된 경우가 있다. 이는 한 집에 살면서 대화도 하며 교류는 하나 정서적으로 단절되어 서로에 대한 친밀감이나 애착이 없는 상태를 가리킨다. 반대로 물리적으로 거리가 멀어 아예 교류가 없는 관계도 있다. 이런 경우 만날 수 있는 기회도 없으나 만나려고 노력도 하지 않으며 물리적으로나 정서적으로 모두 단절된 상태를 말한다.

(8) 사회적 정서과정

보웬은 사회적 현상과 과정을 이해하기 위해 가족치료이론의 개념을 적용했다. 즉, 사회에서 이루어지는 다양한 과정이 가족의 정서과정에도 영향을 미친다고 설명하며 이를 사회적 정서과정(societal emotional process)이라고 개념화했다. 사회적 관계는 크게 두 가지 방향으로 가족의 정서과정에 영향을 미친다. 첫째, 사회생활 과정에서 만나는 타인과 주체적으로 사고하고 감정적으로 친밀한 관계를 형성하게 되면 분화 수준이 향상되면서 이는 궁극적으로 가족 내 분화 수준의 향상으로 이어진다. 반대로 사회생활 가운데 지속적으로 타인과의 관계에서 어려움을 겪고 타인의 상황 및 감정에 민감하게 반응하며 주체적으로 사고하고 행동하지 못할 시, 개인의 분화 수준은 더 낮아지며 장기적으로 가족 내 분화 수준 역시 낮아지게 된다. 사회적 정서과정 개념은 가족과 사회 간 상호작용과 영향이 어떻게 가족 내 역동과 분화와 연결되는지 알려 주는 개념으로, 가족치료의 초점을 가족 내 구성원 간의 관계에서 가족과 사회로 확장했다는 점에서 의의가 있다.

3) 치료의 목표

보웬 가족치료의 목적은 가족의 문제를 통합적으로 해결하는 것보다 가족이라는 체계 내 구성원의 변화를 꾀하는 데 있다. 궁극적인 보웬 가족치료의 목적은 크게 두 개로 정리된다. 불안 및 증상을 감소시키는 것과 가족 각 구성원의 자아분화 수준을 끌어올리는 것이다(Kerr & Bowen, 1988). 분화 수준을 끌어올리는 것은 개인의 현재 가족과 원가족과의 관계를 살펴보고 조정하는 과정을 통해 이루어지며,

이 과정에서 발생할 수 있는 불안을 다루는 방법 역시 개입에 포함된다. 또한 단절된 가족관계를 다시 연결시키며 삼각관계를 탐색하고 탈삼각화하는 과정 역시 개입활동에 포함된다. 치료과정에서 치료사는 교사, 코치, 중립적 관찰자 등의 역할을 수행하며 가족이 제시하는 문제의 과정에 초점을 두고 가족과 함께 이들의 관계패턴을 탐색한다. 그 과정에서 치료사는 가족구성원에게 다양한 질문을 통해 자신들의 가족 정서과정에서 자신의 위치와 역할을 스스로 파악할 수 있도록 지원한다(Bitter, 2014). 보웬 가족치료사들은 각 치료 세션을 분화를 위한 연습 세션으로 활용하며 실제 변화는 치료 세션 밖에서 일어남을 강조한다.

4) 치료기법

보웬의 가족치료는 가족 전체의 정서과정을 이해하고 가족체계를 전반적으로 이해하는 것에 중점을 둔 치료로 구조화된 치료의 형태보다는 다양한 치료기법을 활용한 세션으로 구성되어 있다. 가장 많이 쓰이는 기법으로는 가계도 활용, 과정질문, 탈삼각화 등이 있으며 이는 다음과 같다.

(1) 가계도 활용

보웬은 핵가족 기능을 이해하기 위해서는 다세대 간 패턴 및 영향력 탐색이 매우 중요하다고 설명한다. 이를 위해 보웬은 최소 3대에 걸친 가족의 역사와 특징, 자료들을 수집하고 정리하는 차원에서 가족 도형(family diagram)을 만들었으며, 이것은 후에 맥골드릭에 의해 가계도(genogram)라는 이름으로 정리되어 소개된다(Bitter, 2014). 가계도는 가족의 역사와 특징, 관계의 속성을 도식화한 도표로 다양한 도형, 기호, 선 등을 활용해 가족구성원 개개인의 특성뿐 아니라 가족 간 관계, 관계의 질, 방향 등을 모두 나타낸다. 가계도는 치료사와 가족구성원으로 하여금 가족 내 정서과정의 변화와 변화 시점을 파악하고 출생, 결혼, 이혼, 구성원의 사망과 같은 중요한 사건에 대한 대화를 용이하게 한다. 가계도는 또한 구성원 간 관계의 질과 융합 수준, 출생순위, 관계의 단절 등 중요한 정보를 알려 주는 도구가 된다.

(2) 과정질문

과정질문(process question)은 보웬 가족치료에서 가장 많이 사용되는 기법 중의 하나로, 가족들로 하여금 자신이 다른 가족구성원과 맺고 있는 관계에서 자신이 수행하는 역할을 자각하도록 하는 질문으로 구성되어 있다. 과정질문은 가족 정서 과정을 살펴보고, 가족구성원의 감정반사 정도를 감소시키며 이성과 정서의 균형을 맞추며 사고할 수 있도록 도와준다. 또한 순환성(circularity)에 기반을 두기 때문에 순환적 질문이라고도 불린다. 질문과정에서 가족구성원은 자신을 가족의 한 사람, 관계를 만드는 한 단위로 인식하게 하고 자신의 상황과 타인의 상황을 관계의 맥락에서 사고할 수 있게 된다. 과정질문의 예시는 다음과 같다.

남편으로부터 이혼을 요구받아 힘든 시간을 보내고 있는 여성에게 ⋯⋯

- 남편과의 갈등을 계속해서 유지시키는 현재 방식대로 남편과 대화를 나누실 건가요? 아니면 당신 인생에 대한 책임을 좀 더 가지고 살아가는 방식을 선택하시겠어요?
- 현재 당신이 상황에 반응하는 방식이 당신 스스로를 힘들게 하고 또 남편의 변화도 이끌어 내지 못한다면 다른 대응방식은 무엇이 있을까요?
- 아이들과 같이 있을 때 만약 아이들 아버지에 대한 얘기가 나오게 되면 어떻게 반응하고 싶으세요?

출처: Bitter (2014): 172.

(3) 탈삼각화

탈삼각화(de-triangling)는 보웬의 가족치료에서 가장 핵심적인 개입기법으로 가족 내 존재하는 삼각관계에 직접 개입해서 이를 해체시키는 활동이다. 그 시작은 먼저 가족구성원으로 하여금 자신이 가족 내 어떤 삼각관계에 한 일원으로 참여하고 있는지 혹은 본인이 어떤 식으로 삼각관계를 구성하고 있는지 탐색하는 것에 있다. 치료사는 다양한 질문을 통해 가족 간 관계를 탐색하고 구성원 각자의 역할을 살펴보도록 유도한다. 치료사는 '4W'(who, what, when, and where, 누가, 어디서, 언제, 무엇을) 질문을 활용해서 구성원 각자가 자신의 가족관계에서의 '탐정(detective)' 역할을 할 수 있도록 한다(Brown, 1991). 삼각관계가 파악된 후 치료사는 가족구성원들로 하여금 차분한 어조로 서로 대화를 하도록 이끌며 이때 중요한 것은 구성원 중 한 명이 대화 속에서 긴장이 고조되거나 불안을 느끼는 것이 감지되더라도 이에 대해 정서적·감정적으로 반응하지 않도록 코칭하는 것이다. 기존에 반응했던 방식에서 탈피하고 치료사의 도움을 통해 다른 두 명의 관계 간 불안 및 긴장이 발생될 때 이를 회피하거나 그로부터 거리두기를 하는 다양한 전략을 고안해 내고 연습함으로써 가족 내 삼각관계에서 벗어나도록 하는 것이 탈삼각화의 목적이다.

2. 사티어의 가족치료 모델

1) 성장 모델 등장배경 및 특징

보웬이 다세대 가족치료 개발을 마무리할 시점, 버지니아 사티어(Virginia Satir)는 인본주의 심리학에 근거한 가족치료 모델을 개발하였다. 사티어는 칼 휘테커(Carl Whitaker)와 함께 지금-여기(here and now)를 강조하며 경험적 가족치료 모델을 개발했으며, 그 중심에는 가족 간의 건강한 교류와 소통을 통한 가족의 변화와 성장이 있다. 따라서 경험적 가족치료 모델은 종종 성장 모델(growth model)로도 불린다. 사티어는 1950년대 가족상담치료 전문가 중 유일한 사회복지사이자 여성이었으며, 대부분 의학배경이 있거나 의사였던 가족상담치료사 중에서 돋보이는 이력을 가진다. 사티어는 1951년부터 가족치료 훈련을 받기 시작했으며, MRI 그룹에서 훈련을 받은 후 에살렌 성장연구소(Esalen Growth Center)의 센터장으로 초빙되었다. 그 후 그녀는 가족 내 의사소통과 성장에 초점을 둔 성장 모델을 확장하였다. 사티어의 가족치료는 크게 다음 네 가지를 전제로 한다(Gehart & Tuttle, 2008).

- 인간은 본질적으로 성장 지향적이다. 사티어에 따르면 모든 사람은 완전한 사람이 되길 원하며 긍정적 성장과 잠재력 실현을 위해 노력한다.
- 모든 사람은 성장을 위한 자원을 가지고 있다. 사티어는 사람마다 고유한 가치를 가진 사람이라고 설명하며 자신의 긍정적 성장을 위한 자원을 이미 가지고 있다고 믿었다.
- 모든 인간과 사물, 상황은 상호 의존적이며 상호관계를 가진다.
- 치료는 치료사와 대상자의 상호작용을 포함하며 이 관계에서 각자의 책임을 가진다.

가족치료에 대한 사티어의 접근은 각 가족구성원의 인정에서 시작해 이들을 인정하는 것에서 마친다. 그래서 비터(Bitter, 2014)는 사티어의 성장 모델을 인간 인정과정 모델(human validation process model)이라고 칭하며 사티어 가족치료 모델의 핵심은 인간의 고유성을 그대로 인정해 주는 데 있다고 설명했다. 또한 사티어는 가족이 건강하기 위해서는 가족구성원 개개인의 성장이 필요하다고 믿었으며, 구성원이 개인으로서 가진 독특함과 개별성을 존중했다.

사티어는 의사소통을 정서적 경험이라 인식하고 가족과 치료사가 형성하는 관계가 치료의 토대가 된다고 믿었다(Bitter, 2014). 사티어는 가족치료의 핵심은 가족구성원 각자의 자아존중감 향상과 의사소통방식 변화라고 설명하며 개인의 성장이 곧 가족의 성장과 변화를 가져온다고 믿었다. 사티어의 성장치료에서 주요하게 다뤄지는 개념은 자아존중감, 의사소통, 가족 삼인군 등이 있으며 이는 다음과 같다.

2) 주요 개념

(1) 자아존중감

사티어에게 자아존중감(self-esteem)은 한 사람의 "개인적 가치의 그림"이며(Satir, 1972; Gehart & Tuttle, 2008:144 재인용) 이는 개인의 내적 과정과 타인과의 상호작용에 영향을 주기도 하며 동시에 이로 인해 영향을 받기도 한다. 자아존중감은 자기가치(self-worth)로도 표현되는데, 이는 원가족 내의 경험에 따라 결정되고 형성된다. 원가족 내 경험은 가족 내 소통, 가족규칙 등을 모두 포함하며 이는 가족구성원의 언어, 표현, 몸짓, 행동과 정해진 가족규칙, 암묵적인 가족규칙 등 모두를 포함한다. 사티어는 자아존중감이 높은 사람은 자신을 귀하게 여기는 동시에 타인에 대한 존중이 있는 사람이라고 설명하며, 자아존중감 향상과 자기가치 인정은 사티어의 성장치료의 핵심이 된다.

(2) 기능적 vs. 역기능적 의사소통

사티어는 가족의 소통을 기능적·역기능적으로 구분하고 역기능적인 가족 소통방식이 궁극적으로 가족의 역기능적인 가족관계로 이어진다고 설명했다(Bitter, 1987: Bitter, 2014 재인용). 사티어는 기능적인 가족의 모습을 다음과 같이 설명했다. 먼저, 기능적인 가족의 구성원은 각자의 삶을 살면서 동시에 가족과 공유하는 삶의 부분이 있으며, 가족 내 변화는 정상적이고 예측 가능한 것으로 바라본다. 또한 가족구성원 간 갈등 상황이나 의견차이가 발생할 시 가족은 이를 성장의 기회로 인식하며 자유롭고 개방적인 소통을 통해 문제를 해결하려고 한다. 반대로 역기능적인 가족의 경우 폐쇄적인 소통을 하며 부모 모두 혹은 부모 중 한 명은 낮은 자아존중감을 갖고 있다. 또한 이들은 매우 견고한 가족규칙과 가족소통 패턴을 가지고 있다. 또한 구성원 개인의 특성을 존중하지 않으며 개별적인 삶을 인정하지 않는다는 특성을 가진다. 종종 부모는 두려움, 처벌, 죄책감 등을 수단으로 사용해 자녀를 통제하려 하며 비합리적인 가족규칙을 통해 가족과정을 통제하려고 한다. 장기적으로 이런 가족 내 역기능은 가족문제를 심화시켜 가족해체로 이어지기도 한다.

(3) 방어적 의사소통방식

사티어는 가족구성원들이 자신의 가족체계에 위협이 되는 스트레스를 직면할 때 방어적 의사소통방식(defensive communication stance)을 선택한다고 설명한다. 사티어와 볼드윈(Baldwin)은 가족이 크게 다섯 가지의 소통방식을 선택하며 이는

⚙ **표 8-1** 사티어의 방어적 의사소통 유형

유형	고려되는 요소			특징
	자기	타인	상황	
비난형	○	×	○	비난형 소통방식은 독선적이고 명령적이며 자신을 지키기 위해 타인을 희생시킨다. 자신의 실수 및 행동에 대해 책임지려 하지 않으며 내면적으로 타인에게 중요하고 의미 있는 사람으로 인식되고 싶어 한다. 이들은 종종 "도대체 넌 왜 그러니?" "너만 아니었으면." 등의 발언을 하며 자신의 상황에 대해 타인을 탓한다.
회유형	×	○	○	회유형 소통을 하는 사람은 스트레스 직면 시 모든 일을 자신의 탓으로 돌림으로써 자신의 가치를 타인으로부터 인정받고 싶어 한다. 자신의 가치를 타인으로부터 찾으려 하며 거절당하는 것에 대한 두려움으로 인해 타인이 요청하는 것을 대부분 다 받아들인다. 회유형 소통방식을 쓰는 이들은 종종 "난 그냥 모든 사람들이 행복하길 바랄 뿐이야." "도대체 내가 무슨 짓을 한 거야." 등의 표현을 한다.
초이성형	×	×	○	초이성형 소통을 하는 사람들은 컴퓨터와 같이 기능한다. 즉, 자신과 타인, 상황에 대한 온전한 통제력을 가지고 싶어 하며 자신의 감정을 드러내지 않고 경직된 모습을 보인다. 스트레스 상황 직면 시 이들은 해결방법을 찾기 위해 자신과 타인을 무시한다. 이들은 갈등 상황 속에서도 "가장 중요한 것은……" 등의 감정이 포함되지 않은 표현을 많이 쓴다.
산만형	×	×	×	산만형 소통을 하는 사람들은 자신의 상처, 고통, 혹은 스트레스가 사라질 것이라는 잘못된 희망하에 상황과 무관한 소통방식을 보인다. 가족의 어려움 및 갈등을 인식하지 못하고 대화에 집중하지 못한다. 이들은 질문을 질문으로 답하거나 대답을 거부하거나 혹은 스트레스를 회피하기 위해 대화 맥락과 무관한 유머로 대답하기도 한다. "왜 다들 이래?" "난 모르겠는데." "난 이해가 안 되네." 등이 이들이 자주 사용하는 표현이다.
일치형	○	○	○	일치형 소통을 하는 사람은 자기와 타인, 상황을 모두 존중하며 말과 감정 간 균형이 적절히 이루어진 소통을 한다.

출처: Bitter (2014), pp. 188–190 내용을 재정리.

자신과 타인 그리고 상황에 대한 고려가 어느 정도 되느냐에 따라 달라진다고 설명한다(Bitter, 2014). 소통방식은 〈표 8-1〉과 같이 정리할 수 있다.

(4) 가족역할 및 가족 삼인군

모든 가족구성원은 가족 내 자신에게 부여된 역할을 가진다. 예를 들면, 첫째 딸은 가족 내 평화를 유지하는 역할을 맡을 수 있고 반대로 막내는 형제로부터 늘 당하는 피해자의 역할을 맡을 수 있다. 이렇듯 가족 내 구성원이 맡는 역할은 가족의 역동에 영향을 미치며 그중 부모가 각 자녀와의 관계 속에서 수행하는 가족역할(family role)은 각 자녀의 성장에 매우 큰 영향을 미친다. 보웬과 유사하게 사티어역시 부모가 종종 자녀를 자신들의 관계로 끌어들여 삼각관계 혹은 삼인군을 형성할 수 있으며 이것이 역기능적일 수 있다고 설명했다. 그러나 보웬과 반대로 사티어는 부모가 자녀와 가지는 모든 삼인군이 역기능적이지는 않으며 오히려 돌봄 삼인군(nurturing triad)으로 기능할 수 있다고 설명한다. 부모의 충분한 돌봄과 지지가 제공되는 삼인군 안에서 자녀는 정서적 지원을 받으며 개방된 소통을 할 수 있도록 격려받고 다양한 지식과 정보, 정서 교류를 통해 자기가치를 확인받고 또 자기존중감이 긍정적으로 형성되는 경험을 할 수 있다. 즉, 보웬의 삼각관계에서 나타나는 두 명 대 한 명의 관계가 아닌 한 명을 위한 두 명의 관계가 형성되는 것이다(Bitter, 2014).

3) 치료의 목표

사티어 가족치료의 궁극적인 목적은 가족구성원의 명확한 의사소통, 성장, 자아존중감 향상에 있다. 사티어에 의하면 자아존중감은 희망, 용기, 일치성, 호기심, 그리고 내면으로부터 존재하는 지혜와 연관이 있으며, 자아존중감 향상이 치료의 핵심이 된다(Satir et al., 1991). 따라서 치료는 가족과 개인의 성장에 초점을 맞추며 가족구성원이 가족과 함께 자신의 경험과 삶을 공유하고 소통하는 방법을 터득하는 것에 집중한다. 이런 치료과정에서 치료사의 역할은 가족과 각 구성원을 치료과정으로 안내하고 그 과정을 함께 하는 것에 있다. 사티어는 치료에서 사용되는 기법이나 기술보다는 치료사의 역할이 더 중요하다고 보며, 치료사가 각 가족구성원의 성장, 가능성, 자기실현에 대해 가지는 믿음이 치료과정에 큰 토대가 된다고 설명한다. 이런 치료사의 태도는 가족들이 치료과정을 지지적이고 안전하며 자신을 인정해 주는 과정으로 인식하는 데 큰 도움이 된다(Satir & Bitter, 2000).

4) 치료과정과 치료기법

(1) 치료과정

로에셴(Loeschen, 2006)은 사티어의 치료과정을 총 6단계로 구분하여 설명하는데, 이는 가족 접촉하기-인정하기-인식 촉진하기-수용 유도하기-변화 만들어 내기-변화 강화하기이다.

① 가족 접촉하기(making contact)

첫 단계는 치료사가 손, 제스처, 눈빛, 표정, 목소리 모두로 가족을 환영하는 것을 포함한다. 치료사는 가족의 언어와 특징 그리고 가족이 가진 최고의 강점을 미러링(mirroring)한다. 또한 이 과정에서 가족에 대한 면밀한 관찰이 이루어지며 가족 소통, 가족구성원의 비언어적 표현, 자세, 정서적 단서 등을 모두 살펴본다.

② 인정하기(validating)

인정하기 단계에서는 가족구성원과 가족 전체의 고통, 노력 및 다양한 시각과 차이를 모두 인정한다. 또한 가족과 각자의 강점과 약점을 모두 수용하는 자세를 보이며 우리 모두 인간임을 강조한다. 공감적 경청을 활용해 가족구성원이 하는 말과 하고자 하는 말에 대해 질문함으로써 모두에게 자신의 생각과 의견을 표현할 기회를 제공한다.

③ 인식 촉진하기(facilitating awareness)

가족지도(family map)를 활용해서 가족의 경험을 탐색한다. 이를 통해 가족 역사가 현 가족의 기능과 어떻게 연결되는지 이해하며 가족에게 가족과정과 이인군(dyad) · 삼인군(triad)에 대해 교육함으로써 가족의 초점을 가족갈등의 내용에서 가족과정으로 옮긴다. 즉, 무엇이 이들을 힘들게 하는지에서 어떻게 대처할 수 있는지로 가족 대화의 초점을 옮기며 이 과정에서 가족의 역기능적인 과정과 소통방식을 파악한다.

④ 수용 유도하기(prompting acceptance)

가족의 감정, 상황 그리고 상호작용을 있는 그대로 받아들이는 것을 포함하며, 가족구성원으로 하여금 가족과정 속에서 각자가 경험한 감정과 행동에 대해 인식하고 책임감을 가지도록 지원한다. 또한 초점을 개인이 아닌 가족으로 확대하며 가족의 시각을 문제에서 가족의 선한 의도, 희망, 바람으로 전환한다.

⑤ 변화 만들어 내기(making changes)

가족구성원의 대화를 중간에 방해하고 구두점을 찍음으로써 역기능적인 소통을 중단시키는 것을 포함하며, 구성원으로 하여금 자신들이 가진 역기능적이며 비합리적인 가족 신념과 가족 서로에 대한 기대와 행동을 파악하게 한다. 또한 개방적이고 일치적인 소통방식을 연습한다. 가족의 상호작용과 서로와의 편안한 소통 및 접촉을 방해하는 경직된 가족규칙 혹은 가족과정을 깨뜨리는 과정 역시 이 단계에 포함된다.

⑥ 변화 강화하기(reinforcing changes)

이 단계에서는 앞 단계에서 이끌어 낸 변화를 지속적으로 유지 및 강화할 수 있는 방법을 터득한다. 언어, 터치(touch), 표정 등으로 가족의 변화를 지지하고, 가족구성원이 각자 경험한 변화가 유지되도록 지지하며, 이미지 혹은 시각화 과정을 통해 새롭게 학습한 소통 및 행동양식을 유지할 수 있도록 지원하는 것을 포함한다.

(2) 치료기법

사티어의 가족치료는 기법보다는 치료사와 가족이 맺는 관계를 더 강조한다. 그럼에도 불구하고 치료 세션에서 활용되는 기법은 다양하며 여러 가지 기법이 통합적으로 활용된다. 이 장에서는 사티어의 치료기법 중 일부만 소개하고자 한다.

① 가족조각

사티어의 가족치료에서 가장 잘 알려진 기법은 가족조각(family sculpting)이다. 가족조각이란 특정 시점, 상황을 선택해서 가족구성원이 각자 인식하는 가족의 모습, 본인과 가족의 관계, 가족구성원 간의 관계를 동작과 공간을 통해 신체적으로 상징화하는 기법이다. 즉, 각자 가지고 있던 가족의 이미지를 형상화하는 과정인데, 이는 가족으로 하여금 한 가족으로서, 또 한 구성원으로서 자신이 어떻게 기능하고 있고 어떻게 보이는지 학습할 수 있는 기회를 제공한다. 가족조각은 다양한 방식으로 진행될 수 있는데, 먼저 가족구성원 모두가 돌아가면서 조각가의 역할을 수행하며 각자 자신의 관점에서 바라보는 가족의 모습, 관계를 조각할 수 있다. 예컨대, 가족에게 무관심한 아버지의 경우 아내와 자녀들로부터 멀리 떨어진 곳에 위치되고 가족으로부터 등을 지고 서 있는 식으로 조각될 수 있으며(김연옥 외, 2005), 자녀들에게 지나치게 관심이 많고 과잉보호를 하는 어머니의 경우 자녀에게 매달리거나 혹은 자녀 주변에 팔을 두르는 등의 모습으로 조각될 수 있다. 또 하나의 방법으로는 치료사가 직접 조각가가 되어 직접 가족조각을 시도하는 것인데, 각 구성원들에게 자신을 표현하는 신체 자세를 취하게 하고 이를 언어로 표현하도록 유도함으로써 조각과정에서 느낀 자신의 생각과 감정을 공유할 수 있도록 한다. 이후 각자가 바라는 모습의 가족조각을 다시 시도하여 각 구성원과 가족이 바라는 가족의 모습을 시각화하는 과정을 가진다. 이를 통해 언어만을 활용해서 표현하기 어려웠던 가족관계 및 각 구성원의 시각을 관찰할 수 있으며, 비교적 짧은 시간에 많은 과정을 진행할 수 있다는 장점을 가진다.

② 가족 재구성

가족 재구성(family reconstruction)은 가족구성원이 최소 3대에 걸친 자신의 원가족 내 발생한 주요 사건을 검토할 수 있는 기법으로 집단상담 세션에서 활용되는 사이코드라마 실연과 유사한 형태를 가진다. 사티어는 가족 재구성을 위해 가계도와 유사한 가족지도(family map), 가족생활사건 연대기(family life-fact chronology), 영향력의 수레바퀴(wheel of fortune) 등의 다양한 도구를 활용한다. 가족생활사건 연대기는 가족의 주요 생활사건을 기록한 도표로 출생일, 가족 내 중요한 사건 발생일 등을 기록한다. 가족 중 가장 나이가 많은 조부모님 혹은 구성원의 출생일부터 시작해서 현재 시점까지 가족이 경험한 주요 사건 (이사, 출생, 사망, 질병 등)을 모두 기록함으로써 가족이 어느 시점에 가장 많은 스트레스에 노출되었으며 가족이 이런 사건에 어떻게 대처했는지 파악할 수 있다. 영향력의 수레바퀴는 가족구성원을 바퀴의 한가운데 두고 본인에게 지적 · 정서적 · 신체적으로 영향을 미친 중요한 사람을 바퀴살로 연결하며 각각의 인물을 묘사하는 형용사를 바퀴살 옆에 적음으로써 각 가족구성원의 내적 · 외적 자원을 파악할 수 있다는 장점이 있다.

가족 재구성은 특정 가족구성원을 스타(star)로 지칭하며 이 스타의 성장에 대해 알려 줄 수 있는 다른 가족구성원을 스타가 직접 선택하도록 한다. 선택된 가족구성원은 스타의 성장과정과 관련된 자신의 경험을 실연하고 이를 통해 자신의 원가족과 관련된 과거 경험에 대해 이해하게 된다. 가족 재구성은 가족구성원 개개인이 자신을 옭아매고 있는 기존의 역기능적인 가족과정에서 벗어나 새롭고 유용한 과정을 학습할 수 있다는 장점을 가진다(Bitter, 2014).

③ 부분들의 잔치

사티어는 가족을 하나의 체계로 바라본 것과 동시에 가족구성원 개개인을 부분들의 체계로도 인식했다. 부분들의 잔치(parts parties)는 또 다른 사이코드라마적 요소를 가진 과정으로, 가족구성원으로 하여금 자신의 내적인 부분과 모습을 인식하고 인정하며 통합하도록 지원하는 기법이다. 일반적으로 집단상담에서 활용되는 기법이나 가족 혹은 커플 치료에도 많이 활용된다. 그 예로 커플치료에서 활용되는 방법은 다음과 같다. 치료사는 커플로 하여금 각자 최소 6명의 유명인사를 생각하고 각 카드에 유명인사의 이름을 쓴 후 그 옆에 그 인사와 관련된 특징 혹은 특성을 기록하게 한다. 이 과업을 모두 마친 후, 커플로 하여금 벽 혹은 파티션 등 뒤로 돌아가거나 서로 등을 지고 서 있게 한 후 각자 치료사의 신호에 맞춰 본인이 선택한 카드를 하나씩 손에 들고 나타나게 혹은 돌아서게 한다. 사티어는 개인이 선택한 유명인사와 그 특징은 사실 그 개인의 내적 특성이 반영된 것이라고 설명하며 이 기법은 커플의 관계 속에서 둘의 관계가 어떤 때에는 아무런 문제가 없다가 어떤 때에는 소통이 전혀 안 되는 상황을 이해시키기 위한 효율적 방법이라고 설명한다. 즉, 각자가 무작위로 선택한 그 유명인사가 자신의 내면의 특성 중 하나를 대표하며, 어느 날은 매우 날카로운 시사평론가와 뉴스 진행자가 될 수도 있고 어떤 날은 스포츠 선수와 뇌과학자가 될 수도 있다는 것이다. 이는 각자의 어떤 특성이 특별히 발현되느냐에 따라 소통이 잘 될 수도 있고 반대로 소통이 막힐 수도 있음을 알려 주며 커플관계에 있어 서로의 다양한 특성과 잠재적 강점 및 약점을 모두 이해하고 수용하는 것이 관계 개선에 도움이 됨을 알려 준다(Bitter, 2014).

3. 구조적 가족치료

1) 구조적 가족치료 등장배경 및 특징

구조적 가족치료(structural family therapy)는 1960년대 살바도르 미누친(Salvador Minuchin)에 의해 시작되었다. 미누친은 아동상담을 전문으로 한 아르헨티나 출신의 소아정신과 의사이다. 미누친은 아르헨티나에서 학위를 받은 후 미국에서 네이선 애커먼(Nathan Ackerman)과 함께 일했으며 그 후 이스라엘로 가서 유태인 대학살 아동 생존자를 대상으로 상담 · 치료를 한 경력을 가진다. 이후 뉴욕에 있는 월트윅 학교에서 빈곤가정 출신의 비행청소년을 대상으로 치료와 연구를 진행하면서 아동 · 청소년의 문제해결을 위해서는 가족개입이 필수임을 파악했고 이후 구조적 가족치료의 토대를 정립했다. 1965년 미누친은 미국 필라델피아의 아동지도 상담소(Child Guidance Clinic)의 소장으로 부임하면서 제이 헤일리(Jay Haley) 등 여러 동료와 함께 1970년대에 구조적 가족치료의 체계를 완성시켰고 1974년에는 『가족들과 가족치료(Families and Family Therapy)』를 발간하며 구조적 가족치료를 정립했다.

구조적 가족치료는 "사회는 가족을 형성하게 하고 가족은 개인을 형성한다."라는 명제에 이론적 토대를 갖고 있다(김용태, 1999: 163). 가족은 하나의 체계이지만 동시에 다수의 하위체계로 구성된 상위체계이며 동시에 더 큰 상위체계의 하위체계가 된다. 미누친은 가족구성원 개개인의 내면세계보다는 가족구조와 가족의 상호작용방식에 더 많은 관심을 두며 가족 간 상호작용이 가족의 체계와 구조를 반영한다고 믿었다. 즉, 구조적 가족치료는 가족구성원들이 언제, 어떻게, 누구와 상호작용하는가에 관심을 가지며, 가족을 바로 이런 상호작용을 관장하는 하나의 체계로 바라봤다. 미누친은 구조적 가족치료의 궁극적인 관심사이자 목적은 가족 내 구조변화를 이끌어 내는 것이며 가족의 구조변화는 가족 내 구성원의 위치 변화를 가져오고, 이는 궁극적으로 가족구성원 개개인의 경험을 변화시킨다고 설명했다(Minuchin, 1974).

구조적 가족치료는 가족이 제시하는 문제와 변화과정을 가족의 상호작용을 통해 살펴보는 접근방법이며 가족의 상호작용을 분석하는 다양한 개념과 틀을 제공한다. 구조적 가족치료의 주요 개념으로는 가족구조, 가족 하위체계, 경계 등이 있으며 이를 간략히 소개하면 다음과 같다.

2) 주요 개념

(1) 가족구조

가족구조(family strcuture)는 가족구성원 간 상호작용과 관계 맺음을 조직화하는 패턴과 규칙이며 한 가족의 구조는 가족구성원의 상호작용과 가족규칙과 관련이 있다. 가족규칙과 이로 인해 결정되는 상호작용은 비가시적이며 종종 의식적으로 인지되지 않을 수 있다. 하지만 가족구조는 가족 간 소통을 통해 드러나기 때문에 가족의 대화 및 다양한 상호작용방식의 관찰이 강조된다. 구체적으로 가족구성원 중 누가 언제 어떤 말을 누구에게 어떤 식으로 하는지, 가족구성원이 보이는 비언어적 태도(머뭇거림, 낮은 목소리 톤 등)와 더불어 가족 간 대화의 결과가 무엇인지 등은 모두 가족구조를 보여 주는 지표이며, 치료사는 가족 간 대화의 내용보다는 소통과정을 관찰함으로써 가족구조와 가족의 문제를 이해할 수 있다(Minuchin, 1974). 특히 관심을 가지고 살펴봐야 하는 부분은 가족 내 위계구조(hierarchical structure)이다. 일반적으로 체계 안에는 위계질서가 존재한다(김용태, 1999). 가족도 하나의 체계로서 상위체계와 하위체계를 가지며 이런 체계 간 위계구조는 의사결정권과 통제력을 수반한다. 그 예로, 상위체계로 볼 수 있는 부모체계는 가족의 생계를 책임지고 자녀체계의 생활을 일부 결정하는 통제력과 결정권을 가진다. 자녀체계는 부모체계보다 하위체계로 존재하고 자녀체계만의 규칙을 가지고 있으나 부모체계의 통제하에 기능한다. 가족체계의 위계질서는 [그림 8-1]과 같이 표현될 수 있다.

그림 8-1 가족체계 내 위계구조

출처: 김용태(1999), p. 169.

(2) 하위체계

가족체계는 다양한 하위체계(subsystem)로 분화되고 하위체계는 범주와 역할, 경계 등으로 구분된다. 하위체계를 이루는 구성원들은 각 하위체계의 기능을 수행하며 동시에 전반적인 가족체계의 기능을 수행하기도 한다. 하위체계는 가족의 발달단계와 역할, 기능, 과업 및 관심사 그리고 성별에 따라 형성되며(김연옥 외, 2005), 각각의 하위체계는 나름의 기능 및 규칙에 의해 유지된다. 또한 하위체계 간 관계 및 경계에 대한 규칙 역시 존재한다. 보편적으로 가족 내 보이는 하위체계는 [그림 8-1]과 같이 부부하위체계, 부모하위체계, 자녀체계 등으로 나뉘며 이 외 확대가족체계, 지역사회체계 등으로도 나눌 수 있다(Bitter, 2014). 하위체계는 다른 하위체계와 구분되지만 가족구성원은 동시에 여러 체계에 속할 수 있다. 또한 가족구성원은 본인이 속한 하위체계에 따라 각기 다른 역할을 수행한다. 예컨대, 성인 남성은 부모체계에서 자녀의 아버지로서 기능하지만 부부체계에서는 남편으로서의 역할을 수행하며 본인의 원가족 내 자녀체계에서는 형으로 기능할 수 있다.

구조적 가족치료에서는 이런 하위체계 간 경계를 명확하게 하고 각 하위체계 내 기능과 역할을 구분 짓는 것에 초점을 둔다. 즉, 각 하위체계가 가지는 특성 및 기능이 구분되어 있지 않고 다른 하위체계에 속한 구성원이 자신이 속하지 않은 하위체계의 역할을 수행할 때 이는 가족의 문제로 나타나며 역기능적 양상으로 정의된다. 예를 들어, 자녀돌봄의 기능을 수행해야 하는 부모하위체계가 그 기능을 적절히 수행하지 않고 자녀하위체계에 속한 큰 자녀가 동생들을 돌보며 가사·양육의 기능을 수행한다면 이는 가족 내 역할 장애로 이어질 수 있다. 또는 자녀하위체계에 속한 자녀들에게 스스로 갈등 상황이나 다툼을 해결하는 것은 중요한 가족과업 중에 하나인데, 부모하위체계 내 부모 모두 혹은 부모 중 한 명이 자녀 간 발생하는 모든 갈등 상황에 개입하고 해결책을 제시한다면 이 역시 자녀하위체계의 기능과 역할을 축소시키는 위험요인이 될 수 있다. 즉, 구조적 가족치료는 하위체계 간의 경계를 명확하게 하며 각 하위체계가 수행해야 할 기능과 과업을 적절히 할 수 있도록 구조를 조정하는 것을 중요시한다.

(3) 경계

경계(boundaries)는 개인, 하위체계와 가족을 구분 짓는 정서적 울타리 혹은 선을 가리킨다. 체계의 경계는 구성원 간 접촉 정도와 방식도 구분하지만 가족 내 하위체계 간 접촉과 방식, 동시에 가족과 가족을 둘러싼 외부체계 간 접촉 정도 역시 구분 짓는 역할을 하며, 이를 통해 체계의 분화와 자율성을 보호한다(김연옥 외, 2005). 경계의 정도는 경직된 경계(rigid boundary)부터 산만한 혹은 밀착된 경계(diffused or enmeshed boundary) 사이의 연속선상에 위치하며, 경계의 명확성은 가족의 의사소통, 상호작용과 서로에게 관여하는 정도로 파악 가능하다. 경직된 경계는 체계 간 매우 제한되었거나 결여된 의사소통과 관여 정도로 표현되며 교류의 불침투성 특징을 가진다. 경직된 경계는 궁극적으로 관계의 유리(disengagement)로 이어질 수 있는데, 이는 체계 간 관계가 아예 붕괴되어 체계가 고립되는 상태를 말한다. 유리된 경계는 가족 내 구성원 간 관계에서도 보이며 가족 내 하위체계 간 혹은 가족과 가족을 둘러싼 외부체계 간 관계에서도 나타날 수 있다.

유리된 관계 예시

초등학교에 6학년 학생을 가르치는 교사는 자신의 학생 중 한 명이 며칠째 등교하지 않음에 대해 걱정하며 상황 파악을 위해 부모에게 계속 연락을 취했으나 연락이 닿지 않고 있다. 학생에 대한 우려로 교사는 이를 경찰에 알리고, 경찰은 학생의 행방 파악을 위해 가정을 방문한다. 학생의 부모는 집에 있었으나, 자녀가 없어진 것에 대해 전혀 인식하지 못하고 있으며 자녀와 마지막으로 얘기한 적도 기억하지 못하고 있다.

출처: Bitter (2014): 240.

산만한 경계(diffused boundary)는 과도한 관심, 교류 및 소통의 특징을 가진다. 산만한 경계는 밀착(enmeshment)으로 이어질 수 있는데, 이는 한 구성원이 다른 구성원의 삶에 너무 많이 관여하고 있는 것을 의미한다. 밀착은 과도한 지지, 소통 및 관여로 인해 가족구성원과 가족 전체의 기능에 부정적인 영향을 미칠 수 있다. 밀착의 대표적인 예로는 마마보이, 마마걸을 들 수 있다. 즉, 어머니와 자녀의 관계가

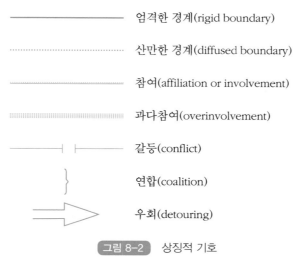

──────────	엄격한 경계(rigid boundary)
··················	산만한 경계(diffused boundary)
----------	참여(affiliation or involvement)
▓▓▓▓▓▓▓	과다참여(overinvolvement)
─┤ ├─	갈등(conflict)
}	연합(coalition)
⇒	우회(detouring)

그림 8-2 상징적 기호

출처: Minuchin (1974); 김연옥 외(2005), p. 272에서 재인용.

과도하게 친밀하고 서로의 삶에 너무 많이 관여하여 각자 개인으로서 주체성을 상실할 수 있고 서로 과도하게 의존하여 가족 외, 다른 사람과의 관계형성에 어려움을 가질 수 있다.

　구조적 가족치료에서 사용되는 기호들의 예시는 [그림 8-2]와 같다.

3) 치료의 목표

　구조적 가족치료의 궁극적인 목표는 가족구조를 변화시키는 것이다. 구조적 가족치료의 일시적 목표는 가족이 제시하는 문제나 증상을 해결하는 것보다는 가족의 구조를 파악하고 가족구성원 간, 가족 내 하위체계 간, 동시에 가족과 가족을 둘러싼 외부체계 간 경계를 명확하게 하는 것이다. 가족 내 상호작용 패턴을 결정짓는 가족규칙에 개입함으로써 가족 내 경계를 명확하게 하는 데 주력한다. 또한 가족 내 적절한 위계구조를 만들고 위계질서를 바로잡는 것 역시 구조적 가족치료의 주요 목표가 되는데, 각 하위체계가 각자의 기능을 적절히 수행하도록 도우며 특히 부모와 자녀체계 간에 적절한 위계질서가 만들어지도록 개입한다. 즉, 의사결정권

구조를 재정립하여 부모의 의사결정권과 자녀의 의사결정권을 적절히 분배하고 가족 내 위계질서를 바로잡는 것이 또 하나의 치료목표가 된다(김용태, 1999).

가족구조의 변화를 위한 개입계획은 가족의 특성, 발달주기에 따라 모두 다르게 수립된다. 예컨대, 경직된 가족의 경우 구조적 가족치료의 목적은 가족구성원 간 상호작용과 교류를 증가시키는 것이 될 수 있으며 밀착된 가족의 경우는 가족구성원의 개별화 과정을 지지함으로써 경계를 구분 짓는 것이 될 수 있다.

구조적 가족치료에서 치료사는 크게 세 가지 역할을 수행한다. 첫째, 리더의 역할을 수행하며 가족에 합류한다. 둘째, 가족의 근본적인 구조를 파악해서 그려 낸다. 셋째, 비효과적인 가족구조를 변화시키기 위한 개입계획을 수립한다(Minuchin, 1974). 또한 치료사는 치료단계에 따라 다른 역할을 수행하기도 하는데, 초기 세션에서의 치료사가 가족과 '함께 춤을 추는' 방식으로 합류하는 역할을 수행한다면 중간 개입단계에서는 '무대감독'의 역할을 한다. 무대감독으로서 치료사가 가족에게 다양한 시나리오를 제공하고 각자에게 역할을 부여하며 행동양식을 가르친다. 하지만 치료사는 시간이 흐를수록 이 역할에서 벗어나 '관중'의 역할을 수행하게 된다(Colapinto, 2000: Bitter, 2014 재인용).

4) 치료기법

구조적 가족치료는 특정한 기법보다는 가족을 바라볼 수 있는 틀을 제공하는 것에 더 큰 의미를 둔다(Bitter, 2014). 따라서 구조적 가족치료는 특정한 단계별 개입의 구조를 가지고 있지는 않으며 다양한 방법과 기법을 적절히 활용하면서 가족의 전반적인 구조를 파악하고 가족에게 개입한다는 특징을 가진다. 다음은 구조적 가족치료에서 활용되는 기법 일부를 소개한 것이다.

(1) 합류하기

합류하기(joining)는 하나의 기법(technique)보다는 치료사가 가족과 치료적 동맹을 맺는 과정을 설명하는 개념으로 치료사가 리더로서의 역할을 수행하며 가족체계의 일부가 되는 것을 의미한다. 치료사가 성공적으로 가족체계에 합류하기 위해서는 먼저 가족 내 모든 구성원의 욕구와 특성을 민감하게 읽어 내며 구성원 모두와 라포를 형성하는 것이 중요하다. 이런 합류과정에서 가족들은 치료사가 가족을 이해하려고 노력하고 가족구성원 모두를 위해서 함께하는 사람이라는 것을 인식하게 되며 자연스럽게 치료적 동맹관계를 맺게 된다. 또한 이 과정을 통해 가족과 치료사는 "증상 보유자가 증상으로부터 자유로워지고 가족 전체의 스트레스와 갈등을 감소시키며 가족이 새로운 대처방법을 습득할 수 있는" 공동의 목표 설정이 가능하게 된다(Minuchin & Fishman, 1981: 29: Bitter, 2014: 243 재인용).

(2) 가족지도 작성

가족지도(family map)는 미누친이 가족 내 구조를 도식화하기 위해 개발한 도구이다. 치료사는 가족에 합류하는 과정에서 관찰한 내용과 더불어 가족과 교류하며 얻게 된 내용을 취합해 가족지도를 작성한다. 가족지도 내에는 가족 경계의 성격, 가족 교류의 유형, 갈등, 연합 등의 정보가 기록되며, [그림 8-3]과 같은 기호를 활용해 작성한다.

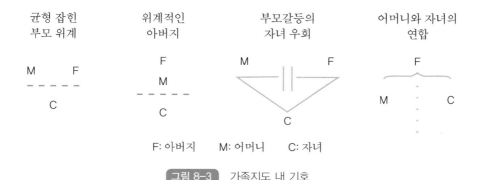

그림 8-3　가족지도 내 기호

출처: Minuchin (1974): 김연옥 외(2005), p. 276에서 재인용.

(3) 경계 만들기

구조적 가족치료의 주요 목적 중 하나는 가족 내 경계를 조정하는 것이다. 이를 위해 치료사는 가족구성원 간에 존재하는 문제적 경계를 파악한 후 하위체계 간 혹은 구성원 간 경계를 명확하게 하거나 반대로 경계의 투과성을 높이기 위해 개입한다. 이는 치료 세션 중에 혹은 치료 세션 밖에서 모두 진행될 수 있는데, 예로 치료 세션 중에는 치료사가 가족들이 앉는 자리를 재배치하거나 공간적 위치를 변경시킴으로써 물리적인 경계를 새로 만드는 작업을 할 수 있다. 또한 세션 중에 대화를 할 때 특정 구성원끼리 대화를 하도록 유도하거나 혹은 반대로 특정 구성원의 대화를 중지하는 등의 활동을 통해 경계에 변화를 시도한다. 치료 세션 밖에서의 활동으로는 과업 제안 등이 있는데, 예컨대 부부체계 강화를 위해 치료사는 부부에게 '자녀 없이 부부만 외출하기' '자녀들끼리만 보내는 시간 주고 방해하지 말기' 등의 과제를 부여할 수 있다.

4. 전략적 가족치료

1) 전략적 가족치료의 등장배경과 특징

전략적 가족치료(strategic family therapy)는 다수의 가족치료 전문가와 학자의 영향을 받으며 발달되었다. 그 시작은 1960년대 그레고리 베이트슨(Gregory Bateson)을 중심으로 발달된 의사소통이론 연구에서 찾을 수 있다. 베이트슨은 당시 최면(hypnosis), 은유(metaphor), 역설적 지시(paradoxical directives)와 같은 파격적인 기법을 사용한 밀튼 에릭슨(Milton Erickson)과 자신의 연구를 공유했으며, 그 과정에서 에릭슨의 영향을 받은 치료 모델을 정립하기 시작했다. 전략적 가족치료는 또한 1960년 후반부터 1970년대에 활발히 연구되었던 구조적 가족치료의 영향을 많이 받았으며, 특히 돈 잭슨(Don Jackson)이 창립한 MRI(Mental Research Institute) 연구의 영향이 컸다. 초기에 MRI에 속한 연구자로는 제이 헤일리(Jay Haley), 버지니아 사티어, 폴 와츨라윅(Paul Watzlawick) 등이 있으며 특히 이 중 헤일리는 클로에 마다네스(Cloe Madanes)와 함께 구조적 가족치료 훈련을 통해 터득한 지식을 기반으로 전략적 가족치료의 토대와 주요 개념을 구성하고 확장하는 등의 핵심역할을 한 것으로 알려져 있다.

전략적 가족치료와 관련된 학자들은 시간이 지나면서 각자의 가족치료이론을 정립하면서 연구와 훈련의 경로를 달리했다. 와츨라윅과 같이 MRI에 남아 이후 단기가족치료(brief family therapy)를 발전시킨 MRI 연구팀이 있는 반면에, 헤일리는 MRI를 떠나 미누친과 잠시 함께 일하다가 1970년대에 미국 수도인 워싱턴에 마다네스와 가족연구소(Family Institute)를 창립했으며, 사티어 역시 MRI를 떠나 인본주의 관점을 반영한 자신만의 가족치료 모델을 완성시켰다. 이탈리아 밀란 지역 내 학자들 역시 베이트슨과 MRI의 전략적 접근방법의 영향을 받아 발달시킨 밀란 전략적 치료를 개발 및 확장시켰으며, 이 밀란 그룹(Milan Group)에 소속된 학자로는 마라 셀비니 팔라촐리(Mara Selvini Palazzoli)와 루이지 보스콜로(Luigi Boscolo), 지안프랑코 체친(Gianfranco Cecchin) 등이 있다. 정리하면, 전략적 가족치료는 크게 세 개의 파로 나뉘며 그 가운데는 MRI 그룹, 헤일리와 마다네스의 워싱턴 그룹(Washington School), 밀란 그룹이 있다(김연옥 외, 2005).

전략적 가족치료의 세 접근방법 모두 가족이 제시한 문제를 바라봄에 있어 기존 구조적 가족치료나 보웬의 가족치료와는 달리 문제를 가족 기저에 내재되어 있는 현상과 문제의 증상으로 바라보지 않는다. 즉, 전략적 가족치료사들은 가족이 제시한 문제는 진정한 의미에서 문제이며 가족치료는 이 문제를 해결하기 위해 진행됨을 전제로 한다. 따라서 가족문제에 대한 심층적 이해 및 통찰력이 중요시되지 않으며 가족문제에 대한 치료사의 해석이 요구되지 않는다. 전략적 가족치료의 세 접근방법 모두 매우 단기적 치료의 형태를 띠며 실용적이고 행동적인 해결방식을 추구한다(Bitter, 2014). 이런 공통점이 있음에도 불구하고 치료의 주요 개념과 치료과정에서 활용되는 주요 기법은 그룹마다 차이가 있다. 여기에서는 각 그룹에 따른 전략적 가족치료의 핵심개념, 치료 목적 및 기법을 간략히 소개한다.

2) MRI 그룹의 전략적 가족치료

(1) 치료의 전제

MRI 가족치료사들은 가족 내 문제는 가족들이 상황을 비효과적으로 해결함으로써 발생하는 것으로 간주한다. 니콜스(Nichols, 2013)는 가족 내 문제를 크게 다음세 가지로 분류했다. 첫째, 문제해결을 위한 가족의 시도 및 행동이 필요하지만 가족은 이를 실행하지 않는다. 계속해서 물건을 훔치는 자녀의 행동을 알고 있음에도아무것도 하지 않는 부모가 그 예이다. 둘째, 실제 문제가 아닌 것을 해결하기 위해노력한다. 자매가 서로 TV 리모콘을 두고 다투는 것을 큰 문제로 삼고 이에 부모가사사건건 개입하는 것이 그 예이다. 셋째, 가족은 비효과적인 방법을 사용해서 문제를 해결하고자 한다. 그 예로는 부모가 자녀와 놀아 주기로 약속하지만 매번 바쁘다는 핑계로 자녀에게 돈을 주며 약속을 미루는 것을 들 수 있다.

(2) 주요 개념

MRI의 핵심개념은 일반체계이론에서 도출된 환류고리(feedback loop)이다. 가족은 피드백을 통해 서로에 대한 정보를 주고받으며 이런 정보를 통해 서로의 행동을통제 혹은 강화한다. 정보에 의해 행동이 통제되거나 감소될 때 이를 부적 환류고리(negative feedback loop)라고 하며 반대로 정보에 의해 행동이 강화되거나 확장될때 이를 정적 환류고리(positive feedback loop)라고 한다. 가족 내 환류 및 환류고리는 가족의 암묵적인 규칙에 의해서 결정되며 MRI연구팀은 이런 가족규칙에 의한환류고리를 어떻게 변화시키는가에 초점을 두고 치료를 진행한다. 즉, 치료의 초점은 가족 내 특정 행동을 유지시키는 가족규칙과 환류고리에 있다.

또 하나의 주요 핵심개념으로 일차 질서변화(first order change)와 이차 질서변화(second order change)가 있다. 두 개념은 가족의 행동변화와 관련된 개념으로 일차질서변화는 가족규칙을 유지하면서 행동이 변화하는 것을 가리키며 이차 질서변화는 가족규칙의 변화를 가리킨다(Watzlawick, Weakland, & Fish, 1974: 김용태, 1999재인용). 그 예로, 자녀가 약속한 귀가시간보다 늦게 들어올 때 부모가 이를 야단치는 행위는 일차 질서변화에 해당된다. 즉, 부모는 평상시 자녀에게 대하는 자신들의 행동을 변화시켜 자녀의 행동을 감소시키려 하며 이는 가족 내 규칙을 유지하기 위한 방안으로 행해진다. 반면에 이차 질서변화의 경우 자녀가 똑같이 늦게 귀가할 시 부모가 자녀를 꾸짖는 것이 아닌 자녀의 귀가시간에 대한 가족규칙을 재고하는 것이다. 부모가 자녀와 함께 '지금의 귀가시간이 자녀의 현재 생활에 적합한지'에 대해 논의하며 가족규칙과 자녀의 행동을 같은 선상에 두고 살펴볼 때 이는 이차 질서변화에 해당된다.

(3) 치료목적

MRI 그룹의 궁극적인 치료목적은 증상에 대한 가족의 생각과 신념의 틀을 재구조화(reframing)하는 것이다(김용태, 1999). 재구조화란 가족이 경험하는 상황에 대한 관점을 변화시키는 것을 의미하는데, 일반적으로 가족들은 일차 질서변화의 관점에서 가족의 증상을 바라보기 때문에 그 증상에 대한 해결을 위해 여러 시도를 하지만 이 시도 자체가 문제를 유발하기도 한다. 정리하면, MRI 그룹의 전략적 가족치료 목적은 일차 질서변화를 이차 질서변화로 전환시키는 것, 즉 재구조화는 것이 된다.

(4) 치료과정 및 치료기법

MRI 그룹의 개입과정은 크게 치료 소개-문제 정의 및 규명 → 문제유지 행동 사정 → 치료목적 수립 → 개입 → 종결의 순서로 진행된다. 초기 세션에서 치료사는 낮은 자세를 취하며(one-down position) 가족이 가족 상황에 대한 전문가라는 입장을 고수한다. 또한 치료과정에 대해 안내한다. 그다음 단계는 가족의 문제 정의와 규명 단계로 재구조화를 통해 가족이 제시한 문제를 다르게 기술하도록 지원한다. 세 번째 단계에서는 가족의 문제를 유지시키는 행동과 그 패턴을 사정한다. 기존에 시도된 해결책이 무엇이고 그 결과가 무엇인지 확인한다. MRI 그룹 치료사들은 변화가 치료 세션을 통해 이루어진다고 생각하지 않으며 변화는 가족이 돌아간 후부터 다음 치료 세션까지의 기간 내 나타난다고 바라봤다(Bitter, 2014). 치료사는 가족에게 다양한 행동중심적 기법을 활용한 과제를 부여한다. 마지막으로, 종결은 초기에 제시한 목적이 달성되었을 때 이루어진다. 시걸(Segal, 1991: Bitter, 2014 재인용)은 종결을 위한 세 가지 기준을 제시하였다. 첫째, 작더라도 의미 있는 수준의 문제해결이 이루어졌고, 둘째, 변화는 유지 가능한 것으로 보이며, 셋째, 가족 스스로가 앞으로 문제해결이 가능하다는 자신감을 보일 때 종결은 가능하다.

주요 치료기법으로는 앞서 언급한 재구성(reframing)이 있으며 그 외 증상처방(symptom prescription) 등이 있다. 증상처방은 역설 개입(paradoxical intervention)의 한 종류로 가족이 가지고 있는 증상을 그대로 유지하도록 함으로써 변화에 대한 저항을 없애고 자신들의 증상을 유지하는 것이 어리석음을 깨닫도록 하는 개입방법이다(김용태, 1999). 그 예로는 불면증을 겪고 있는 대상자에게 '잠을 자지 말고 깨어 있으라'고 지시하는 것이 있다. 대상자가 실제 밤을 새면 치료사의 지시에 잘 순응한 것으로 바라보며 치료사의 지시를 거부하면 대상자는 밤에 잠이 든 것이 되어 문제가 해결된 것으로 볼 수 있다는 것이다(Bitter, 2014). 또 하나의 예로는 부부싸움을 문제로 제시한 부부에게 매일 30분씩 싸움을 하라고 지시하는 것이 있을 수 있다.

3) 워싱턴 그룹의 전략적 가족치료

(1) 치료의 전제

헤일리와 마다네스의 전략적 가족치료는 MRI그룹의 치료보다 더 행동적 요소가 강하다는 특징을 가진다. 또한 구조적 가족치료의 가족에 대한 관점을 수용하며, 이와 더불어 가족 내 위계질서를 강조한다. 즉, 헤일리와 마다네스는 위계질서가 적절히 잡혀 있는 가족이 기능적인 가족이며 역기능적인 가족은 가족 내 위계질서가 흐트러진 가족이라고 설명했다. 동시에 이들은 가족생애주기의 중요성을 강조했다. 헤일리는 가족생활주기를 크게 연애단계-결혼초기단계-자녀출생과 자녀양육 단계-결혼 중년 단계-빈 둥지 단계-은퇴 및 노년 단계로 구분했으며(Haley & Richeport-Haley, 2007), 가족이 가족생애주기 내 변화를 맞이할 때마다 위기를 경험한다고 바라봤다.

(2) 주요 개념

워싱턴 그룹의 핵심개념으로는 앞서 언급한 위계질서(hierarchy)가 있다. 위계질서는 가족 내 수직적 구조를 보여 주며 가족 내 힘(power)과 통제(control)가 어떻게 분배되어 있는지를 보여 주는 개념이다. 동시에 위계질서는 보호와 관심의 측면을 포함하며 이 역시 누가 누구를 보살피는지에 대한 구조와 연결된 개념이다. 헤일리와 메데인스는 가족이 건강하기 위해서는 가족 내 적절한 구조와 위계질서가 있어야 하며, 가족 내 구성원들은 자신의 위치에 걸맞은 힘과 통제력을 가지고 있어야 한다고 설명했다. 또한 이런 힘과 통제력은 자신과 가족 내 다른 구성원을 보호하고 돌보기 위해 사용되어야 함을 강조했다(김용태, 1999).

(3) 치료목적

헤일리와 마다네스의 치료목적은 가족 내 잘못된 위계질서를 바로잡고 가족이 적절한 경계와 구조를 가지는 것에 있다. 즉, 가족구조 변경을 통해 현재 가족이 호소하는 증상 및 문제가 더 이상 기능적이지 않도록 만드는 것이다.

(4) 치료과정 및 치료기법

워싱턴 그룹의 전략적 가족치료는 구조적 가족치료의 전제와 MRI 그룹의 기법을 통합한 형태의 가족치료이기 때문에 가족문제(증상)를 바라보고 사정하는 틀은 구조적 가족치료와 유사하다. 하지만 개입 시 사용되는 전략들은 전략적 가족치료의 기법이 주를 이룬다. 이들이 발달시킨 치료과정은 전략적 시련치료(strategic ordeal therapy)라고 불리며 가족이 제시한 증상보다 훨씬 더 고된 도전을 제안함으로써 가족 내 관계변화가 나타나는 것을 목적으로 한다. 이런 역설적 가족치료의 단계는 다음과 같다(Haley & Richeport-Haley, 2003).

① 변화를 이끌어 내기 위한 관계 수립

② 문제를 명확하게 정의하기

③ 목적을 명확하게 정하기

④ 개입계획 제안하기

⑤ 현재 제시된 문제에 대한 치료사의 권위를 잠시 내려놓기

⑥ 현재 개입의 틀이 변화를 이끌어 내는 틀이라는 것을 강조하기

⑦ 역설적 지시 제안하기

⑧ 가족의 반응을 관찰하고 변화가 아닌 이들의 평소 행동을 격려하기

⑨ 변화가 관찰될 시 이는 치료사의 공로가 아님을 인식하기

⑩ 가족으로부터 서서히 멀어지며 종결하기

헤일리가 주로 사용한 기법으로는 지시(directives)가 있다. 지시는 크게 두 가지 방법으로 진행된다. 첫째는 치료사가 가족에게 특정 행동을 하도록 지시하는 일반적 지시이고, 둘째는 가족의 문제행동이 유지되도록 이를 지시하는 역설적 지시이다. 예를 들어, 가족에게 매일 저녁을 같이 먹도록 지시하는 것은 일반적인 지시이며, 가족 내 증상인 다툼을 멈추기 위해 역설적으로 매일 밤 30분 동안 싸우도록 지시하는 것은 역설적 지시이다.

4) 밀란 그룹의 전략적 가족치료

(1) 치료의 전제

밀란 그룹의 전략적 가족치료 모델은 가족들이 현 상태를 유지하면서 오롯이 문제 혹은 문제를 가진 구성원만이 해결되길 바란다는 가족의 역설적 바람에 전제를 두고 진행된다. 밀란 그룹의 학자들이 일차적으로 관심을 두고 살펴본 영역은 가족 내 상호작용이다. 이들은 가족이 보이는 증상(문제)은 단순히 가족들이 자신의 항상성을 보존시키기 위한 상호작용의 연속이라고 설명하며 가족치료에 있어 가족이 자신의 증상을 다르게 볼 수 있는 방법을 터득한다면 자연스럽게 가족관계는 재조정될 것이라 설명했다. 또한 밀란 그룹 치료사들은 가족치료 과정에서 치료사의

중립적인 태도를 강조했다. 밀란 그룹 학자들은 가족 내 증상(문제)이 순환적 인과성의 특징을 가지기 때문에 가족 내에서 중립적 태도를 가지는 것이 치료과정에 도움이 된다고 설명했다(Nicols, 2013).

(2) 주요 개념

밀란 그룹이 주요하게 다루는 개념으로 인식적 오류와 가족 게임이 있다. 밀란 그룹 학자들은 역기능적인 가족 대다수는 인식적 오류를 가지고 있다고 설명했는데, 여기서 인식적 오류는 가족이 세상을 이해하기 위해 사용하는 잘못된 신념이다(김연옥 외, 2005). 현재 가족의 문제는 특정 구성원의 잘못에 기인한다고 믿는 것이 그 예인데, 이는 가족 내 순환적 인과성 및 관계의 상호성을 인식하지 못한 채 상황을 바라보는 인식적 오류이다. 따라서 밀란 그룹 치료사들은 이들의 잘못된 신념체계에 대한 개입을 통해 가족관계 변화를 가져오고자 했다.

또 다른 개념으로 가족게임(family game)이 있다. 밀란 그룹 치료사들은 가족 내 상호작용 중 비밀리에 진행되는 것을 가족게임이라고 부르는데, 이는 가족의 항상성 유지를 위해 서로의 행동을 통제하는 복잡한 의사소통이자 가족 내 규칙을 의미하기도 한다. 가족은 오랜 시간에 걸쳐 이를 발전시킨다. 여기서 가족의 증상이자 문제로 보이는 것은 이런 가족게임의 결과물로도 이해 가능하다(김용태 1999). 즉, 이들에게 역기능적 가족 패턴이란 바로 가족게임을 의미하며 이런 역기능적 가족게임을 중단시키는 것이 개입의 초점이 된다.

(3) 치료목적

밀란 그룹의 전략적 가족치료 모델의 궁극적 목적은 가족게임을 중단시키는 것, 즉 가족게임을 무력화시키는 것이다. 가족게임은 은밀하게 진행되기 때문에 치료사의 역할은 이 가족게임이 수면 위로 드러나게 하고 재구성 등의 기법을 활용해 게임을 무력화시키는 것이다. 이후 밀란 그룹은 두 그룹으로 다시 나뉘게 되는데, 팔라촐리 그룹은 가족게임 개념을 유지하면서 이를 더 발전시킨 비열한 게임(dirty game)에 개입의 초점을 맞추게 된 반면에 보스콜로와 체친은 가족과 협력하여 공동의 목표를 세워 함께 변화를 추구하는 방식을 취하게 되었다. 이들은 기존의 전략적 가족치료에서의 치료사의 권위적 역할을 지양하고 가족과 함께 변화를 창조해 내고자 했다.

(4) 치료과정 및 치료기법

밀란 그룹의 전략적 가족치료는 긴 단기치료(long brief therapy)의 형태를 가지며 치료팀이 구성되어 개입이 진행된다는 특징을 가진다. 일반적으로 한 번의 치료기간은 10세션으로 구성되며 평균적으로 한 달에 한 번 치료 세션이 진행되기 때문에 한 번의 치료기간이 마무리되기까지는 약 10개월이 소요된다. 이런 의미에서 이들의 치료는 긴 단기치료로 볼 수 있다. 또 하나의 특징은 치료팀 구성인데, 치료팀은 일반적으로 여성 치료사 2명, 남성 치료사 2명의 총 4명으로 구성되어 각각 짝을 이루어 치료에 임한다. 예를 들면, 한 쌍의 남녀 치료사가 가족과 치료 세션을 진행하는 사이에 다른 한 쌍의 팀은 일방경 뒤에서 이들의 치료 세션을 관찰하는 방식으로 진행된다.

각 치료 세션은 크게 다섯 단계로 구분된다(Boscolo et al., 1987: 김연옥 외, 2005 재인용). 첫째, 치료 전 회합단계에서는 4명의 치료사가 먼저 가족이 제시한 문제에 대한 의견을 교환하며 가족에 대한 가설을 설정한다. 이후 이 가설을 가지고 한 쌍의 치료팀이 가족을 만나 세션을 진행한다. 세션 진행과정 중에 일방경 뒤에 있는 치료팀과 상호작용하며 가설을 수정 및 조정할 수 있다. 약 40분 정도의 세션이 진행된 후 가족에게 잠시 휴식시간을 제공하고 치료팀은 다시 만나 지금까지의 과정을 검토하며 향후 과제를 토론한다. 그 후 한 쌍의 치료팀은 가족과 다시 만나 여러 가지 활동 등을 진행하며 세션을 마무리한다. 세션이 마무리된 후 치료팀은 다시 만나 가족의 반응을 분석하거나 다음 세션의 계획을 세우며 전체 치료 세션을 마친다.

밀란 그룹의 전략적 가족치료 모델의 대표적인 기법으로는 긍정적 의미부여(positive connotation)가 있다. 긍정적 의미부여는 밀란 그룹이 초기에 많이 활용한 기법으로 가족의 증상 혹은 특정 가족구성원의 문제적 행동을 긍정적으로 재구성하는 것이다. 밀란 그룹 치료사들은 가족의 증상이 가족의 항상성을 유지하는 데

기능한다고 설명한다. 예로, 자녀의 우울증은 어머니로 하여금 계속해서 자녀를 과
보호하며 자신의 생활을 희생하는 역할을 수행하게 하고 아버지는 어머니의 과보
호적 양육방식을 비난하는 역할을 한다. 여기서 자녀의 우울증은 가족 내 문제 혹
은 증상으로 인식될 수 있으나 밀란 그룹 치료사는 역설적으로 가족에게 자녀의 우
울증이 현재 가족의 안정적 상태를 유지시키는 것이라 설명한다. 즉, 긍정적 의미
부여를 통해 자녀의 우울증은 가족의 항상성을 위한 자녀의 희생이자 노력이며 따
라서 자녀는 이에 대해 뿌듯해야 할 필요가 있다고 안내하는 것이다. 더불어 부모
에게는 지금까지의 가족게임을 유지하도록 처방한다(Nichols & Schwartz, 1998).

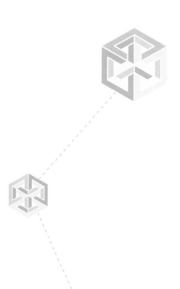

제5부

가족복지 대상에 대한 이해

제9장

폭력 · 학대 가족

가정폭력 문제는 사회적 약자에 대한 인권 존중이나 위기개입의 시각에서 볼 때 사회복지실천에서 다루어야 하는 중요한 과제이다. 가정폭력은 사회 전반에 영향을 미치기 때문에 가족에게 국한된 사안이 아닌, 국민의 안정과 권익을 침해하는 사회적 문제로 인식되어야 하며 공적 개입이 확대되어야 한다. 가령 가정폭력 피해자들은 신체적 · 정신적 손상을 입고 사회적 부적응 문제를 경험하며, 가정 내 구성원들 간 발생하는 폭력이라도 전이성, 순환성, 반복성이라는 특성으로 인해 사회문제로 확장하여 이해될 수 있다. 하지만 폭력을 용인하는 문화나 규범에 대한 개선 없이는 가정폭력 문제를 근본적으로 해결하기 어렵다(김유희, 2021). 이 장에서는 폭력 · 학대에 대한 이해를 기반으로 가정폭력을 구성하는 배우자폭력, 아동학대, 노인학대를 살펴보고 폭력 · 학대 가족의 현황, 욕구, 지원체계에 대해 알아본다.

1. 폭력 · 학대에 대한 이해

1) 폭력 · 학대의 정의

사회심리학적 관점에서 폭력(violence)이란 상대방에게 심각한 신체적 · 정서적 · 사회적 피해를 주는 것을 목적으로 하는 공격적인 행위이다(Allen & Anderson, 2017). 미국심리학회에서 제시하는 폭력의 정의는 폭행, 강간, 살인과 같은 극단적 형태의 공격적 행동을 포함한다(American Psychological Association, 2021). 세계보건기구에서는 폭력을 "자신, 타인, 집단을 대상을 의도적으로 물리적 힘이나 권력을 행사하거나 위협을 통해 외상, 사망, 심리적 손상, 발육 저하, 결핍 등을 야기하거나 혹은 그 가능성을 높이는 행위"로 정의하고 있다(World Health Organization, 2002). 이처럼 폭력은 학문분야마다 다르게 규정되고 있지만, 최근 들어 피해자 관점에서 신체적 폭력, 성적 폭력, 정서적 폭력, 경제적 폭력, 방임, 통제 등 유형화를 통해 폭력이 광의적 개념으로 수렴되어 가고 있다(여성가족부, 2010; Hamby, 2017).

폭력의 정의가 다양한 것은 폭력의 개념이 객관적이고 과학적인 기준을 근거로 규정되는 것이 아니라 사회 및 환경의 변화에 따라 달라지는 특성 때문이라는 입장도 있다(World Health Organization, 2002). 즉, 사회적으로 통용되는 도덕적 행동들의 범위나 공격적인 행동에 따른 위해에 대한 이해가 변함에 따라 폭력의 정의 또한 끊임없이 수정 · 보완되고 있다는 것이다.

가령, 체벌은 그동안 전 세계적으로 가정이나 학교에서 아동에 대한 훈육 및 징계의 수단으로 용인되었다. 하지만 체벌이 아동에게 신체적 고통과 심리적 상처를 주는 폭력이라는 인식이 확산되면서 이를 허용하지 않는 국가가 점차 많아지고 있다(이노홍, 2015). 한국에서도 1958년에 「민법」이 제정되면서 체벌허용 규정으로 활용되었던 징계권 조항이 최근 아동학대에 관한 사회적 인식이 개선되고 아동학대 범죄사건이 심각해짐에 따라 2021년에 삭제되었다.

2) 폭력의 유형

폭력은 가해대상에 따라 자기폭력 · 대인관계폭력 · 집단폭력으로, 그리고 폭력의 특성에 따라 신체폭력 · 성폭력 · 심리폭력 · 방임으로 유형화할 수 있다(World Health Organization, 2002; [그림 9-1] 참조). 자기폭력은 자살행동 · 자해행위를 가리키며, 대인관계폭력은 배우자폭력 · 아동학대 · 노인학대 등 가정 안에서 발생하는 폭력과 가정 밖 지역사회에서 일어나는 지인이나 일면식이 없는 사람으로부터의 폭력을 포괄한다. 집단폭력은 특정 집단을 대상으로 한 전쟁, 테러, 집단학살 등 사회 · 정치 · 경제적 목적에 의해 이루어지는 폭력을 가리킨다.

폭력의 특성에 따른 분류에서 신체폭력은 물리적인 힘이나 도구를 이용하여 신체를 해치는 행위를 가리키며, 성폭력은 성적 수치심을 유발하거나 성관계를 강요하는 것을 말한다. 정서폭력은 심리폭력으로도 불리는 것으로 언어폭력, 위협, 통제로 인해 마음을 상하게 하는 행위이다. 방임은 보호자가 보호 · 돌봄의 책임과 의무를 불이행하는 것을 가리킨다. 신체폭력, 성폭력, 정서폭력은 직접 위해를 가하는 적

그림 9-1 폭력의 유형

출처: World Health Organization (2002), p. 5 Figure 1을 재구성.

극적 행위로 간주할 수 있고, 결핍과 방임은 적절한 보호를 제공하지 않거나 기본적 욕구를 충족시키지 못하는 소극적 행위로 간주할 수 있다.

3) 폭력의 특징

폭력의 핵심적 특징에는 비본질성, 비자발성, 위해성, 의도성이 있다(Hamby, 2017). 폭력과 매우 유사한 자기방어적 공격적 행동, 우발적 사고, 난폭한 장난 등은 이 네 가지 특징을 모두 충족하지 않아 폭력이라 간주하지 않는다. 비본질성은 폭력이 생존이나 건강을 위해 필수가 아니라는 것을 의미한다. 체벌의 경우, 훈육과 사회화라는 기능적 목적을 위해 행해지는 것이지만, 비폭력적인 행위들로 얼마든지 대체 가능하기 때문에 비본질적 특징을 지닌다. 비자발성은 타인으로부터 원하지 않은 폭력행동의 대상이 될 때를 가리킨다. 이 때문에 가 · 피학적 성향이나 과격한 스포츠 활동으로 발생한 상해는 폭력의 결과라 하지 않는다.

위해성은 폭력행동으로 인해 외상, 사망, 심리적 손상, 발육장애, 궁핍 등이 발생하거나 그 가능성을 높이는 것을 의미한다. 이는 지속적이고 장기적으로 이어지는 행동에 기인한다. 의도성은 상대방을 손으로 때리기, 발차기, 목조르기처럼 적극적으로 해를 끼치는 행위와 아동에 대한 방임처럼 비도덕적인 무관심과 방치에도 적용된다.

4) 폭력과 학대

한편, 폭력과 유사한 용어로 학대(abuse)가 있다. 학대는 구조적인 권력이나 지위의 차이를 이용하여 강한 가해행위자가 취약한 피해자에게 폭력을 행사하는 특수한 형태의 폭력이다(Fawcett & Waugh, 2008). 따라서 사회적 지위가 동등한 부부간에는 배우자폭력(partner violence), 형제간에는 형제폭력(sibling violence)이라는 용어가 사용되는 반면, 아동에 대한 보호자의 폭력은 아동학대(child abuse), 노인에 대한 부양자의 폭력은 노인학대(elder abuse)라 불린다.

2. 가정폭력에 대한 이해

1) 생애주기별 폭력경험과 가정폭력

폭력경험은 생애주기에 따른 인간 발달과정에 걸쳐 다양하게 나타날 수 있다(류정희 외, 2016). 일반적으로 생애주기별 주요 폭력유형으로 아동기와 청소년기 발달단계에는 아동학대 · 형제폭력 · 학교폭력이 있으며, 청년기 · 장년기에는 데이트폭력 · 직장폭력 · 배우자폭력이, 그리고 노년기에는 노인학대가 있다([그림 9-2] 참조). 직장폭력과 배우자폭력은 노년기에까지 확대될 수 있다.

이러한 폭력유형은 가정 외 경험과 가정 내 경험으로 구분되는데, 1차적 사회화 기관인 가족 내에서 구성원들 간에 발생하는 폭력을 가정폭력이라 일컫는다(김재엽, 2001).

발달단계 공간	아동기	청소년기	청장년기	노년기
가정 외		데이트폭력		
	학교폭력			
			직장폭력	
가정 내	아동학대, 형제폭력		배우자폭력	노인학대

그림 9-2 가정 내외에 따른 생애주기 발달단계별 폭력유형

출처: 류정희 외(2016), p. 64의 그림을 재구성.

2) 가정폭력의 정의

가족은 안전하고 상호 의존적인 환경을 제공함으로써 구성원들의 긍정적 발달에 영향을 미치는 중추적인 역할을 한다. 이러한 환경에서 의도적으로 상대방에게

원치 않는 해를 끼치는 비본질적인 행위인 폭력이 일어난다는 것은 모순적이라 할 수 있다. 이렇게 가정폭력은 '가정은 안식처'라는 인식에 반하는 현상이라는 점에서 자해행위나 조직폭력, 강력범죄, 테러, 전쟁 등 다른 유형의 폭력과는 차별화된다(Tolan, 2006).

가정폭력은 가해행위자와 피해대상에 따라 다양하며 흔히 배우자 간(배우자폭력), 부모의 아동에 대한(아동학대), 성인부양자의 노인에 대한(노인학대) 가해행위로 구분된다(Tolan, 2006). 국내외 선행연구에서 가정폭력(domestic violence)을 협의적 관점에서 배우자폭력 혹은 아내를 대상으로 한 폭력에만 국한된 용어로 사용하기도 하는데, 이는 아동학대와 노인학대까지 포괄하는 가정폭력의 광의적 정의보다 제한적이다(송아영, 2017; World Health Organization, 2012).

또한 폭력은 법률적 정의에 따라 세부유형으로 분류되기도 한다(Hamby, 2017). 한국 법률에서 규정하고 있는 가정폭력, 아동학대, 노인학대의 세부 정의는 〈표 9-1〉과 같다. 가정폭력의 법적 정의는 배우자 간 폭력뿐 아니라, 모든 가족구성원을 대상으로 하는 광의적 관점을 반영하고 있다. 법률에서 명시하고 있는 가정폭력, 아동학대, 노인학대에 대한 정의는 공통적으로 신체적·정신적 폭력행위를 모두 포

표 9-1 한국 법률에서 규정하고 있는 폭력·학대의 정의

법률	정의
「가정폭력범죄의 처벌 등에 관한 특례법」 (제2조)	"가정폭력"이란 가정구성원 사이의 신체적·정신적 또는 재산상 피해를 수반하는 행위를 말한다. 가족구성원은 배우자(사실혼 포함), 전배우자, 부모, 자녀, 형제, 자매와 기타 동거하는 친족을 가리킨다.
「아동복지법」 (제3조)	"아동학대"란 보호자를 포함한 성인이 아동의 건강 또는 복지를 해치거나 정상적 발달을 저해할 수 있는 신체적·정신적·성적 폭력이나 가혹행위를 하는 것과 아동의 보호자가 아동을 유기하거나 방임하는 것을 말한다.
「노인복지법」 (제1조의2)	"노인학대"라 함은 노인에 대하여 신체적·정신적·정서적·성적 폭력 및 경제적 착취 또는 가혹행위를 하거나 유기 또는 방임을 하는 것을 말한다.

출처: 국가법령정보센터 홈페이지(https://www.law.go.kr/) 참고.

함한다. 특히 아동학대와 노인학대는 소극적인 폭력형태인 방임을 포함하고 있고, 가정폭력과 노인학대는 재산상 피해와 경제적 착취를 학대경험의 하위유형으로 두고 있다. 이러한 특징은 가족구성원의 발달적·관계적 성격을 반영한 것이다.

3) 가정폭력의 특징

가정폭력이 가정 밖에서 발생하는 폭력과 구별되는 몇 가지 특징이 있다. 대표적인 특징으로 은폐성, 지속성·반복성, 중복성, 고정성, 정당성, 순환성(김재엽, 2001; 여성가족부, 2021a; Gelles, 1985; Tolan, 2006)을 꼽을 수 있다.

은폐성은 폭력이 가정이라는 사적인 공간에서 발생하기 때문에 외부에서 인지하기 어려우며, 외부에서 가정폭력을 확인하더라도 가벼운 가족구성원들 간의 불화나 훈육으로 축소되는 경향을 가리킨다. 가족구성원들은 자신들의 체면을 유지하거나 상호 간 강한 의존성에 따라 가정의 강제해체를 막기 위해 폭력문제를 묵인하거나 부정하려는 경향이 있는데, 이 또한 은폐성에 해당한다.

지속성·반복성은 특히 가족구성원과 같은 친밀한 관계 사이에서 나타나는 특징으로, 가해자와 피해자의 폭력 감수성이 둔화하면서 폭력을 상습적이고 일상적인 행위로 간주하게 됨으로써 나타난다.

중복성은 가정폭력 유형이 다양한 형태나 여러 구성원을 대상으로 이루어지는 것을 가리킨다. 즉, 구성원 간의 폭력적 관계에서 신체적·정서적 폭력이 중첩되어 나타나거나 배우자폭력과 아동학대 등의 다양한 유형의 폭력이 중복 발생할 수 있다. 배우자폭력의 직접적인 관련자는 아내와 남편이지만, 배우자폭력이 발생하는 가정이라는 환경을 고려했을 때 함께 거주하는 아동도 폭력의 피해자가 될 수 있는 것이다. 폭력행위의 가해자가 동시에 피해자인 역할의 중복성 역시 나타날 수 있다.

한편, 가족은 개인의 의지에 따라 구성원으로서 쉽게 참여 혹은 이탈할 수 있는 집단이 아니다. 이로 인해 가정폭력은 고정된 대상에 대해 행사되며 피해자들이 가해자로부터 쉽게 벗어날 수 없는 고정성을 지닌다.

가정폭력은 가족구성원들에 대한 교육과 훈계의 도구 혹은 갈등해결의 한 방법으로서 오랜 기간 사회적으로 용인되어 왔다. 즉, 기능적 관점에서 아동에 대한 체벌은 오히려 가족의 질서를 유지하는 역할을 할 수 있고, 형제자매간 싸움은 일반적이고 규범적인 행위이기 때문에 사회적 문제로 인식될 필요가 없다는 것이다. 이러한 관점에서 가정폭력은 용인성을 가진다.

마지막으로, 성인가해자에 의한 가정폭력은 자녀에게 전수되어 세대 간 재생산 · 전이되는 순환성의 특징을 지닌다. 위덤(Widom, 1989)이 '폭력의 순환(Cycle of Violence)'의 개념을 소개하며 아동기 학대 및 방임 경험은 청소년비행, 성인기 범죄, 폭력경험률을 높인다고 주장한 이래 수많은 연구에서 유사한 결과를 보고하고 있다(Fitton, Yu, & Fazel, 2020).

4) 가정폭력 관련 이론

가정폭력 관련 이론들은 가정폭력의 발생원인을 다양한 관점에서 제시하고 있다. 구체적으로 가정폭력이 정신적 결함, 정신질환, 약물중독과 같은 개인적 요인에 기인한다고 보는 정신병리적 관점, 개인과 개인을 둘러싼 사회와의 상호관계로 인한 것이라는 사회심리적 관점, 그리고 사회구조 및 문화적 특징들에 의해 형성된다는 사회문화적 관점으로 구분된다. 가정폭력 관련 이론은 가정폭력의 기제를 밝힘으로써 적절한 개입과 지원을 위한 방향을 제시한다는 의의가 있다. 하지만 가정폭력의 원인은 하나에만 국한된 것이 아니기 때문에 다양한 이론의 상호작용 속에서 포괄적인 고려가 필요하다.

(1) 정신의학적 관점

가정폭력의 발생원인을 이해하기 위한 관점 중에는 초기의 개인내적 관점 혹은 정신의학적 관점이 있다. 이 관점은 가정폭력이 개인의 기질적 특성 혹은 후천적으로 발전된 정신질환이나 중독문제에 기인한다고 설명한다(최정숙 외, 2020). 기질은 생물학적 요인으로서 주로 선천적이지만, 후천적으로 환경의 영향을 받아 더욱 강하게 발현되기도 한다. 가정폭력과 관련된 기질로는 가학적 성향, 높은 충동성, 낮은 자기통제력 등을 들 수 있다. 즉, 정신의학적 관점은 가정폭력을 정신질환이나 문제성 음주나 중독문제의 결과로 이해한다.

한국 가정폭력실태조사 결과를 보면 모든 폭력유형에서 음주 유경험 집단이 비음주 집단보다 높게 나타났으며, 행위자의 56.9%가 폭력을 행사할 당시 음주상태였던 것으로 보고된다(여성가족부, 2010). 이처럼 음주와 가정폭력 간에 높은 상관성이 나타나지만, 한편으로는 음주를 폭력적 행동을 발생시키는 직접적인 원인보다는 이를 촉진시키는 요인으로 이해해야 한다는 의견이 증가하고 있다(여성가족부, 2019).

(2) 사회심리적 관점

대표적인 사회심리학 이론으로는 사회학습이론을 꼽을 수 있다(Bandura, 1973). 이 이론은 인간의 사회적 행동은 타인의 행동에 대한 관찰과 모방을 통한 학습의 산물이라고 주장한다. 특히 아동의 경우 모방을 주된 학습의 기제로서 사용하며, 부모나 중요한 타인의 행동에 더욱 민감하게 반응한다. 따라서 폭력적인 가정에서 성장한 아이들은 부모 간 이루어지는 폭력적인 행동을 모방하고, 처벌과 강화를 통해 폭력행동을 선택적으로 학습하게 된다. 이에 따라 아동은 가족의 폭력에 대한 수용적 태도 및 가치관을 따라 형성하고 폭력을 문제해결의 수단으로 활용하게 된다.

부모로부터 학습된 폭력은 대인관계 전반에 나타나 학교폭력과 같이 또래관계에서도 발전하며(Park, Grogan-Kaylor, & Han, 2021), 이후 배우자, 자녀, 노부모를 대상으로 한 여러 가정폭력 형태로도 나타난다. 사회통제이론에서 학대는 폭력을 학습한 결과라고 주장하며 폭력의 세대 간 전이 현상을 설명하고자 한다. 실제로 많은 연구에서 아동기 보호자로부터의 학대 · 방임 경험이 있는 사람은 이후 자신이 부모가 되었을 때 자녀에게 폭력을 행사한다는 것을 밝히고 있다(Widom, 2017). 뿐만 아니라 아동기 때의 신체적 학대경험과 부부폭력 목격경험은 이후 성인기 때 배우자 폭력을 예측하였다(Ehrensaft et al., 2003). 또한 성장기 학대경험은 성인이 되었을 때 배우자에게 신체적 외상을 가할 위험성을 높였다(Widom, Czaja, & Dutton, 2014). 더구나 아동이 성장하고 부모는 고령화되어 가족 내 힘이 이동함에 따라 피학대경험이 있는 성인자녀가 고령의 부모에게 학습된 폭력을 행사하는 경우도 있다(Gordon & Brill, 2001).

(3) 여성주의적 관점

여성주의적 관점은 가정폭력 피해자의 대다수가 여성인 점에 주목하고 가정폭력 문제를 남성에 의한 여성의 인권침해 문제로 인식하면서 발전되었다(박영란, 2007). 이 관점은 가정폭력이 남성중심적 사회문화, 성차별주의적 문화, 성불평등한 사회구조, 가부장적 이데올로기 등에 기인한다고 본다(여성가족부, 2010; 박영란, 2007). 즉, 가정폭력은 단순히 가족 내 발생하는 갈등이 아니라 가부장적인 사회구조 속에서 남성이 여성을 통제하기 위한 수단으로 활용되는 사회적 문제로 이해된다(Dobash & Dobash, 1995; 박영란, 2007 재인용).

초기의 여성주의적 관점은 이러한 여성 피해자-남성 가해자의 패러다임을 토대로 발전하였지만, 최근에는 남성 피해자-여성 가해자의 관계에서 사각지대에 놓인 남성에 대한 지원의 중요성 또한 확대되고 있다. 기존에는 '젠더폭력(gender-base violence)'을 논의하는 데 있어서 '여성에 대한 폭력(violence against women)'이라는 시각이 주를 이루어 왔다. 하지만 남녀의 관계에 있어서 약한 지위에 있는 남성을 대상으로 가해지는 신체적·성적·정서적·경제적 폭력 또한 젠더폭력의 확장으로 보게 되었다(이미정, 정수연, 양혜진, 2017). 이처럼 피해자의 성별과 무관하게 젠더폭력은 사회적으로 형성된 젠더규범, 물리적 힘이나 위계, 의존, 취약성 등의 불균등한 관계에 근거하여 강자가 약자에게 가하는 폭력행위라는 포괄적인 개념으로 이해될 수 있다.

3. 폭력 · 학대 가족에 대한 이해

1) 배우자폭력가족

(1) 개념 및 특징

배우자폭력은 부부폭력, 친밀한 관계에서의 폭력(intimate partner violence) 등의 표현과 혼용되고 있다. 부부폭력은 부부라는 단위로 묶인 관계에서 발생하는 폭력의 성격이 강한 반면, 배우자폭력은 개인에 대해 가해지는 폭력에 초점이 맞춰져 있다(여성가족부, 2019). 친밀한 관계에서의 폭력은 법적으로 결혼관계에 있는 부부뿐 아니라 동거하는 성인 사이에서 발생하는 폭력을 포괄하여 변화하는 가정형태를 반영하는 개념이다.

세계보건기구(World Health Organization, 2012)에 따르면 배우자가 폭력을 행사함에도 불구하고, 많은 피해자는 폭력경험을 묵인하고 은폐함으로써 가족관계를 유지하고자 한다. 이러한 행동의 구체적인 이유로는 보복에 대한 두려움, 높은 경제적 의존도, 낮은 사회적 지지, 사회적 낙인에 대한 두려움, 배우자가 변할 것이라는 기대 등이 있다. 이처럼 배우자폭력의 피해자들이 가족관계를 지속하고자 하는 것은 수동적으로 폭력 상황에 수긍해서가 아니라 오히려 자신과 자녀의 안전을 위해 적극적으로 대처하는 전략이라 볼 수 있다.

(2) 폭력유형

배우자폭력 유형으로 외력에 의한 신체적 손상을 일으키는 신체적 폭력, 언어적 · 비언어적 수단으로 괴롭히는 정서적 폭력, 성적 수치심을 주거나 성적 행위를 강요하는 성적 폭력, 가정의 재산을 독점하거나 재산을 갈취하는 경제적 폭력, 상대방의 생활과 행동을 통제하는 것이 있다. 이 중 통제는 아동학대나 노인학대 유형에는 없고 상대적으로 동등한 위치에 있는 배우자 간 폭력에서만 나타나는 독특한 유형이다. 배우자폭력 유형과 세부 행동에 대한 예시는 〈표 9-2〉와 같다.

표 9-2 배우자폭력 유형과 세부 행동

유형	세부 행동
신체적 폭력	• 상대방을 다치게 할 수 있는 물건을 던지는 행동 • 밀치거나 팔, 어깨, 머리 등을 움켜잡는 행동 • 손바닥으로 뺨이나 머리, 몸을 때리는 행동 • 목을 조르거나 코와 입을 막는 등 숨을 쉬지 못하게 하거나 고의로 화상을 입히는 행동 • 칼이나 흉기 등으로 위협하거나 다치게 하는 행동 • 허리띠, 몽둥이 등 맞으면 다칠 수 있는 물건으로 때리는 행동 • 주먹이나 발로 때리거나 사정없이 마구 때리는 행동
정서적 폭력	• 모욕하거나 욕을 하는 행동 • 때리려고 위협하는 행동 • 상대방의 물건을 부수는 행동 • 상대방이 아끼는 사람이나 반려동물을 해치거나 해치겠다고 위협하는 행동 • 상대방 앞에서 자해를 하거나 자해, 자살하겠다고 위협하는 행동 • 잠을 못 자게 괴롭히는 행동
성적 폭력	• 무력을 사용하여, 상대방이 원하지 않을 때 성관계를 강요하거나 상대방이 원하지 않는 형태의 성관계를 강요하는 행동 • 무력은 사용하지 않았지만, 상대방이 원하지 않을 때 성관계를 강요하거나 상대방이 원하지 않는 형태의 성관계를 강요하는 행동 • 상대방이 원하지 않는 신체적 접촉(만지기, 키스, 포옹 등)을 하는 행동 • 상대방의 신체 일부 또는 성행위를 동의 없이 촬영하는 행동 • 상대방의 신체 일부 또는 성행위를 촬영한 사진, 동영상 등을 동의 없이 올리는 행동
경제적 폭력	• 생활비를 부담해야 하지만 일부러 생활비를 주지 않는 행동 • 상대방의 재산 또는 상대방에게 지분이 있는 재산을 동의 없이 처분하는 행동 • 수입과 지출을 독점하는 행동 • 돈이나 재산을 빼앗거나 빚을 떠넘기는 행동

통제	• 친구들과 연락하거나 만나지 못하게 하는 행동
	• 친정식구 또는 본가와 연락하거나 만나지 못하게 하는 행동
	• 어디에 있는지 꼭 알려고 하는 행동
	• 무시하거나 냉담하게 대하는 행동
	• 이성과 이야기를 하면 화를 내는 행동
	• 바람을 피운다고 자꾸 의심하고 비난하는 행동
	• 아파서 병원에 가야 할 때에도 허락을 받도록 하는 행동
	• 온라인, 오프라인에서 누구와 연락을 주고받는지 감시하는 행동
	• 사회 활동(직업 갖기, 교육 받기, 사회적 성취 등)을 못하게 하거나 허락을 받도록 하는 행동
	• 외출 시간, 귀가 시간 등을 허락받도록 요구하는 행동
	• 피임을 거부하거나 성관계 도중 합의 없이 피임 기구를 제거하는 행동

출처: 여성가족부(2019), p. 20 참고.

2) 아동학대가족

(1) 개념 및 특징

보호자로부터 가해지는 심각한 신체적 학대로서 상해나 사망에 이르게 하는 폭력행위를 지칭하는 피학대아동 증후군(battered child syndrome)이 의학적 개념(Kempe et al., 1962)으로서 학계에 소개된 후, 아동학대는 가정폭력의 한 유형으로서 본격적으로 다루어졌다. 이후 이러한 행위는 아동학대(child abuse, child maltreatment), 아동 학대와 방임(child abuse and neglect)이라는 용어로 지칭되고 그 개념이 발전하여 사용되어 왔다(Gelles, 1985). 영문 용어 child maltreatment의 경우, 신체학대 · 정서학대 · 의료방임 · 교육방임 등 다양한 형태의 학대와 방임을 포함하는 포괄적 개념이다. 하지만 이러한 개념은 한글로 번역되지 않고 있어 한국에서는 child abuse와 child maltreatment 모두 학대(abuse)로 통합하여 사용되고 있다.

아동은 발달적 특수성으로 인해 특별한 보호와 배려를 받을 권리를 지닌 인격체로 이해되어야 한다(오삼광, 2020). 아동을 부모의 부속물이나 미비한 존재로 보는 경향은 아동학대를 부추기며, 가정 내 아동학대를 목격하고도 부모의 교육방법의 차이, 훈육의 일환이라고 치부하고 관여하지 않는 방관적 자세 또한 아동학대를 지속시킨다. 아동은 신체적 · 인지적 · 정신적으로 성장해 가는 발달과정에 있기 때문에 학대아동이 스스로 피해 사실을 알리고 방어하기 어려운 취약성을 보이기도 한다.

(2) 학대유형

한국 「아동복지법」에 따른 아동학대 유형은 신체적 · 정신적 · 성적 폭력이나 가혹행위, 유기 · 방임 등으로 분류된다(제3조). 각 유형과 세부 행위에 대한 설명은 〈표 9-3〉과 같다.

신체적 학대는 보호자나 성인이 아동에게 신체에 손상을 주거나 신체의 건강 및 발달을 해치는 행위 혹은 이를 허용하는 행위이며, 우발적인 사고는 제외한다. 정서적 학대는 보호자나 성인이 아동의 정신건강 및 발달에 해를 끼치는 행위이며 언어적 · 정신적 · 심리적 학대라고도 불린다. 성적 학대는 보호자나 성인이 아동의 건강 · 복지를 해치고 정상적 발달을 저해할 수 있는 성적 폭력, 가혹행위, 음란한 행위, 이를 매개하는 행위, 성적 수치심을 유발하는 성희롱을 포함한다. 방임은 보호자나 성인이 아동에게 위험한 환경에 처하게 하거나 아동에게 필요한 의식주를 포함한 기본적 보호 · 양육 · 치료 및 교육을 소홀히 하는 행위이며, 유기란 보호자나 성인이 자신의 보호 · 감독을 받는 아동을 버리는 것을 가리킨다.

표 9-3 아동학대 유형과 세부 행위

유형	세부 행위
신체적 학대	• 직접적으로 신체에 가해지는 행위(손, 발 등으로 때림, 꼬집고 물어뜯는 행위, 조르고 비트는 행위, 할퀴는 행위 등) • 도구를 사용하여 신체를 가해하는 행위(흉기 및 뾰족한 도구로 찌름, 때림 등) • 완력을 사용하여 신체를 위협하는 행위(강하게 흔듦, 신체부위 묶음, 벽에 밀어붙임, 떠밀고 잡음, 아동 던짐, 거꾸로 매닮, 물에 빠트림 등) • 신체에 유해한 물질로 신체에 가해지는 행위(화학물질 혹은 약물 등으로 신체에 상해를 입히는 행위, 화상을 입힘 등)

정서적 학대	• 원망적/거부적/적대적 또는 경멸적인 언어폭력 등 • 잠을 재우지 않는 것 • 벌거벗겨 내쫓는 행위 • 형제나 친구 등과 비교, 차별, 편애하는 행위 • 가족 내에서 왕따시키는 행위 • 아동이 가정폭력을 목격하도록 하는 행위 • 아동을 시설 등에 버리겠다고 위협하거나 짐을 싸서 쫓아내는 행위 • 미성년자 출입금지 업소에 아동을 데리고 다니는 행위 • 아동의 정서 발달 및 연령상 감당하기 어려운 것을 강요하는 행위(감금, 약취 및 유인, 아동 노동 착취) • 다른 아동을 학대하도록 강요하는 행위
성적 학대	• 자신의 성적 만족을 위해 아동을 관찰하거나 아동에게 성적인 노출을 하는 행위(옷을 벗기거나 벗겨서 관찰하는 등의 관음적 행위, 성관계 장면을 노출, 나체 및 성기 노출, 자위행위 노출 및 강요, 음란물을 노출하는 행위 등) • 아동을 성적으로 추행하는 행위(구강추행, 성기추행, 항문추행, 기타 신체 부위를 성적으로 추행하는 행위 등) • 아동에게 유사성행위를 하는 행위(드라이성교 등) • 성교를 하는 행위(성기삽입, 구강성교, 항문성교) • 성매매를 시키거나 성매매를 매개하는 행위
물리적 방임	• 기본적인 의식주를 제공하지 않는 행위 • 불결한 환경이나 위험한 상태에 아동을 방치하는 행위 • 아동의 출생신고를 하지 않는 행위, 보호자가 아동들을 가정 내 두고 가출 • 보호자가 친족에게 연락하지 않고 아동을 친족 집 근처에 두고 사라진 경우 등
교육적 방임	• 보호자가 아동을 특별한 사유 없이 학교(의무교육)에 보내지 않거나 아동의 무단결석을 방치하는 행위
의료적 방임	• 아동에게 필요한 의료적 처치 및 개입을 하지 않는 행위
유기	• 아동을 보호하지 않고 버리는 행위 • 아동을 병원에 입원시키고 사라진 경우 • 시설 근처에 버리고 가는 행위

출처: 아동권리보장원 홈페이지(https://www.ncrc.or.kr/ncrc/cm/cntnts/cntntsView.do?mi=1030&cntntsId=1029&scrollTop=1050)의 내용을 재구성.

(3) 피해 결과

학대아동은 학대유형에 따라 다양한 신체적·행동적 증후를 보인다(〈표 9-4〉 참조). 아동학대가 아동에게 미치는 영향은 발달단계나 연령에 따라 다르게 나타날 수 있다. 영유아기 때의 학대경험은 아동의 신체적 외상이나 사망뿐 아니라 심리·정서 문제, 사회성 결여로 이어지고, 학령기에는 추가적으로 학교부적응, 자해행위, 가출, 비행, 정체성 혼란 등을 경험할 경향이 있는 것으로 보고된다(명화숙, 2016).

표 9-4 학대아동의 유형별 증후

학대유형	아동 증후(신체적)	아동 증후(행동적)
신체 학대	• 설명하기 어려운 신체적 상흔 • 발생 및 회복에 시간차가 있는 상처 • 반복적인 상처 • 화상자국, 물린자국 • 입, 입술, 치은, 눈, 외음부 상처 • 겨드랑이, 팔뚝 안쪽, 허벅지 안쪽 등 다치기 어려운 부위의 상처 • 두부 손상, 귀 손상, 복부 손상, 흉부손상, 골절	• 어른과의 접촉회피 • 다른 아동이 울 때 공포를 나타냄 • 공격적이거나 위축된 극단적 행동 • 부모에 대한 두려움 • 집에 가는 것을 두려워함 • 위험에 대한 지속적인 경계
정서 학대	• 발달지연 및 성장장애 • 신체발달 저하	• 특정 물건을 계속 빨고 있거나 물어뜯음 • 행동장애(반사회적·파괴적 행동장애) • 신경성 기질장애, 언어장애 • 정신신경성 반응(히스테리, 강박, 공포) • 극단행동, 과잉행동, 자살시도 • 실수에 대한 과잉 반응 • 부모와의 접촉에 대한 두려움

성 학대	• 학령 전 아동의 성병감염, 임신 • 생식기의 증거 • 항문증후 • 구강증후	• 명백하게 성적인 묘사를 한 그림 • 타인과의 성적인 상호관계 • 비행, 가출, 범죄행위 • 약물 및 알코올 남용 • 충동성, 산만함 및 주의집중장애 • 우울, 불안, 사회관계의 단절, 자살시도 • 위축, 환상, 유아적 행동(퇴행행동) • 수면장애, 섭식장애, 외상후 스트레스장애 • 저조한 학업수행
방임	• 발달지연 및 성장장애 • 비위생적인 신체상태 • 예방접종과 의학적 치료 불이행으로 인한 건강상태 불량 • 아동에게 악취가 지속적으로 나는 경우	• 계절에 맞지 않는 부적절한 옷차림 • 음식을 구걸하거나 훔침 • 비행 또는 도벽 • 학교에 일찍 등교하고 집에 늦게 귀가함 • 지속적인 피로 또는 불안정감 호소 • 수업 중 조는 태도, 잦은 결석

출처: 아동권리보장원 홈페이지(https://www.ncrc.or.kr/ncrc/cm/cntnts/cntntsView.do?mi=1030&cntntsId=1029&scrollTop=1050)의 내용을 정리.

3) 노인학대가족

(1) 개념 및 특징

노인학대가족은 노인의 배우자, 성인자녀 그리고 친척 등에 의해 노인에게 폭력이 행사되는 가족을 가리킨다. 노인학대를 지칭하는 표현으로서 노인폭력은 노인학대와 함께 동등하게 사용되고 있다. 노인학대의 주요 특징으로는 의존성, 신체적·인지적 특성, 지속성 및 반복성 등을 꼽을 수 있다(김선협, 2019).

의존성은 다른 사람에게 부양을 의존하는 노인에게 학대 위험성이 증가하는 것을 가리킨다. 일정한 수입이 없어 가족에게 경제적으로 의존하거나 사회적 역할을 상실한 경우 학대의 대상이 될 수 있으며, 고립되는 노인의 경우 학대 가능성이 더욱 증가한다. 학대를 받는 노인은 신체적으로 약하거나 인지기능이 저하된 경우가 많다. 신체적·인지적 장애를 지닌 노인을 대상으로 하는 폭력은 상대적으로 쉽게 행사될 수 있기 때문이다. 또한 건강이 악화된 노인을 돌보는 부양자가 가중된 스트레스에 기인하여 폭력을 행사하게 될 수도 있다. 마지막으로, 노인의 낮은 사회적 지위와 신체·인지 기능의 악화는 노인학대의 지속성·반복성에 영향을 미친다. 뿐만 아니라 가정 내 학대의 경우, 가해자가 자녀일 경우, 학대신고를 꺼리는 경향이 높으며, 시설 내 학대의 경우에는 노인이 직접 학대행위를 가족이나 외부에 알리지 않는 한 은폐될 수 있다.

한국은 노인학대에 대한 사회적 관심이 배우자폭력이나 아동학대에 비해 상대적으로 늦게 시작되어 관련 정책이나 서비스 또한 늦게 제도화되었다. 한국은 2026년에 65세 이상 노인인구가 전체의 20%를 넘는 초고령사회로 진입할 것으로 전망되는 만큼 노인학대에 대한 이해가 중요하다.

(2) 학대유형

노인학대 유형은 신체적 학대, 정서적 학대, 성적 학대, 경제적 학대, 방임, 자기방임, 유기 등 다양하며, 이 중 두 가지 이상 복합적으로 경험하는 경우를 중복학대라 한다(보건복지부, 중앙노인보호전문기관, 2020; 정수일, 박미란, 2016). 노인학대 유형은 매우 다양하게 나타나는데, 노인은 성인임과 동시에 돌봄이 필요하다는 특징을 지니고 있기 때문이다. 노인학대는 배우자폭력 유형에서 나타나는 경제적 학대와 아동학대 유형에서 나타나는 방임·유기를 모두 포함한다. 방임의 경우 아동학대에서 나타나는 것보다 세부적으로 분류되고 있다. 이를테면 적극적 방임과 소극적 방임과 같이 방임의 의도성에 다른 분류(김치영, 고명수, 김영대, 2014), 방임과 자기방임과 같이 방임의 주체에 따른 분류(보건복지부, 중앙노인보호전문기관, 2020), 신체적 방임이나 경제적 방임과 같이 방임영역에 따른 분류(보건복지부, 한국보건사회연구원, 2020)로 구분된다. 각 유형에 대한 세부 행위는 〈표 9-5〉와 같다.

신체적 학대는 밀치거나 때리는 등 물리적인 힘 또는 도구를 이용하여 노인에게 신체적 손상, 고통, 장애 등을 유발하는 행위를 가리킨다. 정서적 학대는 노인을 대상으로 구박, 비난, 모욕, 위협, 대화 기피, 의견 무시, 짜증, 방해, 소외, 격리 등 언어 및 비언어적 행동으로 정서적 고통을 주며 괴롭히는 행위이다. 성적 학대는 노

표 9-5 노인학대 유형과 세부 행위

유형	세부 행위
신체적 학대	• 노인을 제한된 공간에 강제로 가두거나 노인의 거주지 출입을 제한한다. • 노인을 폭행한다. • 노인의 신체를 강제로 억압한다. • 노인의 신체를 구속하거나 제한된 공간에 가둔다. • 노인의 신체적 생존을 위협할 수 있는 행위를 한다. • 노인이 원하지 않거나 수행하기 어려운 노동을 하게 한다. • 신체적 해를 가져올 위험성이 큰 행위로 노인을 협박하거나 위협한다. • 약물을 사용하여 노인의 신체를 통제하거나 생명을 저해한다.
정서적 학대	• 노인과 관련된 결정사항에 대한 의사결정 과정에서 소외시킨다. • 노인과의 접촉을 기피한다. • 노인에게 위협적인 언행을 한다. • 노인을 무시하거나 기피한다. • 노인을 위협 · 협박하는 언어적 표현이나 감정을 상하게 하는 행동을 한다. • 노인의 감정을 상하게 하는 언행을 한다. • 노인의 사생활과 입 · 퇴소와 관련한 의사결정권을 제한한다. • 노인의 사회관계 유지를 방해한다.
성적 학대	• 노인에게 성적 수치심을 주는 표현이나 행동을 한다. • 노인에게 성폭력을 행한다.
경제적 학대	• 노인의 소득 및 재산, 임금을 가로채거나 임의로 사용한다. • 노인의 재산 사용 또는 관리에 대한 결정을 통제한다. • 노인의 재산에 관한 법률적 권리를 침해하는 행위를 한다.
방임	• 거동이 불편한 노인의 의식주 등 일생생활 관련 보호를 제공하지 않는다. • 경제적 능력이 없는 노인의 생존을 위한 경제적인 보호를 제공하지 않는다. • 노인에게 의료적 처치 및 보호를 소홀히 한다. • 노인을 부적절한 환경에서 생활하도록 방치한다. • 노인의 일상생활 관련 보호 및 서비스를 방치한다. • 의료관련 욕구가 있는 노인에게 의료적 보호를 제공하지 않는다. • 자기방임 노인을 방치한다. • 학대사례를 방치하거나 신고하지 않는다.
자기방임	• 자신을 돌보지 않거나 돌봄을 거부함으로써 노인의 생명에 위협을 받는다.
유기	• 노인을 유기한다.

출처: 보건복지부, 한국보건사회연구원(2020); 보건복지부, 중앙노인보호전문기관(2020)의 자료를 참고하여 정리.

인의 성적 수치심을 유발하는 말이나 행동을 하거나 폭력(성희롱, 성추행, 강간) 등 의사에 반한 성적 행위를 강요하는 것이다. 경제적 학대 혹은 착취는 비자발적 구매, 강제 명의 변경 등 금전적인 피해를 입히거나 재산을 착취하고, 경제적 의사결정권을 통제하는 행위까지를 포괄한다.

방임은 부양의무자 또는 보호자가 책임이나 의무를 불이행하고 노인에게 필요한 의식주 및 의료서비스를 적절하게 제공하지 않는 것을 가리킨다. 자기방임은 노인 스스로가 최소한의 자기보호 관련 행위를 의도적으로 포기하거나 신체 · 인지 능력 저하 등의 이유로 자신을 관리하지 못해 심신이 위험한 상황이나 사망에 이르게 하는 행위이다. 유기는 보호자 또는 부양의무자가 노인을 버리는 행위를 가리킨다.

4. 폭력 · 학대 가족 현황 및 서비스

1) 배우자폭력

(1) 전국 배우자폭력경험률

2019년에 시행된 가정폭력실태조사 대상자 중 27.5%가 지난 1년간 배우자폭력 경험이 있다고 대답했으며, 이 중 통제(25%)와 정서적 폭력(7.2%) 경험이 가장 높았다(〈표 9-6〉 참조).

여성 응답자의 28.9%, 남성 응답자의 26.0%가 지난 1년 동안 신체적 폭력, 성적 폭력, 경제적 폭력, 정서적 폭력, 통제 피해 중 하나라도 경험한 적이 있는 것으로 나타났다(여성가족부, 2019). 경험한 폭력유형은 여성의 경우 통제, 정서적 폭력, 성적 폭력, 신체적 폭력, 경제적 폭력 순으로, 남성의 경우는 통제, 정서적 폭력, 신체적 폭력, 경제적 폭력, 성적 폭력 순으로 높게 나타났다. 전체 폭력경험률에서는 성별차이가 크지 않았지만, 여성은 성적 폭력과 신체적 폭력에서 경험률이 남성 경험률의 각각 7.7배, 2.3배 수준이었다.

표 9-6 지난 1년간 배우자폭력경험률(2019년 전국 조사)

구분	신체적 폭력	성적 폭력	경제적 폭력	정서적 폭력	통제	전체
여성+남성	1.5%	2.6%	1.0%	7.2%	25.0%	27.5%
여성	2.1%	4.6%	1.2%	8.3%	25.4%	28.9%
남성	0.9%	0.6%	0.8%	6.0%	24.5%	26.0%

* 가정폭력실태조사는 전국을 대표하는 자료로서 만 19세 이상 국민을 대상으로 실시됨. 만 19세 이상의 배우자
  가 있는 응답자(사실혼 포함)를 대상으로 부부폭력 실태를 조사함.
출처: 여성가족부(2019).

(2) 배우자폭력 피해 수준

배우자폭력은 직접 신체와 정신 건강을 위협하고, 간접적으로는 폭력으로 인한 만성 스트레스에 따른 신체화 증상을 유발할 수 있다(World Heath Organization, 2012). 구체적으로 신체적 피해는 타박상, 찰과상, 골절, 유산 등이 있으며, 심리적 피해로는 우울, 위축, 자살생각 · 자살시도, 자해, 수면장애, 약물남용 등이 있다.

가정폭력실태조사에서도 배우자폭력에 따른 신체적 손상과 정신적 피해가 보고되고 있다. 지난 1년간 한 번이라도 배우자로부터 폭력 피해를 입은 경험이 있는 응답자 중, 이로 인해 신체적 상처를 입은 경험이 5.9%, 약국에서 의약품을 구입한 경험이 42.1%이었다(여성가족부, 2019). 또한 지난 1년간 배우자에 의한 폭력 피해로 인한 정신적 고통으로 약국에서 의약품을 구입한 경험은 7.7%로 나타났다. 추가적으로 지난 1년간 배우자에 의한 폭력피해로 경제활동에 영향을 받은 경험이 있는 비율은 8.2%이었으며, 해당 경험이 있는 응답자들은 업무능률 저하(88.2%), 일을 그만둘지 여부의 고민(21.0%), 인간관계의 어려움(19.3%) 등을 호소하였다.

(3) 배우자폭력 대응방법

2019년 가정폭력실태조사 결과, 배우자로부터 신체적 · 성적 · 경제적 · 정서적 폭력을 경험하였을 때 대응을 하지 않는 경우가 45.6%로 가장 많았다. 한편, 맞대응은 43.1%, 자리를 피하거나 도망친 경우가 12.5%, 주위에 도움을 요청한 경우가 1%로 외부의 지원을 통해 문제를 해결하려는 경우는 거의 없었다.

배우자로부터 신체적 · 성적 · 경제적 · 정서적 폭력을 경험한 응답자가 폭력행동 당시나 그 이후에 누군가에게 도움을 요청한 경험을 보면 여성은 29.7%로 가족 · 친척(10.0%)이나 이웃친구(5.6%)가 가장 높았고, 남성은 5.8%로 가족 · 친척(2.4%), 경찰(1.9%) 순으로 높아 경찰이나 피해자지원기관 이용률이 저조함을 알 수 있다. 그 이유로는 폭력이 심각하지 않다고 생각하거나 이 순간만 넘기면 괜찮아진다는 생각처럼 폭력 상황을 과소평가하는 경향과 배우자폭력은 가정의 사적문제로 부부가 해결할 일이라는 인식 등을 들 수 있다.

2) 아동학대

(1) 전국 아동학대 경험률

가정폭력실태조사에 따르면 지난 1년간 양육자에 의한 아동폭력 가해율은 27.6%이며, 폭력유형별로는 정서적 폭력 24.0%, 신체적 폭력 11.3%, 방임 2.0%로 나타났다(여성가족부, 2019). 또한 여성 양육자의 가해 경험(32.0%)이 남성 양육자(22.7%)보다 높게 보고되고 있다(〈표 9-7〉 참조).

표 9-7 지난 1년간 양육자에 의한 아동폭력 가해율(2019년 전국 조사)

구분	신체적 폭력	정서적 폭력	방임	전체
여성+남성	11.3%	24.0%	2.0%	27.6%
여성	13.5%	27.8%	2.7%	32.0%
남성	8.8%	19.8%	1.1%	22.7%

* 가정폭력실태조사는 전국을 대표하는 자료로서 만 19세 이상 국민을 대상으로 실시되었다. 아동폭력 가해 경험 문항은 18세 미만의 아동을 양육하고 있는 응답자를 대상으로 하였다.
출처: 여성가족부(2019).

(2) 아동학대 추이

아동학대 예방사업이 시작된 2001년부터 아동학대 관련 국내외 신고건수와 최종 학대 판단건수가 최근까지 감소하지 않고 매년 증가하고 있다([그림 9-3] 참조). 2001년보다 2019년에 신고건수는 약 10배, 최종 학대 판단건수는 약 19배 증가하였다. 2014년에 「아동학대범죄의 처벌 등에 관한 특례법」이 제정되면서 아동학대 범죄 신고의무와 절차가 명문화되고 아동학대에 대한 사회적 인식의 꾸준한 증가로 인해 학대사례의 발굴 또한 증가하였다.

아동보호전문기관에서 수집한 학대판단 사례자료를 중심으로 학대 발생추이를 살펴보면, 성 및 연령별 추계인구(1세별, 5세별/시도) 자료의 아동인구수를 나타내는 아동학대 발견율은 꾸준히 증가하여 2019년에는 3.81%로 2001년(0.18%) 대비 3.63%p 증가함을 알 수 있다(보건복지부, 2020b).

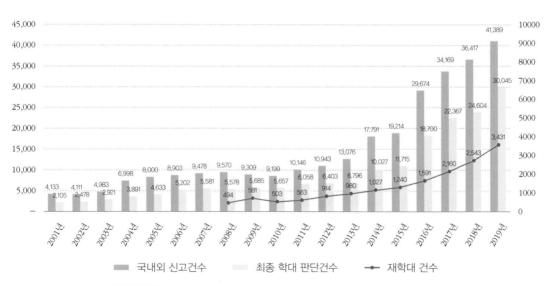

그림 9-3 연도별 국내외신고 건수, 최종학대판단 건수, 재학대발생 수

출처: 보건복지부, 중앙아동보호전문기관(2008); 보건복지부, 중앙아동보호전문기관(2009); 보건복지부, 중앙아동보호 전문기관(2013); 보건복지부(2020b). e-나라지표 아동학대피해경험률(http://index.go.kr/smart/refer.do?stts_ cd=805402&idx_cd=8054&clas_cd=8&clas_div=&idx_clas_cd=1&m=).

아동학대의 유형을 살펴보면([그림 9-4] 참조), 중복학대(48.2%), 정서학대
(25.4%), 신체학대(13.9%), 방임 (9.6%), 성학대(2.9%) 순으로 높게 나타났다. 특히
중복학대 중 신체학대·정서학대(38.6%)의 비율이 월등히 높았고, 정서학대·방임
(3.4%), 신체학대·정서학대·방임(3.0%), 모든 학대유형(0.7%)이 그 뒤를 이었다.
2001년 유형 분포 대비 2019년에는 방임, 신체학대가 감소하고, 정서학대와 중복
학대가 증가하였음을 확인할 수 있다.

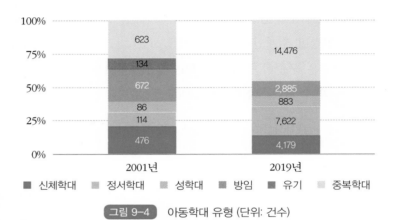

그림 9-4   아동학대 유형 (단위: 건수)

출처: 보건복지부(2020c); 보건복지부, 중앙아동학대예방센터(2001).

 참고   아동학대 사망사례 증가

집계가 시작된 2001년부터 아동학대로 인해 사망한 아동의 수는 꾸준히 증가하여
2019년 현재까지 총 286명에 달한다([그림 9-5] 참조). 지속적인 사망아동 건수의 증
가는 아동학대가 여전히 심각함을 방증한다.

사망사례 피해아동과 학대행위자의 특징에 대하여 비사망학대 사례 아동과는 상이한
점들이 보고되고 있다. 사망사례의 피해아동 성별의 경우, 남아(59.5%)가 여아(40.5%)
보다 높은 비중을 차지하였고, 연령의 경우 만 1세 미만이 가장 많았다(45.2%).

이러한 특징들은 성별차이가 없고 상대적으로 영아의 분포가 작게 나타난 일반 아동
학대 사례와 다른 모습이다.

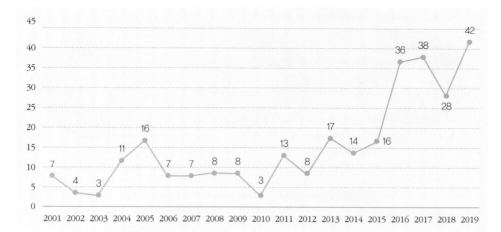

그림 9-5   아동학대 사망사례 추이 (단위: 명)

출처: 보건복지부(2020c); 보건복지부, 중앙아동보호전문기관(2015).

사망사례의 학대행위자의 경우, 연령별 분포는 20대(47.2%)가 가장 높았으며, 30대 (30.2%), 40대(13.2%)가 뒤를 이었고 사망사례 피해아동을 학대했던 행위자에는 친부 모가 거의 대부분(94.1%)을 이루어 학대행위자 연령이 40대와 30대를 주로 이루고, 친 부모가족 외 형태의 가족유형을 지닌 일반 아동학대 사례와 다소 차이를 보였다.

(3) 아동학대 피해자의 특징

아동보호전문기관에서 수집한 학대판단 사례자료를 중심으로 피해자 및 학대행 위자의 특징에 대해 설명하고자 한다. 2019년 아동학대로 최종 판단된 피해아동 의 인구사회학적 특징은 다음과 같다([그림 9-6] 참조). 피해아동 중 남아는 50.9%, 여아는 49.1%로, 성별에 따른 차이는 크지 않았다. 피해아동의 연령의 경우, 중학 생에 해당하는 만 12~14세의 아동이 전체의 23.7%로 가장 큰 비중을 차지하였고, 만 0~2세 영아가 7.8%로 가장 작은 비중을 차지하였다. 가족유형으로는 친부모가 족(57.7%), 부자가정 · 모자가정 · 재혼가정 등 친부모가족 외 형태(33.8%), 시설보 호 · 입양가정 · 가정위탁 등 대리양육 형태(1.2%) 순으로 나타났다.

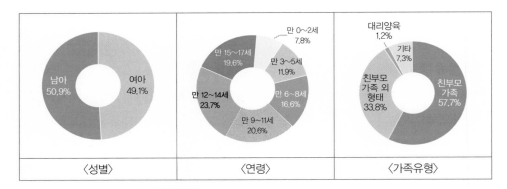

그림 9-6   아동학대 피해아동의 인구사회학적 특징

출처: 보건복지부(2020c).

(4) 아동학대 행위자의 특징

2019년 아동학대로 최종 판단된 사례 중 학대행위자의 특징을 분석하면 다음
과 같다([그림 9-7] 참조). 학대행위자의 성별의 경우, 남성(55.3%)이 여성(44.7%)
보다 높게 보고되었다. 학대행위자의 연령으로는 40대(43.9%), 30대(26.9%), 50대
(15.3%) 순으로 높게 나타났다.

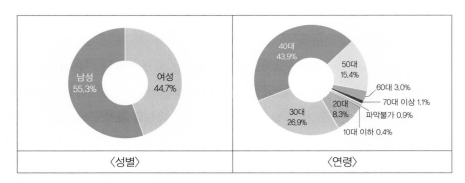

그림 9-7   아동학대 행위자의 특징

출처: 보건복지부(2020c).

학대행위자와 피해아동의 관계를 살펴본 결과([그림 9-8] 참조), 부모에 의한 학
대는 2001년 이후 점차 감소추세이지만 2019년에도 여전히 75.5%로 가장 큰 비
중을 차지하고, 이어 대리양육자 16.2%, 친인척 4.4% 순으로 높게 보고되었다. 세
부적으로는 부모에 의해 발생한 사례 중 친부에 의해 발생한 사례가 가장 높았고
(41.2%), 친모(31.1%), 계부(1.9%), 계모(1.1%)가 뒤따랐으며, 대리양육자 중에서는
초 · 중 · 고교직원(7.2%), 보육교직원(4.6%) 순으로 높았다. 이러한 통계수치는 아
동과 가장 친밀하게 상호작용해야 할 부모나 학교관계자의 학대사례가 높다는 것
을 방증한다. 이렇게 대부분의 아동학대 사례는 아동이 가장 가까이 지내는 사람에
의한 경우가 많아 은폐되기 쉽다는 위험성이 있다.

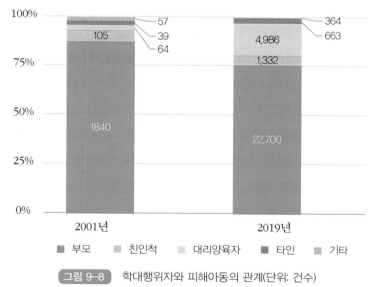

그림 9-8 학대행위자와 피해아동의 관계(단위: 건수)

출처: 보건복지부(2020c); 보건복지부, 중앙아동학대예방센터(2001).

3) 노인학대

(1) 전국 노인학대 경험률

가정폭력실태조사 결과 2019년에 만 65세 이상 응답자를 대상으로 지난 1년간 자녀, 사위, 며느리, 손자녀와 같은 가족원에 의한 폭력피해 경험을 물었을 때 신체적 폭력과 경제적 폭력이 각각 0.2%, 정서적 폭력 3.5%, 방임 0.3%로 나타났다(여성가족부, 2019; 〈표 9-8〉).

표 9-8 지난 1년간 가족원에 의한 노인폭력 피해 경험(2019년 전국조사)

구분	신체적 폭력	경제적 폭력	정서적 폭력	방임	전체
여성+남성	0.2%	0.2%	3.5%	0.3%	3.8%
여성	0.1%	0.2%	3.7%	0.4%	3.8%
남성	0.4%	0.3%	3.4%	0.3%	3.7%

* 가정폭력실태조사는 전국을 대표하는 자료로서 만 19세 이상 국민을 대상으로 실시되었다. 만 65세 이상 응답자를 대상으로 지난 1년간 자녀, 사위, 며느리, 손자녀와 같은 가족원에 의한 폭력 피해 실태를 조사하였다.
출처: 여성가족부(2019).

(2) 노인학대 추이

전국 34개 지역노인보호전문기관 자료를 집계하여 작성한 노인학대현황보고서(보건복지부, 중앙노인보호전문기관, 2020)에 따르면, 노인학대 사례건수는 2005년 이후 2020년까지 꾸준히 증가해 왔다([그림 9-9] 참조). 노인보호전문기관을 통해 신고 접수되는 노인학대 사례가 2005년 2,038건에서 2020년 6,259건으로 증가하였는데, 이는 노인보호기관이 확대되면서 학대피해 노인과의 접근성이 향상되고, 잠재된 사례의 발굴이 가능해졌기 때문으로 분석된다(정경희, 2017).

학대유형 건수의 경우, 정서적 학대, 신체적 학대, 방임 순으로 높았다([그림 9-10] 참조). 노인학대는 한 가지 유형으로 발생하기보다 여러 유형이 중복으로 나타나는 특징이 있어, 학대피해 노인의 75.4%가 중복학대 경험이 있는 것으로 나타났다. 신체적 학대처럼 가시화된 학대사례가 신고접수로 이어지는 경향이 있기

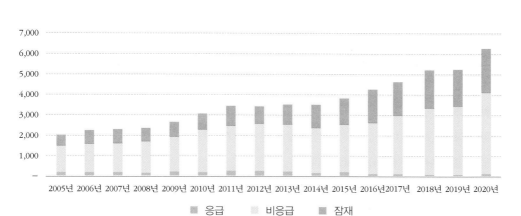

그림 9-9 연도별 노인학대 사례건수 및 사례판정에 따른 분류

출처: 보건복지부, 중앙노인보호전문기관(2020).

때문에 노인보호전문기관 자료에서는 신체적 학대가 정서적 학대 수준과 유사한 것으로 보인다(정경희, 2017). 학대 발생빈도는 매일(11.6%) 또는 1주일에 한 번 이상(26.6%), 1개월에 한 번 이상(27.7%)으로 학대를 경험하는 노인들 가운데 잦은 경험을 하는 비중이 높아 위험한 상황에 처해 있음을 알 수 있다.

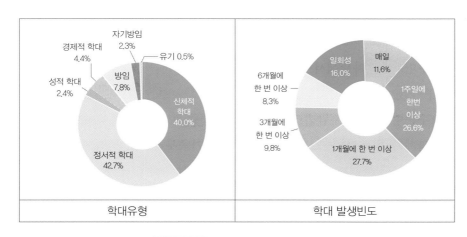

그림 9-10 노인학대 유형 및 빈도

출처: 보건복지부, 중앙노인보호전문기관(2020).

(3) 노인학대 피해자의 특징

　노인학대 피해 경험은 다양한 인구학적 요인에 따라 다르게 나타난다. 여성(76.5%)의 학대피해 경험이 남성(23.5%)에 비해 높고, 자기방임(55.6%가 남성)을 제외한 모든 세부 학대유형에서 이와 같은 양상이 나타났다. 가구 형태에 따른 학대피해의 경우, 자녀동거가족(32.9%), 노인부부가족(32.7%), 노인독거가족(17.1%) 순으로 높았다([그림 9–11] 참조).

　노인피해 경험을 학대 발생공간에 따라 분류하면 가정, 생활시설 · 이용시설 · 병원 등의 시설, 공공장소 등으로 분류할 수 있는데, 이 중 가정이 가장 높은 비율(88.0%)을 차지하고 있으며, 다음으로는 노인주거복지시설(양로시설, 노인공동생활가정, 노인복지주택)과 노인의료복지시설(노인요양시설, 노인요양공동생활가정) 등 생활시설(8.3%)이 높았다.

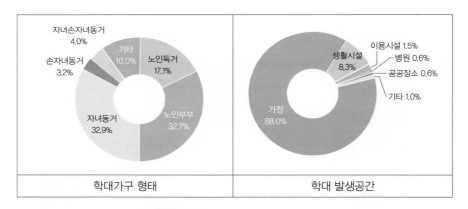

그림 9–11　노인학대 피해자의 특징

출처: 보건복지부, 중앙노인보호전문기관(2020).

(4) 노인학대 행위자의 특징

학대행위자의 특징으로는 배우자(31.7%)와 아들(34.2%) 등 가족에 의한 학대가 월등히 많았고 타인(3.3%)이나 기관관계자(13.0%)는 상대적으로 적었다([그림 9-12] 참조).

학대행위 원인의 경우, 성격문제(분노, 고집스러운 성격, 자신감 결여, 지나친 경계, 사회적 반응의 결핍, 적대적 행위, 충동적 성격, 폭력적 성격, 사회적 고립, 정서적 욕구불만 등)를 포함하는 개인내적 문제(35.5%)가 주요 원인으로 나타났으며, 이어서 이혼, 재혼, 부부갈등, 스트레스, 실직 등의 개인외적 문제(16.7%), 알코올 및 약물 사용장애(13.8%) 순으로 높게 나타났다.

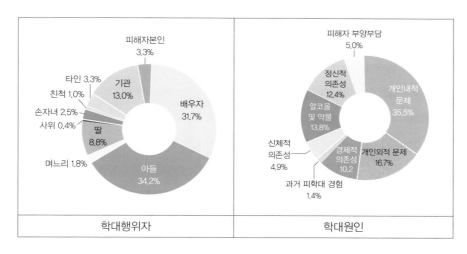

그림 9-12 학대행위자의 특징 및 원인

출처: 보건복지부, 중앙노인보호전문기관(2020).

5. 폭력 · 학대 가족에 대한 개입

1) 법률

한국은 1990년대 말부터 가정폭력 관련 법률이 제정 및 개정되어 제도적 개입과 지원의 근거가 마련되었다(〈표 9-9〉 참조). 1997년 「가정폭력방지 및 피해자보호 등에 관한 법률」 「가정폭력 범죄의 처벌 등에 관한 특례법」을 제정하였다. 이를 근거로 가정폭력신고제체 구축, 피해자 지원서비스 제공, 가정폭력실태조사, 가정폭력의 예방과 방지를 위한 법령정비 및 정책수립 등 가정폭력의 예방과 방지를 위한 국가와 지방자치단체의 책무가 강화되었다.

2000년 「아동복지법」의 전면개정을 통해 학대아동에 대한 보호 및 아동안전에

표 9-9 가정폭력 관련 법률 및 주요 내용

영역	관련 법률	주요 내용
가정폭력	가정폭력범죄의 처벌 등에 관한 특례법	가정폭력 · 가정폭력범죄 정의, 가정보호사건(신고의무, 응급조치, 가정보호사건처리 등)
	가정폭력방지 및 피해자 보호 등에 관한 법률	가정폭력의 예방 · 방지와 피해자의 보호 · 지원(가정폭력실태조사, 교육, 상담소 · 보호시설, 상담, 치료 등)
아동학대	아동복지법	아동학대 정의, 아동학대 예방 및 방지(의무, 지원, 교육, 보호계획, 사후관리 등), 아동보호전문기관 설치, 학대피해아동쉼터지정, 벌칙
	아동학대범죄의 처벌 등에 관한 특례법	아동학대 · 아동학대범죄 정의, 아동학대범죄 처벌, 아동학대범죄 처리 절차, 아동보호사건, 피해아동보호명령, 벌칙
	아동 · 청소년의 성보호에 관한 법률	아동 · 청소년대상 성범죄 정의, 아동 · 청소년대상 성범죄의 처벌과 절차, 피해아동에 대한 보호, 벌칙
노인학대	노인복지법	노인학대와 노인학대관련범죄 정의, 노인보호전문기관과 학대피해노인 전용쉼터 설치, 벌칙

출처: 법제처, 예방교육자료.

대한 제도적 지원을 공고히 하고자 하였다. 개정된 내용으로는 아동학대의 정의와 금지유형 규정(제2조), 긴급전화(제23조), 아동보호전문기관의 설치(제24조) 및 업무 규정(제25조), 아동학대 신고 의무화(제26조) 등이 있다.

2004년에는 「노인복지법」에 노인학대 관련규정을 신설하였으며, 이를 바탕으로 노인학대와 노인학대 관련범죄를 정의하고(제1조의2) 긴급전화(제39조의4) 및 노인보호전문기관(제39조의5) 설치, 노인학대에 대한 신고의무와 조치(제39조의6) 등 노인학대 방지와 노인보호를 위한 제도적 기반이 마련되었다.

2) 가족지원 시스템 및 서비스 전달체계

가정폭력 보호서비스는 폭력의 유형 및 특징에 따라 구분되며, 아동학대와 노인학대에 대한 보호서비스는 피해대상에 따라 구분된다(〈표 9-10〉 참조). 이러한 서

표 9-10 영역별 보호서비스 현황

	가정폭력	아동학대	노인학대
기준	폭력의 유형 및 특징(젠더폭력)에 따른 구분	피해 대상에 따른 구분	
학대·폭력 현황	1366센터 상담 건수: 206,885건(2019년 기준)	신고 접수: 41,389건, 학대 의심 사례: 38,380건 (2019년 기준)	신고 접수: 16,071건, 학대 사례: 5,243건 (2019년 기준)
근거 법률	「가정폭력방지 및 피해자 보호 등에 관한 법률」 등	「아동복지법」	「노인복지법」
서비스 전달체계	여성긴급전화 1366, 가정폭력상담소, 가정폭력피해자 보호시설	시·군·구 지자체, 아동권리보장원, 아동보호전문기관, 학대피해아동쉼터	노인보호전문기관, 학대피해노인 전용쉼터
서비스 제공기관 현황	1366센터(18개소), 가정폭력상담소(208개소), 가정폭력피해자 보호시설 65개소 (2020년 기준)	아동보호전문기관(67개소), 학대 피해아동쉼터 (73개소)(2019년 기준)	노인보호전문기관(35개소), 학대피해노인 전용쉼터(19개소)(2019년 기준)

출처: 김유희(2021), p. 7의 표를 재구성.

비스들은 가정폭력, 아동학대, 노인학대 관련 법령 및 정책에 근거하여 지역별 전문기관, 보호시설 등 전달체계를 통해 피해자에 대한 보호와 지원, 폭력예방 서비스로 제공되고 있다(김유희, 2021).

(1) 가정폭력

현재 가정폭력 피해자를 대상으로 상담, 보호, 치료·회복, 주거, 법률 지원이 이루어지고 있으며, 이러한 지원은 여성긴급전화 1366, 가정폭력상담소, 가정폭력피해자 보호시설, 경찰의 추진체계를 중심으로 이루어지고 있다([그림 9–13] 참조).

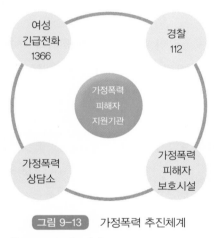

그림 9–13   가정폭력 추진체계

출처: 여성가족부 홈페이지(http://www.mogef.go.kr).

① 여성긴급전화 1366

가정폭력 여성 피해자들의 긴급상담이 국번 없는 특수전화 1366을 통해 365일 24시간 운영되고 있다.[1] 긴급전화는 여성 피해자에게 초기지원체계를 구축하고 유

---

1) 가정폭력 긴급전화는 여성가족부에서 위탁·운영하는 여성긴급전화(1366) 이외에도 안전Dream 아동·여성·장애인 경찰지원센터, 한국남성의전화, 건강가정지원센터, 한국가정법률사무소 등 경찰청 및 각종 단체 등에서 운영하고 있다.

관기관과의 유기적 연계를 통한 지원을 제공한다. 특히 위기개입을 위해 112, 119 전화와 연계조치, 의료기관·상담기관·법률기관·보호시설 등 서비스 연계를 지원한다. 또한 여성 피해자 및 동반자녀에 대한 임시보호(최대 7일)를 위해 긴급피난처를 운영하고 있다. 여성긴급전화 1366은 광역자치단체 단위로 1개소씩 전국 총 16개 시·도에 설치되어 있다(여성가족부 홈페이지, 2021).

② 가정폭력상담소

가정폭력상담소의 주요 업무는 피해신고, 상담, 임시보호, 서비스 연계이다. 구체적으로 가정폭력상담소는 가정폭력, 데이트폭력, 스토킹 피해 신고를 받거나 관련 상담업무를 맡고 있다. 또한 가정폭력으로 인하여 긴급보호가 필요한 피해자를 위해 임시보호서비스를 제공하고 있으며, 의료기관, 가정폭력 피해자 보호시설 등으로 인도한다. 가정폭력상담소에는 가해자 고발 등 법률적 사항에 관하여 자문을 요청할 수도 있다. 이 외에도 가정폭력의 예방과 방지에 관한 교육, 홍보, 조사·연구도 수행한다. 가정폭력 국비지원 상담소는 지역별로 128개소(2021년 기준)가 설치되어 있다(여성가족부 홈페이지, 2021).

③ 가정폭력피해자 보호시설

가정폭력피해자 보호시설은 가족 내 폭력으로 인해 가정에서 생활이 어려운 피해자와 가족에게 숙식을 무료로 제공하는 생활시설이다. 해당 시설에서 제공하는 보호유형은 보호시설에 머무를 수 있는 기간을 기준으로 일시보호(3일 이내), 단기보호(6개월 이내), 장기보호(2년 이내)로 구분된다. 가정폭력피해자 보호시설에서는 피해자의 신체적·정신적 안정, 치유회복을 위한 상담, 건강관리·치료를 위한 의료기관에의 연계, 수사·재판을 위한 법률적 지원, 자립·자활교육과 취업정보의 제공 등이 이루어진다. 아동과 동반하는 경우, 영유아에 대한 지원이 이루어지며 입소아동에 대한 문화프로그램비와 학업을 위한 수강료 지원도 가능하다. 입소 사실에 대해서는 비밀보장과 특별보호가 이루어진다. 일반보호시설 45개소와 가족보호시설 20개소(2021년 기준)가 운영되고 있다(여성가족부 홈페이지, 2021).

④ 기타 지원

이 외에도 신체적·정신적 치료가 필요한 가정폭력 피해자에 대한 치료비 지원이 이루어지고 있다. 치료내용으로 신체적·정신적 피해에 대한 치료, 임산부 및 태아 보호를 위한 검사 및 치료, 가정폭력 피해자 가정의 신생아에 관한 의료지원 등을 들 수 있다.

가정폭력 피해자 치료·회복 프로그램(개별상담, 집단상담, 미술치료, 음악치료, 명상 수련, 수공예, 부부상담, 심신회복캠프, 문화체험 등)과 재발방지를 위한 가정폭력 가해자 교정·치료 프로그램도 함께 제공되고 있다.

장기보호가 필요한 경우 여성폭력 피해자를 위해 임대주택사업을 통한 주거지원도 가능하다. 자립상담원이 입주자 상담, 취업지원 등 자활을 지원한다. 2021년 기준 전국에 마련된 주거지원시설은 총 344개소이다.

가정폭력 피해자에게 법률지식을 제공하기 위해 대한법률구조공단, 한국가정법률 상담소, 대한변협법률구조재단 등을 통해 무료법률지원도 이루어지고 있다. 법률지원은 피해자가 폭력으로부터 자신을 방어 및 보호할 수 있는 조치로서 기본적 인권보호 차원에서 이루어진다.

(2) 아동학대

① 아동보호전문기관

아동보호전문기관은 지방자치단체에서 시·도 및 시·군·구에 1개소 이상 두고 있어 전국 총 67개소(2019년 기준)가 운영되고 있다.

아동보호전문기관은 학대피해 아동, 가족 및 학대행위자를 위한 상담·치료 및 교육, 아동복지시설·학교·경찰서·주민자치센터·보건소·의료기관사회복지관 등 아동학대예방·피해아동보호와 관련된 기관 간의 연계, 아동학대예방 교육 및 홍보, 피해아동 가정의 사후관리 등을 담당한다(「아동복지법」 제46조).

2019년에는 아동보호전문기관을 통해 피해아동, 학대행위자, 부모·가족을 대상으로 약 96만 건의 서비스가 제공되었다(〈표 9-11〉 참조).

표 9-11 전체 서비스 제공 실적

구분	2019년 전체 서비스
피해아동	552,312
학대행위자	259,967
부모 또는 가족	144,634
계	956,913

출처: 보건복지부(2019), p. 48.

아동보호전문기관에서 제공하는 구체적인 서비스로는 상담서비스, 의료서비스(입원치료 · 통원치료), 심리치료서비스(심리검사 · 미술치료 · 놀이치료), 가족기능강화서비스(가정지원서비스 · 사회복지서비스기관 연결 · 공적 지원 연결), 학습 및 보호 지원서비스(일시보호시설 및 쉼터 입 · 퇴소 절차 지원, 분리보호 및 절차 지원, 출결 및 비밀전학 처리 지원), 사건처리 지원서비스(법률자문과 아동에 대한 응급조치 및 피해아동보호명령 절차 진행과 행위자에 대한 임시조치 또는 고소 · 고발), 행위자수탁프로그램(임시조치 또는 조건부기소유예, 보호처분 결정, 형벌과 수강명령 등의 병과를 통해 검찰 · 법원으로부터 상담 · 교육 위탁 처분을 받은 학대행위자를 대상), 피해아동수탁프로그램(피해아동보호명령을 통한 상담 및 교육)이 있다. 이 중 상담이 서비스의 약 65~75%를 차지하며 심리치료지원 서비스, 가족기능강화 서비스가 그다음으로 많다(보건복지부, 2019).

(3) 노인학대

① 노인보호전문기관

노인보호전문기관은 서울에 위치한 중앙노인보호전문기관과 총 34개의 지역노인보호기관으로 설치되어 있다(2021년 기준).

중앙노인보호기관은 노인인권보호 관련 정책제안, 연구 및 프로그램의 개발, 교육자료의 제작 및 보급, 노인학대예방 및 인권증진을 위한 홍보, 지역노인보호전문기관의 관리 및 업무지원, 관련 기관 협력체계의 구축 및 교류 활성화 등의 업무를 수행한다.

지역노인보호기관은 일반인, 학대피해자, 학대가해자 대상서비스를 직접 제공한다(〈표 9-12〉 참조). 구체적인 업무로 24시간 노인학대 긴급전화 운영 및 사례접수, 의심사례에 대한 현장조사 및 사례판정, 지역노인학대사례판정위원회 구성, 학대피해 노인 및 학대행위자 대상 서비스, 사례종결 및 사후관리, 노인학대 예방교육 및 재발방지교육 제공 등이 있다.

표 9-12 지역노인보호전문기관 제공 주요 서비스

서비스 영역	서비스 내용
상담서비스	학대피해노인 개별상담 및 집단상담, 학대행위자 및 가족 상담, 심리 및 기타 검사
복지서비스 연계	학대피해노인 및 학대행위자에게 국민기초생활보장제도 및 긴급복지지원 등 복지서비스 연계, 후원 및 기타 지원 연계
법률서비스 연계	학대피해노인 및 학대행위자의 법적 문제해결(부양 문제, 부채 문제, 학대행위자 고소·고발 등)을 위해 법률에 대한 정보나 법률 자문 연계
의료서비스 연계	의료기관 이송 및 동행 지원, 의료기관 치료의뢰 및 의료비 지원 등 학대피해노인의 건강증진 및 학대행위자의 중독문제 해결을 위해 의료적 치료를 연계·제공하는 서비스
보호서비스	학대피해노인의 안전·보호를 위해 학대행위자와 분리가 필요하다고 인정되는 만 65세 이상 학대피해노인을 대상으로 학대피해노인 전용쉼터 운영(전국 19개소)
사후관리	전화 및 방문 상담 등 종결된 사례에 대해 학대피해노인이 안전한지, 학대 재발 가능성은 없는지에 대해 일정 기간 정기적으로 관리

출처: 중앙노인보호전문기관(http://www.noinboho.or.kr).

제**10**장

재혼가족

재혼가족은 사회적 관심 밖에서 시나브로 지속적으로 늘어나 오늘날에는 혼인 5쌍 중 한 쌍 이상이 재혼일 정도로 큰 비중을 차지하고 있는 가족유형이다. 그럼에도 재혼가족을 계속 도외시했던 것은 우리 사회에 오랫동안 만연되어 있던 초혼핵가족 이데올로기와 여성의 재혼을 금기시하는 여정의 정절에 대한 이상화에 기인한 것으로 이해된다. 재혼 증가를 인지했다 하더라도 그 이상의 논의로 발전되지 않은 것은 재혼가족을 초혼가족과 크게 다름이 없는 것으로 보는 시각 때문이기도 하다. 그 결과로 계부모역할이나 계자녀관계 등에 대해 부정적 선입견이나 그에 기초한 부정적 신화나 잘못된 통념만이 난무하여 왔다. 그러나 재혼가족은 재혼 자체에 내재된 특성으로 인해 가족을 구성하고 적응하며 가족과제를 수행하는 과정에서 끊임없는 난관에 봉착하게 된다.

초혼과 달리 재혼가족에서 부·모[1]-자녀 간의 유대는 부부간의 유대보다 먼저 형

---

[1] 배우자의 전혼에서의 자녀와 동거하는 부나 모를 의미한다.

성되었으며 역사도 더 길다. 뿐만 아니라 인위적으로 형성된 부·모-자녀 관계는 가족생활주기와 개인생활주기상에 현격한 불일치를 낳는다. 또한 자녀와 성인이 경험했던 이전 가족의 잔재적인 영향도 초혼가족과는 전혀 다른 재혼가족만의 특성 중의 하나이다. 이러한 복잡한 특징은 재혼가족을 위협하는 요인으로 작용하여 재혼가족 내에 부부갈등과 가족갈등을 심화시켜 가정 해체의 위험성을 높이게 된다. 가족의 50% 이상이 재혼가족인 미국에서도 초혼의 이혼율보다 재혼의 이혼율이 더 높다(The US Bureau of Census, 2020)는 사실이 이를 경험적으로 뒷받침해 주고 있다. 따라서 수적 증가에서뿐만 아니라 재혼 자체에 내재되어 있는 어려움은 재혼가족에 대한 사회적 관심과 전문적 지원을 절실히 필요로 하게 된다. 이러한 배경에서 이 장에서는 재혼가족에 대한 전체적인 이해를 목적으로 실태와 욕구, 문제점과 복지적 개입방안에 대해 살펴본다.

1. 재혼가족 정의

재혼가족이란 부부의 한쪽 배우자 혹은 두 배우자 모두 전혼경험이 있는 사람들이 결혼하여 이루는 가족을 의미한다. 정의는 간단하지만 재혼가족이라고 통칭되는 가족에는 매우 다양한 유형이 존재하며, 이 유형에 따라 가족기능, 가족관계, 가족역동성, 노정하는 문제 등도 다양하다. 재혼가족의 유형을 논할 때 연구자들이 많이 적용하는 기준은 전혼에서의 자녀 유무와 자녀들과의 동거 여부, 재혼에서의 자녀 유무 등이다. 우선 전혼에서의 자녀 유무만 적용하여 재혼가족을 분류하면 3개의 유형이 가능하다.[2] 여기에 이들 전혼자녀의 동거 여부를 하나 더 적용하면 총 8개의 재혼가족 유형이 분류된다. 이러한 분류에서 재혼에서의 자녀출생 여부

---

2) 재혼부부 중 부에게 전혼자녀가 있는 경우와 없는 경우, 모에게 전혼자녀가 있는 경우와 없는 경우 각각의 경우의 수를 보면 전혼자녀가 모두에게 있는 유형, 부에게만 있는 유형, 모에게만 있는 유형, 모두에게 없는 유형의 4개 유형이 있다. 그러나 모두에게 없는 유형은 성격적으로 초혼핵가족과 같다고 보아 이 책에서는 재혼가족의 범주에서 제외한다.

를 더하게 되면 재혼가족 유형은 두 배가 된다. 이러한 외형적 기준에 따른 가족유형 외에 가족에 대한 재혼가족 성원들의 주관적이며 심리적인 정의를 고려하면 가족유형의 수는 끝없이 늘어나게 된다. 예를 들어, 계모와 함께 살고 있는 한 아이에게 '가족이라고 할 때 누구를 떠올리는가?'라는 질문을 던졌을 때 계모와 이복형제를 제외하고 여전히 따로 살고 있는 친모를 가족이라고 생각할 수도 있는 것이다.

또한 전혼해체 사유도 재혼가족 정의에 상당한 차이를 불러온다. 사별 후 재혼이라면 계부모가 친부모를 '대리'하는 개념이지만 이별 후 재혼이란 '부가된' 부모, 즉 두 가족이 존재하게 되면서 매우 복잡한 역동성을 낳는다. 자녀는 동시에 두 가구의 성원, 즉 현재 동거하는 부모가구의 구성원임과 동시에 동거하지 않는 부모가구의 구성원이기도 하다.

2. 재혼가족의 현황 및 욕구

1) 재혼실태

미국 사회에서는 이미 1990년대 초에 결혼의 50% 정도가 재혼일 정도로 재혼가족이 가장 보편적인 가족유형으로 자리 잡았다(Coleman, Ganong, & Fine, 2004). 우리나라는 여성의 재혼을 금기시하는 유교문화의 영향과 초혼핵가족에 대한 사회적 이상으로 인해 재혼에 대한 사회적 관심은 크지 않았지만, 실제로 재혼은 매우 지속적으로 상승하여 왔다. 〈표 10-1〉의 통계자료는 우리 사회의 재혼율이 2005년까지 얼마나 가파르게 증가하였는지를 극명하게 보여 주고 있다.

우선, 양적인 면을 보면 1970년에 전체 혼인의 8.5%를 차지하였던 재혼이 1980년에 7.8%, 1990년에 10.6%, 1995년에 13.7%, 2000년에 18%로 빠르게 증가하였고, 2005년에는 25.3%로 가장 높았다가 그 이후 다소 감소하기 시작하여 2010년 이후로 현재까지 비슷한 수준을 유지하고 있다. 2020년에는 21.5%로서 결혼하는 5쌍 중 1쌍 이상이 재혼부부이다.

표 10-1 혼인형태별 구성비(%)

연도	초혼녀+초혼남	재혼유형			
		재혼남+재혼녀	초혼남+재혼녀	재혼남+초혼녀	소계
1970	91.5	3.5	0.9	4.1	8.5
1980	92.2	3.1	1.2	3.5	7.8
1985	91.0	3.8	1.6	3.6	9.0
1990	89.3	4.7	2.3	3.6	10.6
1995	86.3	6.5	3.6	3.6	13.7
2000	82.0	9.6	4.9	3.5	18.0
2005	73.8	14.7	6.4	4.2	25.3
2010	78.1	12.0	5.6	4.3	21.9
2015	78.7	11.5	6.0	3.9	21.4
2020	78.2	11.8	6.0	3.7	21.5

출처: 통계청(각년도). 인구동태통계연보(혼인·이혼편).

재혼가족에 관한 통계자료를 보면 양적으로 증가할 뿐만 아니라 재혼의 유형 면에서도 변화가 있음을 알 수 있다. 가장 눈에 띄는 사실은 여성재혼의 꾸준한 증가 추세이다. 1980년에는 재혼남-초혼녀의 혼인이 전체 혼인의 3.5%로서 초혼남-재혼녀의 1.2%보다 3배 정도 높았으나, 1995년에 각각 3.6%로 동일하다가 그 이후부터 이 상황이 역전되어 2000년의 경우 전체 결혼의 9.6%를 차지하는 재혼남-재혼녀 유형의 뒤를 이어 초혼남-재혼녀가 4.9%를 차지하면서 3.5%의 재혼남-초혼녀 유형을 앞지르기 시작하였으며 이런 추세는 그 이후 변함없이 지속되었다. 2020년 현재에도 이 순위는 그대로 유지되어 각각 11.8%, 6.0%, 3.7%의 분포를 보여 주었다. 이 두 유형의 재혼율 차이는 초혼남-재혼녀 혼인과 재혼남-초혼녀 혼인 비율이 같았던 1995년 이후로 계속 넓어져 2020년에는 이 간격이 두 배 가까이 벌어졌다. 이러한 수치는 여성재혼이 남성재혼보다 더 많아지고 있음을 의미하는데, 그 이유로 성정현 등(2020)은 전혼자녀 양육을 여성보다 남성이 맡는 경우가 많아 여성이 다시 결혼하기에 좀 더 수월하고, 또한 여성이 결혼을 통해 경제적 안정

표 10-2 평균 재혼연령   (단위: 세)

구분	2000		2005		2010		2015		2020	
	남성	여성	남성	여성	남성	여성	남성	여성	남성	여성
평균연령	42.1	37.5	44.1	39.6	46.1	41.6	47.6	43.5	50.0	45.7

출처: 통계청(2021). 2020년 혼인이혼통계.

을 확보하려 하기 때문이라고 하였다.

재혼연령의 연도별 추이를 보면 〈표 10-2〉와 같다. 지난 20년간 남성, 여성 모두 평균 재혼연령은 지속적으로 상승하였다. 2000년 남성 평균 재혼연령 42.1세가 20년 뒤 2020년에는 50.0세로 7.9세 상승하였고, 여성은 2000년 37.5세가 2020년에는 45.7세로 높아졌다. 이러한 경향은 평균 초혼연령이 늦어지는 것과 무관하지 않을 것이다. 또한 평균 기대수명이 길어지면서 이전보다 늦은 나이에 재혼하더라도 부부의 동거기간이 과거보다 길 수 있기 때문인 것으로 이해된다(성정현 외, 2020).

재혼율과 이혼율이 정합관계라는 관점에서 전혼해체 사유의 변화추이를 보면 한국의 재혼가족이 앞으로도 지속적으로 늘어날 것이라는 예측이 가능해진다. 〈표 10-3〉에서 알 수 있듯이, 남녀 모두 전혼해체 사유로 사별은 점차 감소하고 반대로 이혼의 비율은 계속 증가추세를 보이고 있다. 2020년 현재, 이혼 후 재혼이 남자 94.7%, 여자 93.7%로서 사별 후 재혼이 각각 5.3%, 6.3%인 것에 비해 압도적으

표 10-3 전혼해체 사유   (단위: 명, %)

	2000		2005		2010		2015		2019		2020	
	남편	아내	남편	아내	남편	아내	남편	아내	남편	아내	남편	아내
재혼	43,370	48,132	59,662	66,587	53,043	57,451	46,388	52,747	39,443	44,500	33,261	38,064
	(100%)	(100%)	(100%)	(100%)	(100%)	(100%)	(100%)	(100%)	(100%)	(100%)	(100%)	(100%)
사별 후 재혼	5,054	5,466	4,889	6,194	3,991	4,773	2,845	3,554	2,049	2,644	1,762	2,384
	(11.7%)	(11.4%)	(8.2%)	(9.3%)	(7.5%)	(8.3%)	(6.1%)	(6.7%)	(5.2%)	(5.9%)	(5.3%)	(6.3%)
이혼 후 재혼	38,316	42,666	54,773	60,393	49,052	52,678	43,543	49,193	37,394	41,856	31,499	35,680
	(88.3%)	(88.6%)	(91.8%)	(90.7%)	(92.5%)	(91.7%)	(93.9%)	(93.3%)	(94.8%)	(94.1%)	(94.7%)	(93.7%)

출처: 통계청(각년도). 인구동향조사.

로 높은 비율을 차지하고 있다.

2) 재혼가족에 대한 이론적 관점

(1) 결손비교관점

1980년대까지 미국의 재혼 연구의 지배적인 시각은 결손비교관점(deficit-comparison perspective)이었다. 이 관점은 재혼가족을 초혼핵가족에 비교하여 재혼가족의 역기능을 해결하고 지양해야 할 '문제'로 인식하는 문제 지향적 특성을 갖는다. 예컨대, 계부모와 계자녀 사이의 갈등적 관계를 해결해야 할 문제로 보는 것이다. 이 관점은 명시적 혹은 묵시적으로 재혼가족이 초혼핵가족에 비해 기능적이지 못하다는 전제에 기초하고 있다. 가농과 콜먼(Ganong & Coleman, 1994)은 이 관점이 초혼핵가족 이데올로기에 기반하고 있기 때문에 재혼가족의 구조적 복잡성과 다양성에 대한 관심이 긍정적 측면보다는 부정적 측면에 집중되어 있다고 지적하였다.

이러한 시각에 대한 비판은 다양하게 제시되었는데, 가농과 콜먼(1989)은 무엇보다도 이러한 시각의 가장 큰 피해자가 재혼가족 자신들이라는 점에서 이 관점에 대해 비판적이다. 이들에 의하면 이러한 문제 지향적 시각이 재혼가족들로 하여금 자신들이 문제집단인 듯한 암시를 갖게 한다는 것이다. 즉, 재혼가족들은 이러한 시각에 기초한 프로그램에 의해 모르는 사이에 재혼생활의 어려움과 문제들만 보게 되거나, 전에는 부정적으로 보지 않던 행동도 문제행동으로 보기 시작하게 된다는 것이다. 이 관점은 재혼가족들이 자신들의 상황에 잘 적응하여 기능적인 재혼생활을 영위하는 것을 보여 주는 경험적 연구들에도 불구하고 여전히 재혼가족을 바라보는 일반적 시각으로 남아 있다.

(2) 발달적 관점

발달적 관점은 초혼핵가족의 기준에서 재혼가족을 보는 것이 아니라, 근본적으로 초혼가족들과는 다르고, 나름대로의 독특한 관계와 상호작용을 가지고 있다는 시각에 기초하고 있다. 이 관점은 재혼가족의 병리적 요인들에 관심을 두기보다는 재혼가족의 건강한 발달에 기여하는 요인들에 주안점을 둔다. 발달적 관점은 임상을 통해 재혼가족들을 심층적으로 면접한 연구자들이 재혼가족들이 공통된 발달단계를 경험하는 것을 발견하고, 성공적으로 적응한 재혼가족이 이행한 단계별 과제들을 정리하여 정립한 모델이다.

가장 대표적인 발달 모델은 자신의 임상경험을 경험적 연구에 적용하여 일반화된 모델을 개발한 페이퍼나우(Papernow, 1984)의 모델이다. 그의 모델의 장점은 재혼가족의 발달상 변화를 개념화하여 단계별 발달과제를 제시함으로써 재혼가족에게 적절한 제안을 하기에 유용하다는 점이다. 건강한 부부나 가족은 이러한 단계를 잘 이행하여 가족기능을 최대화하고 행복을 추구하는 방향으로 나아가지만, 반대로 단계별 발달과제 수행에 실패하게 되면 가족기능에 문제가 생기고 불완전하며 해체에 이르기도 한다.

페이퍼나우(1984)가 제시하는 재혼가족 발달단계는 크게 초기의 '출발'단계, 중기의 '재구조화'단계, 말기의 '재혼가족 굳히기' 단계로 구분된다. 출발단계는 ① 환상(fantasy), ② 혼돈(assimilation), ③ 자각(awareness)으로 세분하고, 재구조화단계는 ④ 동원(mobilization), ⑤ 행동(action)으로, 재혼가족 굳히기 단계는 ⑥ 접촉(contact), ⑦ 해소(resolution)로 세분하여 재혼가족 발달단계는 총 7단계로 구분되었다.

① 출발단계

초기단계인 출발단계는 비현실적인 기대감을 갖고 시작한 재혼생활에 대해 실제적 접촉을 통해 현실적 인식을 갖게 되는 단계이다. 출발단계의 첫 단계인 환상단계에서 재혼가족 구성원들이 보이는 특징은 재혼에 대한 환상과 비현실적인 기대감이다. 이러한 환상은 전혼의 경험에서 비롯된 것이거나 혹은 재혼에 대한 정보 부족 혹은 잘못된 사회적 통념이나 신념체계에 근거한 것들이다. 두 번째 단계인 혼돈단계는 재혼생활이 현실과 접촉하는 단계이다. 이 시기에 재혼가족의 성인들은 자신들의 기대와 환상을 실현하기 위해 노력하나 그것이 현실과 맞지 않음으로써 혼란을 경험하게 된다. 자신들의 기대와 달리 무엇인가 크게 잘못되어 가고 있는 것 같은데, 그것이 정확하게 무엇인지는 파악되지 않는 그런 상태이다. 초기단계의 마지막인 자각단계에서는 재혼가족들 모두 자신들에게 벌어지고 있는 상황을 이해하기 시작한다. 이 단계에서는 이해함과 동시에 자신들이 원하는 것에 대한 인식도 명확해지며 겉으로 표현하기 시작한다. 이를 통해 가족구성원들은 자신의 감정과 바람, 욕구 등을 발견하게 되고 다른 가족들도 각자의 감정과 욕구들이 있음을 이해하는 자각의 단계로 나아가게 된다. 이 단계에 와서 가족들은 환상에서 벗어나 재혼생활이 초혼과는 다르다는 것을 현실적으로 깨닫게 되고, 재혼가족 내부에 변화가 필요함을 인식하게 된다. 재혼가족 내에 어떠한 변화가 필요하다는 것을 처음 깨닫는 사람은 주로 계부모이다. 왜냐하면 계부모가 들어오기 전 이미 가족을 형성하고 있던 친부모 입장에서는 기존의 가족규범이나 가족경계 등이 익숙하고 편리하기 때문이다.

이 초기단계에서 더 이상 진전하지 못하는 재혼가족들이 대다수이다. 초기단계를 거쳐 가는 속도는 무엇보다도 배우자의 상호 지지적 태도에 의해 크게 영향을 받는다. 연구에 의하면 초기단계를 통과하는 데 소요되는 시간은 대략 2~3년이라고 한다.

② 재구조화단계

이 단계는 전단계에서 인식된 변화의 필요성을 실제 행동으로 옮겨 재혼가족에 변화를 야기하는 단계이다. 이 단계의 첫 번째 단계인 동원단계는 현실적으로 인식된 재혼생활을 능동적으로 직면하고, 긍정적인 변화를 위해 상호 간에 조직적으로 영향을 주는 단계이다. 이 시기에 자신의 인식, 욕구, 느낌을 공개적으로 표출하면서 가족성원들은 스트레스를 심하게 경험하는데, 이 시기에 보이는 가족 간의 갈등과 다툼은 재혼 전의 가족구조를 새로운 구조로 변화시키기 위한 미래 지향적인 노력인 것이다. 이러한 갈등과 다툼은 흔히 계부모에 의해 촉발되는데, 그것은 이들이 가족관계에서 소외되어 있고 이에 대해 불만을 느끼는 입장에 있기 때문이다. 이러한 의미에서 계부모는 흔히 친부모-자녀체계의 경계를 느슨하게 하는 결정적 과정을 주도하는 변화의 매개체가 된다. 이 시기에 친부모는 가장 스트레스를 받는 입장에 놓이게 된다. 기존의 구조는 기존의 관계에 있는 사람들의 욕구를 충족시키는 것이고 새롭게 요구되는 변화는 새로운 관계, 즉 새로운 부부관계 형성을 위해 필요한 것인데, 이 양자 사이에서 친부모는 스트레스를 받게 되는 것이다.

다음의 행동단계는 재혼 전의 가족체계를 '녹이는' 단계이다. 이 단계에서 가족 간에 확인된 구체적인 욕구를 해결하고, 과제를 완수하고, 상대방에게 어떤 요청을 하기 위한 행동을 한다. 이러한 공동의 노력의 결과로 기존의 것들 대신에 새로운 의식, 규칙, 행동양식 등이 만들어지면서 새로운 가족구조가 형성된다. 즉, 부부와 자녀 간의 새로운 경계, 계부모와 계자녀 간의 경계 확립 등이 이루어진다. 이 시기에 이르면 계부모와 계자녀 사이에 다툼이 있을 때 친부모는 어느 한쪽 편을 들기보다는 한 걸음 뒤로 물러나 있게 된다. 이 시기에 부부가 비로소 한 단위(unit)로 기능하기 시작한다.

중간단계의 변화도 매우 더디게 발생하는데, 보통 1~3년이 소요되는 것으로 나타났다. 이 행동단계까지 성공적으로 발달한 재혼가족의 경우 여기까지 소요되는 기간은 대략 4년 정도인 것으로 보고되었다. 이러한 결과는 재혼 후 처음 3년에서 4년 사이가 재혼가족의 유지 혹은 붕괴를 가늠하는 '결정적' 시기라는 연구 결과들과 일치한다고 할 수 있다(Ganong & Coleman, 1994). 행동단계를 성공적으로 거치면, 즉 새로운 가족구조 창출에 성공하게 되면 재혼가족은 안정적인 궤도로 진입하게 되며, 그렇지 못하면 재혼가족은 실패하게 된다는 것이다.

③ 재혼가족 굳히기 단계

이전까지의 단계가 재혼가족의 새로운 관계 발전을 위해 투쟁하는 단계라고 한다면, 재혼가족 굳히기 단계에서는 재혼가족 구성원 간에 친밀감과 애착이 발달하고 새롭게 형성된 가족관계가 더욱 강화되는 단계이다.

이 시기의 첫 단계인 접촉단계에서 계부모, 계자녀를 모두 하나의 경계로 묶는 'we'의 가족 개념이 정착된다. 이 시기에 와서야 계부모는 자신의 계부모역할에 대해 확신을 할 수 있게 된다. 해소단계에서는 재혼가족의 규범이 확립되고 가족의 역사가 이루어지기 시작하며, 가족들 각자의 역할과 관계형성 방법에 대해 감각을 가지게 된다. 그렇다고 재혼가족의 갈등이 완전히 해소되는 것은 아니고, 단지 이 단계에 이르면 그러한 갈등이 더 이상 위협적이지 않을 정도로 재혼가족의 관계가 충분히 안정적이 된다.

이 시기는 재혼가족 특유의 역설적 경험을 하게 되는 시기이다. 예컨대, 계자녀에 대해 친밀한 관계가 형성된 계부모는 계자녀가 동성의 친부모를 방문하는 동안 상실감을 경험한다는 것이다. 따라서 이 단계에서 재혼가족들은 그들의 마지막 환상, 즉 초혼핵가족처럼 살 수 있을 것이라는 환상을 자각하고 그것을 버리는 시기가 된다. 이 시기에 성숙한 계부모의 역할은 '가장 가까운 외부인'이다. 즉, 계자녀가 충분히 신뢰할 수 있을 정도로 친숙하고, 친부모에게 털어놓기에는 위험한 부분을 함께 나눌 수 있는 외부인이다. 예컨대, 친부모에게서 느끼는 스트레스나 친구관계, 성문제 등을 솔직히 털어놓고 의논할 수 있는 상대가 되는 것이다.

3) 재혼가족관계에 대한 이해

(1) 부부관계

초혼에 비해 재혼은 로맨틱한 동기보다는 좀 더 현실적인 이유에 의해 결정되는 것으로 알려져 있다(김연옥, 2007). 즉, 경제적 안정, 자녀양육 부담의 공유, 사회적 압력으로부터의 도피, 외로움으로부터의 해방 등과 같은 실질적인 조건이 작용한다는 것이다. 동시에 이러한 현실적 조건에 대한 기대가 비현실적으로 과도하다는 것이 재혼부부의 또 다른 특징이다. 예컨대, 전혼 실패를 재혼에서 과도하게 보상받으려는 심리, 배우자가 현재의 경제적 어려움과 심리적 외로움으로부터 '구원'해 줄 것이라는 희망, 혼자 감당해 온 아동양육의 부담을 배우자가 분담하여 줄 것이라는 기대감 등 현실적으로 거의 불가능한 기대를 가진다는 것이다(Ganong & Coleman, 1994). 이러한 기대는 재혼생활의 초기단계에서 재혼자들에게 심한 혼란과 좌절감을 안겨 주는데, 이러한 과정을 거쳐 현실적인 인식과 기대로 조정되는 것이 바람직하다.

재혼에 대한 기대는 전혼해체 경험과 혼자되었을 때 남녀의 서로 다른 경험에 따라 차이가 있기도 하다. 연구에 따르면 여성은 혼자가 되었을 때 생계책임과 부양책임 등의 다양한 역할을 수행하고, 친구관계를 포함한 다양한 사회망을 경험하는 과정을 통해 자율성, 자신감 등이 증가하는 반면, 남성은 사회적으로 고립되고 외로움을 경험하는 것으로 밝혀졌다(Lyster, Russell, & Hiebert, 1995). 이러한 경험이 재혼 시 여성으로 하여금 평등적인 부부관계와 의사결정, 책임분담을 기대하게 한다. 반면에 남성은 전혼 실패에 대해 성찰하기보다는 전혼생활의 부활이라는 의미를 재혼에 부여하는 경향이 있으며 여전히 전통적인 남녀관계를 기대한다. 이러한 경향은 한국에서도 확인된다. 장혜경과 박경아(2002)는 남성 재혼자의 경우 배우자에 대한 기대가 아동양육을 포함한 '주부'역할 수행이 가장 우선되고 삶의 동반자로서의 개념은 부차적인 반면, 여성 재혼자는 '마음에 맞는' 남성을 찾는 경향이 있다고 보고하면서, 따라서 이들이 재혼하였을 경우 가장 당면한 과제는 서로 다른 기대감을 조정하는 것이라고 제안하였다.

재혼부부는 부부 연대감 형성에서도 초혼부부와는 다른 양상을 보이는 경우가 많다. 부부 연대감 형성에 가장 기본적인 요건은 밀접한 관계를 맺고자 하는 배우자들의 욕구라고 할 수 있다. 그런데 전혼에서 겪은 심리적 상처가 이러한 밀접한 관계형성을 주저하게 한다고 한다. 대부분 재혼자들은 전혼에서 미처 해결되지 않은 갈등이나 감정을 재혼에 가져오는 경우가 많은데, 이런 정서적 짐은 재혼부부 사이에 투사나 오해 등을 낳기 쉽고, 이로부터 상처받는 것이 두렵고 자신을 보호하기 위해 현 배우자에게 심리적 장벽을 쳐 결과적으로 부부의 친밀감과 공유의식을 제약하게 된다(Faber, 2004).

(2) 계부모-계자녀 관계

계부모-계자녀의 건강한 관계형성은 재혼생존의 관건이며(Dupuis, 2010), 가족 내 주요 스트레스원이라는 것은 널리 알려진 사실이다. 재혼가족에 관한 연구들 대부분이 이 관계에 집중하고 있다는 것도 바로 이러한 이유에서이다. 그럼에도 불구하고 이들 관계에 대한 재혼자들의 사전 지식과 정보는 매우 제한되어 있으며, 오히려 현실성이 결여된 낙관적인 기대를 가지고 있는 것으로 알려져 있다. 가농과 콜먼(1989)은 자신들의 연구에서 재혼자들이 재혼생활에 대해 낙관적이고 '순진'하게 접근한다고 지적하면서, 재혼남성의 57%, 재혼여성의 44%가 자신들의 친자녀와 새로운 파트너의 관계가 좋을 것으로 낙관하였으며, 계부모가 되는 재혼자들의 경우에도 계자녀와의 관계에 대해 긍정적인 것을 밝혀냈다. 페이퍼나우(1984)에 따르면 친부모는 자신이 맞이하는 배우자가 자신들의 자녀를 사랑하며 아이들도 새 배우자를 환영한다고 생각하고, 계부모 또한 계자녀와의 관계가 빠른 시간 내에 쉽게 형성될 것으로 생각한다는 것이다.

그러나 이러한 희망이나 기대는 환상이라는 것이 전문가들의 조언이다. 계부모-계자녀 관계를 설명하는 핵심적인 특징은 계부모 이전에 형성된 친부모-자녀간의 '지나치게 밀접한 세대 간 경계' '즉각적 사랑(instant love)'의 신화 '충성심 갈등(loyalty conflict)'으로 요약할 수 있다. 전혼해체 후의 한부모가족 상태에서 한부모와 자녀는 과도하게 밀접한 상호 의존적 관계를 발전시키게 된다. 이처럼 강한 부모-자녀 관계가 형성된 상태에서 친부모가 재혼하게 되면 자녀는 계부모를 친부모와 자신의 밀접한 관계를 방해하는 '아우사이더'로 간주하여 계부모에게 냉담하며 거부적이 되는 것이다. 반면에 계자녀와의 관계에 대해 비현실적인 낙관적 기대를 가지고 있는 계부모들은 배우자를 사랑하니까 배우자의 자녀에 대해서도 호감이나 사랑이 자연스럽게 발생할 것이라는, 즉 인스턴트 사랑의 신화를 가지고 있다. 인스턴트 사랑에 대한 환상은 더 발전하여 계부모에게 빠른 시간 내에 계자녀와의 긍정적 관계를 발전시켜야 한다는 부담으로 작용한다. 이러한 부담감과 계부모에 대한 부정적인 사회적 통념의 압박감이 동시에 작용하여 계부모들은 계자녀와의 관계를 발전시키기 위해 과도한 노력을 하게 된다.

계자녀들이 가지고 있는 충성심 갈등에 대한 이해가 결여된 계부모의 노력은 양자의 관계 개선에 아무런 도움이 되지 않는다. 계자녀와의 관계가 잘 될 것이라는 환상을 가진 계부모는 친부모와 친자녀 관계 속에 들어가기 위해 노력하지만, 실패하는 경우 계부모들은 자신들에게 문제가 있다고 자책하고 죄책감을 갖기 쉽다. 그러나 그것은 상대인 계자녀들의 심리상태에 대한 이해가 없기 때문이다. 전혼이 이혼으로 끝난 경우 아동들은 친부모들이 언제인가 다시 결합하여 이전 가족상태로 되돌아갈 것이며, 계부모에게 관심을 주지 않으면 계부모가 언제고 떠나게 될 것이라는 환상을 가지고 있다. 따라서 계부모를 인정하고 받아들인다는 것은 친부모에 대한 배신이라고 생각한다는 것이다. 이것은 전혼해체 사유가 사별인 경우도 마찬가지이다. 계자녀들의 이러한 심리적 갈등을 충성심 신화(loyalty myth)라고 한다. 이러한 심리적 갈등은 자녀들을 이중으로 구속(double bind)[3]하게 되는데, 계부모와의 관계가 좋아질수록 또다른 심리적 갈등을 겪게 된다는 것이다. 자녀들의 이러한 복잡한 심리적 갈등에 대해 무지한 계부모들은 계자녀와의 관계형성의 시도-실패-후퇴-재시도를 반복하게 되고, 결국에는 자신들의 노력에도 불구하고 냉담한 자녀들을 보면서 좌절, 분노, 자책의 감정을 갖게 되고 동시에 계자녀에 대해서도 부정적 감정을 갖게 되기 쉽다.

　이 관계가 이처럼 많은 어려움과 시행착오를 겪는 것은 사회적으로 작동하는 규범이 없기 때문이다. 계자녀의 입장에서는 함께 살지 않는 친부모와 함께 사는 계부모 사이에서 누구를 부모로 여기며 따라야 할지 고민하는 충성심 갈등을 느낄 수 있고, 계부모의 경우에는 함께 살지 않는 친자녀를 돌봐야 하는 욕구와 현재 그가 속해 있는 재혼가정의 계자녀를 돌봐야 하는 의무 사이에서 갈등을 겪을 수 있다. 모-자녀 가족과 재혼한 계부의 경우, 부모의 훈육과 지도에 순종하기를 거부하는 계자녀로 인해 관계형성과 역할수행의 난관에 봉착하기 쉽다. 계부역할보다 계모역할이 더 힘든 것으로 알려져 있는데, 자녀양육, 훈육 등에서 모의 역할이 더 크기 때문에 그만큼 계자녀와 갈등을 빚을 가능성이 크기 때문이다. 또한 자녀들이 부보다는 모와 심리적 애착이 더 큰 만큼 계모와 친모 사이에서 충성심 갈등이 더 크고, 큰 만큼 계모와의 관계 맺기가 어려워지기 때문이다.

(3) 의붓형제

　재혼가족에서 가능한 형제관계는 친형제, 의붓형제, 반쪽형제이다. 재혼가족의

---

3) 친부모에게 충성하기 위해 계부모를 거절하면 계부모에게 미안하고, 계부모를 인정하면 친부모에게 죄책감을 갖는다는 의미에서 이중구속이라고 한다.

형제에 관한 관심은 재혼가족의 다른 가족관계에 비해 매우 저조하고, 특히 친형제, 반쪽형제에 관한 연구는 거의 수행되지 않았고, 형제에 관한 많지 않은 연구의 대부분은 의붓형제에 관한 것이다. 이처럼 의붓형제관계가 관심을 끄는 이유는 이 관계가 재혼 성패의 주요 요소이기 때문이다. 자녀가 있는 상태에서 재혼하는 경우, 재혼가족은 의붓형제관계로 인한 도전과 문제를 직면하게 된다. 이들이 하나의 집단으로 단합이 잘 된다면 재혼생활의 안정에 크게 도움이 되지만, 그렇지 않을 경우 재혼가정에 심각한 스트레스를 유발하게 된다. 이들의 관계가 빠르게 안정될수록 전체 재혼가족의 통합 또한 빠르게 발생하며, 이들의 관계가 좋을수록 전체 가족통합에 긍정적인 영향을 미치는 것으로 나타났다(Visher & Visher, 2003).

의붓형제의 가장 중요한 이슈는 경쟁의식인데, 친형제의 경쟁의식은 서열에 의해 자연스럽게 해결되는 반면에, 서열의식이 희박한 의붓형제간에는 해결되지 않은 채 남아 있게 되고, 친부모들의 별거나 이혼에 대한 분노가 해소되지 않았을 경우 의붓형제간의 마찰이나 갈등은 더 크다고 한다(Walsh, 1992). 의붓형제관계는 친부모—친자녀 관계에 의해 종종 유대와 결속을 위협받는 것으로 알려져 있다(Dupuis, 2010). 재혼가족 중 가정 먼저 형성되어 견고성을 가진 이 관계에 자녀가 애착을 가지게 되면 새로 생겨난 형제와의 관계 맺기에 소극적이 되거나 형제를 소외시킴으로써 의붓형제관계 형성을 방해하는 경우가 있다.

4) 재혼의 문제점

(1) 재혼준비의 미비

관련 전문가들은 재혼은 그 결혼의 특성상 초혼보다 더 많은 준비와 계획이 필요하다고 조언하고 있다. 재혼으로 인한 가족형성은 매우 복잡한 과정으로서, 가족구조와 조직의 급격한 변화를 불러오는 중대한 전환점이다. 계자녀 존재, 계부모역할과 같은 불명확한 역할, 재혼과 전혼생활에서 발생하는 경제적 욕구에 대한 자원분배 등 가족들은 생활 패턴과 규칙, 의사소통방법, 역할수행 등에서 다양한 적응문제를 경험하게 되는데, 이러한 문제는 초혼에서는 볼 수 없는 것으로 이러한 측면이 재혼에 대한 충분한 준비를 강조하게 하는 것이다(Lyster et al., 1995). 그럼에 도 불구하고 많은 경우 재혼에 대해 충분한 준비를 하지 않고, 재혼 시 직면하게 되는 문제들에 대한 사전 지식이 부족한 것으로 보고되고 있다(Meyerstein, 1997). 가농과 콜먼(1989)의 연구에 따르면 재혼가족의 25% 미만 정도만이 계부모가족을 위한 교육이나 지원그룹(support group)에 참여하였으며, 재혼과 계부모역할에 대한 잡지 기사와 지침서들을 읽은 경우는 50%도 안 될 정도로 재혼에 대한 준비가 미비한 것으로 밝혀졌다. 한국의 경우 재혼 전 재혼준비 교육프로그램에 참여한 경험이 있는 사람은 재혼남녀의 15.7% 정도로 서구 사회에 비해 훨씬 더 낮은 것으로 나타났다(장혜경, 민가영, 2002).

(2) 결혼의 불안정성

　재혼에 대한 잘못된 신화 중의 하나는 '초혼핵가족 복원의 신화(myth of the re-created nuclear family)'로서, 재혼과 더불어 부부관계, 부모–자녀 관계 등 모든 면에서 잃어버린 혹은 파괴된 초혼가정을 그대로 복원할 수 있을 것이라는 기대감이다. 그러나 현실적으로 재혼가족은 가족역동성, 가족경험, 상호 간의 기대 등 여러 부분에서 초혼의 그것과는 전혀 다른 복잡다단함을 경험하게 되고, 이것은 초혼생활과는 비교할 수 없는 수준의 스트레스와 긴장을 낳는다. 결과적으로 계부모와 계자녀들은 초혼가족들보다 불확실함, 불안정, 스트레스 등을 더 많이 경험하며, 재혼부부의 결혼만족도 또한 초혼부부의 그것보다 낮은 것으로 알려져 있다.

　재혼가족의 취약성은 재혼의 이혼율을 통해 사실로 확인할 수 있다. 미국의 경우 2020년 초혼의 약 50%, 첫 번째 재혼의 60%, 두 번째 재혼의 73%가 이혼을 한다(The US Bureau of Census, 2020). 계자녀가 있는 재혼의 이혼율은 계자녀가 없는 재혼의 두 배라는 통계(Meyerstein, 1997)는 재혼가족의 특성과 가족취약성의 관련성을 좀 더 극명하게 보여 준다. 한국의 경우 재혼의 이혼에 대한 공식적인 통계자료는 없지만 관련 전문가들은 재혼 실패율을 대략 60% 정도로 추정하여 초혼보다 높게 보고 있다(유나니, 2002).

(3) 가족정체성의 모호성

가족정체성은 '누가 우리 가족인가?'에 대한 명료한 인식으로부터 출발한다. 가족 구성원이 누구인가에 대한 명확한 인식이 부재하면 가족생활에 필요한 역할이나 규칙, 관계 등이 발달하기 어렵기 때문에 가족구성원에 대한 합의는 원활한 가족기 능의 전제조건인 것이다. 이에 대한 모호성은 가족구성원의 스트레스와 역기능으로 이어진다. 재혼가족은 어떤 사람들이 가족을 구성하는가가 분명하지 않기 때문에 모호한 가족정체성은 재혼가족의 한 특성일 수밖에 없으며, 이런 특성으로 인해 재혼가족은 가족형성과 적응에 어려움을 겪게 된다.

재혼가족의 가족 정의가 모호한 이유는 초혼가족과는 달리 육체적 현존과 정신적 현존을 동시에 고려해야 하는데 문제는 그것이 항상 일치하는 것은 아니며 또한 가족구성원마다 각기 주관적으로 선택하기 때문이다. 예를 들면, 함께 살지 않는 친모를 가족으로 생각하며 정작 함께 사는 계모를 가족에서 배제하기도 하고, 반대로 계모는 함께 사는 계자녀를 가족의 일원으로 생각한다면 이때 각자가 정의하는 가족은 서로 다르며 그에 따라 상호 역할수행에 대한 실망과 오해가 발생할 수 있다. 가족 정의의 불명료함은 가족 스트레스와 역기능을 초래하고, 계부모와 자녀 간 그리고 부부 유대를 방해함으로써 가족 유대감에 영향을 주는 것으로 밝혀졌으며, 재혼가족의 배우자 간 관계의 질과 안정성에도 부정적인 영향을 주는 것으로 확인되었다(Dupuis, 2010).

의붓형제 관계형성이 어려운 것은 무엇보다도 '누가 형제인가?'가 매우 모호하며 유동적이기 때문이다. 재혼가족 안과 밖에 친형제, 반의붓형제, 의붓형제가 존재하고, 이들과의 동거 여부, 만남의 빈도나 관계의 질에 따라 자녀 각자가 정의하는 형제는 주관적으로 매우 다를 수 있고 이로 인해 역할기대와 수행 등에 실망과 갈등 등 역할혼란이 빚어질 가능성이 커지게 된다.

(4) 가족생활주기와 개인생활주기의 불일치

재혼부부는 전혼에서 무자녀인 경우를 제외하면 대부분 부부가 됨과 동시에 부모가 된다는 점에서 초혼과는 근본적으로 다르다. 초혼의 경우, 남녀가 만나 가족을 형성하게 되면 자녀가 태어나기 전까지 부부만의 시간을 가지며 정서적 유대감 뿐만 아니라 부부만의 의례, 가치 등을 발전시키며 가족 중 가장 먼저 형성되는 가족관계로서 가족의 중심을 구성한다. 가족의 구심점으로서 부부만의 정체성을 가지고 부부만이 가능한 역할과 과제를 수행하는 단계를 거쳐 자녀를 갖게 되어 개인생활주기와 가족생활주기가 자연스레 일치하게 된다.

반면에, 재혼가족은 개인생활주기가 가족생활주기와 불일치하는 경우가 많다. 가족과 개인의 생활주기 불일치는 부부관계보다 부모-자녀 관계가 먼저 형성되는 재혼의 특성에서 비롯된다. 결혼함과 동시에 누군가의 부모가 되는 상황은 부부관계에만 집중시켜야 할 시간과 자원을 자녀와의 관계에 나눠야 한다는 것을 의미한다. 부부만의 시간과 경험이 제한되고, 부부 유대가 형성되기 전에 이미 존재하는 자녀가 부부만의 영역에 자유로이 넘나들며 부부의 친밀감 형성을 지속적으로 방해할 수 있다. 특히 아동양육 경험이 전무한 상태에서 자녀가 있는 배우자와 재혼하게 되는 경우, 부부관계를 형성해 나감과 동시에 자녀양육이라는 준비 안된 부모 역할을 수행해야 할 때 역할수행상의 많은 시행착오와 혼란, 그로 인한 스트레스 노출 등의 많은 어려움을 겪는 것으로 알려져 있다(김연옥, 2014).

재혼가족에 존재하는 친부모-친자녀 관계의 특성은 무엇보다도 이 관계가 부부관계보다 먼저 형성되어 재혼가족의 다른 가족관계가 아직 발전시키지 못한 역사와 안정감을 가지고 있다는 점이다. 재혼 이전부터 존재한 부모-자녀 관계는 전혼해체 이후의 시기를 함께 겪으면서 더욱 밀착될 가능성이 크다. 그래서 초혼가족에서는 부부가 소위 '성역'이라면 재혼가족에서는 이 관계가 그러한 성격을 갖는다(Dupuis, 2010). 생물학적으로 맺어진 이 관계의 밀접한 상호관계가 다른 가족에게 배타적으로 작용하게 되면 부부의 친밀성이나 유대감 형성이 방해받기도 하고, 의붓형제관계의 발전이 어려울 수 있다.

(5) 가족 지위와 역할의 변화

재혼의 가족구성원들은 재혼과 함께 가족 내 지위와 역할이 이전과 달라지는 경험을 하게 된다. 친부모-친자녀 관계는 전혼해체 이후 일정 기간 한부모가족 과정을 지나 재혼단계를 거치면서 계속해서 역할변화를 겪게 되는데, 이러한 역할변화가 재혼 후 가족관계 형성에 영향을 주게 된다. 전혼해체 후 재혼 전까지 한부모가족으로 사는 동안 자녀의 역할이 부양부모와 동등한 지위로 향상되는 변화가 발생한다. 특히 가장 나이가 많은 자녀가 그러한 상황에 놓일 가능성이 크다. 전혼해체 후 부양부모는 경제적 부담, 아동양육 등으로 역할과중에 놓이게 되는데, 이럴 때 외부로부터 지원이 부족할 경우 부양부모는 자녀들과 역할을 분담하려고 하는 경향이 있다. 이런 가족이 재혼하게 되면, 부모와 역할을 분담해서 수행하였던 자녀는 다시 자녀 지위로 되돌아가는 과정에서 역할혼란을 경험하게 되고, 부양부모와의 밀착된 관계를 해결하지 못할 때 재혼의 부부관계 형성에 걸림돌로 작용하기 쉽다.

3. 재혼가족에 대한 가족복지 현황과 대책

현재 재혼가족에 대한 정부 주도의 정책이나 서비스는 거의 이루어지지 않는 상태이며, 민간주체의 서비스 또한 거의 활성화되어 있지 않다. 재혼에 관한 사회적 관심이나 논의가 거의 이루어지지 않은 현실을 고려하면 재혼에 대한 사회적 지원이 전무하다시피 한 사실 또한 놀라운 일은 아니다. 그러나 재혼가족에 내재된 취약성을 감안하면 사회복지대책이 절실히 요구된다고 하겠다. 제한적이긴 하나 재혼가족 관련 정책 및 서비스 현황과 대책을 살펴보면 다음과 같다.

1) 호주제 폐지와 가족관계등록부

2005년 국회에서 의결되어 2008년 1월 1일부터 시행하게 된 개정 「민법」에 의해 호주제가 완전히 폐지되면서 한국 재혼가족의 가장 큰 문제 하나가 해결되었다. 과거 호주제도하에서는 전혼의 자녀를 데리고 재혼하는 여성의 경우, 본인만 남편의 호적에 입적하고 친자녀는 여전히 전남편을 호주로 하는 호적에 남아 있어야 했다. 현남편의 성과 전남편의 성이 다를 경우, 여성이 데려온 자녀는 현재 함께 사는 계부와 성이 다름으로 인해 학교에서나 여타 일상생활에서 재혼가족의 자녀라는 시선에서 자유로울 수가 없었다. 호주제가 폐지되고 새로 도입된 가족관계등록부는 기존의 호적과 달리, 개인별로 자신의 신분등록표를 하나씩 갖는 것으로, 개인의 출생 이후 모든 신분변동 사항을 기록하며, 본인을 중심으로 가족관계 등을 사용처와 필요에 따라 일부 정보만 표시하도록 되어 있어 재혼, 계부와의 관계 등과 관련하여 사생활 보호가 가능해졌다.

2) 친양자입양제도

친양자입양제도는 2005년 개정 「민법」에 도입된 제도로서, 기존 친생부모와의 관계를 종료시키고 양부모 친족관계만을 인정하여 양부모의 성과 본을 따르도록 하는 제도이다. 이 제도에 의한 입양대상자는 미성년자로서, 3년 이상 혼인 중인 부부가 공동으로 입양할 경우에 한해 친양자입양을 청구할 수 있다.

이 제도가 도입됨에 따라 재혼가족의 경우 친부모의 동의를 받아 계자녀를 친자녀로 가족관계등록부에 올릴 수 있게 되었다. 친자녀를 데리고 재혼한 여성의 경우, 친권이 전남편에게 있으면 자녀의 법률행위에 대한 권리가 필요할 때 전남편 서명이 있어야 하기 때문에 자녀양육에 불편함이 발생하는 현실적 어려움이 있었다. 이러한 현실적 이유와 함께, 친자녀와 계부가 온전한 부모—자녀 관계가 되기를 바라는 경우 친양자입양제도를 통해 친부모관계를 성립시킴으로써 그러한 문제들을 해결할 수 있게 되었다.

3) 가족생활교육서비스

한국과 달리 서구 사회에서는 재혼가족에 대한 가족생활교육이 매우 활발하게 제공되고 있다. 재혼가족생활에 대한 현실적 인식을 돕고 가족의 역할기대와 역할수행을 교육하는 재혼교육프로그램(remarriage education program), 재혼가족의 장점과 강점에 초점을 두고 가족성원들로 하여금 그것들을 인식하고 개발하게 함으로써 가족기능을 향상시키는 가족강화프로그램(family enrichment program), 재혼가족의 가족관계를 향상시키는 기술훈련프로그램(skill training program) 등 다양한 프로그램이 제공되고 있다.

한국에서는 1998년 한국가족상담교육연구소가 개발한 '재혼 준비교육프로그램: 준비된 재혼, 또 다른 행복'이 최초의 프로그램이며, 그 외 정현숙 등(2000), 현은민(2002)이 재혼가족에 대한 집단프로그램 개발을 시도하였다. 사회복지 분야에서는 2004년 김연옥이 재혼가족의 가족기능향상프로그램의 요건을 제시한 것이 거의 유일한 것으로 알려져 있다. 김연옥이 제시한 프로그램의 기본적 관점과 요건은 다음과 같다.

- 초혼핵가족 중심주의에서 벗어나, 초혼가족과 다른 재혼가족 특성이 문제가 아닌 정상임이 강조되어야 한다. 재혼가족을 정상적 관점에서 본다는 것은 재혼가족 스스로가 자신들에 대해 부정적인 견해를 가지지 않도록 한다는 점에서 중요하다.
- 재혼가족의 유형을 고려하여야 한다. 재혼가족은 한 개념으로 통칭되기에는 현실적으로 유형별 차이점이 매우 크다. 따라서 가능한 집단구성 시 유형을 고려하여 집단의 동질성을 높이는 것이 바람직하다.
- 재혼가족 모두에 대한 평등한 시각을 견지하여야 한다. 즉, 계부모, 친부모, 새배우자, 계자녀 등 재혼가족 구성원 모두의 욕구를 고려하여야 한다.
- 재혼가족의 환상에 도전하여야 한다. 계자녀에 대한 즉각적 사랑, 헤어진 부모에 대한 충성심 등 재혼가족이 가지고 있는 비현실적인 기대나 환상들을 직면하게 하는 것이 필요하다.
- 부부관계를 다룸에 있어서 재혼에 대한 남녀의 기대감 차이를 중요하게 다루어야 한다. 전혼해체 이후 혼자되었을 때의 남자와 여자의 생활경험은 매우 다르다고 한다. 예를 들면, 여자의 경우 혼자가 되었을 때 생활과 아동양육 등을 독자적으로 감당하는 경험을 하게 되며, 사회적 관계도 활발해지는 것으로 알려져 있다. 이러한 경험은 재혼생활에 대해 좀 더 자율적이며 평등적인 기

대를 갖게 한다. 이러한 기대감은 남자의 그것과 충돌할 수 있는데, 이러한 부분에 대한 사회복지사의 관심이 필요하다.

- 계부모−계자녀 관계에서는 '새엄마' '새아빠'를 강요하기보다 '친구'관계로 시작하는 것이 바람직하다. 계부모가 계자녀에게 '부모'가 되려고 노력하기보다는 '부모의 역할을 하는 사람'으로 다가서는 것이 둘의 관계에 보다 효과적이다.
- 계부모에게 정서적 환기의 기회를 제공하여야 한다. 즉, 계부모 스스로가 갇혀있는 계부모에 대한 사회의 부정적 인식으로부터 자유롭게 해 주어야 한다.
- 재혼가족 발달단계에 따라 프로그램의 초점대상이 변화되어야 한다. 초기단계의 재혼가족일 경우에는 구성원 각자에게 초점을 맞추고, 하나의 가족체계로 발전하기 시작하는 중간단계 이후부터는 가족 전체를 대상으로 하는 것이 바람직하다.
- 재혼가족 발달단계별 발달과제를 고려하여야 한다. 발달단계별로 재혼에 대한 환상 깨기, 재혼가족 상호 간 욕구나 느낌 표출하기, 새로운 규범과 역할 정립하기 등 재혼가족의 발달단계별 변화하는 발달과제를 프로그램에 반영시켜여야 한다.

이러한 재혼가족에 대한 가정교육프로그램 개발이 활성화되어야 할 뿐만 아니라 종합사회복지관, 아동상담소, 2004년에 제정된「건강가정기본법」에 의해 2021년 현재 207개소가 설치된 건강가정지원센터 등 가족복지 관련기관들에서 재혼가족교육프로그램들이 좀 더 활발하게 제공되어야 할 것이다.

4) 가족상담서비스

재혼의 본질적 취약성을 감안할 때 재혼부부와 그 가족에 대한 가족상담서비스의 중요성은 거론할 필요가 없을 정도이다. 물론 이것은 재혼에 대한 사회적 인식 개방을 전제조건으로 한다. 재혼가족의 욕구와 어려움이 자연스럽게 거론되는 사회적 분위기가 형성되어야만 재혼가족이 필요시 자발적으로 상담서비스를 찾게 될 것이기 때문이다. 따라서 재혼가족에 대한 가족복지대책을 논할 때 함께 강조되어야 하는 것은 재혼가족에 대한 사회의 부정적 인식의 전환이다.

재혼은 가족 대부분이 전혼해체로 인한 상실과 고통, 새롭게 인위적으로 가족을 형성하는 과정에서의 복잡함, 모호함과 갈등 등 강도 높은 스트레스와 혼란을 경험하는 매우 어려운 전환기이다. 따라서 재혼가족 상담에서는 전혼 관련 이슈, 재혼에서의 가족 발달, 가족성원 각자의 개별적 발달과제와 욕구 등 다양한 문제를 동시에 고려하여 서비스를 제공해야 한다. 재혼가족의 빈도 높은 상담 주제를 정리하면 다음과 같다.

(1) 상실에 대한 애도(mourning for losses)

재혼가족은 전혼의 가족관계에서 가졌던 꿈과 희망, 부모역할, 한 가족의 자녀로서의 지위 등이 상실되는 경험을 가진 사람들로 구성된다. 따라서 이러한 상실감을 다루고, 과거로부터 벗어나 미래 지향적이 되도록 상담을 제공해야 한다.

(2) 다름에 대한 수용(living with differences)

재혼가족 성원들은 서로 다른 가족 역사와 전통, 생활방식을 가지고 있고 가족생활주기 또한 각기 다른데, 이것이 가족관계의 갈등원인이 되기도 한다. 따라서 가족의 서로 다름에 대해 타협하고 새로운 가족체계를 형성할 수 있도록 도와주어야 한다.

(3) 충성심 갈등 해결(resolving loyalty issues)

재혼한 부모는 자녀와 새배우자 사이에서, 자녀는 계부모와 친부모 사이에서 충성심의 갈등을 경험하는데, 이러한 재혼가족의 심리를 이해하여 재혼가족 성원 모두가 새로운 가족에 대한 신뢰감을 배우고 하나의 가족으로서 정체감을 형성할 수 있도록 도와주어야 한다.

(4) 부재부모에 대한 인정(acknowledging the absent parent)

전혼이 이혼으로 해체된 경우, 함께 살지 않게 된 친부모의 존재가 재혼가족에게 미치는 고통스러운 영향을 가족들이 인식하여 해결하도록 한다. 특히 전혼 배우자 간에 갈등이 완전히 해소되지 않았을 경우 그 틈새에서 자녀는 고통을 경험하게 된다. 친부모와의 지속적 접촉은 계부모의 관계형성에 오히려 도움이 된다고 한다. 친부모와 계부모 사이에 적대적 관계가 발생하지 않도록 도와주어야 한다.

(5) 두 가구에 동시 소속(living simultaneously in two households)

자녀들은 해체된 전혼가족과 현재의 재혼가족에 동시에 소속되어 있다. 자녀가 두 가족을 왕래하는 경우, 두 가족의 양육방식, 역할에 대한 기대와 가족규범 등은 관련된 모든 가족에게 스트레스가 될 수 있다. 상담과정에서 이러한 스트레스와 긴장에 대한 이해는 치료적 효과가 있다.

(6) 가족정체성 형성(developing a family identity)

상담 시 재혼가족의 통합, 특히 계부모와 계자녀의 유대감 형성에는 긴 시간이 필요하다는 것을 인식시켜야 한다. 재혼가족을 생물학적 가족과 같은 관계로 발전시키려는 조급한 시도는 대부분 실패한다는 것을 알아야 한다.

(7) 가족경계 문제 해결(overcoming boundary problems)

전혼으로부터 완전히 분리되어 재혼부부와 가족원의 경계를 새롭게 확립한다는 것은 매우 어려운 일이지만 재혼가족의 통합을 위해서는 매우 필요한 일이다. 재혼가족이 전혼에서 탈피하여, 재혼가족의 새로운 경계가 확립되어 그 안에서 새로운 규범과 역할 등이 정립되도록 도와주어야 한다.

(8) 부모역할 공유(learning coparenting)

전혼의 부부관계가 정서적으로 완전히 결별되었다면, 자녀에 대한 전배우자의 부모역할을 개방하여 부모역할을 공유하는 것은 바람직하다. 즉, 전혼 배우자에 대한 재혼가족의 경계가 침투 가능한 개방체계로 유지되도록 재혼가족을 도와주어야 한다.

제11장

정신장애인가족

　가족 내 정신질환 발병은 가족의 위기를 초래한다. 대부분의 정신장애인가족은 정신질환, 돌봄 스트레스 대처방법, 정신건강 관련 서비스 등의 자원에 대한 정보나 훈련이 거의 없는 상태에서 돌봄을 시작하고 회복과 재발의 순환적 과정에서 끝이 보이지 않는 장기적인 돌봄부담을 감당하고 있다. 한국은 1995년 「정신보건법」 제정, 1999년 「장애인복지법」에 정신장애인을 포함시킨 개정, 2016년 「정신건강증진 및 정신질환자 복지서비스 지원에 관한 법률」(약칭 정신건강복지법)로의 전면 개정 등으로 정신장애인 관련 기본적인 법적 기반은 마련되었다고 볼 수 있다. 그러나 외형적인 토대 구축은 되었으나 실질적인 정신장애인을 위한 제도 및 서비스는 아직 매우 미흡한 실정으로 정신장애인가족의 과중한 돌봄 책임과 부담에 대한 우려와 함께 정신장애인 재활과 자립을 지원하는 법적, 정책적 보완 및 서비스 확대와 정신장애인가족에 대한 지원이 요구되는 상황이다. 이 장에서는 정신장애인가족에 대한 이해를 위해 정신장애인과 정신장애인가족의 정의, 정신장애인가족에 대한 관점, 정신장애인에 대한 가족 돌봄을 살펴보고, 정신장애인 현황과 가족의 욕구를 논의하며, 정신장애인과 정신장애인가족 관련 정책 및 서비스를 소개하고, 마지막으로 정신장애인 대상 법과 정책 및 가족 관련 법과 서비스의 개선방향을 제시한다.

1. 정신장애인가족에 대한 이해

1) 정신장애인과 정신장애인가족의 정의

정신장애는 정신질환과 유사한 개념으로 혼용되기도 하지만 엄밀히 말하자면 정신질환이라는 질병으로 인한 기능의 훼손이나 제약을 포함하는 장애의 개념이 더해진 용어이다. 「장애인복지법 시행규칙」에 따르면 정신장애인은 지속적인 양극성 정동장애, 조현병, 조현정동장애 및 재발성 우울장애와 지속적인 치료에도 호전되지 않는 강박장애, 뇌의 신경학적 손상으로 인한 기질성 정신장애, 투렛장애 및 기면증과 같은 장애·질환에 따른 감정조절·행동·사고 기능 및 능력의 장애로 일상생활이나 사회생활에 상당한 제약을 받아 다른 사람의 도움이 필요한 사람으로 규정된다. 반면 「정신건강복지법」에서는 정신질환자에 대한 정의만 있을 뿐 정신장애에 대한 정의는 없다. 「정신건강복지법」 제3조 제1호에 의하면 정신질환자를 망상, 환각, 사고나 기분의 장애 등으로 인하여 독립적으로 일상생활을 영위하는 데 중대한 제약이 있는 사람으로 규정하고 있다. 「정신건강복지법」의 망상, 환각, 사고나 기분의 장애 등으로 인한 일상생활의 장애는 「장애인복지법」의 양극성 정동장애, 조현병, 조현정동장애 및 재발성 우울장애의 증상 관련 일상생활이나 사회생활의 제약과 대동소이하다.

이와 같은 정신장애 및 정신장애인 개념에 근거하면 정신장애인가족은 정신질환으로 기능 손상이나 제약이 있는 가족구성원을 가진 가족을 일컫는데, 자녀가 정신장애인인 경우, 배우자가 정신장애인인 경우, 부모가 정신장애인인 경우, 정신장애인의 형제자매 등이 포함된다.

2) 정신장애인가족에 관한 관점

정신장애인가족에 대한 관점은 크게 정신장애의 원인 제공자로 가족을 비난하는 병리적 관점, 정신장애인가족의 역기능을 정신장애에 대처하는 과정에서 발생하는 반응으로 여기는 반응적 관점, 돌봄 제공자로서의 가족의 중요성을 강조하는 시각으로 나뉜다. 가족의 역할이 정신질환의 증상과 치료, 재활에 밀접한 관련이 있으므로 정신장애인가족에 대한 관점은 정신장애 문제를 해결하고 대처전략을 수립하는 데 큰 영향을 미친다(최정숙 외, 2020).

정신장애의 원인으로 가족을 보는 병리적 관점은 주로 부모의 양육과정 혹은 부모의 부부관계, 상호작용 문제 등에 집중되어 있다. 프롬—라이크먼(Fromm-Reichman, 1948)이 주장한 '조현병을 야기하는 어머니' 개념은 냉정하고 지적인 어머니가 자녀를 거부하는 감정을 지닌 채 양육하는 경우 자녀가 심리사회적으로 정상적인 발달을 하지 못하고 정신질환에 걸리는 것으로 설명하고 있다(양옥경, 1992 재인용). 조현병 환자 가족 내 불안정과 갈등 패턴은 부부간 불균형과 부조화가 자녀의 발달에 지대한 영향을 미친 결과라고 분석되기도 하였다(한국정신건강복지연구소, 1994). 이중구속은 조현병 가족에 전형적인 의사소통방식으로 언어적 · 비언어적 의사소통에서 모순이 있는 메시지가 동시에 제공되는 것을 일컫는데, 이중구속 메시지에 지속적으로 노출되면 자녀가 혼란에 빠지고 조현병 행동을 보이기 쉽다는 것이다(Atkinson & Coia, 1995). 조현병 환자와 그 가족에 대한 베이트슨의 연구(Bateson, 1959)는 환자의 증세가 호전되면 가족구성원들이 환자의 병을 지속시키기 위해 압력을 가한다고 주장하면서 이는 항상성의 상태를 유지하려는 가족체계가 가족구성원의 증상을 유지시키려 하는 것이라고 설명하였다. 가족을 정신장애의 원인으로 간주하는 이러한 이론 및 개념은 연구방법의 문제점과 검증의 한계로 강한 비판을 받았다. 병리적 관점은 정신장애의 치료 및 재활과 관련하여 가족을 배제하고 가족과의 협력을 어렵게 만드는 결과를 초래하기 쉽다.

정신질환에 대한 생물학적 · 생화학적 병인론의 등장에 따라 정신질환의 경과과정에서 부정적인 가족의 영향은 정신장애인가족의 고유한 특성이 아니라 가족구

성원의 정신장애로 인한 스트레스에 대한 반응행동이라는 관점이 나타났다. 정신
장애인가족의 역기능이 정신장애에 대처하는 과정에서 발생하는 비정상적 반응이
라는 것이다(서미경, 2007). 정신장애인에 대한 가족의 과도한 감정표출 같은 반응
이 재발 위험성을 높인다는 다수의 연구 결과가 발표되기도 하였는데 이를 기반으
로 정신장애인가족을 대상으로 하는 스트레스 대처에 대한 교육과 훈련, 정서적 지
지 제공의 필요성이 강조되었다.

마지막으로, 정신장애인의 재활 측면에서 가족의 역할을 보는 관점은 돌봄 제공
자로서 가족역할의 중요성을 크게 강조한다. 정신장애인을 돌보는 가족역할의 중
요성을 재인식하고 지지하는 것이다. 가족은 최초의 진단자이고, 치료경로를 선택
하는 사람이며, 환자를 보호하고 간호하는 사람이고, 환자의 정서적·경제적 지원
자라는 점에서 정신질환자의 치료와 재활에 중요한 역할을 한다(박종원, 1995). 가
족은 환자 질병의 과거력, 치료, 현재 상태에 대한 정보를 제공하는 가장 중요한
수단이며, 환자 증상에 대한 평가에 있어서 중요한 위치를 차지하고 있다(박유미,
1991). 정신질환을 치료하는 과정에서 치료에 대하여 지지적이고 협조적인 가족 태
도는 병식이 없는 환자를 계속 치료에 참여시키기 위해서 큰 힘이 되고, 환자의 동
기가 약하여 치료나 재활 과정에서 중도에 탈락하는 것을 방지해 줄 수 있으며, 지
역사회 내에서 적응이 가능하도록 도움을 주는 역할을 한다(양옥경, 1992). 돌봄 제
공자로서 가족의 중요성을 강조하는 관점은 가족을 정신장애인의 재활을 돕는 치
료의 파트너로 간주한다.

3) 정신장애인에 대한 가족 돌봄

강한 가족주의 전통과 더불어 사회적 지원체계의 결여로 인해 한국의 경우 병원
혹은 시설에 입원한 환자들을 제외한 대부분의 정신장애인은 가족들이 돌본다. 정
신장애인에 대한 가족 돌봄은 쉽지 않은데 정신질환자 가족의 수기를 인용해 보자
(김창엽 외, 2002 재인용).

언니가 미쳤어. 언니가…… 아버지는 그때부터 술에 쩔어 살았다. 그렇게 되니 아버지의 사업이 잘될 리가 없었다. 급기야 공장이 다른 사람한테 넘어가고, 그동안 언니에게 들어간 돈과 병원에 입원시킬 돈 때문에 넓은 집을 팔았다. …… 입원한 언니는 3개월간 치료받고 상태가 호전되어 퇴원했다. 아버지와 어머니는 언니를 반겼으나 우린 언니가 퇴원한 것을 반기지 않았다. 다 나았다는 확신이 없었기 때문이었고, 주변의 사람들과 친구들의 이상스러운 눈초리가 두려웠기 때문이었다. …… 그 후로 언니는 몇 번의 입원과 퇴원을 반복했지만 완치할 수는 없었다. 그렇게 되니 가세는 급격히 기울어 끼니가 어려울 지경까지 되어 버렸다. …… 이렇게 되자 고등학교를 졸업한 오빠는 가출해 버렸고 어머니는 파출부, 둘째 언니는 고등학교 3학년을 채우지 못하고 직업전선으로 뛰어들었다. 그렇게 술을 마셔대던 아버지는 갑작스럽게 뇌출혈로 쓰러져 세상을 떠나 버렸다.

이 수기에서 드러나듯 정신장애인을 돌보는 가족의 어려움은 장기적인 치료로 인한 경제적 곤란부터 사회적 낙인에 이르기까지 복합적인 문제들로 가족갈등 및 가족기능의 심각한 부전을 낳기 쉽다.

조울증 환자인 에미 로의 예를 보면 환자와 전체 가족을 위해 가족구성원의 긍정적인 태도와 역할이 얼마나 중요한지 드러난다(Walsh, 2016).

에미 로를 처음 만난 곳은 정신병동이었다. 조울증 치료를 위해 입원한 그녀는 20년간 조울증을 앓고 있었다. 배우자인 월트는 10대가 된 두 자녀의 양육에 적극적인 역할을 하는 헌신적인 남편이었다. 그는 아내가 가장 좋은 치료를 받도록 했고, 반복적인 재발과 입원, 그리고 회복기간 동안 항상 아내 옆에서 희망을 잃지 않았다. 좀 더 기능적인 아내와 어머니로서의 입지를 위해서는 오랫동안 에미 로의 병으로 인해 형성된 가족기능 패턴에 변화가 필요하게 되었다. 그동안 월트가 집안일을 맡아 왔고 에미 로의 책임은 반려견에게 먹이를 주고 산책시키는 정도였다. 에미 로는 유능감과 자신감 회복이 필요했고 배우자로서 파트너십의 재균형이 요구되었다. 월트와 자녀들은 에미 로에 대한 기대를 조정해야 했다. 그들은 에미 로의 병을 배제한 상태에서 어떻게 자신들의 역할을 규정할 것인가에 대해 조바심하고 의심스러워했다. 그들은 가족면담에서 생활의 중요한 변화에 대한 느낌을 서로 나누고 오랫동안 유지해 온 질병중심의 가족생활을 건강한 가족생활로 전망하고 재조직할 수 있었다. 사후관리로 이른 봄에 가족면담을 하기로 하였는데 봄에 재발 가능성이 높다고 생각했기 때문이다. 사후 가족면담에서는 퇴보에 대한 두려움을 이야기하고 투약 수준의 적절성을 확인하며, 에미 로의 자신감을 강화하여 가족이 성취한 것을 유지할 수 있게 하였다.

약물치료로 증상이 관리되더라도 정신장애인의 일상생활의 많은 부분을 가족에게 의존할 수밖에 없으므로 돌봄 관련 가족의 역할과 기능은 실로 다양하다. 돌봄의 일차적 책임이 전적으로 가족에게 부여되므로 정신장애인가족의 욕구에 기반한 가족 지원방안이 모색되어야 한다.

2. 정신장애인 현황과 정신장애인가족의 욕구

1) 정신장애인 현황

가장 최근인 2016년도 정신질환 역학조사의 평생 유병률은 〈표 11-1〉과 같다(홍진표 외, 2017). 주요 정신질환을 경험한 사람의 전체 비율은 25.4%로 네 명 중 한 명이 평생에 한 번 이상의 정신건강 문제를 경험하는 것으로 드러났다. 이 중 니코틴사용장애를 제외한 정신질환 평생 유병률은 23.1%, 니코틴사용장애와 알코올사용장애를 제외한 정신질환의 평생 유병률은 13.2%이다.

정신의료기관, 정신요양시설 등 수용 및 격리의 기능을 지닌 곳에 입원·입소한 정신장애인 수는 7만 7,161명에 이른다(국립정신건강센터, 2018). 한국에서 정신장애인에 대한 대규모의 수용이 시작된 것은 정신건강 전문의 수가 급격하게 증가하는 시점인 1980년대 이후이며 이 시기에 장기입원 정신병동이 급격하게 증가하였다(이용표, 강상경, 배진영, 2021).

국립정신건강센터(2016)에 따르면 지원이 필요한 중증 정신질환자는 전체 인구의 1% 정도로 추정되며 입원 및 입소 중인 사람을 제외한 지역사회 거주 정신질환

표 11-1 정신질환 평생 유병률*

진단	상세구분	2016년		
		전체 유병율(%)	남자 유병률(%)	여자 유병율(%)
알코올사용장애	소계	12.20	18.10	6.40
	알코올의존	4.50	6.40	2.70
	알코올남용	7.70	11.80	3.60
니코틴사용장애	소계	6.00	10.60	1.40
	니코틴의존	4.70	8.30	1.00
	니코틴금단	2.50	4.40	0.60
약물사용장애	소계	0.20	0.30	0.20
조현병 스펙트럼 장애	소계	0.50	0.50	0.40
	조현병 및 관련 장애	0.20	0.20	0.20
	단기정신병적 장애	0.30	0.30	0.20
기분장애	소계	5.30	3.30	7.20
	주요우울장애	5.00	3.00	6.90
	기분부전장애	1.30	0.80	1.80
	양극성장애	0.10	0.00	0.30
불안장애	소계	9.30	6.70	11.70
	강박장애	0.60	0.10	1.00
	외상후 스트레스장애	1.50	1.30	1.80
	공황장애	0.50	0.40	0.60
	광장공포증	0.70	0.80	0.60
	사회공포증	1.60	1.20	2.00
	범불안장애	2.40	1.90	2.80
	특정공포증	5.60	3.60	7.50
모든 정신장애	소계	25.40	28.80	21.90
모든 정신장애 (니코틴사용장애 제외)	소계	23.10	24.70	21.50
모든 정신장애 (니코틴/알코올사용장애 제외)	소계	13.20	9.10	17.20

* 지역사회 거주 정신질환자 유병률로 정신의료기관, 정신요양시설 등에 입원 · 입소 중인 환자는 포함되지 않음

자는 43만 780명으로 추산된다. 국가인권위원회(2018)는 미국 성인 인구의 1.45% 가 노동능력을 상실한 등록 정신장애인이라는 기준을 한국에 적용하여 중증 정신 질환자가 약 54만 명에 달할 것으로 추정하였다. 장애인 등록을 한 정신질환자 수 는 훨씬 적은데 2016년 12월 기준 장애인으로 등록된 정신장애인은 10만 69명으로 전체 등록장애인의 3.9%이다.

한국은 「정신보건법」을 2016년에 「정신건강복지법」으로 전면 개정해 사회통합 관점에서 정신질환자 지원의 법적 근거를 마련하였다. 이 법에는 모든 정신질환자 가 인간으로서의 존엄과 가치를 보장받으며 정신질환이 있다는 이유로 부당한 차 별대우를 받지 않아야 함을 적시하고 정신장애인의 지역사회 삶을 지원하는 데 필 요한 생활지원의 근거조항, 고용 및 직업 재활 지원, 평생교육 지원, 문화 · 예술 · 여가 · 체육활동 등 지원, 지역사회 거주 · 치료 · 재활 등 통합지원, 가족에 대한 정 보제공과 교육 등이 담겼다. 하지만 「정신건강복지법」 개정 이후에도 정신장애인 은 여전히 편견과 차별에 노출돼 있으며 일상생활을 살아가는 데 필요한 도움을 적 절히 받기 어려운 것이 현실이다. 정신장애인은 「장애인복지법」이나 「장애인차별 금지법」 내에서도 차별의 대상이 되고 있는데, 「장애인복지법」 제15조로 인한 정신 장애인 복지서비스 차별이 대표적이다.

정신장애인에게 초점을 둔 고용, 주거, 평생교육, 문화체험 관련 정책은 거의 부 재한 실정으로 지역사회에 사는 대부분의 정신장애인은 가족에게 의존할 수밖에 없는 상황이다. 장애인 중에서도 정신장애인의 자립역량이 상대적으로 부족한 편 인데, 일례로 정신장애인의 경제활동참가율은 19.2%로, 전체 장애인의 경제활동 참가율 38.9%와 비교해 절반 수준에 불과하다(김성희 외, 2017). 기초생활보장 수급 자 비율은 다른 장애유형과 비교해 정신장애인이 가장 높은 실정이다.

이러한 상황이다 보니 지역사회 거주 정신장애인의 돌봄과 지원은 전적으로 가 족 책임이 된다. 정신건강복지센터, 정신재활시설 등에서 등록 관리하고 있는 정 신질환자는 7만 9,127명으로 등록관리율은 중증 정신질환자 기준 18.4%에 불과하 다(국립정신건강센터, 2016). 한편 정신건강증진시설 현황을 살펴보면 정신의료기관 1,449개소, 8만 3,696병상과 정신요양시설 59개소, 1만 3,830병상에 비해 지역사

회 이용시설은 196개소, 정원 4,471명으로 병상 정원의 5%에 미치지 못한다(이용
표 외, 2017). 정신건강복지센터는 기초지자체에 244개소, 광역지자체에 16개소 설
치·운영되고 있다(보건복지부, 2021). 정신건강복지센터와 같은 지역사회 기반 서
비스 제공기관에 회원으로 등록하여 지원을 받아도 매우 제한적이기 때문에 사실
상 정신장애인 보호의 일차 책임은 아직도 거의 전적으로 가족에게 지워져 있다.

2) 정신장애인가족의 욕구

한국은 가족이 있는 경우엔 거의 전적으로 정신장애인 돌봄문제를 가족에게 의
존하는 실정이다. 「정신건강복지법」으로 전면 개정되면서 입원기간이 짧아지고 지
역사회에서 보내는 시간이 길어짐에 따라 가족의 돌봄부담은 오히려 더 증가한 것
으로 추정된다.

정신장애인은 일상생활을 도와주는 가족이 부모 49.7%, 형제자매와 배우자가
각각 13.7%, 자녀 3.4% 순이다(김성희 외, 2017). 정신장애 자녀를 둔 부모는 돌봄
문제, 사회적 고립 등으로 가족갈등을 겪기 쉽다. 특히 성인 정신장애인 자녀를 돌
보는 고령의 부모는 신체적 약화, 경제적 어려움, 사회적 고립, 우울 및 불안과 같
은 정신건강 문제 등 여러 돌봄 관련 부담을 겪기 쉽다.

사망하거나 노쇠하여 부모가 주 보호자 역할을 하지 못하면 형제자매가 일차적
지지체계가 될 수 있다. 가족 구조 및 기능의 변화에 따라 형제자매에게 주 보호자
의 역할을 기대하기는 이제 어렵다고 보는 시각도 있다. 정신장애인의 형제자매는
정신질환 발병과 경과를 지켜보면서 죄책감, 상실감, 수치심, 분노 등의 심리적 고
통을 경험한다(정보경, 윤명숙, 2013). 돌봄부담이 큰 부모로부터 관심을 제대로 못
받고 성장하면서 결핍감이나 외로움을 크게 느끼기도 한다. 부모의 보상심리에 따
른 과잉기대로 인한 심리적 부담이나 부모 사후 정신장애인 형제자매에 대한 돌봄
걱정 등 다양한 어려움을 경험할 수 있다. 정신장애인 형제자매의 심리사회적 부
담을 경감시키고 상호 간 지지적 기능을 강화할 수 있도록 이들의 욕구를 주목해야
할 것이다.

과반수 이상인 약 56%가 미혼이지만 정신장애인 중 20.6%는 이혼 혹은 별거 중이고 19.2%가 배우자가 있는 것으로 나타나(김성희 외, 2017), 정신장애인이 결혼해 배우자와 적정한 부부관계를 유지하는 것이 쉽지 않음을 시사해 준다. 정신장애인의 배우자는 심리정서적 소진, 경제적 어려움을 비롯한 돌봄부담, 자녀양육 관련 부담, 사회적 편견으로 인한 소외와 배제 등 다양한 심리사회적 지원이 필요한 문제들을 갖고 있다. 정신장애인 자녀 또한 성장과정에서 부모의 정신장애로 인한 부정적 영향으로 취약성을 지닐 수 있으므로 심리사회적 서비스 지원, 교육지원 등이 요구된다.

정신장애인가족이 겪는 어려움은 돌봄부담으로 일컫는데, 돌봄부담은 돌봄의 결과로 경험하게 되는 부정적인 변화나 반응을 포괄하는 개념이다. 돌봄과정에서 갖게 되는 부정적인 정서 및 경험의 결과로 주 보호자인 가족이 느끼는 심리적 긴장, 부담으로 여기는 상황이나 정도에 대한 지각, 부정적인 신체적 · 심리적 · 정서적 · 사회적 영향 등을 의미하며 걱정, 슬픔, 분노 등 정서적 반응을 포함한다(Mendez-Luck, Kennedy, & Wallace, 2008; Wang et al., 2007). 장기적 치료와 돌봄이 필요한 정신장애는 가족의 돌봄부담이 클 수밖에 없는데, 특히 가족들은 이해하기 어려운 증상 및 가족이 처한 상황에 대한 실망, 상실감, 불안, 분노, 자책, 우울 등 심리적 고통을 겪는다. 가족 내 정신질환자 발생과 관련해 가족의 단계별 심리적 반응은 1단계(충격으로 인한 정서적 무감각, 질병에 대한 부정과 저항으로 반응), 2단계(불안과 공포심), 3단계(환자에 대한 죄의식과 책임감), 4단계(분노로 치료자에게 저항하거나 부적절한 요구를 함), 5단계(슬픔과 우울감), 6단계(수용단계로 균형을 찾음)로 구분되었다(권진숙 외, 2017). 심리적 반응의 단계는 순환적 특성을 갖는다고 볼 수 있다. 정신장애를 수용하는 단계에 도달했다가도 정신장애의 만성적이고 복합적인 특성으로 인해 감당하기 어려운 문제가 발생하면 다시 이전의 단계로 되돌아갈 수 있다. 정신장애에 대한 사회적 낙인도 가족의 돌봄부담을 높이는데, 가족은 친척, 친구나 이웃과의 관계가 소원해지거나 사회적 고립을 겪기 쉽다. 장기적인 치료와 재활 비용 및 가족 돌봄으로 인한 경제활동 영향으로 경제적으로도 타격을 받는다.

이같이 정신장애인가족은 돌봄부담이 큰 만큼 다양한 서비스를 필요로 하는 욕구를 갖게 된다. 양옥경(1995)에 의하면 가족들은 불안감 감소를 위한 상담과 지역사회에서 활용 가능한 자원에 관한 정보가 가장 우선순위가 높았으며 정신병에 관한 교육, 환자의 독립적인 주거생활을 위한 원조가 필요한 것으로 보고하였고, 가장 우선적으로 원하는 서비스 세 가지를 선택하게 했을 때 가장 절실히 원하는 1순위는 정신장애인이 독립적인 생활을 할 수 있도록 도움을 주는 것이었다. 그 밖에도 정신장애인가족은 정신질환 및 장애에 대한 이해, 정신장애인의 행동문제에 대처하는 기술, 다른 정신장애인가족들과의 교류 및 유대, 지역사회 자원에 대한 정보 및 연결의 욕구 등을 갖고 있다.

최근에는 정신장애인에 대한 편견과 차별 해소에 대한 욕구가 큰 것으로 나타났다. 정신장애인에 대한 편견과 차별은 정신장애인과 그 가족들을 사회 뒤로 숨게 만들고 증상에 대한 치료를 방해한다. 국가인권위원회(2019)에 따르면 정신장애인 가족들은 치료를 거부하는 이유로 차별과 편견을 1순위로 꼽았다. 응답자 205명 가운데 50%가 외부로 알려지는 두려움이라고 응답한 것이다. 가족들이 가장 어려움을 겪는 것이 무엇인지를 묻는 문항에서도 정신질환에 대한 사회적 편견이나 차별이 68.8%였다. 정신장애인 당사자도 마찬가지였는데, 치료를 받지 않는 이유로 정신질환자로 인식되거나 알려지는 것이 싫기 때문이라는 응답이 17.3%로 가장 많았다. 이는 사회적 낙인이나 편견에서 벗어나 자유롭고 싶은 정신장애인가족과 정신장애인 당사자의 욕구를 의미한다.

한편 정신장애인가족들이 장기적인 측면에서 절실하게 표현하는 욕구는 정신장애를 가진 가족구성원의 평생계획에 관한 것이다. 예를 들어, 정신장애와 관련된 주요 정신질환 중 하나인 조현병은 발병 연령이 주로 20대 초반으로, 보호자인 부모가 이미 장년기에 이르러 있으므로 만성화에 따른 가족의 어려움은 시간이 지날수록 점점 커지게 된다. 서구 사회에서는 노년기에 접어들거나 노년기의 부모가 조현병 환자인 성인자녀의 보호를 책임져야 하는 부담이 사회문제로 대두되고 있음을 오래전부터 보고하고 있다(Jennings, 1987; Lefley, 1987; Marcenko & Meyers, 1991). 연로해 가는 부모들의 가장 큰 고민과 걱정은 부모 사후에 누가 환자를 보살펴 줄 것인가이며, 급속도로 변화되어 가는 한국의 가족 구조와 기능을 고려하면

형제자매가 대신하리란 기대하기 어려운 실정이다. 따라서 부모는 자신들이 병들거나 죽거나 혹은 다른 이유로 돌볼 수 없을 때 그 자녀가 어디서 살 것인지, 어떻게 재산을 관리할 것인지에 대한 평생계획을 절실히 필요로 한다(서미경, 2000).

3. 정신장애인과 정신장애인가족 관련 정책 및 서비스

1) 정신장애인 관련 정책 및 서비스 현황

1995년 「정신보건법」 제정으로 한국은 정신질환자와 관련하여 입원치료 중심에서 지역사회 정신보건으로의 전환, 정신장애인의 지역사회 생활을 위한 기틀 마련 등 사회복귀와 재활을 강조하는 변화가 일어났다. 1999년 「장애인복지법」의 개정으로 정신장애인은 정신질환자에서 재활을 통한 사회통합이 가능한 장애인으로 포함되었다. 그러나 탈원화, 지역사회 정신보건사업 기반 구축을 주요 정책목표로 제시하였으나 병원 및 병상 수 증가, 입원기간 증가 등 반지역사회적 현상으로 「정신보건법」은 실패한 것으로 평가된다(이용표 외, 2021).

2016년 전면 개정된 「정신건강복지법」은 「정신보건법」과 비교해 비자의입원 요건과 절차 강화 등 정신장애인의 인권보호 차원에서 강제입원제도를 개선하고 국민 정신건강의 증진과 복지서비스를 강화하는 내용을 담고 있으나 정신장애인과 가족들이 체감하는 변화는 크지 않다. 정신장애인을 위한 재가복지서비스, 단기보호, 주야간보호, 심리사회재활서비스, 직업재활서비스, 주거보호서비스, 경제적 지원 등과 같은 서비스 부족은 돌보는 가족의 어려움을 가중시키고 이는 정신장애인가족의 삶의 질에 영향을 미친다.

2021년 정신건강증진사업 안내(보건복지부, 2021)에 따르면 핵심 정책목표는 ① 전 국민정신건강증진, ② 정신의료서비스·인프라 선진화, ③ 지역사회 기반 정신질환자의 사회통합, ④ 중독 및 디지털기기 이용장애 대응 강화, ⑤ 자살로부터 안전한 사회구현, ⑥ 정신건강정책 발전을 위한 기반 구축으로 제시되어 있다.

표 11-2 정신건강증진사업의 정책 목표와 전략

정책목표	전략
전국민정신건강증진	• 적극적 정신건강 증진 분위기 조성 • 대상자별 예방 접근성 제고 • 트라우마 극복을 위한 대응역량 강화
정신의료 서비스/인프라 선진화	• 정신질환 조기인지 및 개입 강화 • 지역 기반 정신 응급 대응체계 구축 • 치료 친화적 환경 조성 • 집중 치료 및 지속 지원 등 치료 효과성 제고
지역사회 기반 정신질환자의 사회통합	• 지역사회 기반 재활 프로그램 및 인프라 개선 • 지역사회 내 자립 지원 • 정신질환자 권익 신장 및 인권 강화
중독 및 디지털기기 이용장애 대응 강화	• 알코올중독자 치료 및 재활서비스 강화 • 마약 등 약물중독 관리체계 구축 • 디지털기기 등 이용장애 대응 강화
자살로부터 안전한 사회구현	• 자살 고위험군 발굴과 위험요인 관리 • 고위험군 지원 및 사후관리 • 서비스 지원체계 개선
정신건강정책 발전을 위한 기반 구축	• 정책 추진 거버넌스 강화 • 정신건강관리 전문인력 양성 • 공공자원 역량 강화 • 통계 생산체계 정비 및 고도화 • 정신건강분야 전략적 R&D 투자 강화

〈표 11-2〉에 제시된 정책목표 중 정신의료서비스 · 인프라 선진화와 지역사회 기반 정신질환자의 사회통합이라는 두 범주가 정신장애인과 그 가족들에게 절실한 중증 정신질환자에 대한 치료의 질 제고와 지역사회 재활서비스 및 인프라 개선과 지역사회 기반 자립지원, 정신장애인 인권강화를 포함하고 있다.

정신장애인 대상 지역사회 중심의 정신건강서비스 사업을 실행하는 기관 · 시설 현황은 〈표 11-3〉에 제시된 것처럼 정신의료기관이 1,892개소로 대부분을 차지하

표 11-3 정신건강증진기관 · 시설 현황   (단위: 개소, 2020. 12. 31 기준)

구분	기관 수	주요 기능
정신건강복지센터	260 광역 16(국비 15, 지방비 1) 기초 244(국비 214, 지방비 25)	• 지역사회 내 정신질환 예방, 정신질환자 발견 · 상담 · 정신, 재활훈련 및 사례관리 • 정신건강증진시설 간 연계체계 구축 등 지역사회 정신건강사업 기획 · 조정
정신의료기관	1,892	• 정신질환자 진료, 지역사회정신건강증진사업 지원
정신요양시설	59	• 만성 정신질환자 요양 · 보호
정신재활시설	348	• 병원 또는 시설에서 치료 · 요양 후 사회복귀촉진을 위한 훈련 실시

고 있고 정신건강복지센터와 정신재활시설은 각각 260개소와 348개소에 불과하다(보건복지부, 2021).

정신장애인은 정신재활시설 외에도 복지서비스 이용에서 사회서비스바우처제도의 정신건강토탈케어서비스가 가능하지만 정신건강토탈케어서비스 이용자는 약 3,000명 내외에 불과하다(이용표 외, 2021).

2) 정신장애인가족 대상 프로그램 및 서비스 현황

(1) 가족교육

정신장애인가족을 대상으로 상대적으로 많이 실시되는 프로그램은 정신장애에 대한 이해를 돕기 위한 가족교육이다. 정신장애인 치료 및 재활에 있어 가족의 중요성과 돌봄부담에 대한 관심이 높아지면서 정신장애인가족에 대한 교육적 접근이 강조되어 왔다. 가족교육의 주요 목적은 정신장애인가족의 스트레스와 부담을 줄이고 대처기술을 숙달시켜 정신장애인가족과 정신장애인의 삶의 질을 향상시키는 것이다(최정숙 외, 2020). 교육내용은 정신장애의 특성과 증상에 대한 이해를 높이고, 치료와 재활과정에서의 가족역할의 중요성과 적극적 참여를 강조하며, 가족의 심리적 부담감을 완화하는 데 초점을 둔다. 가족교육으로 실시하는 '가족역량강화 심리교육'은 정신장애 클라이언트의 재활과정 동안 정신장애인가족이 기능을 잘 수행할 수 있게 가족의 역량강화와 정책지원 및 정신건강 인프라 구축에 필요한 사회행동의식과 능력 고취, 이에 필요한 이론과 정보 제공 및 그들에 대한 옹호를 강조한다(이영호, 심경순, 김태준, 2015). 이 가족교육의 기대효과는 재발률 감소, 가족의 높은 감정표현 완화, 가족의 효과적인 대처방식 습득, 병에 대한 지식 획득과 환자에 대한 두려움 감소와 스트레스 감소, 안정된 지지체계로서의 기능, 정신장애인의 증상 및 기능상태 호전과 직업재활 유지, 가족들의 사회행동 의식과 능력 고취이다.

가족교육을 통해 가족들은 정신질환에 대한 올바른 지식을 배움으로써 그동안 이해할 수 없었던 환자의 행동을 보다 잘 이해하게 되고, 병적 증상으로 받아들이게 된다. 결과적으로 가족은 환자에 대한 보다 적절한 태도를 지니게 되고, 환자와의 생활이 편안해지며, 과도한 죄책감이나 수치심에서 벗어날 수 있으므로 가족의 부담과 고통이 줄어들 수 있다.

정신장애인가족을 대상으로 하는 증거기반 개입으로 인정받는 가족교육도 있다(Substance Abuse and Mental Health Services Administration, 2009). 한편 가족교육프로그램의 효과와 관련해 증거기반 실천 차원에서 회의적인 결과를 보고하는 연구도 있다(Drapalski et al., 2008). 이에 기반하여 가족교육을 가족자문 모델로 대체한 NAMI 메릴랜드 지부는 가족교육이 가족의 다양한 욕구와 선호에 초점을 맞추지 못했다면서 맞춤형 접근을 제시하였다(권진숙 외, 2017).

가족교육에 대한 관심은 환자의 재활에서 가족의 중요성을 재인식한 데서 비롯되었으므로 정신장애인가족에게 일차적 초점을 둔 접근이라고 볼 수는 없다. 물론 정신장애인의 재활과 관련된 효과 외에 부수적으로 환자로 인해 야기되는 가족 내 갈등과 부담을 현실적으로 해결하도록 도움으로써 가족복지에 기여하는 측면도 있으나, 이제 정신장애인가족의 삶의 질 향상에 일차적 목적을 가진 프로그램의 개발이 필요한 시점이다.

(2) 자조집단

자조집단은 동병상련의 어려움을 겪는 사람들이 서로 돕고 연대하며 역량이 강화될 수 있다는 측면에서 유용한 사회복지실천 모델로 간주된다(이경준, 2006; Wituk et al., 2003).

정신장애인가족의 자조집단 활동과 관련하여 서구 사회에서는 정신장애인가족이 이룬 의미 있는 성취로 간주한다. 구체적으로 정신장애인가족 자조집단은 비공식적 지지 기반에서 사회적 낙인을 해소하고 정신장애인의 복지서비스 확대를 요구하는 사회운동을 전개하였다(박선영, 2009).

미국의 경우 정신장애인가족들의 자조집단은 1970년대 중반부터 급속도로 확산되었고, 1979년 9월에 정신질환자 가족협회(National Alliance for the Mentally Ill: NAMI)가 결성되었다(이홍식, 1995). 이 협회는 2005년 National Alliance on Mental Illness로 명칭이 변경되었다. 이 협회의 활동목표는, 첫째, 정신장애의 원인과 증상, 보호에 관한 지식을 배우고, 둘째, 행정적 뒷받침을 촉구하며, 셋째, 정신장애인과 가족의 권리가 존중되고 필요한 서비스가 보장되도록 요구하며, 넷째, 편견을 배제하고 사회에서 정당한 위치를 갖도록 계몽하며, 다섯째, 정신건강서비스의 방향을 주거와 직업을 중요시하는 사회복귀 중심으로 전환하는 것이다(한국정신건강복지연구소, 1994). NAMI의 결성 이후 자조집단은 크게 늘어났고 전국연합 국제사무실까지 문을 열게 되었다. 대부분의 자조집단은 환자나 가족에 대한 도움과 교육을 주목적으로 한다. 이 모임에서 가족들은 경험과 정보를 교환하게 된다. 자조집단을 통해서 다른 가족으로부터 적응과정을 배울 수 있고 이해 가능한 언어로 실제적인 내용을 도움받기 때문에 부담이 완화될 수 있다(Pfeiffer & Mosek, 1991). 이같이 정신장애인가족으로 이루어진 자조집단은 초기에는 상호 간 애환을 나누는 것에서 시작하여 점차 연대감을 형성하고 사회적 고립과 어려움을 함께 대처해 나가면서 가족 스스로 역량강화를 경험하게 되었다(박선영, 2009).

일본의 경우 전국 정신장애인가족연합회, 지역별 가족회, 병원별 가족회가 잘 조직되어 있다. 전국 정신장애인가족연합회의 기초단위인 지역가족회는 첫째, 환자에 대한 바른 이해와 정신보건사상의 보급과 계발, 둘째, 환자에 필요한 의료대책과 복지제도의 향상과 발전 도모, 셋째, 회복자의 사회복귀 촉진도모, 넷째, 가족교육, 상호부조와 친목, 다섯째, 가족회의 육성, 강화와 회원 상호교류 도모, 여섯째, 관련 기관이나 단체와의 연락, 조정 등의 사업을 전개하고 있다(한국정신건강복지연구소, 1994). 이 외에도 일본의 가족회는 정신장애인들의 사회복귀를 돕기 위한 공동작업실과 거주프로그램을 많은 곳에서 실시하고 있다.

한국의 경우는 서구 사회와 다소 다른 모습을 보인다. 정신장애인가족모임은 자발적으로 형성되기보다는 정신건강 관련 기관 및 시설에서 주도하는 방식이다. 즉, 한국 정신장애인가족 자조집단의 특성은 사회적 낙인과 체면의 영향을 받아 외부 노출을 꺼리는 경향이 있으며 전문가 주도로 볼 수 있다(박선영, 2009). 미국의 경우 지역사회 곳곳에서 가족들이 주도한 자조집단을 기반으로 전국적인 가족협회가 만들어진 데 비해 한국은 전국적 조직이 만들어진 후 지역사회로의 조직화가 전개되었다. 이는 정신장애인가족이 노출을 꺼리게 만드는 사회적 낙인과 체면의식 등에 기인한 것으로 해석된다. 가족 주도적인 자조집단이 활성화되지는 않았지만 한국은 정신보건가족협회가 1995년에 창립되어 1998년 4월에 대한정신보건가족협회로 법인 설립을 했고, 2000년에는 16개 지부, 253개 가족회로 협회가 구성되고 협회 부설로 사회복귀시설을 8개소 설치하였으며, 2015년 11월에 대한정신장애인가족협회로 명칭을 변경하였다. 가족협회는 정신장애인의 삶의 질 향상과 더불어 사회통합의 일환으로 편견 해소 및 대국민 인식 개선, 정신장애인의 직업재활 지원 활동에 주력하고 있다. 예를 들면, 대한정신장애인가족협회는 조현병 치료과정에서 겪을 수 있는 어려움을 공감하고 꾸준한 치료를 통한 질환관리의 중요성을 알리는 웹툰 캠페인을 선보였다. 가족협회는 정신장애인가족 자체의 이슈보다는 정신장애인의 재활과 사회복귀에 주력하는 경향을 보이는 것으로 관찰된다(박선영, 2009). 가족협회는 정신장애인의 삶의 질을 향상하고, 가족교육을 통하여 정신장애인의 올바른 인식과 치료기간을 단축하고 생활훈련과 작업훈련을 통하여 사회복귀를 촉진하며 회원 상호 간 격려와 지지로 서로 도움을 줌으로써 가정과 사회를 밝게 하는 것을 목적으로 홈페이지(www.kfamd.or.kr)에 제시하고 있다. 홈페이지에 제시된 가족협회의 주요 활동은 다음과 같다.

- 정신질환자 사회복귀시설의 설치·운영과 자활후견 및 보호사업
- 정신장애인 및 가족에 대한 사회적 편견 해소를 위한 교육과 홍보사업 및 장애인복지사업
- 정신보건전문요원과의 협력체제 유지 및 정신장애인의 삶의 질 향상을 위한 복지기금 조성사업
- 회원 상호 간의 친목 및 교류를 증진시키며 가족협회 발전을 위한 제도 연구개발사업
- 정신질환 관련 국제가족모임과 교류협력사업
- 지역사회정신보건사업의 위탁운영
- 기타 협회의 목적달성을 위한 수익사업
- 정신장애인 직업재활시설 운영사업
- 기타 법인의 목적달성에 필요한 복지 및 연구 등의 사업
- 정신장애인과 그 가족을 위한 장묘사업
- 정신장애인 체육·문화·예술사업

일반적으로 정신장애인가족의 자조집단은 다음과 같은 목적을 지닌다(최선화 외, 2002). 우선 개인적인 스트레스와 부담을 줄이고 지지를 받고 싶은 욕구를 채우기 위해 집단을 형성하고 모임을 갖는다. 그리고 사회에서 정신장애인들과 그 가족이 받는 편견을 타파하고 정당한 하나의 사회인으로 살 수 있도록 하기 위한 인권옹호의 목적으로 집단을 이루고 모임을 갖는다. 뿐만 아니라 기존의 지역사회 치료 및 사회복귀를 위한 서비스 제도가 부족한 것을 메우고자 하는 욕구에서 빈곤한 자원체계의 보완적 서비스 자원으로 스스로 원조집단을 조직하여 서로 도움을 주고자 하는 목적으로 집단을 이루고 모임을 갖는다. 가족 자조집단을 통해 다양한 정보가 교환될 수 있는데, 정신건강 의사와의 관계, 치료비문제, 「정신건강복지법」, 위기대처 방법, 환자를 위한 주거시설 등에 관한 정보를 주로 교환한다.

사회복지사는 보통 자조집단 형성에서 촉진자로서 역할을 한다. 주 보호자인 정신장애인가족들을 주로 만나는 정신병원이나 정신건강복지센터, 정신재활시설에

서 근무하는 사회복지사가 흔히 그 역할을 맡게 된다. 우선 자조집단 리더로서 활동할 가능성이 있는 가족들에게 자조집단의 필요성을 강조하고 조직화에 대한 협의를 시도할 수 있다. 그리고 리더로서 기능을 할 수 있도록 준비를 위한 안내를 한다. 초기과정 동안은 사회복지사가 활성화를 위한 자문역할을 맡는다.

(3) 가족지원

비장애인과 마찬가지로 정신장애인 역시 결혼해 가정을 이루고 자녀를 낳아 키우고 싶은 욕구가 있다. 정신장애인의 결혼유지 과정을 회복관점으로 해석한 연구는 '기대' '결단' '도약' '안정과 역량강화'로 제시하면서 새로운 삶에 대한 기대로 결혼을 결정하고, 걱정하는 가족 및 전문가를 설득해 결혼을 실행하여 삶을 개척하고 어려움을 극복하기로 결단하며, 사회적 지지를 받으면서 관계를 발전시키고 사회기술을 익혀 도약하고, 경험을 기반으로 안정되고 역량이 강화되는 것으로 분석하였다(유명이, 2004). 정신장애인의 결혼과 자녀양육과 관련해서는 결혼으로 심리적 안정을 얻을 수 있고 자녀를 양육하면서 삶의 즐거움과 가치를 누릴 수 있다는 긍정적 시각도 있지만 결혼생활 유지나 자녀양육 스트레스 측면에서 부정적으로 바라보는 우려의 시선이 강하다.

아직 한국은 정신장애인의 결혼이나 자녀양육에 대한 서비스는 저소득층 장애인의 출산과 양육에 대한 경제적 지원 외에는 거의 없는 실정이지만 재가 정신장애 여성의 자녀양육 능력 향상을 위해 양육지원 프로그램이 개발되기도 하였다(김정진, 2004). 정신건강복지센터에서 자녀양육 지원프로그램, 자녀에 대한 정서적 지원과 학습지원 프로그램을 운영했던 경험도 있지만 지속적으로 시행되지는 못한 실정이다(권진숙 외, 2017).

4. 정신장애인 대상 법과 정책 및 가족 관련 법과 서비스의 개선방향

1) 정신장애인 관련 법과 정책 개선방향

정신장애인 관련 법과 정책에서 보완될 필요가 있는 요소를 살펴보면 다음과 같다.

첫째, 정신장애인의 자립 및 지역사회 통합을 실질적으로 보장할 수 있도록「정신건강복지법」의 보완이 필요하다.「정신건강복지법」의 전신인「정신보건법」은 2008년 제정된 UN 장애인권리협약(CRPD)에 기반해 2016년에 전면 개정되었다.「정신건강복지법」은 정신장애인의 권리보장 강화를 위한 개정으로 그 입법 취지를 기술하고 있으나 정신장애인이 지역사회에서 생활할 수 있는 토대인 소득, 건강, 주거, 고용, 복지 지원에 필요한 예산과 인력을 실질적으로는 뒷받침하지 못하고 있다. 즉, 장애인권리협약 제19조 '지역사회에 통합되어 독립적으로 살 권리'에 대해 법적으로 복지서비스를 포함시켜 법적 근거는 마련하였지만「정신건강복지법」시행령과 시행규칙에 이와 관련된 구체적 조항들이 없어 선언적 의미에 그치고 있다.

둘째, 정신장애인이「장애인복지법」에 기반한 다양한 관련 서비스를 활용할 수 있도록 연계체계가 효율적으로 구축되려면「장애인복지법」의 관련 조항이 개정될 필요가 있다. 정신장애인이「장애인복지법」에 근거한 서비스를 이용하기 어려운 문제는「장애인복지법」제15조에 기인한다.「장애인복지법」의 장애범주에 정신질환으로 인한 장애를 포함하였지만 제15조에서는「정신건강복지법」을 적용받는 장애인에 대해「장애인복지법」의 적용을 제한할 수 있다고 규정함으로써 정신장애인의 장애인복지시설 이용을 제한하고 있다. 정신장애인은「장애인복지법」제15조에 따라 장애인 거주시설 이용, 실비 장애인 거주시설 입소 이용료 지원, 지역사회 중심 재활사업 등 대부분의 서비스에서 제외된다. 현재 정신장애인은 직업재활시설 외 대부분 장애인복지서비스에서 배제되고 있다. 직업재활시설도 이용률이 저조한데 장애등록을 한 정신장애인은 장애인직업재활시설을 이용할 수 있지만 이용률이 4.5% 정도이다(이용표 외, 2017). 정신장애인은 중복장애가 아니면 활동지원서비스를 이용하기가 거의 불가능하다. 장애인복지관에서 제공하는 프로그램을 이용하고 싶어도 이용이 어렵다. 이러한 문제들은 「장애인복지법」 제15조에서 다른 법률과의 관계를 삭제하거나 「정신건강복지법」을 삭제하면 해결이 가능해진다. 정신장애인이 정신재활시설뿐 아니라 장애인복지시설을 선택해 이용할 수 있으므로 정신장애인복지서비스 체계와 장애인복지서비스 체계 간 상호 보완성을 기대할 수 있게 되는 것이다.

셋째, 정신장애인이 활용할 수 있는 장애수당, 주거서비스, 활동지원 등에 대한 실질적인 지원 확대가 필요하다. 무엇보다 장애수당이 소득보장 기능을 적정하게 수행할 수 있게 현실화되어야 한다. 정신장애는 빈곤이나 실업과 상관관계가 높은 것으로 알려져 있다. 이에 대해 레프(Leff, 1991)는 빈곤이 정신질환의 원인이라기보다는 정신질환에 따른 결과라고 해석하였다. 미국에서의 역학조사 결과 경제적으로 최하층 계층에서 조현병이 나타날 확률은 최상층에 비교해 7.85배였다(Holzer et al., 1986). 웨이크와 루이스(Weich & Lewis, 1998)에 의하면 빈곤과 실업은 우울증이나 불안장애 같은 정신질환을 지속시킬 가능성을 의미 있게 높이는 것으로 보고되었다. 정신장애인의 독립적인 거주 관련 지원도 확대되어야 한다. 현재 정신장애인의 지역사회 주거를 지원하는 공동생활가정, 주거제공시설, 입소정신재활시설 등은 이용기간을 3년으로 제한하고 있다. 그리고 정신장애인의 경우 대부분 신체적으로 이상은 없지만 정신장애 증상으로 인해 활동지원사의 도움이 필요한 경우가 많은데 정신증상의 비중이 적은 활동지원 등급 심사에서 점수 미달로 탈락하기 쉬워 활동지원 급여를 잘 받지 못한다.

2) 정신장애인가족 관련 법과 서비스 개선방향

우리 사회는 정신장애인과 관련해 가족의 책임과 중요성만 주로 강조할 뿐 현실적으로 가족에게 초점을 둔 개입이나 접근은 미흡한 실정이다. 아직 우리 현실은 사회적인 대응책은 취약한 채 가족에게만 감당하기 어려운 희생을 강요하는 상황이다. 가족복지의 관점에서 볼 때 정신장애인가족에 대한 우리 사회 지원체계의 후진성은 분명하다. 정신장애인에 대한 무한책임을 현재처럼 가족에게 맡긴다면 가족의 고통이 심화되고 결과적으로 한계에 이른 가족들이 이들을 포기하게 될 위험성이 매우 높아진다. 정신장애인을 돌보는 가족의 욕구를 보면 이들이 필요로 하는 사회적 지원체계는 포괄적이고 통합적이어야 한다. 이와 관련해 정신장애인가족 관련 법과 서비스의 개선방향을 제시하면 다음과 같다.

첫째, 가족에게 정신장애인 돌봄의 무한책임을 지우지 못하도록 관련 법 조항의 개정이 필요하다. 「정신건강복지법」 제40조에 따르면 보호의무자는 피보호자인 정신질환자가 치료와 요양을 받게 하거나 정신의료기관 입·퇴원 등을 할 때 협조해야 한다. 또한 제3항에서는 정신질환자가 자신이나 다른 사람을 해치지 못하도록 유의해야 할 책임을 보호의무자에게 두고 있다. 이와 같은 보호의무자의 과중한 책임은 정신장애인가족이 정신장애인을 정신의료기관이나 정신요양시설로 장기입원 또는 입소를 시키는 역기능적 결과를 초래할 수 있다.

둘째, 가족에게 초점을 둔 사회적 지원체계의 확립을 추진해야 한다. 최근 한국은 지역사회 중심의 보건복지서비스 체계를 작동하는 커뮤니티 케어의 등장으로 정신장애인가족의 돌봄부담을 완화할 수 있는 지원에 대한 욕구와 기대가 높아지고 있다. 솔로먼과 드레인(Solomon & Draine, 1995)은 조언, 정보제공, 사회적 관계망, 사랑, 물질적 원조 같은 사회적 지지가 가족보호자의 스트레스에 대한 완충작용을 하는 것으로 보고하고 있다. 가족들은 정보, 관리지침, 현실적 기대를 갖도록 도움을 주는 서비스를 필요로 한다. 가장 간과되고 있는 서비스는 가족의 휴식욕구를 충족시켜 주는 것이다. 그리고 서구 사회 및 한국에서 이미 실시되고 있지만 자조집단의 활성화가 정신장애인가족에게 보호와 지지를 유지하는 데 유용하다. 집단이라는 맥락이 사회적 지지망이 되어 주며 가족구성원들이 서로의 경험으로부터 자신의 위기 상황에 대한 관점을 확립하고 죄책감과 비난을 감소시킬 수 있다. 또 경험을 나누는 것은 소외감과 낙인감을 줄이도록 도와줄 수 있다.

셋째, 정신장애로 인한 영향이 가족 전체에 크게 미치기 때문에 가족상담의 확대

가 매우 중요하다. 특히 정신장애인의 평생계획 수립을 둘러싼 가족상담의 필요성
이 절실하다. 지지적 가족상담의 중요성을 강조하고 있는 번하임(Burnheim, 1982)
은 정신장애인과 함께 사는 것 자체가 스트레스이며, 만성적 스트레스는 인간의 대
처능력을 감소시키나 가족은 근본적으로 건강하며 가족의 병리보다 적응능력이
중요하다고 가정하였다. 번하임의 지지적 가족상담은 무력감을 감소시키는 반면
자존감을 높이고, 정보의 제공과 환자관리 기술을 개발하며, 다른 가족원들의 욕구
를 인식하도록 돕는 것을 목표로 한다. 가족상담자는 위기 상황에서 위기개입 조
력자로서의 역할, 감정이 압도되어 있는 가족의 문제를 보다 객관적이고 명확하게
보고 해결의 전망을 얻을 수 있도록 돕는 객관적인 인식을 하는 역할, 치료 및 재활
에 관련된 정보를 제공하고 정신장애에 대한 지식을 가르치는 교사로서의 역할, 가
족의 역기능적인 역할을 인식함으로써 새로운 행동방식을 찾고 성장 강화적인 방
식으로 의사소통하도록 도움으로써 가족체계의 긍정적인 변화를 유도하고 가족이
스스로 나아가려고 결정했던 방향으로 안내하는 안내자로서의 역할, 이제까지 표
현할 수 없다고 여겨지던 생각과 감정을 표현함으로써 변화가 일어날 수 있는 안전
한 환경을 조정하고 창조하는 환경조정자로서의 역할을 수행해야 한다(한국정신건
강복지연구소, 1994).

제**12**장

다문화가족

    다양한 문화적 배경을 가진 사람들이 모여 형성되는 다문화가족은 오랜 기간 한국 역사와 함께해 왔음에도 불구하고 다문화가족, 다문화사회라는 용어가 공식적으로 쓰이기 시작한 것은 2000년대 중반부터이다. 국제결혼, 즉 외국 출신 배우자와 한국인 배우자 간의 결혼건수가 이때부터 급증하면서 이들과 이들 가족에 대한 사회적 관심이 커지게 되었으며, 이는 곧 다문화가족을 위한 사회복지 정책 및 서비스 마련, 관련 법 제정 및 개정 등의 변화로 이어졌다. 다문화가족의 사전적 정의는 '서로 다른 국적·인종 및 문화를 가진 사람들로 구성된 가족[1]'이다. 하지만 한국 사회에서 바라보는 다문화가족은 이보다 더 협의적 의미를 가진다. 그렇다면 한국 사회는 누구를 다문화가족으로 바라보는가? 이 장에서는 다문화가족의 정의와 범위를 살펴보고 이들의 실태와 욕구, 어려움을 검토하며 이를 통해 한국의 다문화가족과 이들의 삶에 대한 이해를 증진시키고자 한다. 또한 다문화가족을 위한 사회복지 정

---

1) 한국민족문화대백과사전(http://encykorea.aks.ac.kr/Contents/Item/E0068878).

책과 서비스를 검토하며 다문화가족 사회복지가 가지는 문제점과 개선방안에 대해 논의한다.

1. 다문화가족 정의

다문화가족 대상 사회복지를 논하기 위해서는 먼저 다문화가족의 정의 및 범위에 대한 이해가 선행되어야 한다. 그렇다면 한국 사회에서 다문화가족은 누구를 가리키는가? 천정웅 등(2015)은 다문화가족이란 언어, 사고방식, 관습 등이 다른 문화가 공존하는 가족이라 설명한다. 이런 광의의 다문화가족은 〈표 12-1〉과 같이 국제결혼을 통해 이루어진 국제결혼가정, 외국인 근로자가 한국에서 결혼해서 이룬 가정, 북한이탈주민가정, 그 외 유학생 · 난민 등이 한국에 거주하면서 이룬 가정 등을 포함한다. 즉, 넓은 의미에서의 다문화가족은 다양한 문화적 배경을 가진 구성원이 만나 이룬 가족을 가리키며, 이를 더 확대해서 보면 한국의 모든 가정 역시 다문화가족의 범주에 포함될 수 있다.

하지만 실제 국내 법률에서 다루는 다문화가족의 정의는 이보다 좁은 의미를 가진다. 다문화가족과 관련된 국내 법률로는 「출입국관리법」 「국적법」 「재한외국인 처우 기본법」 「다문화가족지원법」 등이 있는데, 이 중 다문화가족에 대한 정의를

표 12-1 다문화가족의 유형

유형	정의
국제결혼가정	• 한국인과 외국인이 결혼하여 이루어진 가족 및 그 자녀
외국인근로자가정	• 외국인근로자가 한국에서 결혼하여 이룬 가족 및 그 자녀 • 본국에서 결혼, 이루어진 가족이 국내로 이주하여 생활하는 가족
북한이탈주민가정	• 북한이탈주민 간 결혼으로 이루어진 가족과 그 자녀 • 북한이탈주민과 한국 태생 개인의 결혼으로 이루어진 가족과 그 자녀 • 북한이탈주민 개인과 그 가족(예: 어머니와 자녀, 할머니와 자녀 등)
입국재외동포가정	• 북한이탈자가 아닌 입국재외동포가정

출처: 천정웅 외(2015), p. 21에서 발췌 · 재정리.

표 12-2 다문화가족의 유형

「다문화가족지원법」 제2조
1. "다문화가족"이란 다음 각 목의 어느 하나에 해당하는 가족을 말한다. 　가. 「재한외국인 처우 기본법」 제2조 제3호의 결혼이민자와 「국적법」 제2조부터 제4조까지의 규정에 따라 대한민국 국적을 취득한 자로 이루어진 가족 　나. 「국적법」 제3조 및 제4조에 따라 대한민국 국적을 취득한 자와 같은 법 제2조부터 제4조까지의 규정에 따라 대한민국 국적을 취득한 자로 이루어진 가족 2. "결혼이민자" 등이란 다문화가족의 구성원으로서 다음 각 목의 어느 하나에 해당하는 자를 말한다. 　가. 「재한외국인 처우 기본법」 제2조 제3호의 결혼이민자 　나. 「국적법」 제4조에 따라 귀화허가를 받은 자 3. "아동 · 청소년"이란 24세 이하의 사람을 말한다.

출처: 다문화가족지원법(2020. 5. 19. 일부개정).

포함하여 관련 정책 및 지원을 아우르는 법은 「다문화가족지원법」이다. 「다문화가족지원법」에서 정의하는 다문화가족은 〈표 12-2〉와 같다.

　「다문화가족지원법」에서 규정하는 '다문화가족'을 정리하면 다음과 같이 해석된다. 다문화가족은 결혼을 통해 이루어진 가족을 가리키며, 그 대상자는 출생부터 한국 국적을 가진 내국인과 귀화 · 인지를 통해 한국 국적을 취득한 국적취득자, 결혼이민자를 포함한다. 즉, 한국인 부 · 모 아래 출생하여 한국 국적을 가진 사람이 외국 태생 결혼이민자와의 결혼을 통해 이룬 가족, 한국 태생 한국 국적 소지자와 결혼 · 인지를 통해 한국 국적을 취득한 사람 간의 결혼을 통해 이룬 가족, 결혼 · 인지를 통해 한국 국적을 취득한 사람들 간의 결혼 및 결혼 · 인지를 통해 한국 국적 취득한 사람과 결혼이민자 간의 결혼을 통해 형성된 가족 모두 해당 가족범위 안에 포함된다. 여기서 주의할 점은 일반적으로 다문화가족을 '결혼이민자와 한국인' 간의 결혼을 통해 이루어진 가족으로 생각할 수 있으나 실제 국내 다문화가족 모두가 '결혼이민자'와 '한국 태생 한국인' 간의 결혼으로 이루어진 가족이 아니라는 점이다. 즉, 앞서 설명된 것과 같이 이후 절차를 거쳐 한국 국적을 취득한 외국 태생 개인과 결혼이민자 혹은 외국인 간의 결혼을 통해 형성되는 가족 모두 다문화가족에 해당되며, 이는 곧 앞의 〈표 12-1〉에 제시된 북한이탈주민가정, 외국인근로자 중 일부 가족이 여기에 포함될 수 있음을 의미한다. 일부에서는 현 「다문화가족지원법」에서 명시하는 다문화가족은 여전히 한국인 중심의 가족과 출산을 강조하는 정의라고 설명하며, 이런 보수적인 정의는 세계적인 추세 및 한국 내 외국 출신 구성원 유입 흐름과 어긋난다고 지적한다(김정인, 2018; 설동훈, 2013).

이 장에서는 「다문화가족지원법」에 명시된 다문화가족을 중심으로 그 현황과 실태, 다문화가족을 대상으로 하는 사회복지 정책 및 서비스에 대해 살펴보고자 한다. 이는 국내 다문화가족지원 정책 및 서비스가 「다문화가족지원법」에 명시된 가족을 대상으로 수립·운영 중에 있으며, 북한이탈주민 및 외국인근로자 가족을 위한 정책 및 서비스는 다문화가족과 다른 중앙부처 및 다른 법률 아래 운영되고 있기 때문이다. 또한 보고되는 이들의 실태, 현황 등 모두 매우 상이한바, 이 장에서는 「다문화가족지원법」에서 다루는 다문화가족과 이들의 현황, 욕구 및 정책을 구체적으로 살펴보고자 한다.

2. 다문화가족 현황 및 욕구

1) 다문화가족 현황

(1) 다문화가족 결혼추이

국내 다문화가족에 대한 사회적 관심은 한국인과 외국인 간의 국제결혼건수가 2000년대 중반부터 급증함에 따라 시작되었다고 볼 수 있다. 〈표 12-3〉에 나타난 것과 같이 한국인과 외국인 간의 국제결혼 비율은 1990년대 초반 불과 약 1%를 넘긴 것에 반해, 10여 년이 지난 2000대 중반부터 급증하여 2005년에는 전체 결혼의 13.5%를 차지했다. 이후 2010년까지 10%대를 유지하다가 2011년부터 점차 감소추세를 보이며, 2015년에는 7%대로 감소했다가 이후 약간씩 상승하는 추이를 보이고 있다. 그리고 2019년에 다시 2000년대 중반과 비슷하게 약 10%에 가까운

표 12-3 국내 국제결혼 추이(1990~2020)

연 도	총 결혼 건수	국제결혼		외국인 아내		외국인 남편	
		건수	비율	건수	비율	건수	비율
1990	399,312	4,710	1.2	619	0.2	4,091	1.0
⋮	⋮	⋮	⋮	⋮	⋮	⋮	⋮
2004	310,944	35,447	11.4	25,594	8.2	9,853	3.2
2005	314,304	42,356	13.5	30,719	9.8	11,637	3.7
2006	330,634	38,759	11.7	29,665	9.0	9,094	2.8
2007	343,559	37,560	10.9	28,580	8.3	8,980	2.6
2008	327,715	36,204	11.0	28,163	8.6	8,041	2.5
2009	309,759	33,300	10.8	25,142	8.1	8,158	2.6
2010	326,104	34,235	10.5	26,274	8.1	7,961	2.4
⋮	⋮	⋮	⋮	⋮	⋮	⋮	⋮
2015	302,828	21,274	7.0	14,677	4.8	6,597	2.2
2016	281,635	20,591	7.3	14,822	5.3	5,769	2.0
2017	264,455	20,835	7.9	14,869	5.6	5,966	2.3
2018	257,600	22,698	8.8	16,608	6.4	6,090	2.4
2019	239,159	23,643	9.9	17,687	7.4	5,956	2.5
2020	213,500	15,341	7.2	11,100		4,241	

출처: 통계청, 인구동태통계연보(http://kosis.nso.go.kr) 재정리.

9.9%까지 상승하다가 2020년 7.2%까지 감소하는 것으로 나타나는데, 이 감소 현상은 코로나19 펜데믹으로 인한 영향으로 해석할 수 있다.

다문화혼인은 국제결혼건수와 더불어 귀화자 · 한국인 간의 결혼건수도 포함한다. 그 수치는 국제결혼건수 혹은 전체 결혼 중 국제결혼 비율보다 약간 높은 것을 알 수 있다. 예로, 2019년을 기준으로 국제결혼의 비율은 전체 결혼건수 중 9.9%를 차지하는데, 다문화혼인의 비율은 이보다 약간 높은 10.3%로 보고된다. 이는 다문화혼인은 국제결혼뿐 아니라 한국인 · 귀화자, 귀화자 · 귀화자 간의 결혼 역시 포함하기 때문이다. 지난 10여 년간의 다문화혼인 추이를 살펴보면 [그림 12-1]과 같

출처: 통계청(2020), p. 4.

다. 전체 결혼 중 다문화혼인 비중은 국제결혼과 유사한 추이를 보이는데, 2015년까지 감소추세를 보이다가 다시 점차 증가하여 2019년에는 약 10%를 상회하는 그림을 보인다. 최근 통계청 자료에 따르면 2019년을 기준으로 전체 다문화혼인 건수 중 약 69.3%가 한국인 남성과 외국 출신 여성 간 국제결혼에 해당되며 한국인 여성과 외국 출신 남편 간의 결혼은 약 17.2%, 한국인과 귀화자 간의 결혼은 약 13.5%를 차지하는 것으로 나타났다(통계청, 2020). 이는 2009년 한국인-귀화자 결혼 비율이 다문화혼인 중 6.7%를 차지한 것에 비해 약 두 배에 다다른 수치로, 다문화가족을 이루는 구성원의 변화가 있음을 알려 주는 결과이다.

(2) 다문화가족의 변화

① 결혼이민자·귀화자의 출신국가 변화

통계청(2021)에서 발표한 다문화가족 외국 출신 배우자의 출신국가 분포를 살펴보면, 2020년을 기준으로 베트남 출신 여성 배우자 비율이 가장 높은 것으로 나타나며, 그다음으로 중국, 태국 순으로 집계된다. 베트남, 중국 및 태국 출신 여성이 전체의 약 66%를 차지하고 있다. 남성 배우자의 경우 미국 출신이 가장 많고,

중국, 베트남 순으로 많은 것으로 나타난다. 이런 출신국가 분포는 2000년대에 비해 일부 변화한 것으로 보이는데, 예컨대 2000년대 여성 다수가 중국 출신이었던 것에 반해 2010년대 초반부터는 베트남 출신 여성이 가장 많은 것으로 집계된다. 또한 필리핀 출신 역성 역시 2000년대 중반부터 2012년 정도까지 꽤 많은 수가 국내에서 다문화가정을 이뤘는데, 2012년의 경우 전체 다문화혼인 중 여성 배우자 10% 이상이 필리핀 여성으로 나타났다. 하지만 이후부터 필리핀 출신 여성과의 혼인건수가 급격히 감소하면서 2020년을 기준으로 전체 외국 출신 여성 배우자-한국인 남성 배우자 혼인건수 중 약 3.3%만이 필리핀 출신 여성과의 결혼으로 나타났다. 반면에 태국 출신 여성들과의 결혼건수는 증가추세를 보이는데, 2000년대 중반부터 2010년 초반까지 태국 출신과의 결혼건수는 전체 2% 미만을 보이다가 2016년 중반부터 서서히 증가하는 추세를 보였으며, 2020년에는 전체 외국 출신 여성과의 결혼건수 중 태국 출신 여성과의 결혼이 15.6%를 차지하는 것으로 보고되었다(통계청, 2021).

남성의 출신국가 변화를 살펴보면 유사하게 2000년대와 2010년대 초반까지는 중국 출신 남성과의 혼인건수가 제일 많았으며, 그다음으로 미국, 일본이 뒤를 이었으나 2015년부터 일본 남성과의 혼인건수가 급격히 감소한 것을 볼 수 있다. 대신 베트남 출신 남성과의 결혼건수가 꾸준히 증가한 것을 볼 수 있는데, 이는 2020년 기준 전체 외국 출신 남성-한국 출신 여성 간의 혼인건수 중 약 11.8%를 차지한 것으로 나타났다. 미국 출신 남성과 중국 출신 남성과의 혼인건수는 꾸준히 높은 비율을 차지하고 있는데, 2000년대에는 중국 출신 남성과의 혼인건수가 압도적으로 높게 나타나다가 2010년대에 들어 그 수가 점차 감소하면서 2020년에는 미국 출신 남성과의 결혼이 26%, 중국 출신 남성과의 결혼은 22%로 집계되었다(통계청, 2021).

이런 외국 출신 배우자의 출신국가의 다양함과 변화는 사회복지실천 현장에서 반드시 살펴봐야 할 특징에 포함된다. 먼저, 출신국가의 다양함은 다문화가족이 결코 동질한 집단이 아니며, 국내에 거주하는 다문화가족 모두가 각자 다른 문화적 배경과 이에 따른 독특한 욕구와 어려움을 경험하고 있음을 알려 준다. 출신 국적에 따른 가족과 구성원의 경험은 조금씩 다른 것으로 나타난다. 가족 내 문제해결방법, 가족이 경험하는 어려움, 자녀양육과 가사분담에 대한 인식 정도 모두 출신 국적에 따라 일부 다른 것으로 보고되고 있는바(최윤정 외, 2019), 다문화가족 내 문화적 다양성은 사회복지실천 현장에서 반드시 존중되고 고려되어야 하는 부분이다. 이와 더불어 출신국가 분포의 변화는 다문화가족을 대상으로 하는 사회복지실천 현장에서 중요하게 고려되어야 한다. 출신국가 분포가 달라진다는 것은 대상자 집단이 달라짐을 알려 주며, 동시에 서비스 기획부터 제공까지의 과정에서 요구되는 사회복지사의 문화적 역량 역시 증진되어야 함을 알려 준다. 즉, 다문화가족을 이루는 외국 출신 배우자의 문화적 배경에 대한 이해가 반드시 선행되어야 하며, 이를 고려한 서비스 제공이 이루어져야 한다.

② 다문화가족 아동 · 청소년의 증가

다문화가족 대상 사회복지에 있어 중요하게 다뤄지는 또 하나의 대상집단은 다문화가족의 자녀이다. 「다문화가족지원법」에 근거하여 다문화가족 관련 정책 및 서비스 대상이 되는 자녀는 24세 이하인 아동 · 청소년을 가리키며 이들은 국제결혼을 통해 이루어진 다문화가족에서 출생한 아동 · 청소년뿐 아니라 부모의 재혼을 통해 중도에 한국에 입국해 합류한 중도입국 아동 · 청소년을 모두 포함한다. 「다문화가족지원법」 제정 후 다문화가족 대상 정책 및 서비스가 결혼이민자들의 안정적인 적응, 정착과 더불어 가족의 생활지원에 초점이 맞춰져 있었다면 최근 몇 년 동안 이들 가정 내 태어난 자녀와 중도에 입국하는 자녀 수가 증가하면서 다문화가족 내 아동 · 청소년을 대상으로 하는 정책과 서비스가 확대되고 있다.

[그림 12-2]에서와 같이 모든 연령집단에서의 다문화가족 아동 · 청소년 수는 증가추세를 보이고 있다. 가장 가파른 성장곡선을 보인 집단은 초등학생 연령대인 7~12세 아동으로 2007년부터 2019년까지 그 수가 거의 8배 이상 증가한 것으로 나타난다. 동시에 만 6세 이하 미취학 아동 수 역시 2007년부터 2014년까지 약 5배 이상 증가했다가 일부 둔화되는 추세를 보이고 있으나 이들은 여전히 전체 다문화가족 아동 · 청소년의 40% 정도를 차지한다. 이런 다문화가족 아동 · 청소년의 지속적인 증가는 다문화가족 대상 사회복지 정책 및 실천에서 아동 · 청소년에 대한

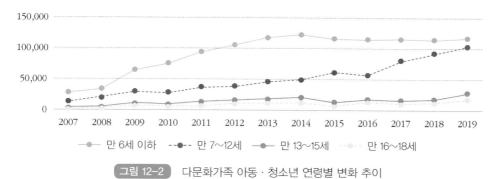

그림 12-2   다문화가족 아동 · 청소년 연령별 변화 추이

출처: 행정안전부(2019)자료(http://www.mogef.go.kr/mp/pcd/mp_pcd_s001d.do?mid=plc503&bbtSn
=704742)를 재정리.

관심과 지원이 필요함을 시사한다. 또한 소수집단으로서 다문화가족 아동 · 청소
년이 가지는 특성으로 인해 이들이 교육환경과 한국사회에서 주변화될 수 있는 가
능성을 고려할 때, 이들에 대한 관심은 특별히 요구되는 바이다.

③ 결혼이민자 · 귀화자 비율 변화

앞서 언급한 것과 같이 국내 한국인-귀화자 간 결혼 비율이 증가한다는 것은 다
문화가족 구성원의 특성 역시 변화하고 있다는 것을 알려 준다. 동시에 다문화가족
과 다문화가족 구성원의 특징이 변화하는 것은 곧 이들의 욕구가 변화하고 있음을
시사하며 이런 변화가 다문화가족을 대상으로 하는 사회복지 정책, 서비스 그리고
현장에서 어떤 의미를 가지는지 고민할 필요가 있다. 먼저 다문화가족 내 결혼이민
자와 귀화자의 비율변화를 살펴보면 [그림 12-3]과 같다. 2000년대 중반부터 2010년
대 중반까지의 추이를 살펴보면 결혼이민자의 비율이 귀화자의 비율보다 높게 나
타나다가 2014년부터 귀화자의 비율이 결혼이민자의 비율을 추월하는 양상을 보
이고 있다. 물론 이는 2011년 「다문화가족지원법」 개정에 따라 혼인귀화자가 아닌
다른 경로로 국적을 취득한 귀화자(인지 · 귀화) 역시 다문화가족 내 포함되면서 다
문화가족 내 귀화자 수가 일부 증가한 것으로도 해석 가능하나, 한편으로 많은 외
국 출신 배우자들이 한국 국적을 취득하고 있으며, 동시에 이들의 거주기간 역시

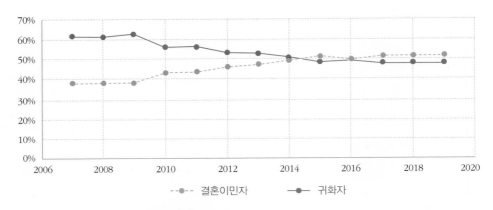

출처: 행정안전부(2020)자료를 재정리.

증가하고 있음을 알려 준다. 「국적법」 제6조[2]에 의거하여 다문화가족을 이루는 외국 출신 배우자의 경우 국내 거주기간 필수요건이 충족되어야 하며, 모든 조건이 충족될 시에도 국적 취득까지는 어느 정도 시간이 소요된다. 실제 2018년에 진행된 다문화가족실태조사(최윤정 외, 2019)를 살펴보면, 전체 외국 출신 배우자의 약 60%가 10년 이상 거주한 것으로 나타난다. 이는 다문화가족 내 외국 출신 배우자의 거주기간이 장기화되고 있으며, 이들 중 상당수는 한국 국적을 취득한 귀화자로 정착하고 있음을 알려 준다.

정리하면, 다문화가족 내 외국 출신 배우자의 출신국가 변화, 거주기간 장기화와 법적 체류자격 변화, 아동 · 청소년 구성원 비율 증가 등의 현상은 국내 다문화가족의 특성이 지속적으로 변화하고 있음을 알려 주며, 이에 따른 욕구 역시 변화하고 있음을 시사한다. 예를 들어, 국내 거주기간이 긴 귀화자가 경험하는 어려움

---

2) 2008년 개정된 「국적법」 제6조 간이귀화 요건에 의하면 배우자가 한국 국민인 경우, ① 배우자와 혼인 상태로 한국에 2년 이상 거주하고 주소가 있는 경우, ② 배우자와 혼인 후 3년 경과하였으며 혼인 상태로 한국에 1년 이상 주소가 있는 경우, ③ 위 기간 충족은 하지 못했으나 혼인상태로 대한민국에 주소를 두고 있는 중 배우자 사망, 실종 혹은 배우자 유책사유로 이혼한 경우로 법무부장관이 인정하는 경우, ④ 배우자와의 혼인에 따라 출생한 미성년의 자(子)를 양육하고 있거나 양육하여야 할 사람으로서 제1호나 제2호의 기간을 채웠고 법무부장관이 상당하다고 인정하는 사람은 간이귀화 신청이 가능하다.

은 최근에 한국 사회에 이주한 결혼이민자와 상이할 수 있다. 최근 자료(여성가족부, 2018)에 의하면 국내 거주기간이 2년 채 되지 않은 결혼이민자의 경우 언어 장벽으로 인한 어려움, 문화적 차이로 야기되는 문제 등을 경험하는 반면에 거주기간이 10년 이상 된 결혼이민자 · 귀화자의 경우 이런 문화 · 언어 차이에서 오는 어려움보다는 자녀교육, 경제활동 등과 관련된 어려움을 더 많이 경험하는 것으로 나타났다. 즉, 이는 다문화가족 형성 초기단계에 있는 가족과 그 구성원들에게는 적응이 주요한 과업이 될 수 있으나 학령기 자녀를 양육하며 한국 사회 적응이 어느 정도 진행된 외국 출신 배우자와 그 가족들에게는 적응과 정착보다는 자녀교육, 경제적 안정이 더 우선적인 과업이 될 수 있다는 것을 암시한다. 다문화가족 대상 사회복지실천은 가족의 생애주기에 따라 자연스럽게 요구되는 가족 내 과업에 대한 이해와 더불어 다문화가족, 외국 출신 구성원이 가지는 특성과 독특한 경험을 염두에 두고 진행되어야 하며 이들의 변화하는 욕구 및 특성에 민감하게 반응할 수 있어야 한다.

2) 다문화가족이 경험하는 어려움

다문화가족이 경험하는 어려움과 이들이 가지는 욕구의 유형과 범위, 정도는 매우 광범위하다. 어느 가족이 그렇듯, 가족구성원 개개인이 경험하는 어려움과 더불어 가족공동체로서도 경험하는 어려움 역시 동시에 존재한다. 다문화가족과 그 구성원이 경험하는 어려움을 모두 논의할 수 없으나, 이 장에서는 최경석 등(김연옥 외, 2005: 2003 재인용)이 제시한 가족복지 문제유형에 따라 ① 가족 외부환경의 문제, ② 가족구성원 간의 관계문제, ③ 가족구성원의 내적 문제로 구분하여 다문화가족이 경험하는 어려움을 살펴보고자 한다. 특히 가족 외부환경의 문제로는 다문화가족이 경험하는 사회적 차별을 살펴보고, 가족구성원 간의 관계문제로는 다문화가족 부부갈등을 다루며, 마지막으로 가족구성원의 내적 문제로는 다문화가족 아동 · 청소년의 학업 및 정서 관련 어려움을 살펴보고자 한다.

(1) 사회적 차별

사회적 차별이란 개인의 특성이 아닌 개인이 속한 집단으로 인해 받는 부당한 대우를 가리키며, 특정한 개인을 두고 일어나는 행위가 아닌 사회적 관계, 신념의 표현으로 설명된다(Marsiglia, Kulis, & Lechuga-Pena, 2021). 사회적 차별은 미시적인 수준에서부터 거시적인 수준까지, 미약한 수준에서 매우 심각한 수준의 형태로도 나타난다. 특정 인종 혹은 민족 집단을 가리키는 부정적 언어 사용부터 교육, 건강, 서비스 등에 대한 접근 혹은 기회의 불평등까지 모두 사회적 차별에 해당된다. 맥락과 형태와 무관하게 사회적 차별경험은 대상자에게 매우 부정적인 영향을 미친다. 외국에서 이주해서 한국어가 서투르거나 한국문화에 익숙하지 않은 이주배경을 가진 구성원이나 혹은 외형적으로 다른 특징을 가진 사람일수록 이런 사회적 차별을 경험할 확률이 높다. 실제 최근 실시된 조사에서도 다문화가족 내 결혼이민자·귀화자의 약 31%가 외국 출신이라는 이유로 지난 1년간 한국에서 차별을 경험한 것으로 나타났으며, 특히 직장 및 일터에서 차별을 많이 경험했던 것으로 보고되고 있다(최윤정 외, 2019). 또한 다문화가족 자녀 역시 이런 차별경험에 빈번하게 노출되고 있는 것으로 알려져 있는데, 같은 조사에 따르면 다문화가족 자녀 중 약 9%가 본인이 다문화가족 자녀라는 이유로 차별을 당한 적이 있다고 보고했으며, 특히 이런 차별은 주로 친구 및 또래로부터 경험하고 있는 것으로 나타났다.

이런 차별경험이 누적되고 장기화될 시 이것이 가지는 부정적 영향은 매우 심각하다. 사회적 차별경험을 한 사람은 그렇지 않은 사람에 비해 우울과 불안을 경험할 확률이 높으며 자아존중감 및 자기효능감 역시 손상될 수 있다(Cassidy et al., 2004). 손상된 자아존중감과 자기효능감은 회복되기까지 많은 시간이 소요되며, 특히 부모의 역할을 동시에 수행하고 있는 많은 결혼이민자·귀화자의 경우 손상된 자아상과 악화된 건강은 이들 자녀에게도 장기적으로 부정적 영향을 미칠 수 있다. 동시에 다문화가족 자녀가 주변 또래 및 친구로부터 직접 경험하는 차별경험은 이들의 건강한 성장을 저해하는 위험요인으로 작용할 수 있다. 다문화가족 구성원이 다문화가족이라는 이유로 한국 사회에서 경험하는 차별은 이들의 건강, 정신건강 및 전반적인 삶의 질에 위협을 가하는 요인이 될 수 있다.

한국 사회에 거주하는 많은 결혼이민자·귀화자는 주변인으로부터 무시 및 불인정을 받는 경우가 많으며 국제결혼에 대한 편협한 고정관념으로 인해 지속적인 언어적·관계적·구조적 차별에 노출되어 있다. 한국 내 거주기간이 늘어나면서 언어적 소통 및 한국 내 생활에 문제가 없음에도 불구하고 이들은 여전히 한국 사회에서 소외되고 있다. 즉, 이는 외국 출신 구성원들은 각자의 문화적응 수준과 무관하게 단순히 외국 출신 구성원이라는 이유로 지속적으로 한국사회에서 배제되고 있음을 알려 준다. 한국 사회의 다문화 수용성 지수가 지속적으로 하락추세를 보이고 있는 현실 가운데 사회적 차별문제는 우리 사회가 다문화사회로 성장하기 위해 반드시 해결해야 할 문제 중 하나이다. 사회적 차별문제가 계속해서 방치될 시 한국 사회 내 불평등 문제는 더 악화될 수 있기에 이는 다문화가족을 대상으로 하는 사회복지 정책 및 실천의 핵심영역으로 다뤄져야 할 것이다.

(2) 가족 내 관계문제

결혼과 가족을 이루는 것은 모든 사람에게 많은 변화를 수반하는 인생의 과업이다. 성장 과정과 배경이 다른 두 사람이 결혼이라는 제도를 통해 가정을 꾸리고 가족을 형성하는 것은 결혼과 동시에 새로 형성하게 되는 확대가족과의 관계와 더불어 새로운 역할 및 과업 수행을 동반한다. 또한 자녀 출산 이후부터는 부모의 역할수행과 자녀양육이라는 또 다른 과업을 행해야 한다. 이런 역할변화 및 결혼생활의 적응은 모든 사람에게 스트레스원으로 작용할 수 있으며, 이를 어떻게 인지하고 대처하느냐에 따라 가족으로서의 성장궤도가 달라질 수 있다. 다문화가족의 경우 결혼생활과 가족형성에 따르는 일반적인 어려움에 더해 문화적응이라는 과업이 더해진다. 결혼이민자의 경우 결혼과 입국이 동시에 이루어지는 경우가 많아 가족생활 적응과 한국 사회 적응이 시간적으로 동시에 요구된다. 실제 최근 조사에 따르면 약 56%의 다문화가족 내 부부가 문화적 차이를 느낀 적이 있다고 응답했으며, 이 중 절반 정도는 일상생활 내 식생활 습관에서 가장 큰 차이를 느끼고 그 외 자녀양육 방식이나 가족 행사와 관련된 차이를 느낀다고 보고했다(최윤정 외, 2019). 즉, 다문화가족 부부는 문화차이라는 추가적인 과업과 어려움을 경험하고 있는 것이다.

　여기에서 주목해야 하는 부분은 다문화가족 내 부부가 가족생활에서 경험하는 어려움과 스트레스에 효과적으로 대처하기 위해 이용할 수 있는 자원이 부족하다는 점이다. 예컨대, 최근 조사에 따르면 다문화가족 내 결혼이민자·귀화자의 70% 가까이가 부부갈등 발생 시 혼자 해결하거나 참는다고 응답했으며 주변인에게 상담을 하거나 전문가에게 도움을 요청하는 비율은 매우 낮은 것으로 나타나(최윤정 외, 2019), 가족 내 문제가 발생할 시 이를 해결하는 데 동원될 수 있는 자원이 매우 미비한 것으로 나타났다. 이는 자원에 대한 인식 부족과 이용 가능한 자원 부족 모두가 원인이 되며, 특히 가정폭력과 같은 긴급지원이 요구되는 상황에서 매우 큰 문제가 될 수 있다. 다문화가족 내 폭력문제가 빈번히 보고되고 있는 상황 가운데 이용 가능한 자원의 마련 및 확충은 다문화가족 사회복지에서 중요하게 다뤄져야 할 과제이며, 단순히 자원을 마련하는 것뿐 아니라 서비스와 자원에 대한 접근성을 향상시키는 것 역시 매우 중요하다.

　부부간 갈등이 충분히 해결되지 못할 시 이는 이혼 및 가족해체로 이어질 수 있다. 다문화가족의 이혼율은 2010년대 초반 전체 이혼의 11% 이상을 차지하는 등 매우 높은 수치를 보였으나 그 이후 감소추세를 보이고 있는 상황이다(통계청, 2020). 하지만 여전히 다문화가족의 이혼율은 전체 이혼율의 7% 전후를 차지하고 있으며, 다문화가족 내 이혼은 비다문화가족의 이혼과는 일부 다른 양상과 특징을 보인다. 이는 많은 경우 외국 출신 배우자의 국내 체류자격이 이들의 결혼생활 유지에 따라 결정되며, 가족해체 및 이혼 사유가 명확하게 상대 배우자의 귀책임을 입증해야 이들의 국내 체류자격이 허용되기 때문이다. 따라서 가정폭력과 같은 위기 상황 속에서도 이들에게는 이혼은 매우 어렵고 복잡한 과정으로 인식될 수 있고 자칫 잘못하면 이들의 체류자격과 자녀양육권을 모두 잃을 수 있는 상황으로 연결될 수 있기 때문에 더욱 외부 자원 활용 및 도움 요청에 소극적일 수 있다. 더 나아가 이런 복잡한 과정을 거쳐 이혼이 성사되고 국내 체류가 허용되더라도 이들의 부족한 경제적 기반은 자녀 양육과 자립에 많은 어려움을 수반한다. 하지만 이들을 지원하기 위한 제도 및 서비스는 여전히 부족하고 가족해체 후 이들이 일시적으로 머무르며 자립을 준비할 수 있는 시설 등은 매우 부족하다. 즉, 이들은 다문화가족이자 한부모가족이라는 이중적 고충을 경험하며 사회복지서비스 내에서도 사각지대에 놓여 있어 이들을 위한 지원 마련이 요구된다.

(3) 다문화가족 자녀 관련 어려움

「다문화가족지원법」에 근거한 다문화가족 내 아동·청소년은 24세 이하 다문화가족 내 자녀를 가리킨다. 앞서 언급한 것과 같이 다문화가족 내 아동·청소년 인구는 지속적으로 증가추세를 보이고 있으며 2020년을 기준으로 약 14만 명을 넘는 다문화 아동·청소년이 학교에 재학 중인 것으로 나타나고 있다(교육부, 2021). 교육부에서는 다문화 아동·청소년을 크게 세 가지 유형으로 구분하여 이에 따른 정책을 마련하고 있는데, 이를 구분하면 〈표 12-4〉와 같다.

표 12-4 교육부의 다문화 학생 구분

국제결혼가정	국내 출생자녀	• 한국인과 결혼이민자 사이에서 태어나 한국에서 성장한 경우 • 한국어 구사에 어려움은 없으나, 학습에 필요한 문장이나 어휘를 이해하는 데 곤란을 겪는 경우 • 사춘기 진입하면서 다문화에 대한 고정관념에 불편함을 느끼며 심리정서 지원 요구
	중도 입국자녀	• 결혼이민자가 한국인과 재혼한 이후에 본국에서 데려온 경우, 한국인과 결혼이민자 사이에서 태어났으나 결혼이민자 본국에서 성장하다가 입국한 경우 등 • 새로운 가족과 한국문화에 적응하기 위한 스트레스가 발생하며, 정체성 혼란이나 무기력을 경험하는 경우 존재 • 한국어능력이 부족하여 공교육 진입과 적응에 어려움 발생
외국인가정	외국인 가정자녀	• 외국인 사이에서 태어난 경우(한국계 중국인, 중앙아시아 고려인, 시리아 난민 등) • 정주여건이 불안정하여 학업을 지속하기 어려운 경우 존재 * UN아동권리협약에 의해 미등록 이주아동 교육권 보장

출처: 교육부(2021).

여기서 주목할 점은 교육부에서는 다문화가족의 범위를 「다문화가족지원법」보다 크게 해석하고 있으며, 따라서 다문화가족 아동·청소년을 다문화 아동·청소년 혹은 다문화 학생이라 지칭하고 있다는 점이다. 〈표 12-4〉중 다문화가족 내 아동·청소년으로 분류되는 대상은 국제결혼가정 내 국내출생자녀와 중도입국자녀로 볼 수 있는데, 표에서 정리된 것과 같이 성장배경에 따라 이들이 가지는 교육적·심리적 욕구 및 어려움은 상이할 수 있다. 교육부는 현재 이 분류에 근거하여 각기 다른 지원정책을 마련해서 지원하고 있는데, 예로 입국 초기 중도입국 및 외국인가족 아동·청소년을 위해 한국어 특별학급 운영을 지원하고 있고 이들의 공교육 진입 장벽을 낮추기 위한 방안을 마련하여 추진 중에 있다. 또한 다문화 학생을 대상으로 하는 대학생 멘토링 사업은 아동·청소년의 한국어 구사능력을 감안하여 중도입국·외국인 학생에게는 필요시 모국어 멘토링을 별도로 제공하고 있다.

「다문화가족지원법」에 근거한 다문화가족 범위에는 포함되지 못하지만 난민가족, 외국인가족 내 자녀들의 욕구와 어려움은 출생지 성장배경, 국내 입국 경로에 따라 매우 다를 수 있다. 예로, 외국 국적을 가진 외국인 가족 자녀이나 한국에서 출생한 자녀의 경우 이들의 학업 및 한국생활 적응은 중도에 입국한 외국인 가족 자녀와는 매우 다를 것이며, 이들을 위한 지원 역시 다르게 제공되어야 한다. 즉, 이는 다문화 배경을 가진 아동·청소년 집단이 매우 이질적이며 이를 고려한 맞춤형 서비스 제공이 필수적임을 알려 준다.

다문화 배경을 가진 아동·청소년이 경험하는 어려움은 이들의 특성과 성장배경에 따라 매우 다를 수 있다. 하지만 이들이 공통적으로 경험할 수 있고 개입이 요구되는 영역은 정체성 형성 및 이와 관련된 발달이다. 정체성 형성은 아동·청소년의 건강한 성장에 있어 매우 중요한 발달과업 중의 하나인데, 아동의 정체성은 출생 이후부터 주 양육자 및 가족과의 상호작용과 경험, 그리고 주변 환경, 또래 등과의 상호작용과 관계, 경험 등을 토대로 형성된다. 그리고 건강한 자기정체성을 형성하고 확장하는 것은 성인기 건강 및 사회적 기능과도 밀접한 관계가 있기 때문에 아동·청소년 대상 사회복지실천에 있어 매우 중요하게 다뤄지고 있다. 하지만 국내 다문화 아동·청소년과 같이 다인종·다민족 배경을 가지거나 문화적으로 다른 성장배경을 가진 경우 이런 정체성 형성과정이 주류사회 소속 아동·청소년과 다를 수 있다. 일부 학자는 다문화 아동·청소년은 "한국인이지만, 한국인이 아니고 그렇다고 외국인도 아닌 이중정체성"으로 많은 혼란을 경험하고 있다고 설명하며(김혜영 외, 2021: 200) 이런 혼란이 이들의 적응과 건강에 부정적 영향을 미칠 수 있다고 역설한다.

모든 다문화 배경을 가진 아동·청소년이 정체성 혼란을 경험하는 것은 아니다. 다만 다문화·다인종(다민족) 정체성 발달은 주류집단 내 아동·청소년의 정체성 발달과는 다를 수 있다. 그 예로, 다민족·다인종 정체성 발달과정을 소개한 포스턴(Poston, 1990)은 정체성 발달과정을 소개하면서 아동기 아동들은 자신이 속한 민족·인종집단하고 무관한 자기개념을 가지고 있지만 성장과정에서 부모, 가족 및 주변인과 사회로부터 하나의 인종·민족·문화집단을 선택하도록 압력을 받게 된다고 설명한다. 또한 이런 과정에서 다민족·다인종 아동·청소년들은 본인이 선택하지 않은 혹은 선택하지 못한 다른 집단정체성에 대한 아쉬움, 혼란 등을 경험하기도 하는데, 이런 혼란은 적절한 지원과 성장과정에서의 긍정적 경험을 통해 자연스럽게 해결될 수 있으며 궁극적으로 자신이 가지고 있는 다양한 정체성을 인정하고 수용하며 통합하게 되는 과정을 거치게 된다고 설명한다. 즉, 다문화·다민족·다인종 아동·청소년이 건강한 자기개념을 형성하고 다양한 자신의 정체성을 수용하기 위해서는 이와 관련된 긍정적인 경험과 더불어 주변의 지원·지지체계의 역할이 중요한 것을 알 수 있다.

여기서 중요한 것은 정체성 형성과정이 개인과 주변 간의 상호작용과 개인의 환경과 삶 속의 경험을 토대로 이루어진다는 점이다. 다문화 수용성이 비교적 낮고 다문화가족, 외국 출신 구성원에 대한 부정적 인식이 팽배한 한국 사회에서 성장하는 다문화가족 아동·청소년의 경우 사회적 차별과 부정적 시선에 쉽게 노출될 수 있다. 그리고 이들에 대한 주변과 사회의 부정적 인식과 이와 관련된 부정적 경험이 누적될 경우 이들은 다양한 문화적 배경을 가진 자신의 정체성을 부정하거나 부인할 수 있으며 일부 이런 부정적 시각을 내재화하여 부정적인 자기개념을 가질 수 있다. 반대로, 한국에서 출생하고 성장한 다문화 아동·청소년의 일부는 자신을 온 전한 한국인으로 인식하며 한국인으로서의 정체성을 가지고 성장할 수 있으나 가 족, 주변인, 학교 혹은 지역사회로부터 한국인으로서의 자신의 정체성을 거부당하 며 다문화가족으로만 인식되는 경험을 반복해서 할 수 있다. 이런 경우 자신의 정 체성에 대한 혼란을 경험할 수 있다.

정체성 혼란은 건강한 자기개념 성립과 확장에 부정적 영향을 미칠 수 있다. 또 한 최근 연구에 따르면 다문화가족 아동·청소년이 경험하는 정체성 혼란은 이들 의 정서, 심리와 더불어 이들의 또래관계 및 학교적응과도 밀접한 관계를 가지는 것으로 보고된다(양계민, 장윤선, 정윤미, 2019). 다문화가족 자녀뿐 아니라 다문화 배경을 가진 모든 아동·청소년의 건강한 성장을 지원하기 위해서는 이들의 건강 한 자기개념 및 정체성 확립을 위한 노력이 필요하며, 특히 차별과 같은 부정적 경 험에 쉽게 노출될 수 있는 이들을 위한 심리·정서 지원이 요구된다. 동시에 문화 적 다양성과 다문화에 대한 한국 사회 전반의 인식 재고와 수용성 향상 역시 요구 되며 이를 위한 노력이 지속되어야 한다.

3. 다문화가족 정책 및 서비스

1) 정책의 흐름

한국의 다문화가족 관련 정책은 2000년대부터 시작되었다. 2000년대 들어 국제 결혼 관련 문제들이 사회적으로 이슈화되면서 정부는 결혼이민자의 적응을 지원 하고 이들의 사회통합을 도모하기 위해 2006년 '여성 결혼이민자 가족의 사회통합 지원대책'과 '혼혈인 및 이주자 지원방안'을 마련했고, 같은 해 '외국인정책 기본방 향과 추진체계'를 공표하였다. 이듬해인 2007년에는 「재한외국인 처우 기본법」이 제정되었으며 2008년 3월에 「다문화가족지원법」이 제정되었다. 「다문화가족지원 법」은 몇 차례의 개정을 통해 그 내용과 대상범위를 확대해 왔으며 국내 다문화가족과 관련된 다양한 사회 정책 및 서비스 마련의 법적인 근거가 되고 있다. 이어서 2009년에는 국무총리실 소속의 '다문화가족정책위원회'가 발족되어 다문화가족 지원 및 관련 정책을 심의 및 조정하는 역할을 수행하고 있다.

국내 다문화가족 관련 지원정책은 '다문화가족정책 기본계획'을 통해 수립되고 운영된다. 이는 「다문화가족지원법」 제3조의2에 명시된 내용으로 정부는 5년마다 다문화가족정책에 관한 기본계획을 수립해야 할 책임을 가지며, 2010년에 제1차 계획, 2013년에는 제2차 계획, 2018년에는 제3차 계획이 마련되어 운영 중에 있다. 다문화가족지원정책 기본계획은 국내 다문화가족지원사업의 기본 방향을 제시하며, 여성가족부와 여러 중앙부처가 협업하여 진행하는 다문화가족 관련 지원사업 계획 및 운영방안을 포괄한다. 2018년부터 2022년까지 적용되는 제3차 기본계획은 '참여와 공존의 열린 다문화사회'라는 비전하에 '모두가 존중받는 차별 없는 다문화사회 구현' '다문화가족의 사회경제적 참여 확대' '다문화가족자녀의 건강한 성장 도모'라는 3대 목표를 가진다. 또한 이를 위해 총 5대 영역, 77개 세부과제를 포함하고 있다. 제3차 기본계획은 기존 정책과 여러 부분에서 차별성을 가지는데, 먼저 제3차 기본계획에 포함된 정책의 초점은 다문화사회로의 정착기 준비에 맞춰져 있다는 점이다. 즉, 기존 정책의 초점이 이주배경 구성원의 적응 및 정착 지원에 맞춰져 있었다면 제3차 기본계획은 이들의 정주와 통합을 지원하는 정책으로 구성되어 있다. 또한 다문화가족의 인권보호와 가정폭력 예방 및 대응을 위한 정책이 특히 강조되었는데, 구체적으로 폭력피해 여성에 대한 지원이 대폭 강화되어 이들을 위한 종합서비스 제공기관 마련에 대한 내용이 포함되었으며 쉼터 및 보호시설 입소자격 완화에 대한 내용이 포함되어 있다. 더 나아가 미등록 아동 및 중도입국자녀에 대한 지원이 대폭 확대되었다.

표 12-5 다문화가족정책 기본계획 수립내용

구분	제3차 기본계획(2018~2022년)	
비전	• 참여와 공존의 열린 다문화사회	
목표	• 모두가 존중받는 차별 없는 다문화사회 구현 • 다문화가족의 사회 · 경제적 참여 확대 • 다문화가족 자녀의 건강한 성장 도모	
주요 정책과제	다문화가족 장기정착 지원	• 결혼이주여성 인권보호 강화 • 국제결혼 피해예방 지원 • 안정된 가족생활 지원 • 서비스 연계 활성화
	결혼이민자의 다양한 사회참여 확대	• 자립역량 강화 • 취 · 창업 지원 서비스 내실화 • 사회참여 기회 확대
	다문화가족 자녀의 안정적 성장 지원과 역량강화	• 안정적 성장을 위한 환경조성 • 학업 및 글로벌 역량 강화 • 진로준비 및 사회진출 지원 • 중도입국자녀 맞춤형 지원
	상호존중에 기반한 다문화 수용성 제고	• 정책환경에 대한 주기적 모니터링 실시 • 다문화이해교육 활성화 • 다문화수용성 제고를 위한 미디어 환경 조성 • 지역 환경 조성 및 참여교류 프로그램 활성화
	협력적 다문화 가족정책 운영을 위한 추진체계 강화	• 정책 추진체계 간 협력 강화 • 다문화가족 지원체계 내실화

출처 : 여성가족부(2018).

2) 다문화가족 사회복지서비스

다문화가족을 위한 사회복지서비스는 기본적으로 다문화가족지원센터에서 제공된다. 다문화가족을 위한 사회복지실천의 흐름을 살펴보면 먼저 1990~2000년대 지역사회 내 NGO 기관 및 민간기관에서 제공한 한국어교육 및 가족 관련 지원서비스를 시작으로 점차 확대되었다. 추후 정부 차원에서 2006년에 마련한 '여성결혼이민자가족의 사회통합 지원방안'을 계기로 결혼이민자가족지원센터가 설치

및 운영되었으며, 2008년 「다문화가족지원법」 제정에 따라 센터명을 다문화가족
지원센터로 변경하면서 전국 시·군·구 단위로 다문화가족지원센터가 마련되었
다. 다문화가족지원센터는 2009년 12월 「사회복지사업법」 개정에 따라 사회복지시
설로 전환되었으며, 2008년 전국에 80개소로 운영되었던 것이 2021년 기준 전국에
총 228개 기관이 운영 중에 있다. 일각에서 가족대상 서비스 기관이 다문화가족지
원센터와 건강가정지원센터로 분리·운영되는 것이 서비스 전달의 혼선을 야기한
다는 문제가 제기되면서 정부에서는 2014년부터 두 센터의 통합을 추진하기 시작
했다. 2014년과 2015년에 걸쳐 시범사업이 추진되었으며, 2016년에는 이를 78개
로 확대 운영했으며, 2021년 현재 총 203개의 센터가 건강가정·다문화가족지원센
터라는 이름하에 통합 형태로 운영되고 있다.

2016년 「다문화가족지원법」 개정에 따라 다문화가족지원센터는 다문화가족, 북
한이탈주민가족, 외국인가족 모두를 대상으로 서비스를 제공하고 있다. 사업대상
자 확대와 더불어 다문화가족지원센터 사업 역시 일부 확대·축소 등 변경된 부분
이 있는데, 그 예로 한국어교육이 있다. 기존 다문화가족지원센터 기본사업으로 제
공되었던 한국어교육이 사회통합프로그램으로 이전되면서 현재 다문화가족지원
센터에서는 한국어교육을 제공하지 않는다. 2021년 현재 다문화가족지원센터에서
제공하는 사업은 〈표 12-6〉에 제시된 것과 같이 크게 5개 영역으로 나누어진다.
사업에 대한 세부적인 내용은 여성가족부에서 매년 발간하는 『가족사업 안내』에
포함되어 있다.

표 12-6 다문화가족지원센터 사업 예시

구분	공통필수	선택사업	비고
가족	• 다문화가족 이중언어 환경 조성 프로그램(연간 10시간) • 다문화가족 학령기 자녀 입학 및 입시정보 제공 ※ 상하반기 각 1회	• 가족의사소통, 가족관계향상 프로그램 • 아버지교육 • 자녀교육 프로그램 • 부모역할교육, 자녀건강, 생활지도 등	연간 필수 14시간, 선택 26시간 이상

성평등·인권	• 가족 내 성평등 교육 • 다문화이해교육 • 인권감수성 향상교육	• 이주여성 대상 프로그램 • 이주여성, 한국인배우자 대상 프로그램 등 • 다문화가족 관련 법과 제도 • 이주민과 인권	20시간 이상 실시
사회통합	• 취업기초소양교육 • 구직자 발굴 시 e새일시스템과 연계된 워크넷 등록 및 새일센터로 적극 연계 • 새일센터의 결혼이민자 대상 직업교육훈련 개설 시 적극 협조		e새일시스템과 연계된 워크넷 등록 및 새일센터 연계 (10건 이상)
	• 다문화가족 나눔봉사단 소양교육(4시간 이상) • 다문화가족 나눔봉사단 활동	• 한국사회적응교육 • 소비자 경제교육 • 다문화가족 자조모임 • 다문화인식 개선 • 결혼이민자 멘토링프로그램 • 결혼이민자 정착단계별 지원 패키지 프로그램 등	15시간 이상 실시 (봉사자 소양교육 필수 4시간 포함)
상담	• 가족상담	• 개인상담 • 집단상담 • 사례관리 • 위기가족 긴급지원 • 외부상담기관 연계 등	연간 80세션 이상
홍보 및 자원 연계	• 지역사회 홍보 • 지역사회 네트워크 • 홈페이지 운영 등		

출처: 여성가족부(2021c).

3) 문제점 및 개선방안

　다문화가족 대상 서비스는 다문화가족지원센터를 중심으로 제공되고 있으며 서비스의 유형 및 범위는 지속적으로 변화하고 있다. 또한 다문화가족 관련 정책 역시 변화하는 정책 환경과 대상자의 특성을 토대로 계속해서 확장 및 변경되고 있다. 여성가족부에서는 3년마다 전국다문화가족실태조사를 실시하여, 다문화가족 및 그 구성원의 욕구와 어려움을 파악하고 있으며 여기서 도출된 결과를 토대로 매년 사업을 일부 조정 및 보완해 나가고 있다. 하지만 이런 노력에도 불구하고 다문화가족 지원 정책 및 서비스에 대한 비판은 여전히 존재하며, 다양한 문제점을 안고 있다. 또한 진정한 다문화사회로의 도약을 위해 해결되어야 할 문제와 과제는 여전히 남아 있다. 예로, 지속적인 정책영역의 문제로 언급되는 부분은 부처 간 유사사업의 중복문제이다(김혜영 외, 2021). 김혜영 등(2021)은 한국의 다문화정책 및 전달체계가 부처별로 산발적으로 추진되고 있음을 지적하면서 정책의 중복 및 공백 문제가 심각하다고 주장했다. 현재 국내 다문화가족 관련 정책은 다문화가족정책위원회를 중심으로 여성가족부, 보건복지부, 법무부, 교육부, 국토교통부, 문화체육관광부, 고용노동부, 농촌진흥청 등 다수의 중앙부처가 추진하고 있다. 과거에 비해 부처 간 협업과 협력을 위한 노력이 많이 진행되었으나 여전히 많은 정책과 사업이 중복되어 진행되고 있으며, 특히 중앙부처 수준에서 어느 정도 중복문제가 해결되었다고 평가하더라도 지자체 수준에서의 중복사업 문제와 지자체 내 민·관 사업의 중복문제는 여전히 관찰되고 있다. 더 나아가 결혼이민자·귀화자가 포함된 다문화가족뿐 아니라 외국인가족, 북한이탈주민가족 등에 대한 정책 및 서비스가 분절적으로 진행되고 있어 넓은 의미에서의 다문화가족 지원정책의 효율적·효과적 추진이 어렵다는 평가가 지속되고 있다.

　분절적 정책 추진과 더불어 서비스 분절화 역시 문제점으로 지적되고 있다(김혜미, 2020). 그 예로 다문화가족지원센터에서 제공되었다가 최근 법무부 산하 사회통합지원센터로 이관된 한국어교육을 들 수 있다. 이런 변화는 이용자로 하여금 한국어교육을 받기 위해서는 사회통합지원센터를 이용해야 하고 그 외 적응, 정착 및 가족과 관련된 서비스 이용을 위해서는 별도로 다문화가족지원센터를 이용해야 하는 번거로움을 야기하고 있다. 즉, 이용자가 직접 찾아서 이용해야 하는 서비스의 형태로 운영되고 있다는 것이다. 한국어교육은 단순히 한국어를 교육하는 목적도 있으나 동시에 서비스 제공기관이 대상자를 접할 수 있는 가교로도 기능한다. 또한 위기가구나 별도의 지원서비스가 필요한 이주배경 구성원과 그 가족을 발굴하고 서비스를 연계할 수 있는 마중물로서도 기능한다. 이런 서비스 분리는 중앙부처 간 협력사업을 용이하게 한다는 점에서 긍정적으로 평가될 수 있으나 이용자 중심과 이용자 편의 지향적 서비스로 평가하기 어렵다는 문제를 가진다.

동시에 서비스의 내실화가 요구되고 있다. 예컨대, 다문화가족을 위한 사례관리사업의 확대 및 내실화가 요구된다. 복잡하고 다양한 문제해결 및 욕구해소를 위해 진행되는 사례관리사업은 국내 종합사회복지관의 3대 기능 중에 하나로 사회복지현장에서 주요 사업으로 운영되고 있다. 또한 최근 전국적으로 추진되고 있는 지역사회 통합돌봄사업의 핵심영역으로도 자리매김하는 만큼 사회복지 영역에서의 사례관리의 중요성은 계속해서 강조되고 있다. 그러나 다문화가족 지원사업 내에서 사례관리가 차지하는 비중은 매우 적다. 2012년부터 시범사업으로 운영된 사례관리사업은 지속적으로 확대되는 과정 중에 있으나 여전히 그 사업 범위, 규모 및 이를 실행할 수 있는 인력은 매우 부족하다. 2020년을 기준으로 전국의 총 228개의 다문화가족지원센터에 배치된 다문화가족 사례관리사는 총 174명[3]으로 나타나 사례관리사업을 실행할 수 있는 인력 및 인프라가 터무니없이 부족한 것을 알 수 있다. 이는 다문화가족을 위한 사업의 다양화와 확대도 중요하지만 사업의 내실화와 체계화가 요구됨을 알려 준다.

마지막으로, 사회복지 전 분야에 걸쳐 사회복지사와 조직의 문화적 역량강화가 요구된다. 문화적 역량이란 대상자의 문화적 맥락에서 서비스를 제공하기 위한 노력을 지속적으로 하는 것을 의미하며, 대상자의 문화적 배경뿐 아니라 이들의 세계관, 소통양식에 대한 이해를 토대로 민감하고 문화적으로 적절한 개입기술을 활

---

3) 여성가족부 사례관리사업 온라인토론 제안문.

용하여 서비스를 제공하는 것을 포함한다(성정현 외, 2020). 최근까지의 사회복지실천은 한국인 중심, 단일문화 관점에서 수행되어 왔기 때문에 다양한 문화적 배경을 가진 대상자를 위한 실천에 대한 지식 및 기술은 부족한 상황이다. 문화적 역량 향상을 위한 교육 및 훈련은 주로 다문화가족 및 다문화 배경을 가진 대상자를 가장 일선에서 만나는 다문화가족지원센터 및 유사 기관에서 종사하는 사회복지사를 우선으로 제공되고 있어 여전히 전반적인 사회복지실천 분야에서의 문화적 역량 및 다문화에 대한 이해는 부족한 상황이다. 다문화가족이 가진 복합적인 욕구와 어려움 해소를 위해서 다양한 사회복지기관의 협업과 네트워크가 요구되는 만큼 향후 한국사회의 사회복지실천 현장에서는 조직과 종사자의 문화적 역량 함양과 더불어 다양한 문화를 수용하고 존중하는 다문화관점의 사회복지실천을 위한 노력을 기울여야 할 것이다.

참고문헌

강마리아, 김명선, 현영렬(2020) 가족복지론. 경기: 대영문화사.

강현구, 이순형(2015). 아동권리관점에서 본 영유아보육법 제정법령 분석 및 평가. 아동학회
　　지, 36(1), 125-146.

고용노동부(각년도). 고용보험DB.

교육부(2021). 2021년 다문화교육 지원계획 발표.

국가인권위원회(2018). 정신장애인의 지역사회 거주치료 실태조사. 국가인권위원회.

국가인권위원회(2019). 정신장애인 국가보고서–이행상황 점검을 위한 실태조사. 국가인권
　　위원회.

국립정신건강센터(2016). 국가정신건강 현황 2차 예비조사 보고서. 국립정신건강센터.

국립정신건강센터(2018). 국가 정신건강 현황 보고서 2018. 국립정신건강센터.

권육상, 김안자, 형성훈, 박애경, 장수복, 김봉수(2011). 가족복지론. 서울: 동문사.

권진숙, 김정진, 전석균, 성준모(2017). 정신건강사회복지론. 경기: 공동체.

김나연(2013). 노동권·부모권 관점에서 본 영국과 스웨덴의 일–가족양립정책. 한국보육지원
　　학회지, 9(1), 51-79

김상규, 윤욱, 전재일(1983). 사회복지론. 경기: 형설출판사.

김선협(2019). 노인학대에 관한 법정책적 연구. 법제, 687, 68-107.

김성천(1989). 가족복지의 이론체계 구성을 위한 일 연구. 사회복지, 여름호, 100-122.

김성천(2000). 한국 가족복지정책의 재조면: 문제점과 개혁방향의 모색. 한국가족복지학, 5,
　　71-102.

김성천, 안현민(2003). 참여정부 가족정책의 기본 구성요소의 분석과 발전방향 모색. 한국가
　　족복지학, 12, 35-64.

김성천, 윤혜미(2000). 가족복지증진을 위한 정책대안연구. 서울: 보건복지부.

김성희, 이연희, 오욱찬, 황주희, 오미애, 이민경, 이난희, 오다은, 강동욱, 권선진, 오혜경, 윤상용, 이선우(2017). 2017년 장애인실태조사. 한국보건사회연구원.

김수정(2002). 복지국가 가족지원체계의 구조변화에 관한 일 연구—가족수당과 보육지원 프로그램을 중심으로—. 서울대학교 대학원 박사학위논문.

김수정(2006). 스웨덴 가족정책의 삼중동학: 탈상품화, 탈가족화, 탈젠더화. 가족과 문화, 18(4), 1-33.

김승권, 김유경, 김혜련, 박종서, 손창균, 최영준, 김연우, 이가은, 윤아름(2012). 2012년 전국 출산력 및 가족보건 · 복지실태조사. 한국보건사회연구원.

김승권, 조애저, 이삼식, 김유경, 송인주(2000). 2000년 전국 출산력 및 가족보건실태조사. 한국보건사회연구원.

김연옥(2004). 재혼가정의 가족기능향상프로그램 개발을 위한 시론적 연구. 한국사회복지학, 56(2), 215-235.

김연옥(2007). 해체된 재혼의 특성에 관한 연구: 재혼모를 대상으로. 한국사회복지학, 59(2), 171-195.

김연옥(2014). 재혼가정에 대한 체계론적 분석—경계와 역할개념을 중심으로. 한국가족복지학, 44, 31-55.

김연옥, 유채영, 이인정, 최해경(2005). 가족복지론. 경기: 나남출판.

김영화, 이진숙, 이옥희(2012). 성인지적 가족복지론(3판). 경기: 양서원.

김용태 (1999). 가족치료이론. 서울: 학지사.

김유경(2014). 가족주기 변화와 정책제언. 보건복지포럼, 211(1), 7-22.

김유희(2021). 학대 · 폭력 문제에 대응하는 보호서비스 현황과 과제. 보건복지 Issue & Focus, 397(0), 1-12.

김인숙(2007). 건강가정기본법 제정과정에 나타난 가족 및 가족정책 담론. 한국사회복지학, 59(3), 253-280

김재엽(2001). 부부폭력과 아동학대. 연세사회복지연구, 7, 1-32.

김정인(2018). 사회적 가치 실현을 위한 공직가치에 관한 시론적 연구: 포용적 성장을 중심으로. 한국인사행정학회보, 17(1), 57-83.

김정진(2004). 재가 정신장애여성의 자녀양육능력 향상을 위한 양육지원 프로그램 개발에 관한 연구. 정신보건과 사회사업, 18, 133-164.

김준영, 권혜자, 김두순, 윤정혜, 안준기, 연보라, 박비곤, 박선영(2018). 남녀고용평등법 실시 30주년,여성노동시장의 변화와 개선과제. 한국고용정보원.

김창엽, 정근식, 오츠루 타다시, 김선민, 유동철, 김정열, 권선진, 김형수, 신영전, 정도상, 허태자, 박영희, 안은자, 김은정(2002). 나는 나쁜 장애인이고 싶다. 서울: 삼인.

김치영, 고명수, 김영대(2014). 노인복지론. 서울: 동문사.

김혜경, 강이수, 김현미, 김혜영, 박언주, 박혜경, 손승영, 신경아, 은기수, 이선이, 이여봉, 함인희, 황정미(2014). 가족과 친밀성의 사회학. 경기: 다산출판사.

김혜란, 장경섭(1995). 가족복지서비스 기능강화. 한국적 복지모형의 정립과 정책방향. 서울: 한국보건사회연구원.

김혜란, 홍선미, 공계순(2008). 사회복지실천기술론(개정2판). 경기: 나남출판.

김혜미(2020). 여성가족부 가족정책 20년 성과자료: 다문화가족. 김은지 외. 가족정책전략센터 운영결과보고서(pp. 247-260). 여성가족부 내부자료.

김혜영, 신영화, 김성경, 임원선, 최소연, 임은의, 홍나미, 전혜성, 이민영, 이은진, 유진희, 박지현, 양경은(2021). 사회복지와 문화다양성. 서울: 학지사.

김희찬(2018). 탈가족화·탈젠더화를 중심으로 본 한국가족정책의 복지정치: 정책행위자들의 가족정책 입장에 대한 유형과 변화. 사회복지정책, 45(3), 151-178.

류연규(2007). 복지국가의 탈가족화에 대한 이론적 논의와 탈가족화 수준 비교. 한국가족복지학, 20, 259-286.

류정희, 이주연, 송아영, 이근영, 이미진(2016). 생애주기별 학대·폭력에 대한 통합적 접근과 정책대응. 한국보건사회연구원.

명화숙(2016). 한국 가정폭력 피해아동의 현황과 대책 방안. 한국인간발달학회·한국아동심리치료학회 공동학술대회 자료집.

박선영(2009). 미국과 한국의 정신장애인가족의 자조집단에 대한 고찰. 사회과학논총, 28(2), 51-80.

박영란(2007). 여성주의 관점에서 본 가정폭력 피해자의 욕구와 피해자 보호정책 패러다임의 변화. 한국여성학, 23(3), 189-214.

박유미(1991). 정신과 환자 가족교육이 가족의 태도에 미친 영향에 관한 연구. 가톨릭대학교 대학원 석사학위 논문.

박종원(1995). 지역사회 정신보건과 정신과적 재활치료-정신보건전문요원을 위한 정신보건의 이론과 실제. 서울시 지역사회정신보건시범센터.

박태영, 김태한, 김혜선, 문정화, 박소영, 박진영, 이재령, 조성희(2020). 가족복지학의 이해. 서울: 학지사.

보건복지부(2019). 아동학대 주요통계. 보건복지부 아동학대대응과.

보건복지부(2020a). 보육통계.

보건복지부(2020b). 보건복지부, 2019년 아동학대 연차보고서 발간. 2020. 8. 31. 보도자료.

보건복지부(2020c). 2019 아동학대 주요통계. 보건복지부 아동학대대응과.

보건복지부(2021). 2021년 정신건강사업안내.

보건복지부, 중앙노인보호전문기관(2020). 2020 노인학대 현황보고서.

보건복지부, 중앙아동보호전문기관(2008). 2008 전국아동학대현황보고서.

보건복지부, 중앙아동보호전문기관(2009). 2009 전국아동학대현황보고서.

보건복지부, 중앙아동보호전문기관(2013). 2013 전국아동학대현황보고서.

보건복지부, 중앙아동보호전문기관(2015). 2015 전국아동학대현황보고서.

보건복지부, 중앙아동학대예방센터(2001). 2001 전국아동학대현황보고서.

보건복지부, 한국보건사회연구원(2020). 2020년도 노인실태조사.

서미경(2000). 성인정신장애인의 평생계획에 관한 연구. 한국사회복지학, 43, 106-130.

서미경(2007). 정신장애와 가족. 서울: 집문당.

서병숙, 이정숙, 김혜경, 이신숙, 왕석순, 이현(2002). 현대가족과 복지. 경기: 교문사.

설동훈(2013). 국제인구이동과 이민자의 시민권: 독일·일본·한국 비교연구. 한국인구학, 36(1), 21-50.

성정현, 김혜미, 김희주, 박동성, 이창호, 홍석준(2020). 사회복지와 문화다양성. 경기: 공동체.

성정현, 우국희, 최승희, 임세희, 김희주(2020). 가족복지론. 경기: 양서원.

손병덕, 황혜원, 전미애(2008). 가족복지론. 서울: 학지사.

송다영, 정선영(2013). 통합적 가족정책으로의 패러다임 전환을 위한 과제. 비판사회정책, 39, 145-189.

송아영(2017). 가정폭력 현황과 정책과제. 보건복지포럼, 247(1), 50-59.

양계민, 장윤선, 정윤미(2019). 다문화청소년 종단연구 2019: 총괄보고서. 한국청소년정책연구원 연구보고서, 1-455.

양옥경(1992). 정신장애와 가족: 심리교육 가족치료를 중심으로. 사회복지, 제113호, 153-178.

양옥경(1995). 정신장애인 가족에 대한 연구-가족의 보호부담, 대처기제, 서비스욕구를 중심으로. 신경정신의학, 34, 809-829.

엄명용, 김성천, 윤혜미(2020). **사회복지실천의 이해(5판).** 서울: 학지사.

여성가족부(2009). 제1차 다문화가족정책 기본계획(2008-2012).

여성가족부(2010). 2010년 가정폭력 실태조사. 여성가족부 복지지원과.

여성가족부(2012). 제2차 다문화가족정책 기본계획(2013-2017).

여성가족부(2018). 제3차 다문화가족정책 기본계획(안) 2018-2022.

여성가족부(2019). 2019년 가정폭력실태조사 연구. 여성가족부 권익보호과.

여성가족부(2021a). 가정폭력 예방교육 표준강의안. 여성가족부, 한국양성평등교육진흥원.

여성가족부(2021b). 여성 · 아동권익증진사업 운영지침. 여성가족부 권익정책과.

여성가족부(2021c). 2021년 가족사업안내 I & II.

여성가족부(2021d). 2025 세상모든가족함께. 제4차 건강가정기본계획(2021~2025).

오삼광(2020). 아동학대 현황과 대응방안. 젠더리뷰, 58, 52-60.

원영희, 손화희(2019). **가족복지론(2판).** 서울: 학지사.

유나니(2002). 당당한 재혼이 늘고 있다. 주간조선, 1693, 74-75.

유명이(2004). 정신장애인의 결혼유지과정에 관한 질적 연구. 숭실대학교 대학원 박사학위 논문.

유영주(1984). 한국도시가족의 가족생활주기 설정에 관한 연구. 한국가정관리학회지, 2(1).

윤홍식(2004). 가족의 변화와 건강가정기본법의 대응: 한국가족정책의 원칙과 방향 정립을 위한 고찰. 한국가족복지학, 14, 263-293.

윤홍식(2006). OECD 21개국의 부모권과 노동권 보장수준을 통해 본 가족정책의 비교연구. 한국사회복지학, 58(3), 341-370.

윤홍식(2012). 가족주의와 가족정책 재유형화를 위한 이론적 논의. 한국사회복지학, 64(4), 261-284.

음선필(2021). 「건강가정기본법」 개정안에 대한 입법평가. 홍익법학, 22(2), 1-26.

이경준(2006). 한국과 독일의 장애인 자조집단 연구: 양국 참가자들의 지원욕구와 인식비교 및 독일의 자조집단 지원 동향. 한국장애인복지학, 4, 111-166.

이노홍(2015). 아동의 권리와 가정내 아동체벌금지에 관한 헌법적 고찰. 홍익법학, 16(1), 123-157.

이동원, 공선영, 구자순, 김미숙, 김종순, 김현주, 김혜경, 박옥희, 원영희, 이여봉, 장화경, 최선희, 함인희(2001). **변화하는 사회 다양한 가족.** 경기: 양서원.

이미정, 정수연, 양혜린(2017). 성폭력가정폭력 남성피해자 지원현황 및 정책 과제. 한국여성

정책연구원.

이소희, 최덕경, 강기정, 김훈(2003). 가족문제와 가족복지. 경기: 양지.

이순형, 이혜승, 이성옥, 황혜신, 이완정(2009). 보육학개론. 서울: 학지사.

이승윤, 박고은, 김윤영(2014). 가족정책의 세 가지 지원유형과 그 조합에 관한 국제비교연구. 사회복지정책, 41(1), 213-240.

이여봉(2014). 결혼, 부부로 살아가기. 가족과 친밀성의 사회학. 경기: 다산출판사.

이영호, 심경순, 김태준(2015). 정신보건사회복지론. 서울: 학지사.

이용표, 강상경, 김용득, 박경수, 박인환, 하경희, 김병수, 김성용, 배진영, 송승연, 이진의, 황해민(2017). 지역사회 정신장애인 현황조사 및 지원체계 연구. 보건복지부.

이용표, 강상경, 배진영(2021). 인권과 대안을 위한 정신건강사회복지론. 서울: EM실천.

이원숙(2004). 가족복지론. 서울: 학지사.

이재경(2004). 한국 가족은 '위기'인가?: '건강가정'담론에 대한 비판. 한국여성학, 20(1), 229-244.

이재인(2006). 노동권과 부모권의 관점에서 본 한국의 보육정책. 가족과 문화, 18(2), 67-88.

이진숙(2003). 가족복지정책의 패러다임 검토. 가족복지의 패러다임: 반성과 모색. 2003년 한국사회복지학회 추계공동학술대회 자료집, 21-46.

이현주, 김진, John Hudson, Stefan Kühner, 전지현(2018) 현금지원과 현물지원 정책의 구성과 효과. 한국보건사회연구원.

이홍식(1995). 정신분열증 극복할 수 있다. 서울: 진수출판사.

임현규(2019) 아동의 보편적 권리, 아동수당. 육아정책포럼, 61(0), 25-30.

장경섭(2018). 내일의 종언? 가족자유주의와 사회재생산위기. 서울: 집문당.

장혜경, 민가영(2002). 재혼가족의 적응실태와 지원방안에 관한 연구. 서울: 한국여성개발원.

장혜경, 박경아(2002). 당당하게 재혼합시다. 서울: 조선일보사.

전윤정(2015). 탈상품화·탈가족화 관점에서 본 한국 일가족양립정책, 1990~2014: 출산휴가·육아휴직제도와 보육정책을 중심으로. 한국여성학, 31(3), 179-218.

전자배(2018). 다문화가정 부모의 문화적응 태도가 다문화청소년의 자아존중감에 미치는 영향. 다문화교육연구, 11(3), 121-146.

전재일, 이성희, 김연희(2015). 사회복지실천기술론. 경기: 형설출판사.

정경희(2017). 노인학대 현황 및 정책과제. 보건복지포럼, 247(0), 39-49.

정경희, 남상호, 정은지, 이지혜, 이윤경, 김정석, 김혜영, 진미정(2012). 가족구조 변화와 정

책적 함의: 1인가구 증가현상과 생활실태를 중심으로. 한국보건사회연구원.

정문자, 정혜정, 이선혜, 전명주(2018). 가족치료의 이해(3판). 서울: 학지사.

정보경, 윤명숙(2013). 중장년기 정신장애인 형제자매의 경험. 한국장애인복지학, 22, 85-108.

정수일, 박미란(2016). 노인 학대의 유형별 분류에 관한 연구. 산업진흥연구, 1(1), 91-103.

정현숙, 유계숙, 임춘희, 전춘애, 천혜정(2000). 재혼준비교육프로그램 개발 및 평가. 대한가
    정학회지, 38(5), 1-13.

조성희, 김남지, 박진영, 신성철, 최순옥(2021). 가족복지론. 서울: 창지사.

조정문, 장상희(2001). 가족사회학: 현대사회에서 가족은 무엇인가. 서울: 아카넷.

조흥식, 김인숙, 김혜란, 김혜련, 신은주(2010). 가족복지학. 서울: 학지사.

조흥식, 김연옥, 황숙연, 김융일(2009). 사회복지실천론(개정 3판). 경기: 나남출판.

조흥식, 김인숙, 김혜란, 김혜련, 신은주(2017). 가족복지학(5판). 서울: 학지사.

천정웅, 남부현, 김태원, 한승희, 박주현(2015). 현대사회와 문화다양성 이해. 경기: 양서원.

최경석, 김양희, 김성천, 김진희, 박정윤, 윤정향(2003). 한국가족복지의 이해. 서울: 인간과 복지.

최선화, 김유숙, 최연실, 박정희, 김수연, 이영호, 전영주, 박태영, 최선령, 김도애(2002). 가족
    치료: 연구와 임상사례. 부산: 세종출판사.

최영진(2020). 아동수당제도의 도입과 과제. 법학연구, 28(3), 231-258.

최윤정, 김이선, 선보영, 동제연, 정해숙, 양계민, 이은아, 황정민(2019). 2018 전국다문화가
    족실태조사연구. 여성가족부.

최정숙, 강향숙, 김경희, 김선민, 김유정, 김주현, 김지혜, 박형원, 백형의, 우재희, 이영선, 이
    예승, 이인정, 이혜경, 임정원, 장수미, 정선영, 한인영(2020). 가족복지론(2판). 서울: 학
    지사.

최혜지 외(2013). 사회복지실천론. 서울: 학지사.

통계청(2017). 한국의 사회동향 2017.

통계청(2018). 인구주택총조사에 나타난 1인 가구의 현황 및 특성.

통계청(2019). 장래가구특별추계: 2017~2047.

통계청(2020). 2019년 다문화 인구동태 통계.

통계청(2020). 2019년 인구주택총조사 결과.

통계청(2021). 2020년 다문화 인구동태 통계.

통계청(2021). 2020년 혼인이혼통계.

통계청(각년도). 고용보험DB.

통계청(각년도). 경제활동인구연보.

통계청(각년도). 경제활동인구조사.

통계청(각년도). 사회조사.

통계청(각년도). 인구동태통계연보(혼인 · 이혼편).

통계청(각년도). 인구동향조사.

통계청(각년도). 인구주택총조사보고서.

한국정신건강복지연구소(1994). 만성정신장애와 사회복지서비스. 서울: 인간과 복지.

행정안전부(2020). 2019 지방자치단체 외국인주민현황조사.

현은민(2002). 재혼준비교육 프로그램 모형 개발. 한국가족관계학회지, 7(3), 153-172.

홍진표, 이동우, 함봉진, 이소희, 성수정, 윤탁, 하태현, 손상준, 손정우, 유제춘, 김정란, 박종
익, 김성환, 조성진, 정영철, 김문두, 장성만, 김병수, 안준호, … 김선웅(2017). 2016년도
정신질환실태 조사. 보건복지부 · 삼성서울병원.

山埼美貴子(1976). 家庭福祉の對象領域と機能. 明治學院論叢/社會學 · 社會福祉學研究: 第
46号, 明治學院大學.

野タ山久也(1976). 家族福祉の視點. 이종복, 장창호, 최경익, 최연식 편역(2001). 가족복지. 서
울: 나눔의 집.

Allen, J. J., & Anderson, C. A. (2017). Aggression and violence: Definitions and
distinctions. The Wiley handbook of violence and aggression, 1-14.

Anderson, M. (1980). *Approaches to the history of the western family 1500-1930*. London:
The Macmillan Press.

Anderson, M. (2000). *Thinking about woman: sociological perspectives on sex and gender*
(5th ed.). Boston: Allyn and Bacon.

Atkinson, J. M., & Coia, D. A. (1995). *Families coping with schizophrenia: A practitioner's
guide to family groups*. New York: John Wiley & Sons.

Bandura, A. (1973). *Aggression: A social learning analysis*. Englewood Cliffs, NJ: Prentice-
Hall.

Bateson, G. (1959). Cultural problems posed by a study of schizophrenic process. In A.
Auerbach (Ed.), *Schizophrenia: An integrated approach*. New York: Roland Press.

Becvar, D. S. & Becvar, R. J. (2009). *Family therapy: A systematic integration* (7th ed.). Boston, MA: Pearson/Allyn & Bacon.

Berkner, L. K. (1972). The stem family and the development cycle of the peasant household: An 18th-century Austrian Example. *American Historical Review, 77*, 398-418.

Bitter, J. R. (2014). *Theory and practice of family therapy and counseling* (2nd ed.). Brooks/Cole.

Bogenschneider, K. (2014). *Family policy matters: How policymaking affects families and what professionals can do.* New York: Routledge.

Bogenschneider, K., & Corbett, T. J. (2010). Family policy: Becoming a field of inquiry and subfield of social policy. *Journal of Marriage and Family, 72*(3), 783-803.

Braverman, L. (1988). *Women, feminism and family therapy.* New York: Haworth.

Brown, F. H. (1991). *Reweaving the family tapestry: A multigenerational apprach to families.* New York: W. W. Norton and Company.

Burgess, B., & Locke, H. (1987). *The Family from institution to companionship.* New York: American Book Co.

Burnheim, K. F. (1982). Supportive family counseling. *Schizophrenia Bulletin, 8*, 634-640.

Carter, E. A., & McGoldrick, M. (Eds.). (1988). *The Family life cycle: A framework for family therapy* (2nd ed.). New York: Gardner Press.

Cassidy, C., O'Connor, R. C., Howe, C., & Warden, D. (2004). Perceived discrimination and psychological distress: The role of personal and ethnic self-esteem. *Journal of Counseling Psychology, 51*(3), 329-339.

Cherlin, A. (1978). Remarriage as an incomplete institution. *American Journal of Sociology, 84*(3), 634-650.

Coleman, M., Ganong, L. & Fine, M. (2004). Reinvestigating remarriage: Another decade of progress. *Journal of Marriage and Family, 62*(4), 1288-1307.

Collins, D., Jordan, C., & Coleman, H. (1999). *An introduction to family social work.* 이화여자대학교 사회복지연구회 역(2001). 가족복지실천론. 서울: 나눔의 집.

Collins, D., Jordan, C., & Coleman, H. (2013). *An introduction to family social work* (4th ed.). Belmont: Cengage Learning.

Davis, K. (1971). Sexual behavior. In R. Merton & R. Nisbet (Eds.), *Contemporary social problems* . New York: Harcourt Brace Jovanovich.

Dobash, R. E., & Dobash, R. P. (1995). *Rethinking violence against women.* Thousand Oaks, CA: Sage.

Drapalski, A. L., Marshall, T., Seybolt, D., Medoff, D., Peer, J., Leith, J., & Dixon, L. B. (2008). Unmet needs of families of adults with mental illness and preferences regarding family services. *Psychiatric Services, 59*(6), 655-662.

Dupuis, S. (2010). Examining the blended family: The application of systems theory toward an understanding of the blended family system. *Journal of Couple and Relationship Therapy, 9*, 239-251.

Duvall, E. M.(1957). *Family development.* Philadelphia: J. P. Lippincott.

Ehrensaft, M. K., Cohen, P., Brown, J., Smailes, E., Chen, H., & Johnson, J. G. (2003). Intergenerational transmission of partner violence: A 20-year prospective study. *Journal of Consulting and Clinical Psychology, 71*, 741-753.

Erera, P. (2002). *Family diversity: Continuity and change in the contemporary family.* London: Sage Publications.

Esping-Andersen, G. (1990).*The three worlds of welfare capitalism.* Princeton, NJ: Princeton University Press.

Esping-Andersen, G. (1999). *Social foundations of postindustrial economies.* Oxford: Oxford University Press.

Faber, A. (2004). Examining remarried couples through a Bowenian family systems lens. *Journal of Divorce and Marriage, 40*(3/4), 121-133.

Family Social Service Association of America. (1956). The content of family social work. Social Casework.

Fawcett, B., & Waugh, F. (Eds.). (2008). *Addressing violence, abuse and oppression: Debates and challenges.* New York: Routledge.

Feldman, F. L., & Scherz, F. H. (1967). *Family social welfare: Helping troubled familes.* New York: Atherton Press.

Fischer, J., & Corcoran, K. (2007). *Measures for clinical practice: A source book* (4th ed., Vol. 1). New York: Oxford University Press.

Fitton, L., Yu, R., & Fazel, S. (2020). Childhood maltreatment and violent outcomes: A systematic review and meta-analysis of prospective studies. *Trauma, Violence, & Abuse, 21*(4), 754-768.

Ford, F. R. (1983). Rules: The invisible family. *Family Process, 22,* 135-145.

Ganong, L. H., & Coleman, M. (1989). Preparing for remarriage: Anticipating the issues, seeking solutions. *Family Relations, 38*(1), 28-33.

Ganong, L. H., & Coleman, M. (1994). *Remarried family relationships.* London: SAGE Publications, Inc.

Gauthier, A. H.(2002). Family policies in industrialized countries: Is there convergence? *Population, 57*(3), 447-474.

Gehart, D. R., & Tuttle, A. R. (2003). *Theory-based treatment planning for marriage and family therapists: Integrating theory and practice.* 유채영, 김연옥, 김연희, 윤혜미, 조성희, 최해경 역(2008). 가족치료이론과 실제 : 가족치료사를 위한 이론기반 치료계획 수립. 서울: 시그마프레스.

Gelles, R. J. (1985). Family violence. *Annual Review of Sociology, 11*(1), 347-367.

Gladding, S. (2019). *Family therapy: History, theory, and practice* (7th ed.). Boston, MA: Pearson.

Goode, W. J. (1963). *World revolution and family patterns.* New York: Free Press.

Gordon, R. M., & Brill, D. (2001). The abuse and neglect of the elderly. *International Journal of Law and Psychiatry, 24*(2-3), 183-197.

Haley, J., & Richeport-Haley, M. (2003). *The art of strategic therapy.* New York, NY: Haworth Press.

Haley, J., & Richeport-Haley, M. (2007). *Directive family therapy.* New York, NY: Haworth Press.

Hamby, S. (2017). On defining violence, and why it matters. *Psychology of Violence, 7*(2), 167-180.

Hartman, A., & Laird, J. (1983). *Family-centered social work practice.* New York: The Free Press.

Hepworth, D. H., Rooney, R., Rooney, G. D., & Strom-Gottfried, K. (2017). *Direct social work practice: Theory and skills* (10th ed.). Boston: Cengage.

Holzer, C. E., Shea, B. M., Swanson, J. W., Leaf, P. J. et al. (1986). The increased risk for specific psychiatric disorders among persons of low socioeconomic status. *American Journal of Social Psychiatry, 6*(4), 259-271.

Hudson, W. W. (1997). *The WALMYR assessment scales scoring manual.* Tallahassee: WALMYR Publishing Company.

ILO. (Annul). *Labor force participation rate by sex and age.*

Jennings, J. (1987). Elderly parents as caregivers for their adult dependent children. *Social Work, 32,* 430-433.

Jordan, C., & Franklin, C. (Ed.). (2016). *Clinical assessment for social workers* (4th ed.). New York: Oxford University Press.

Kamerman, S. B., & Kahn, A. J. (1978). *Family policy: Government and families in fourteen countries.* New York: Columbia University Press.

Kamerman, S. B., & Kahn, A. J. (1998). *Family change and family policies in Great Britain, Canada, New Zealand, and the United States.* New York: Clarendon Press.

Kempe, C. H., Silverman, F. N., Steele, B. F., Droegemueller, W., & Silver, H. K. (1962). The battered-child syndrome. *The Journal of the American Medical Association, 181*(1), 17-24.

Kerr, M. E., & Bowen, M. (1988). *Family evaluation: An approach based on Bowen theory.* New York: W. W. Norton & Company.

Kirst-Ashman, K. K., & Hull, Jr. G. H. (2015). *Understanding generalist practice* (7th ed.). Stamford: Cengage Learning.

Laslett, P. (1969). Size and structure of the household in England over three centuries. *Population studies, 23,* 199-223.

Leff, F. (1991). Schizophrenia: Social influences on onset and relapse. In D. H. Bennet & H. L. Freeman (Eds.), *Community psychiatry* (pp. 189-214). New York: Churchill Livingstone.

Lefley, H. P. (1987). Aging parents as caregivers of mentally ill adult children—An Emerging social problem. *Hospital and Community Psychiatry, 38*(10), 1063-1070.

Lister, R. (1994). She has other duties'—Women, citizenship and social security. In S. Baldwin & J. Falkingham (Eds.), *Social security and social change: New challenges to the Beveridge model* (pp. 31-44). New York: Harvester wheatsheaf.

Loeschen, S. (2006). The Satir process of the Satir model. In J. Banmen (Ed.), *Application of the Satir growth model* (pp. 25-36). Seattle, WA.: AVANTA.

Lyster, R. F., Russell, M. N., & Hiebert, J. (1995). Preparation for remarriage: Consumers' views. *Journal of Divorce and Remarriage, 24*(3/4), 143-157.

Marcenko, M. O., & Meyers J. C. (1991). Mothers of children with developmental disabilities—Who shares the burden? *Family Relations, 40*, 186-190.

Marsiglia, F. F., Kulis, S. S., & Lechuga-Pena, S. (2021). *Diversity, oppression, and change: Culturally grounded social work* (3rd ed.). Oxford: Oxford University Press.

McGoldrick, M., & Gerson, R. (1985). *Genograms: Assessment and intervention.* New York: W. W. Norton.

McGoldrick, M., Gerson, R., & Petry, S. (2008). *Genograms: Assessment and intervention* (3rd ed.). New York: W. W. Norton.

McGoldrick, M., Gerson, R., & Shellenberger, S. (1999). *Genograms: Assessment and intervention* (2nd ed.). New York: W. W. Norton.

McLaughlin, E., & Glendinning, C. (1994). Paying for care in Europe: Is there a feminist approach? In L. Hantrais & S. Mangen (Eds.), *Family policy and the welfare of women* (pp. 52-69). Loughborough, UK: Loughborough University of Technology.

Mendez-Luck, C. A., Kennedy, D. P., & Wallace, S. P. (2008). Concepts of burden in giving care to older relatives: A study of female caregivers in a Mexico City neighborhood. *Journal of Cross-Cultural Gerontology, 23*(3), 265-282.

Meyerstein, I. (1997). The problem box ritual: Helping families prepare for remarriage. *Journal of Family Psychotherapy, 8*(1), 61-65.

Minuchin, S. (1974). *Families and family therapy.* Cambridge: Harvard University Press.

Morgan, P. S., & Hirosima, K. (1983). The persistence of extended residence in Japan: Anachronism or alternative strategy? *American Sociological Review, 48*, 269-281.

Munson, C. (1993). *Clinical social work supervision.* New York: Haworth Press.

Murdock, G. P. (1949). *Social structure.* New York: The Free Press.

Nichols, M. P. (2013). *Family therapy: Concepts and methods* (10th ed.). Boston, MA: Pearson.

Nichols, M. P., & Schwartz, R. (1998). *Family therapy: Concepts and methods* (4th ed.).

Boston, MA: Allyn & Bacon.

OECD. (2021). Family benefits public spending (indicator). https://doi.org/10.1787/3ddf51bf-en (Accessed on 19 July 2021).

Olson, D. H., DeFrain, J., & Skogrand, L. (2013). *Marriages and families: Intimacy, diversity, and strengths* (8th ed.). Boston: McGraw-Hill.

Orloff, A. S. (2001). Farewell to maternalism: Welfare reform, ending entitlement for poor single mothers and expanding the claims poor employed parents. *Harvard Seminar on Inequality and Social Policy*, Feb. 26.

Papernow, P. L. (1984). The Stepfamily cycle: An experiential model of stepfamily development. *Family Relations, 33*(3), 355-363.

Park, J., Grogan-Kaylor, A., & Han, Y. (2021). Trajectories of childhood maltreatment and bullying of adolescents in South Korea. *Journal of Child and Family Studies, 30*(4), 1059-1070.

Parsons, T. (1955). The American family: its relations to personality and to the social structure. In T. Parsons & R. F. Bales, *Family, Socialization and interaction process*. New York: Free Press.

Pfeiffer, B. A., & Mosek, M. (1991). Services for families of people with mental illness. *Hospital and Community Psychiatry, 42*(3), 262-264.

Poston, W. C. (1990). The biracial identity development model: A needed addition. *Journal of Counseling & Development, 69*(2), 152-155:

Satir, V. M. & Bitter, J. R. (2000). The therapist and family therapy: Satir's human validation process model. In A. Horne (Ed.), *Family counseling and therapy* (pp.62-101). Itsca, IL: F.E. Peacock.

Satir, V. M., Banmen, J., Gerber, J., & Gomori, M. (1991). *The Satir model: Family therapy and beyond*. Palo Alto, CA: Science and Behavior Books.

Sheafor, B. W., & Horejsi, C. R. (2015). *Techniques and guidelines for social work practice* (10th ed.). Boston: Pearson.

Shulman, L. (1999). *The skills of helping individuals, families, groups, and communities* (4th ed.). Itasca: F. E. Peacock Publishers.

Singer, G., Powers, L., & Olson, A. (1996). *Redefining family support*. Pacific Grove:

Brooks/Cole Publishing Co.

Solomon, P. S., & Draine, J. (1995). Adaptive coping among family members of person with serious mental illness. *Psychiatric Services, 46*, 1156-1160.

Spiegler, M. D., & Guevremont, D. C. (2003). *Contemporay behavior therapy* (4th ed.). Belmont: Thomson/Wadsworth.

Strohmeier, K. P. (1993). Pluralisierung und polarisierung der lebensformen in Deutschland. *Aus Politik und Zeitgeschichte, 43*, 11-22.

Substance Abuse and Mental Health Services Administration. (2009). *Family psychoeducation: The evidence*. Rockville: Center for Mental Health Services.

The US Bureau of Census (2020).

Thévenon, O. (2011). Family policies in OECD countries: A comparative analysis. *Population and Development Review, 37*(1), 57-87.

Thomlison, B. (2007). *Family assessment handbook: An introduction and practical guide to family assessmen* (2nd ed.). Belmont: Thomson Higher Education.

Tolan, P., Gorman-Smith, D., & Henry, D. (2006). Family violence. *Annual Review of Psychology, 57*, 557-583.

Visher, E., & Visher, J. (2003). The remarried family: characteristics and interventions. In E. Visher & J. Visher (Eds.), *Textbook of Family and Couples Therapy: Clinical Applications* (pp. 523-538). Washington D.C.: American Psychiatric Publishing.

Walsh, F. (2016). *Strengthening family resilience* (3rd ed.). New York: The Guilford Press.

Walsh, W. M. (1992). Twenty major issues in remarriage families. *Journal of Counseling and Development, 70*, 709-715.

Wang, S. H., Rong, J. R., Chen, C. C., Wei, S. J., & Lin, K. C. (2007). A study of stress, learned resourcefulness, and caregiver burden among primary caregivers of schizophrenic adolescents. *The Journal of Nursing, 54*(5), 37-47.

Weich, S., & Lewis, G. (1998). Poverty, unemployment, and common mental disorders: Population based cohort study. *British Medical Journal, 317*, 115-119.

Wesley, B., Randal, D., & Kathleen, B. (1993). *Family Science*. 최연실 외 역(1995). 새로 보는 가족관계학. 서울: 도서출판하우.

Widom, C. S. (1989). The cycle of violence. *Science, 244*(4901), 160-166.

Widom, C. S. (2017). Long-term impact of childhood abuse and neglect on crime and violence. *Clinical Psychology: Science and Practice, 24*(2), 186-202.

Widom, C. S., Czaja, S., & Dutton, M. A. (2014). Child abuse and neglect and intimate partner violence victimization and perpetration: A prospective investigation. *Child Abuse and Neglect, 38*, 650-663.

Wituk, S. A., Tiemeyer, S., Commer, A., Warren, M., & Meissen, G. (2003). Starting self-help groups: Empowering roles for social workers. *Social Work with Groups, 26*(1), 83-92.

World Health Organization. (2002). *World report on violence and health: Summary.* World Health Organization.

World Health Organization. (2012). *Understanding and addressing violence against women.* World Health Organization.

Young, M & Willmott, P. (1957). *Family and kinship in East London.* London: Routledge and Kegan Paul.

Zagel, H., & Lohmann, H. (2020). Conceptualising state-market-family relationships in comparative research: A conceptual goodness view on defamilization. *Journal of Social Policy*, 1-19.

Zastrow, C. (1999). *The Practice of social work* (6th ed.). Belmont, U.S.A.: Wadworth Publishing Company.

Zelizer, V. A. (1985). *Pricing the priceless child: The Changing social value of Children.* New York: Basic Books.

Zimmerman, S. L. (1995). *Understanding family policy: Theories and applications* (2nd ed.). London: SAGE Publications.

Zimmerman, S. (2001). *Family policy: Constructed solutions to family problems.* Thousand Oaks, CA: Sage.

국가법령정보센터 홈페이지. https://www.law.go.kr

아동권리보장원 홈페이지. https://www.ncrc.or.kr/ncrc/cm/cntnts/cntntsView.do?mi=1030&cntntsId=1029&scrollTop=1050

여성가족부 홈페이지 http://www.mogef.go.kr/mi/osg/mi_osg_s001.do

한국민족문화대백과사전 http://encykorea.aks.ac.kr/Contents/Item/E0068878

American Psychological Association 홈페이지. https://www.apa.org/topics/gun-violence-
　　　crime

 찾아보기

저자 소개

김연옥(Kim, Yoonok)

이화여자대학교 사회사업학과 졸업

서울대학교 대학원 사회복지학과 석사

미국 University of Illinois 사회복지학 박사

가족복지, 정신건강 전공

현 서울시립대학교 사회복지학과 교수

> 대표 저서

의료사회복지 실천론(공저, 나남, 2011), 사회복지실천론(개정3판, 공저, 나남, 2009), 가족복지론(공저, 나남, 2005)

> 대표 논문

1인 가구 시대의 도래: 특성과 생활실태(한국가족복지학, 2016), 재혼가족에 대한 체계론적 분석-경계와 역할개념을 중심으로-(한국가족복지학, 2014), 영국의 정신장애인 탈원화 경험에 관한 연구(Social Science Research Review, 2010)

김혜미(Kim, Hyemee)

미국 University of Connecticut 사회학과 졸업

미국 Columbia University School of Social Work 석사

서울대학교 대학원 사회복지학과 사회복지학 박사

다문화가족복지 전공

현 인천대학교 사회복지학과 교수

> 대표 저서

사회복지와 문화다양성(공저, 공동체, 2020)

> 대표 논문

Community-based social service utilization of marriage migrants in Korea: Focusing on differences by women's country of origin(공동연구, The Social Science Journal, 2019), Discrimination by whom?: Unraveling the effect of experiences of discrimination on depression of multi-ethnic children and adolescents in Korea(공동연구, Asia Pacific journal of social work, 2019), Discrimination and the healthy immigrant effect: A focus on marriage migrant women in Korea(Asian and Pacific Migration Journal, 2018)

최해경(Choi, Haekyung)

이화여자대학교 사회학과 졸업
서울대학교 대학원 사회복지학과 석사
미국 University of Minnesota 사회복지학 박사
가족복지, 노인복지 전공
현 충남대학교 사회복지학과 교수

> 대표 저서

노인복지론(2판, 학지사, 2020), 인간행동과 사회환경(개정3판, 공저, 나남, 2020), 사회복지실천론(2판, 학지사, 2017)

> 대표 논문

가족 돌봄 고령자의 돌봄 부담감이 삶의 만족도에 미치는 영향과 노화 태도의 매개 효과(한국사회복지교육, 2021), 노인의 건강상태가 삶의 만족도에 미치는 영향: 노화 태도의 매개 및 조절 효과(공동연구, 사회과학연구, 2021), 부부갈등과 자녀와의 갈등이 노인 우울감에 미치는 영향의 성별 비교(미래사회복지연구, 2021)

한윤선(Han, Yoonsun)

　미국 Wesleyan University 경제학과 졸업

　미국 Harvard University 공공정책학 석사

　미국 University of Michigan 사회복지학 석박사

　가족복지, 청소년복지 전공

　현 서울대학교 사회복지학과 교수

> 대표 저서

　청소년복지론(공저, 학지사, 2021)

> 대표 논문

Individual- and school-level predictors of latent profiles of bullying victimization: Comparing South Korea and the United States(공동연구, Journal of Interpersonal Violence, 2021), Neighborhood predictors of bullying perpetration and victimization trajectories among South Korean adolescents(공동연구, Journal of Community Psychology, 2019), Dynamics of bullies and victims among Korean youth: A propensity score stratification analysis(공동연구, Children and Youth Services Review, 2019)

사회복지총서

가족복지론
Family and Social Welfare

2022년 2월 20일 1판 1쇄 인쇄
2022년 2월 25일 1판 1쇄 발행

지은이 • 김연옥 · 김혜미 · 최해경 · 한윤선
펴낸이 • 김진환
펴낸곳 • (주)**학지사**

　　　　04031 서울특별시 마포구 양화로 15길 20 마인드월드빌딩
대표전화 • 02-330-5114　　팩스 • 02-324-2345
등록번호 • 제313-2006-000265호

홈페이지 • http://www.hakjisa.co.kr
페이스북 • https://www.facebook.com/hakjisabook

ISBN 978-89-997-2592-0　93330

정가 19,000원

출판 · 교육 · 미디어기업 **학지사**

간호보건의학출판 **학지사메디컬** www.hakjisamd.co.kr
심리검사연구소 **인싸이트** www.inpsyt.co.kr
학술논문서비스 **뉴논문** www.newnonmun.com
교육연수원 **카운피아** www.counpia.com